禅宗语言

周裕锴 著

周裕锴禅学书系

复旦大学出版社

　　周裕锴，1954年生，成都华阳人。文学博士，四川大学文学与新闻学院二级教授、博士生导师，中国俗文化研究所研究员。四川省学术与技术带头人，国务院特殊津贴获得者。《文学遗产》、《中国诗学》、人大复印资料《中国古代、近代文学研究》等刊编委，日本大阪大学客座研究员，台湾东华大学、台湾大学客座教授。著有《中国禅宗与诗歌》《宋代诗学通论》《中国古代阐释学研究》《文字禅与宋代诗学》《禅宗语言》《法眼与诗心》《宋僧惠洪行履著述编年总案》《语言的张力》等书，为《苏轼全集校注》三位主编之一。

目 录 ○

上编　宗门语默

引　言 / 3

第一章 ○ 如来禅：禅与教的分途 / 9

一、"一切佛语心"：个体心性的非言说性 / 10

二、"文字性空"：语言本体的虚无 / 14

三、"教外别传"：争夺话语权力的理论武器 / 19

第二章 ○ 祖师禅：走下如来圣殿 / 26

一、"方便接人"：本土话语的流行 / 27

二、"直下即是"：存在即此在 / 34

三、"呵佛骂祖"：经教的消解 / 44

第三章 ○ 分灯禅：禅门宗风的确立 / 54

一、棒喝：截断言路的手段 / 56

二、机锋：应接学人的艺术 / 63

三、旨诀：指示门径的言句 / 73

四、圆相：立象尽意的禅法 / 82

　　五、作势：示道启悟的动作 / 89

　　六、偈颂：明心见性的礼赞 / 95

第四章 ● **公案禅：阐释时代的开始** / 104

　　一、灯录语录：祖师言行的记载 / 105

　　二、代别拈颂：前辈典刑的评说 / 115

　　三、著语评唱：机缘拈颂的训释 / 129

第五章 ● **文字禅：禅宗语言与文化整合** / 140

　　一、以儒明禅：儒释相通，文以载道 / 142

　　二、以教说禅：禅教合一，不离文字 / 161

　　三、以诗证禅：诗禅相融，句中有眼 / 177

第六章 ● **默照禅与看话禅：走向前语言状态** / 190

　　一、"默照"：无言的妙用 / 191

　　二、"看话"：语言的解构 / 199

下编　葛藤闲话

引　言 / 213

第一章 ○ **拈花指月：禅语的象征性** / 216

    一、动作语 / 217

    二、棒喝语 / 227

    三、隐喻 / 234

第二章 ○ **绕路说禅：禅语的隐晦性** / 246

    一、遮诠 / 247

    二、隐语 / 254

    三、玄言 / 260

    四、行话 / 270

第三章 ○ **反常合道：禅语的乖谬性** / 279

    一、活句 / 280

    二、格外句 / 287

    三、反语 / 295

第四章 ○ **打诨通禅：禅语的游戏性** / 303

    一、打诨 / 304

    二、俳体 / 312

第五章 ⊙ 老婆心切：禅语的通俗性 / 321

　　一、口语 / 322
　　二、俗谚 / 329
　　三、白话诗 / 339

第六章 ⊙ 点铁成金：禅语的递创性 / 349

　　一、翻案法 / 350
　　二、点化法 / 356
　　三、借用法 / 361

第七章 ⊙ 看风使帆：禅语的随机性 / 374

　　一、鄙语粗话 / 375
　　二、艳词绮语 / 381
　　三、清音远韵 / 387

引用书目 / 394

后　记 / 404

重版说明 / 406

上编　宗门语默

引 言

　　正如研究佛教史的学者所言，禅宗是一种中国化的佛教。而这种"中国化"，与其说是思想上对印度佛教的改造，不如说是语言上对印度佛教的革命。因为禅宗无论在思想上有多大胆的创新，其"第一义"都可以从印度佛教原典中找到影子；无论在思想上、方法上有多少派别，其宗旨都不出有宗、空宗、性宗的藩篱。而只有禅宗的语言，才是地地道道的中国货。任何阅读《大藏经》或《续藏经》的人，都会感觉到禅籍语言不仅迥异于印度撰述的经、律、论三藏，而且不同于支那撰述的其他诸宗的著作。尤其是禅宗语录，更是植根于唐宋时期俗语言深厚的土壤，代表着一种活生生的存在方式，甚至比中国传统的带有官方色彩的文言文，更贴近于中国人的实际生活。由此看来，要研究禅宗的中国化历程，从禅宗语言观及语言实践的历史发展的角度来切入，是更能抓住要害的。

　　20世纪的禅宗研究略可按其方法和对象分为几大派：胡适的研究属于历史学派，力图通过科学的考证恢复禅宗史的原貌；铃木大拙的研究属于宗教学派，力图证明禅是一种超时间的个人的宗教体验；任继愈等人的研究属于哲学学派，主要讨论禅宗的佛教哲学思想；入矢义高等人的研究属于语言学派，把禅籍视为和敦煌文献具有同等价值的唐宋俗语言宝库。自80年代以来，禅宗语言问题受到语言学者的普遍关注，不过，大多数语言学者只对禅宗语言作为唐宋口语活化石的性质感兴趣，而不去考虑禅宗语言观念和实践的历时性变化，也不太关心禅宗语言中蕴藏的宗教的或哲学的精神。所以，尽管禅宗思想和禅宗语言都成为当代学术研究的热点，并都取得相当可观的成果，而二者却基本处于相互隔绝、不相往来的状态。研究禅宗思想史的学者往往对禅宗灯录的伪造历史深恶痛绝，所以不屑纠缠于公案的阐发；而研究禅宗语言的学者却对灯录的语法、词汇、修辞特别青睐，毫不介怀灯录所载禅史是真是伪，也毫不留意禅宗各派的思想差异。这种状况对二者继续深入研究无疑是不利的。因为离开语言研究，无法真正理解禅宗宗教革命的意义，灯录所载固然不是信史，但其中祖师的言行，最能体现禅宗中国化的精髓，有一种语境的真实。而离开思想史研究，也无法准确理解禅语语法所特有的逻辑、禅语词汇所特有的词义、禅语修辞所特有的功能。因为语言并不是逻辑的家园，而是存在的家园。换言之，禅宗语言中最荒诞、最不合乎理性的部分，并非只是乱七八糟的胡言乱语，而是以其代表着一种特殊的存在方式而具有一个概念的形式、概念的结构，因而也必然具有一个可理解的意义。把这种意义揭示出来，仅有语言学的努力是不够的，还必须借助于哲学、历史学、宗教学的共同合作。于是，如何通过对禅宗语言观和语言实践的历史观照，从哲学层面上来探寻其蕴藏的宗教精神，就是摆在我们面前的一项重要任务。

禅宗的语言观既受制于宗教改革实践的需要，也受制于世俗文化整合的冲击。其整个演变过程，集中体现在对"文字"一词词义的各种理解与阐释以及"不立文字"与"不离文字"两种说法的彼此消长上。禅宗是不讲究清晰的名相概念的宗派，"文字"一词在不同的场合、不同的禅师那里可以有不同的含义，有时特指佛经的语言文字，有时泛指一切语言文字，有时特指书面文字，有时也包括口头语言，有时特指华丽的美文，有时也包括粗鄙的俗语。因此，禅宗的"不立文字"，或者表现为不读佛经，或者表现为不言名相，或者表现为不作诗文，或者表现为口耳受授，或者表现为沉默寡言。事实上，当一个禅师号称"不立文字"之时，很可能他仍留下许多语录，甚至写下不少偈颂，因为只要他"不立"具有逻辑概念的名相文字即可。换言之，由于"文字"一词的意义含混，"不立文字"和"不离文字"这两种貌似冲突的现象可以很好地统一在同一个禅师身上。不过，尽管如此，在禅宗发展史上，我们仍能明显地感受到其整体语言观由"不立文字"到"不离文字"再到"不立文字"的演变。具体说来，当禅宗祖师开始实行佛教的中国化过程之时，或禅宗队伍的成员为下层平民尤其是农民之时，"不立文字"的倾向特别突出，例如中晚唐的"祖师禅"、"分灯禅"的呵佛骂祖、棒喝机锋。当禅宗过分抛弃佛经原典之时，或整个社会文化水平相对提高，禅宗队伍日益士大夫化之时，"不离文字"的呼声又甚嚣尘上，如北宋后期的"文字禅"的禅教合一、儒释融通。而当禅宗典籍成为一种新经典并开始遮蔽其自证自悟的精神之时，又有宗师呼吁回到传统的"不立文字"，如南宋的"看话禅"的疑情觉悟、"默照禅"的打坐静观。在禅宗语言观发展的曲线上，可以很明显地发现内部宗教改革实践和外部世俗文化因素两条坐标的影响。

禅宗的语言实践，也遵循着类似的演化曲线。就禅宗的宗教实践取向来看，首先由译经造论、吃斋念佛、诵经礼拜、建寺铸像转向行禅见性,再由如来清净心转向祖师平常心。与此相对应,禅宗语言必然出现与佛经语言相疏离的倾向,即"平常心"出之以平常语。既然"神通并妙用"的宗教实践体现在"运水及搬柴"上,那么,"神通并妙用"的语言也必然是运水搬柴人的语言。禅宗奇特怪诞的语言令当代人感到惊诧,其实,只要把这些语言重新放回唐代那些农禅的具体生存环境里,就显得非常朴素自然。而在晚唐五代禅宗五家形成后,各家各派为了显示区别,建立门庭,又有了自己独特的语言。具体说来,即五宗各有其应机接人的旨诀,各有其参学印证的机锋,各有其示道启悟的姿势,所谓"师唱谁家曲,宗风嗣阿谁",其实就主要是指采用"谁家"的言说方式,这可以从丛林盛传的临济宗棒喝峻厉、曹洞宗偏正回互、云门宗简捷明快等评价中得到证明。相对而言,由于宗派的建立,禅宗各家的语言出现了某种程式化的倾向,参禅类似入伙,俗语渐成行话,所谓"料简照用"、"三玄三要"、"宾主君臣"等种种言说规则,多成套路。随着宗门的形成,祖师的言论取代佛经而成为新经典,于是,就出现了对这种新经典——"公案"的整理和阐释。这种整理和阐释,由于得到士大夫的喝彩而演变为席卷禅林、历时宋元、经久不衰的热潮。"公案禅"在保留禅宗祖师语言风格的同时,也多少融进了一些士大夫的语言特点,特别是颂古,其辞藻和文采以及五七言诗的形式,有不少已接近文人作品。与此同时,从北宋中叶开始,以文献载体高度发展为标志的封建文化进入鼎盛时期,禅宗队伍文化素质大大提高,士大夫队伍禅悦之风大盛。士大夫尊崇经典的文化传统渗入禅门,造成"以文字为禅"的新宗风。禅门出现了过去不曾有的为佛经作注、为禅僧立传的"文字",以及过去不曾有的编排宗门用语和掌故的类书、辞书。禅宗典籍为宋诗人提供了全新的语言资源,以禅语为诗并由此而引发的以俗语为诗,成为宋诗一大鲜明特色。

此外，禅籍还为宋诗话提供了不少全新的术语，以至于"以禅喻诗"成为宋诗学的一大鲜明特色。这一切，引起了禅宗语言的深刻变化，即禅宗特有的俗语言形态，不再是随机生发，而是语有所本，不再是实际生活中活生生的语言，而是已经典范化文本化的陈言，很多表面生动活泼的俗语，其实都能从祖师语录里找到出处。而这种现象本身正是宋代士大夫禅文本化存在方式的产物。

自禅宗形成以来，其很多进境都与"语言与世界"这一哲学性思路有关。换言之，"橘逾淮为枳"的文化移植现象，在禅宗的语言选择上表现得尤为充分。禅学史上有影响的大师，总是在不断地把佛学精神化入现世的生存活动中，并不断地寻找最能表达其宗教体验的言说方式。与佛教其他各宗派相比，禅宗的宗教实践明显地更贴近中国民众的日常生活，因而其语言也更明显地具有一种本土化的倾向。事实上，本书之所以力图借助于哲学、宗教学、历史学的共同合作来研究禅宗语言，就在于禅宗语言决不是一种纯粹的语言学现象。透过宗门语的演变，我们不仅能得到一部较为完备的中古汉语史，尤其是中古汉语口语史，而且能窥见唐宋时期中华民族的生存状态史以及文化变迁史。

关于禅宗史的叙述，学术界向来有"倒着讲"和"顺着讲"两种方式，前一种是透过灯录记载去回溯禅史，后一种是遵循禅宗发展的历史事实来还原禅史。就研究禅思想而言，后一种叙述方式显然更科学。然而，对于研究禅宗的语言演变来说，前一种方式似乎也值得借鉴，因为灯录提供的语言资料也许比历史事实考据更接近禅宗存在的真实。灯录的禅宗早期血脉是伪造的，那是因为禅宗门徒要争佛教正统地位的缘故，而灯录里那些祖师疯疯癫癫的语句，则完全没有伪造的必要，它应该是禅宗传教语言的真实记录。换言之，即使灯录在历史记载方面有其荒谬之处，也丝毫不影响它作为语言资料的真实性。更何况禅宗对中国文化真正产生深远影响的正是这些灯录类著作,而禅宗语言的特色和魅力也正主要体现在这类著作中。因此,本书在叙述禅宗语言演变历程之时,将采用"顺着讲"和"倒着讲"相结合的方法,即一方面遵循禅宗发展的历史事实来描述,另一方面按照灯录所载祖师语言风格的演化轨迹来阐释。

第一章 ● 如来禅：
禅与教的分途

"禅"和"禅宗"是两个不同的概念，前者是一种修行方法，后者是一个佛教宗派。禅宗和尚自然要习禅，但习禅的僧人并非都属禅宗，如《高僧传》《续高僧传》中"习禅"类记载的和尚，有些是天台宗、净土宗、三论宗僧人。由于我们论述的对象是禅宗语言，因此不再考虑禅宗前史的禅学和禅僧团的复杂状况，而从禅宗自己公认的开山祖师菩提达摩开始说起。早期禅宗（如果真正称得上宗派的话），基本上修习的是如来清净禅，从达摩到弘忍，安心调息坐禅一直是该宗的主要法门。后来的慧能虽然反对坐禅的形式，但仍强调修持清净心。因此，从初祖到六祖，历经梁、陈、隋、初唐，可称为如来禅时期。这一时期的禅宗语言尚未显示出与其他佛教宗派有何显著区别，然而由于受《楞伽经》《金刚经》等思想的影响以及魏晋以来玄学言意之辨的启示，禅宗诸大师开始对佛经语言文字的权威性表示怀疑，"不立文字"的语言观渐次成熟。

宗门与教门的歧异，禅学与义学的分途，由此而滥觞。重行禅而轻言教成为禅宗不同于其他佛教宗派的重要标志，也成为禅宗内部的一个重要传统。

一、"一切佛语心"：个体心性的非言说性

《五灯会元》卷一记载的佛祖灵山拈花示众、迦叶破颜微笑的故事，暗示了禅宗对待语言的基本态度，即所谓"涅槃妙心，实相无相，微妙法门，不立文字，教外别传"。这则后出的传说的真实性当然值得怀疑，不过，禅宗的兴起的确是以经典言教的对立面而出现的。从早期禅宗祖师的言论来看，也的确包含着"不立文字"的精神。

"不立文字"并非把语言文字当做一个独立的问题来讨论，而是关于佛教真谛与经律论藏的关系问题。自南北朝起，禅宗大师就强调实践修行，不重视诵经说法、著律造论。同时，他们的实践修行也不同于当时流行的建筑佛寺、开凿石窟、广行善事、诵经礼拜之类的宗教救赎活动，而是戒、定、慧三位一体的宗教解脱方式。如禅宗初祖菩提达摩就对梁武帝宣称"不将一字教来"，宣称"造寺度人，写经铸像"没有真正功德，教导弟子们"凝住壁观，无自无他，凡圣等一"（见《历代法宝记》，《大正藏》第五十一卷；释道宣《续高僧传》卷一六《齐邺下南天竺僧菩提达摩传》，《大正藏》第五十卷）。达摩的"理入"方法虽主张"藉教悟宗"，即依随经教文字所说，确立"众生同一真性"、修行者必能达到"舍伪归真"的牢固信仰，但更强调通过坐禅"壁观"，专一观想，由此摆脱对经教文字的依赖，"更不随于言教"（见释净觉《楞伽师资记》卷一，《大正藏》

第八十五卷），从而自证真理。简言之，所谓"理入"者，就是通过坐禅壁观，把握佛经说的教理。

达摩诸祖虽亦信奉四卷本《楞伽经》，但并不看重其文字教理，而在于所谓"诸佛说心"。《楞伽经》只有一品，即《一切佛语心品》，本来是说此经为一切诸佛所说的核心，而当一些禅师将此"心"字解释为精神本体之"心"（即心性）时（参见杜继文、魏道儒《中国禅宗通史》第50—51页，江苏古籍出版社，1993年），《楞伽经》便提供了否定经教文字的经典依据。佛教所言"心"是纯粹的内在体验，无法用言辞解说或文字传达，这不仅因为体验是非思维的精神活动，无逻辑可言，如佛经中常言"不可思议"，而且因为体验是纯粹个人化的行为和成果，如《坛经》契嵩本那个著名的譬喻所言："如人饮水，冷暖自知。"换言之，语言是思维的产物，是规范化、形式化的东西，而人的体验却是无限定、非规范化的形态，因此语言在表达人的体验方面是无能为力的。同时，《楞伽经》一切佛语之"心"是无比清净的真性，是人所追寻的终极境界，是一种存在于内心的感觉而不是存在于现象中的实在，它也就无法通过语言文字去认识。因此，依循言教是无法走向觉悟之路的。事实上，《楞伽经》本来就有"破名相"、"莫执着"的思想，主张冲破语言文字对思维的束缚。如《楞伽经》卷二曰：

> 第一义者，圣智自觉所得，非言说妄想觉境界。是故言说妄想，不显示第一义。言说者，生灭动摇，展转因缘起。若展转因缘起者，彼不显示第一义。

"第一义"是佛教最上最深的妙理，亦名"真谛"。《楞伽经》认为，言说不能显示"第一义"。所以达摩以此经付诸慧可："我观汉地惟有此经，仁者依行，自得度世。"（《续高僧传》卷一六《齐邺中释僧可传》）而慧可的弟子那禅师、满禅师之徒，"常赍四卷《楞伽》，以为心要，随说随行，不爽遗委"（同上）。由此可知，《楞伽经》其实就是心法，不属于言教范畴，所谓"专唯念惠，不在话言"（同上卷二七《兖州法集寺释法冲传》）。后出的禅籍更将达摩的话改造为"吾观震旦唯有此经可以印心，仁者依行，自得度世"（释道原《景德传灯录》卷三《僧那禅师》，《四部丛刊三编》本），或是"吾有《楞伽经》四卷，亦用付汝，即是如来心地要门，令诸众生开示悟入"（释普济《五灯会元》卷一《初祖菩提达摩大师》，中华书局排印本，1984年），干脆把《楞伽经》直接视为达摩在中华的传心法宝。慧可之后，信奉《楞伽经》的僧人开始分化，善禅师、丰禅师等人撰有各种《楞伽》疏解（《续高僧传》卷二七《法冲传》），印证了慧可那句"此经四世之后，变成名相，一何可悲"的预言（同上卷一六《僧可传》）；粲禅师、那禅师等人则坚持"心行"传统，"口说玄理，不出文记"（见同上卷二七《法冲传》）。而粲禅师就是后来被禅宗尊为三祖的僧璨（？—606）。从某种意义上说，对待《楞伽经》的态度成为禅宗与义学的分水岭。

自慧可起，禅宗诸祖进一步突出了觉悟心性的重要性，二祖慧可认为："观身与佛不差别，何须更觅彼无余？"（同上卷一六《僧可传》）其实就是发现自身即有佛性，心性与佛性本无差别，只须反观自身，不须外求。三祖僧璨的《信心铭》提倡"信心不二，不二信心，言语道断，非去来今"（《景德传灯录》卷三〇）①，更是把"心"视为惟一真实、绝对的东西。四祖道信（579—651）曾撰《入道安心要方便法门》，五祖弘忍（602—674）"缄口于是非之场，融心于色空之境"

---

① 尽管《信心铭》可能是伪托之作，但其中表现的思想是与慧可一系禅学相吻合的。

(《楞伽师资记》卷一),都将修行入道的重点放在觉悟心性上面。

从纯粹宗教学的角度看,达摩诸祖奉行的不同于其他教派持戒习理、诵经拜佛的坐禅方式,是从外在的宗教救赎到内在的心灵超越的转变[①]。也就是说,坐禅的目的是通过对自身内心空寂或清净的感受进行体验,从而进入一种"不生亦不灭"的无差别的终极境界。禅宗这种重视心灵体验的作风,与魏晋南北朝的玄学风气有关,而其语言观也明显受到玄学的影响。禅宗祖师大抵都认为佛教的第一义非言教经典所能传达,这一方面可从《楞伽经》一类佛经原典中找到理论根据,如《妙法莲华经·方便品第二》中说:"止止不须说,我法妙难思。"另一方面也可在玄学"言不尽意"的命题中得到支持,如《庄子·秋水》所谓:"言之所不能论,意之所不能察致者,不期精粗焉。"事实上,参禅悟道的经验,类似于庄子所言轮扁斫轮的经验,属直觉范畴。轮扁即使能告诉他人,也只是斫轮的"技术",而非斫轮之"道"。慧可的再传弟子法冲认为:

> 义者,道理也。言说已粗,况舒在纸,粗中之粗矣。(《续高僧传》卷二七《法冲传》)

这种将道理、言说、纸上文字分为三个等级的观点,很容易使我们想起《周易·系辞上》孔子的话:"书不尽言,言不尽意。"或是《庄子·天道》的一段论述:"世之所贵道者,书也。书不过语,语有贵也。语之所贵者,意也,意有所随。意之所随者,不可以言传也,而世因贵言传书。"事实上,佛教把真谛视为"第一义",也隐含着类似的有"第二"、"第三"的等级观念。换言之,玄学和佛学都认

[①] 参见葛兆光《中国禅思想史》第95—99页,北京大学出版社,1995年。

为,人类对"道"的内在体验,是无法转换为语言的,因此,"意之所随者",不可以言传。语言是人为的,文字更是人为的,相对于"道"、"意"而言,文字(书面语言、纸上言说)是模仿的模仿、影子的影子、"粗中之粗",和真理隔着三层。正如法国哲学家德里达批评西方古典哲学时所说:"逻各斯的时代就这样贬低文字,把它视为媒介的媒介,视为向意义的外在性的堕落。"①

禅宗诸祖对言教经典的怀疑,正是基于这种思路。慧可从修道的角度明确指出:"故学人依文字语言为道者,如风中灯,不能破暗,焰焰谢灭。"(《楞伽师资记》卷一)僧璨承认语言文字不能成为通达圣道和成就法身的手段:"故知圣道幽通,言诠之所不逮;法身空寂,见闻之所不及。即文字语言,徒劳施设也。"(同上)道信明确运用了庄子"得意亡言"的说法:"法海虽无量,行之在一言,得意即亡言,一言亦不用,如此了了知,是为得佛意。"(同上)弘忍曾对神秀开示《楞伽经》义曰:"此经唯心证了知,非文疏能解。"(同上)所以,尽管"不立文字"的说法,首见于五代时南唐静、筠二僧所编《祖堂集》卷二:"惠可进曰:'和尚此法有文字记录不?'达摩曰:'我法以心传心,不立文字。'"(释静、筠《祖堂集》卷二《第二十八祖菩提达摩和尚》,上海古籍出版社影印《佛藏要籍选刊》本第十四册)但这种说法,大体是符合早期祖师们的基本思想的。

二、"文字性空":语言本体的虚无

禅宗"不立文字"说的另一个思想源头是大乘佛教的般若空观。

---

① 德里达(Jacques Derrida)《论文字学》(*Of Grammatology*)第11页,斯皮瓦克(G. C. Spivak)英译,巴尔的摩(Baltimore),1974年。

大约从四祖道信开始，达摩一系的禅师逐渐由奉《楞伽经》改奉《般若》诸经。道信在吉州时，"被贼围城七十余日"，刺史叩请退贼之策，道信曰："但念般若。"(《续高僧传》卷二六《蕲州双峰山释道信传》)据《楞伽师资记》所引道信的言论来看，其中引述有《般若》《维摩》等经(《楞伽师资记》卷一)。弘忍在传授《楞伽经》的同时，也劝僧众诵《金刚般若经》(见释赞宁《宋高僧传》卷八《唐韶州今南华寺慧能传》，中华书局排印本，1987年)。而六祖慧能(638—713)正是听人诵《金刚经》而立志求佛的(同上)，《坛经》中也有多处引用《金刚》《维摩》等经。可以说，般若学说是道信、弘忍一系"东山法门"的主要理论支柱。①

般若学的基本思想是以世界万法为虚妄，即所谓"诸法性空"。最形象的说法是著名的"大乘十喻"："解了诸法如幻、如焰、如水中月、如虚空、如响、如揵闼婆城、如梦、如影、如镜中像、如化。"不仅《摩诃般若波罗蜜经》这样的大部头经典一再宣扬"观诸法如幻"，而且《金刚经》这样的小型佛经也大肆鼓吹"一切有为法，如梦幻泡影，如露亦如电，应作如是观"。般若空观是佛教的哲学本体观，也是构筑禅宗哲学体系的重要基石。依照般若空观的逻辑，既然世界的本体就是空无虚妄，那么人类的语言文字同样虚幻不实，不可凭依，"譬如鸟飞虚空无有迹，菩萨句义无所有亦如是"(《摩诃般若波罗蜜经·句义品》，《大正藏》第八卷)，一切名相分别是没有意义的。体现于万物之道理，不是"真心"、"唯识"，而是"性空"，因此人类无须认识世界，只须"无心可用"、"本来无事"便可解脱。般若学的语言观是其宗教哲学体系的一个子系统，本体的空无决定了认识的虚幻，从而也决定了认识工具——语言的虚幻。所

---

① 《荷泽神会禅师语录》甚至记载达摩、慧可、僧璨、道信、弘忍皆依《金刚经》证道。见日本铃木贞太郎、公田连太郎校订敦煌本，森江书店，1934年。

以般若部诸经中,世尊在滔滔不绝地当众说法的同时,总要不时地谆谆告诫听众莫执于言教:"若以色见我,以音声求我,是人行邪道,不能见如来。"(《金刚般若波罗蜜经》,《大正藏》第八卷)同样的思想在《维摩经》中表现得更富有诗意和哲理。维摩诘居士与众菩萨讨论"云何菩萨入不二法门",三十二位菩萨各抒己见,阐述了佛教三十二种"入不二法门"的义理。最后,文殊师利问维摩诘:"我等各自说已,仁者当说,何等是菩萨入不二法门?"时维摩诘默然无言。文殊师利叹曰:"善哉!善哉!乃至无有文字语言,是真入不二法门。"(《维摩诘所说经·入不二法门品》,《大正藏》第十四卷)这就是后来禅籍津津乐道的"维摩一默"。"维摩一默"的意义在于,他以一种极端的形式提醒人们注意,所有语言讲述的义理,都只是方便权宜的假说,决非真理本身。世界的本体、佛性的真谛是前语言的、非语言的"空",因此只有沉默最可能接近世界与佛性的本源状态。换言之,维摩诘用沉默的形式说出了佛经想告诉给人们的内容,正如苏轼所言:"我观三十二菩萨,各以意谈不二门。而维摩诘默无语,三十二义一时堕。我观此义亦不堕,维摩初不离是说。譬如油蜡作灯烛,不以火点终不明。忽见默然无语处,三十二说皆光焰。"(《苏轼文集》卷二○《石恪画维摩颂》,中华书局排印本,1986年)

其实,达摩诸祖信奉的四卷《楞伽经》里本来就蕴含有般若性空思想,慧可的再传弟子慧满说法,每云:"诸佛说心,令知心相是虚妄法;今乃重加心相,深违佛意。又增论议,殊乖大理。"(《续高僧传》卷一六《僧可传》)就是把《楞伽经》所讲的"心"视为"虚妄法",本性是"空",所以必须摒弃;而以逻辑语言解说"心",更违背佛教的真理。道信以《楞伽》《般若》并重,更加突出了性空的一面。据《楞伽师资记》介绍,道信说法,曾引《维摩经》"是身如浮云,须臾变灭",又引《金刚经》"灭度无量众生,实无有众生得灭度者",以论证"色即是空,非色灭空,色性是空"的观点,并因此要求"修道得真空者","决须断绝文字语言,有为圣道,独一净处,自证道果"(《楞伽师资记》卷一)。由此可见,禅宗"不立文字"的语言观,正是般若本体性空的逻辑发展的结果。

慧能自《金刚经》悟入,对般若空观的体验尤为深刻。《坛经》法海本载慧能悟道偈为:"菩提本无树,明镜亦非台,佛性常清净,何处有尘埃!"学术界一般都相信法海本为原作、真本,但事实上,惠昕、契嵩、宗宝诸本所载慧能偈"本来无一物,何处有尘埃"的异文可能更接近慧能的性空思想。因为"本来无一物"的说法与《金刚经》"一切有为法,如梦幻泡影,如露亦如电,应作如是观"的观念如出一辙。根据《坛经》记载,慧能的语言观正是建立在诸法性空的哲学本体观之上的。《坛经》法海本曰:"若大乘者,闻说《金刚经》,心开悟解。故知本性自有般若之智,自用知(智)惠观照,不假文字。"(郭朋《坛经对勘》第64页,齐鲁书社,1981年)足见慧能的"不假文字"说来自《金刚经》所启悟的"心量广大,犹如虚空"的般若之智。《曹溪大师别传》载慧能所言"佛性之理,非关文字","法无文字,以心传心,以法传法"(郭朋《坛经校释》第122—123页附录《曹溪大师别传》,中华书局,1983年),也是同样的意思。

慧能一系的禅宗多从性空的观点出发来否定语言文字的意义,如慧能的三传弟子大珠慧海指出:

> 经是文字纸墨,文字纸墨性空,何处有灵验?灵验者,在持经人用心,所以神通感物。试将一卷经安着案上,无人受持,自能有灵验否?(《诸方门人参问语录》卷下)

佛经由文字纸墨组成，而文字纸墨本身是虚幻的，对佛性的感悟不在于文本的阅读，而在于心灵的体验。由此可见，正是空无的本体论和唯心的认识论共同构成禅宗"不立文字"的哲学基础。

然而，必须指出的是，早期禅宗祖师尽管意识到语言的局限性，但仍然主张"藉教悟宗"，并不完全否认语言在传教方面的作用。慧能指出："一切经书，及诸文字，小大二乘，十二部经，皆因人置，因智慧性故，故然能建立。若无世人，一切万法，本元不有。故知万法本因人兴，一切经书，因人说有，缘在人中有愚有智。"（《坛经对勘》第68页法海本）认为人的根性有利有钝、有智有愚，上根人可不假文字而顿悟自性，而下根人却必须通过经书的反复告诫、谆谆教导才能有所觉悟。因此慧能并非无条件地反对使用语言，他指出：

> 共人言语，出外，于相离相；入内，于空离空。着空，即惟长无明；着相，即惟长邪见。谤法直言不用文字，既云不用文字，人不合言语！言语即是文字。自性上说空，正语言本性；不空，迷自惑，语言除故。①

显然，慧能是本着佛教的中道观来辩证地看待语言的意义的：一方面承认语言的本性是"空"，以为语言便是文字之相，使用语言便是"着相"；另一方面又反对诽谤他人言着文字，尤其反对诽谤佛经文字，以为禁用语言又有"着空"之嫌。这种灵活的思想很容易使我们想起《维摩经》中那位散花的天女与舍利弗的一段对话："天（女）

---

① 《坛经对勘》第138页法海本。惠昕、契嵩、宗宝诸本这段文字略异，如惠昕本曰："共人言语，外于相离相，内于空离空。若全著相，即长邪见；若全执空，即长无明。执空之人有谤经，直言不用文字。既云不用文字，人亦不合言语！只此语言，便是文字之相。又云直道不立文字，即此两字，亦是文字。见人所说，便即傍他言着文字。汝等须知，自迷犹可，又谤佛经；不要谤经，罪障无数。"

曰：'如何耆旧大智而默？'（舍利弗）答曰：'解脱者无所言说，故吾于是不知所云。'天曰：'言说文字皆解脱相。所以者何？解脱者不内不外，不在两间，文字亦不内不外，不在两间。是故舍利弗，无离文字说解脱也。所以者何？一切诸法是解脱相。'"（《维摩诘所说经·观众生品》）般若学说一方面认为世界本体为空无，诸法皆妄，另一方面又认为勘破诸法皆妄，就能获得真正解脱。所以一切诸法既具空性，又具解脱相，语言文字也不例外。也就是说，语言文字既因其虚妄不实而毫无意义，又因其具解脱作用而不可放弃。这种思想既为中唐后离经慢教、不立文字的思潮提供了依据，也为北宋后禅教合一、不离文字的倾向埋下伏笔。

三、"教外别传"：争夺话语权力的理论武器

早期禅宗祖师重行禅而轻言教的作风，被后来的禅宗门徒渲染成由释迦牟尼付嘱迦叶、由菩提达摩带到东土的"教外别传"的宗旨。"教"指翻译、阐释、研究、讲授佛教经典的各教派，即所谓"义学"各派。"教外别传"显示出禅宗有意立异于义学各派的宗教精神。按禅宗的逻辑，"教内"所传佛旨，均是语言文字，因而是"第二义"，而"教外"所传佛旨，直指人心，无须借助语言文字，才是真正的"第一义"。虽然"教外别传"之说出现较晚，但大体是符合早期禅宗祖师的宗教实践的，也是符合南北朝至隋唐禅宗与义学各派相对立的历史事实的。

大约从达摩时代开始，早期禅宗就表现出与传统佛教义学不同的异端色彩。达摩的身世是一个谜，他在中国的传教活动也难以详知，但有一点可以肯定，他在正统的官方佛教那里是受排斥的，"于

时合国盛弘讲授,乍闻定法,多生讥谤"(《续高僧传》卷一六《达摩传》)。慧可的遭遇更不幸,达摩死后,他先是"埋形河涘",后到邺都讲授心法,"滞文之徒,是非纷举。时有道恒禅师,先有定学,王宗邺下,徒侣千计,承可说法,情事无寄,谓是魔语"。道恒竟然贿赂官府,将慧可杀害(同上《僧可传》)。而慧可所传达摩的"忘言忘念、无得正观为宗"的禅法,"魏境文学多不齿之"(同上卷二七《法冲传》)。僧璨隐居皖公山修道,道信、弘忍住持黄梅双峰山、东山弘法,大约也是为了避免官方贵族僧侣的迫害或是避免与其发生冲突。曾有学者问弘忍:"学问何故不向城邑聚落,要在山居?"弘忍答曰:"大厦之材,本出幽谷,不向人间有也。以远离人故,不被刀斧损斫,一一长成大物,后乃堪为栋梁之用。"(《楞伽师资记》卷一)旷远的答话中包含着不得不全身远祸的苦衷。

值得注意的是,性空的本体论和唯心的认识论不仅是禅宗语言观的哲学基础,也是大乘佛教各宗派共同信奉的宗教观。不仅《楞伽经》《维摩经》一再申明"诸性无自性,亦复无言说","乃至无有文字语言,是真入不二法门",而且《法华经》《华严经》也反复告诫"止止不须说,我法妙难思","诸法体性,不可说故","音声莫逮,言语悉断"。既然如此,那么为何禅门与教门、禅学与义学对待佛教经典的态度仍然有很大的差异呢?为何义学讲师和传统定学禅师如此憎恨达摩一系禅学呢?我认为,根本的原因在于以下这点:

从宗教学的角度看,义学的讲师掌握着佛经的阐释权,自视为佛的使者、佛与僧众之间联系的桥梁,佛的旨意通过他们的讲授而传达给下层的僧众,下层僧众通过他们的引导而领悟佛理。因此,他们尽管懂得佛典的语言文字不过是渡河之筏,但作为摆渡者,他们是不愿放弃这象征着权力与财产的渡筏的。而禅宗的觉悟自性,无异于把佛经的阐释权交给每一个学佛者自己,"当知佛即是心,心外更无别佛"(《楞伽师资记》卷一引道信语),每个僧徒都可以通过自身心灵的体验直接领悟佛旨,直接与佛对话,用自己的心灵之筏直达觉悟的彼岸。禅宗心性论的流行,显然将导致"摆渡者"的失业,这自然是义学讲师所不能容忍的。当然,从另一方面来看,任何宗教的传承都离不开语言,研经习典、义解明律对于传播和发展佛教思想也是必不可少的。事实上,早期禅宗诸祖也多依经授徒,藉教悟宗。然而,相对于博综经论、研精教理的义学讲师而言,重行禅的禅师在文化素质上处于劣势。他们之所以一再强调"唯心证了知,非文疏能解",其实代表了文化层次较低的僧众对义学讲师垄断话语权力的不满。因此,从某种意义上来说,佛教的宗派斗争,与其说是思想的交锋,不如说是利益的争夺,或是话语权力的争夺。

相对而言,义学对佛教原典的阐释具有定于一尊的官方色彩,与统治阶级的专制体制相吻合,易于为官方哲学所接受,所以自魏晋南北朝至隋唐,义学讲师遍布于通都大邑,所谓"合国盛弘讲授",处于佛教话语权力的中心。禅宗的心性论则因承认"人中有佛性,亦名佛性灯"而具有人人平等的平民色彩(同上卷一引惠可语),与统治阶级的专制体制相疏离,易于为流民(自由民)和失去土地的农民所接受,所以其传法基地多位于边远偏僻的山区,处于佛教话语权力的边缘,至少在中唐以前情况一直如此。事实上,达摩一系的禅学思想刚一形成,义学各派就敏锐地感受到一种潜在的威胁,"多生讥谤","是非纷举"。这不仅是一种异端思想对正统思想的威胁,而且是一种下层流民对上层贵族僧侣的威胁。更能说明话语权力争夺的典型例子是道恒禅师对慧可的迫害,因为慧可在邺都讲经时吸引走了道恒的徒众,道恒遂怀恨在心,他表面上是以正统禅学来抵制慧可的邪禅,而实质上不过是为了争夺僧众、排斥异己罢了。换言之,历史上的宗教斗争从来都不是像宗教学说那样超越,而是相当世俗、相当现实的。

通过以上分析,我们似乎可以这样理解禅宗"教外别传"的意义,即它体现了一批处于佛教话语边缘的僧众为争取自己应有的话语权力和合法地位而作出的努力。也就是说,他们承认相对于义学教门的中心话语而言,禅宗是边缘化的,但自信在传授领悟佛教真理方面,禅宗是最正统、最优越的"正法眼藏"。

禅宗的"教外别传"也与其宗教观密不可分,而其宗教观又受制于禅宗产生的特殊社会背景。早期禅宗的组成,主要是失去土地的流民。用杜继文先生的话来说,就是"从北魏到五代,北方流民,包括以游僧的形式向南移动,其规模之大,持续之久,以及由此推动江淮、东南、岭南等地区的开发,在历史上曾蔚为壮观"[①]。道信、弘忍于黄梅双峰山、东山建立弘法基地,聚徒众数百人,标志着达摩禅系由北向南移动,同时也标志着禅宗僧众新的生活方式的开始,这就是走向山林,开发土地。

据《传法宝记》载,道信"每劝门人曰:努力勤坐,坐为根本。能作三五年,得一口食塞饥疮,即闭门坐。莫读经,莫共人语"(《传法宝记》,敦煌文书 P.3559)。"坐"指坐禅,"作"指劳作,宗教活动与生产活动并举,构成了禅宗僧团异于其他教派的鲜明特色,即将劳动吃饭当做行禅的重要项目。这种重视具体的现实生存的思路,必然导致对佛经书本的疏离。

弘忍的"东山法门"继承并发扬了道信的传统,他本人"昼则混迹驱给,夜便坐摄到晓"(同上),即昼作夜坐,而他"役力以申供养,法侣资其足焉"(《楞伽师资记》卷一),其生产劳动能解决整个僧团的生活供给。与此相对应,弘忍的传教方式也是重行禅而轻

[①]《中国禅宗通史》第3页。

言教，他相信"四仪皆是道场，三业咸为佛事"（同上），所谓"四仪"，指人的行、住、坐、卧；所谓"三业"，指人的身、口、意的活动。也就是说，"作'道场'、'佛事'，不限于寺院那样的特定场所，也不限于供奉膜拜佛菩萨等特定的僧侣律仪，而是要贯穿在行禅者的全部日常生活中"（《中国禅宗通史》第69页）。弘忍本人不是通过阅读佛经，而是通过日常生活中的亲身体验，从而领悟到佛性的真谛，"未视诸经论，闻皆心契"（《传法宝记》），"生不瞩文，而义符玄旨"（《楞伽师资记》卷一）。因此，弘忍传教也依此经验，"不出文记，口说玄理，默授与人"（同上）。由此可见，禅宗的"教外别传"最初应是指"坐"、"作"并重的行禅传教方式。

至于慧能本人，完全是一个家境贫寒、卖柴为生的农民。他刚来到黄梅东山求佛法，弘忍就"令随众作务"，到碓房"踏碓八个余月"（《坛经对勘》第5页法海本）。同时，慧能还是个目不识丁的文盲，不仅认不得经书的文字，而且连自己的悟道偈也要请人书写。尽管当今有学者认为慧能的"不识文字"是出于南宗的渲染，但除了门徒记载的《坛经》外，慧能没有其他著述传世，似乎证明即使慧能不是文盲，至少也是"生不瞩文"或"不出文记"的禅师。显然，慧能在阐述佛教经典义理方面是无法与其他义学讲师相提并论的。这样，一方面由于禅宗新的行禅方式不依赖于经典，另一方面也由于禅宗队伍的文化水平难以阅读经典，"教外别传"就是一条既具有创造性同时也是不得已的出路。事实证明，这条出路在吸引下层平民和农民僧众、扩大禅宗势力方面是颇为可行的。

作为半路出家的"行者"，慧能的禅思想更具世俗化和平民化的色彩。其中有两点最富革命性：

其一，反对坐禅。坐禅是传统佛学的最重要的宗教活动之一，达摩一系的禅学虽强调心性觉悟，但仍保持着摄心静坐的形式。慧能则重新解释了"坐禅"的含义：

> 此法门中，何名坐禅？一切无碍，外于境界上念不起为坐，见本性不乱为禅。（同上第41页法海本）

也就是说，坐禅不是一种外在的跏趺形式，而是一种内在的心理状态。这种对"坐禅"的解说，脱离了印度佛教禅学的原始意义，完全是根据中国禅宗僧众"作役"的行禅实践而作出的本土化解释。坐禅与否，是禅宗南宗与北宗分化对立的重要标志之一。表面看来，这只是参禅方式的区别，而实际上对南宗的言说方式和语言风格有重要影响。换言之，当农民把劳动当做参禅、士大夫把写作当做参禅之时，禅宗就以其俗语化、诗意化的语言对传统佛教语言造成最强有力的冲击。关于这一点，后文将详细论及，兹不赘述。

其二，批判西方净土信仰。净土信仰者认为，常念阿弥陀佛，死后可往生西方净土。慧能指出：

> 迷人念佛生彼，悟者自净其心。
> 东方人但净心无罪，西方人心不净有愆。（同上第81页法海本）
> 东方人造罪，念佛求生西方；西方人造罪，念佛求生何国？（同上第82页惠昕本，契嵩本、宗宝本亦同）

这种看法在道信那里就已经有了，据《楞伽师资记》记载，有人问道信："用向西方不？"道信曰："若知心本来不生不灭，究竟清净，即是净佛国土，更不须向西方。"而这一思想的更早源头出自《维摩经》，所谓"欲得净土，当净其心，随其心净，则佛土净"（《维摩诘所说经·佛国品》）。尽管如此，《坛经》的破除西方净土信仰仍有其独特的现实意义,一方面它引申出"若欲修行,在家亦得,不由在寺"、"但愿自家修清净,即是西方"的说法,使佛教由寺院走进家庭,由僧侣走向俗人,促进了禅宗世俗化的进程;另一方面,它将"东方人"和"西方人"对举的说法,也意味着对西来佛教的权威性的怀疑,对前往西方取经究竟有何意义的怀疑,从而促进了禅宗本土化的进程。换言之,当佛国净土由西方移到内心之日,也就是佛教权威由西方移到本土之时。从某种意义上说,慧能对西方净土信仰的批判,标志着禅宗话语的本土化走向。因而,禅宗的"教外别传"还应当包括"外于寺院的别传"以及"外于印度原典的别传"两个义项。

尽管慧能还保持着"藉教悟宗"的做法,《坛经》还使用着佛教的传统术语,但一系列新观念的提出,预示着禅宗一场语言革命的风暴即将来临。

第二章 ○ 祖师禅：
　　走下如来圣殿

　　慧能以后，禅宗分裂为倡顿悟的南宗和主渐修的北宗。南宗禅的一支荷泽宗在安史之乱前后，渐次北上，在中原地区取得和北宗禅分庭抗礼的地位。而在中唐贞元（785—805）以后，江西洪州禅迅速崛起，成为南北方首屈一指风靡一时的佛教宗派，并成为南宗禅的正宗统绪和不二法门。洪州禅进一步强化了禅宗的农禅精神，即自耕自足、自证自悟的精神。从宗教观念上来看，洪州禅改造如来"清净心"为祖师"平常心"，从对"体"的追求转向对"用"的自觉，由"即心即佛"发展为"非心非佛"。从宗教实践上来看，洪州禅以日用杂事取代宗教修行，以祖师的法堂取代如来的圣殿，以呵佛骂祖、离经慢教取代礼佛尊祖、诵经习教。神圣沦为平凡，经典丧失权威，终极失去价值，而个性得以张扬，劳动受到尊重，"此在"得到肯定。正是在此宗教观念和宗教实践的基础上，禅宗语言终于彻底摆脱佛教经典语言的影响和制约，形成了以俗语言为主体的简捷方便、朴拙粗鄙、泼辣痛快、灵活自由的独特风格。换言之，本土的平民话语系统（农禅语言）取代外来的印度话语系统（佛教经典语言）成为南宗禅的主要语言形态。

一、"方便接人"：本土话语的流行

从禅宗发展史来看，荷泽神会（684—758）是南宗禅的真正功臣。他不仅从思想上继承了慧能的衣钵，发扬光大了顿悟自性、无念为宗的传统，而且从舆论上大造声势，确立了南宗禅的正统地位，"自传心印，演化京都，定其宗旨，南能北秀，自神会现扬，曹溪一枝，始芳宇宙"（《祖堂集》卷三《荷泽和尚》）。然而，这样一位禅宗大师，在中唐风云一时之后，突然从新兴的禅宗诸派的统绪中消失了——没有门徒嗣法，没有著述流传。若不是20世纪初敦煌石窟的发现，谁也不会知道神会对于南宗禅的发展到底作出了多大贡献。与此相对应，倒是慧能另两位默默无闻的弟子南岳怀让（677—744）和青原行思（？—740），在中唐后突然声名大著，成了延续上千年的禅宗两大派系的始祖。

当今禅宗史研究者尽可以为神会鸣冤叫屈，树碑立传，也尽可以抹去怀让和行思脸上的金粉、头上的光环。不过，值得我们深思的是，究竟是什么原因导致禅宗史上这令人困惑的畸变？是宗派的消长，抑或僧众的选择？是历史的误会，抑或历史的必然？或许我们能从中唐后禅宗言说方式的演变中找到答案。

神会是慧能的真正得法弟子。慧能去世后，神会开始北上中原地区弘扬南宗宗旨，于开元二十二年（734）在河南滑台大云寺设无遮大会，与崇远法师辩论，扩大了慧能禅法的影响。安史之乱中，神会受请主坛度僧,所获财帛,用作唐代宗、郭子仪的军费。唐肃宗因此而为神会造禅宇于荷泽寺。此后数十年,荷泽系的南宗取代神秀、普寂的北宗而成为官方正统禅学。

然而,神会一系在欣欣向荣的同时,就已播下了衰亡的种子。表面看来,神会继承发扬了禅宗的思想,将禅宗的宗教革命推向深入,但进一步探究就会发现,神会其实偏离了禅宗发展的逻辑轨道,背离了禅宗之所以成为禅宗的最深刻的精神。从道信、弘忍的"东山法门"开始,禅宗的血脉传承就有两个最坚实的根柢:一是南方山区的传法根据地,二是力役自给的宗教实践方式。神会北上京洛传法,逐渐与南方禅宗的生存环境和行禅方式脱节,从而与南宗禅主流话语相乖离。神会尽管大力阐扬南宗宗旨,但由于与他辩论的对手是精习教义的法师,向他求教的学者是饱览经书的居士,因此他不得不视听众的文化水平而采用义学的语言。换言之,尽管神会的思想是富有创新性的,但使用的言说方式却是传统教派的。比如,他所创的新禅法,在内容上已与早期禅宗的如来清净禅有很大的区别,而他却仍借用《楞伽经》的术语为之命名,称为"如来禅",并一再引经据典加以阐释:

> 经云:众生见性成佛道。龙女须臾顿发菩提心,便成正觉。又令众生入佛知见,若不许顿悟者,如来即合偏说五乘。今既不说五乘,唯言众生入佛知见,约斯经义,只显顿门,唯在一念相应,实更不由阶渐。相应善也,谓见无念。见无念者,谓了自性。了自性者,谓无所得。以其无所得,即如来禅。维摩诘言,如自观身实相者,观佛亦然。我观如来,前际不来,后际不去,今则无住。以无住故,即如来禅。
>
> 无念即是一念,一念即是一切智,一切智即是甚深波若波

罗蜜,波若波罗蜜即是如来禅。(《荷泽神会禅师语录》)

这样,神会不自觉地掉进了他所反对的名相因果的语言陷阱,不仅沿用"菩提心"、"如来禅"、"波若波罗蜜"这样的梵语,而且使用义学讲师特有的严格推理的形式逻辑。而这一点,无疑脱离了禅宗思想赖以生存发展的最深厚的土壤,偏离了禅宗最基本的"不立文字"、"教外别传"的精神。

当神会用义学语言在北方弘扬宗旨的时候,南方禅宗的一场语言变革运动已悄然兴起。义学修养不高的怀让和行思,找到了一种更适合向平民僧众传法的言说方式。据《祖堂集》记载,怀让到曹溪参拜慧能,慧能问曰:"什么物与么来?"怀让答曰:"说似一物即不中。"(《祖堂集》卷三《怀让和尚》)[①] 怀让显然比神会更深刻地领会到"不立文字"的真正含义,因此,他放弃了喋喋不休的解说,而采用了一种直观启悟的布道方式。最著名的是他"磨砖成镜"的故事:

> 马和尚(马祖道一)在一处坐(坐禅),让和尚持砖去面前石上磨。马师问:"作什么?"师曰:"磨砖作镜。"马师曰:"磨砖岂得成镜?"师曰:"磨砖尚不成镜,坐禅岂得成佛也?"(《祖堂集》卷三《怀让和尚》)

行思的一段公案也有异曲同工之处:

> 师问神会:"汝从何方而来?"对曰:"从曹溪来。"师曰:"将

---

① 这段记载又见于《坛经》契嵩本、宗宝本以及《景德传灯录》卷五《南岳怀让禅师》、《古尊宿语录》卷一等。

得何物来?"会遂震身而示。师曰:"犹持瓦砾在。"会曰:"和尚此间莫有金真与人不?"师曰:"设使有,与汝向什么处着?"(同上卷三《靖居和尚》)

这里使我们感兴趣的不在于怀让、行思的聪明机智,而在于他们完全抛开了抽象的佛教术语,使用一种更生动具体的普通语言。倘若怀让和行思这两则公案还有几分真实的影子的话,那么可以说,这两个祖师拉开了禅宗语言全面本土化的序幕。

从道信、弘忍提倡"坐"、"作"并重时起,就可以看出禅宗发展日渐注重自耕自足的走向。到了中唐,在江西、湖南出现了具有自耕经济基础的农禅,尤其是在江西洪州等地,如百丈山,隐然形成规模庞大的农禅根据地。由于禅宗队伍的主要成分为失去土地的农民或其他行业的下层平民,因此在宗教观上与官方的贵族僧侣有很大的差异,与传统禅学也有一些不同。具体说来,中唐禅宗的主流——"洪州禅"十分重视活生生的日用之事,尤其强调劳动实践,不仅不同于法相宗的译经造论、华严宗的义理疏解、天台宗的习教明律,而且有别于净土宗的持斋念佛以及早期禅宗的摄心静坐。由怀让磨砖启发而觉悟的马祖道一(709—788),这位洪州禅的开创者,深深体会到人们的日常生活本身就具有终极真理,现实的心灵活动的全部就是佛性的显现,从而提出了"平常心是道"这个颇具革命性的口号:

道不用修,但莫污染。何为污染?但有生死心,造作趋向,皆是污染。若欲直会其道,平常心是道。何谓平常心?无造作,无是非,无取舍,无断常,无凡无圣。经云:"非凡夫行,非圣贤行,是菩萨行。"只如今行住坐卧,应机接物,尽是道。(《景

德传灯录》卷二八《江西大寂道一禅师语》)

这是对弘忍"四仪皆是道场,三业咸为佛事"的观点的进一步发挥。要想参禅得道的人,不必像北宗那样"时时勤拂拭"坐禅修行,甚至也不必像慧能那样强调顿悟自性"清净心"。马祖门下庞蕴居士的一首偈更简练生动地概括了洪州禅的宗教实践观:

> 日用事无别,唯吾自偶谐。头头非取舍,处处勿张乖。朱紫谁为号?丘山绝点埃。神通并妙用,运水及搬柴。(同上卷八《襄州居士庞蕴》)

体道无关乎诵经习教、念佛坐禅,而实现于运水搬柴这样的"日用事"之中,参禅者和世俗人的区别仅在于生活态度的不同,即无是非,无取舍,凡事不执著,不矫揉造作。

特别值得注意的是,马祖的弟子百丈怀海(720—814)把劳动列为禅门的"清规"之一,"行普请法,上下均力也"(同上卷六《洪州百丈山怀海禅师》),而他本人就以身作则,"凡日给执劳,必先于众","有'一日不作,一日不食'之言,流播寰宇"(《祖堂集》卷一四《百丈和尚》)。其后唐代禅师大多有过参加"普请"的经历。"普请法"的实施基于一个简单的真理,即以流民和下层平民为主的禅宗队伍,其穿衣吃饭的生存问题比菩提涅槃的解脱问题更来得重要。换言之,只有解决了此岸世界的温饱问题,才能讨论彼岸世界的生死解脱。显然,"普请法"的实施更进一步强化了禅宗的农禅色彩,并由此而进一步影响到禅宗的语言风格。

就本质而言,语言不仅仅是一种工具,而且是存在的家园,一定的言说方式总和一定的生存方式相对应,"平常心"出之以"平常语","日用事"配之以"日用话",可谓天经地义。既然"神通并妙用"的宗教实践是"运水及搬柴",那么,与此存在相对应的"神通并妙用"的语言也应当是运水搬柴人的语言。事实正是如此,禅宗宗教实践的世俗化与语言实践的本土化同步出现,当祖师让佛教走下如来殿堂之时,也为本土的僧众打开了方便之门。于是,在中唐以后出现的禅宗语录里,特别是在五代北宋出现的记载祖师言行的灯录里,随处可看到锄地搬柴的身影,可闻到驴粪马屎的气味,也可听到口语俗谚粗鄙的嗓音。学者们常用"泼辣"二字形容禅宗语言风格,如"干屎橛"、"系驴橛"之类的粗话,其实正是下层劳动者特有的语言。

正如前面所说,禅宗所谓"不立文字",主要是针对经教文字而言,即排斥概念化、说教式的佛典经论文字,而并非完全否定语言文字本身。借用现代话语理论来说,禅宗"不立文字"的最深刻的原因乃在于中国参禅学佛的下层民众(尤其是农民)不适应外来的印度话语系统,而试图建立本土的农禅话语系统;或将阐释佛旨的印度话语系统转化为顿悟自性的农禅话语系统。所谓"印度话语系统"主要是指汉译印度佛经原典的语言(其中甚至有一部分音译的"梵言"),也包括部分阐释佛经的义解论疏的语言。从魏晋南北朝直至隋唐五代北宋,它因受到历代帝王的支持而一直处于佛教的话语权力中心,《高僧传》《续高僧传》《宋高僧传》等均列《译经篇》为第一、《义解篇》为第二,就是其话语权力的体现。印度话语系统有繁复的理论体系、明彻的概念和逻辑,即所谓"名相因果",但其致命的弱点是与中华民族的生存方式和思维方式相对隔膜而缺少真切性。翻译大师玄奘体系严密的法相宗最终未能在中国流传下去,原因正在于此。所谓"农禅话语系统"指禅宗典籍中占主要地位的俗语言,即所谓"宗门语",它是流行于平民大众口中的活语言,直接植根于中华本土文化的深厚土壤之中,真切地反映了本民族的生存方式和思维方式,与禅宗主张自证自悟的宗教实践观最相契合。由于农禅话语系统给禅宗僧众的言者和听者都带来方便,所以自中唐以后,它取代印度话语系统而成为禅宗的主要语言形态。

同时需要指出的是,除去俗语言之外,诗句的大量创制和引用,也成为中唐后禅宗语言的一大特点。这不仅因为唐代是个诗歌极其发达的时代,诗歌普及于社会各阶层,禅门也不例外,而且也因为士大夫参禅者渐多,禅门吸引士大夫需要诗歌的配合,士大夫的心性需要借助诗歌表达。总而言之,禅门中诗句的流行似乎意味着士大夫话语系统发挥了潜在的影响。

在中国佛教史上,"宗门"和"教门"对待印度话语系统的态度崭然有别,教门的讲师嘲笑本土作者"不辨唐梵",而宗门的禅师则认为佛旨"非有竺梵震旦之异"(释惠洪《石门文字禅》卷二五《题华严纲要》,《四部丛刊》本)。尽管佛经翻译是"变梵(言)为华(言)"(《宋高僧传》卷首附《大宋高僧传序》),但并未完全改变其外来话语的性质,因此多少受到本土文化的抵制。直到北宋后期,站在禅宗立场上的苏轼(1037—1101)还认为:"是时北方之为佛者,皆留于名相,囿于因果,以故士之聪明超轶者皆鄙其言,诋为蛮夷下俚之说。"(《苏轼文集》卷一七《宸奎阁碑》)相对而言,禅宗以其中国人熟悉的口语俗谚、诗句歌谣,大大淡化了佛教所具有的外来"蛮夷下俚"的性质,使之成为易于为中国人接受的本土化的宗教。

可以说,唐代禅宗最重要的贡献就在于把佛教的禅学从印度的话语系统移植到中国的话语系统之中,即由"如来禅"变为"祖师禅"。在禅宗门徒的眼里,"祖师禅"是比"如来禅"更高一层的境界,如香岩智闲(中晚唐人)有偈曰:"去年贫,未是贫,今年贫,始是贫。去年无卓锥之地,今年锥也无。"仰山慧寂(807—883)评价道:"汝只得如来禅,未得祖师禅。"(《景德传灯录》卷一一《袁州仰山慧寂禅师》)依我看,"如来禅"可能就是指神会一系的禅法。事实上,神会的"如来禅"有禅教合一的倾向,再传至华严澄观(738—839),三传至圭峰宗密(780—841),遂与华严宗合流,与禅宗主流话语分道扬镳;而"祖师禅"应当指怀让、行思等人的禅法,它保留了"不立文字,以心传心"的祖训,发扬了"坐"、"作"并重的传统,坚持了禅宗反权威、反贵族的平民精神。其后的禅籍里一再出现有关这条公案的评论,并出现"如来禅与祖师禅相去多少"、"祖意教意是同是别"的命题。这似乎意味着在宗门里,祖师的言说比佛经的文字更具有权威性。"不立文字"只是托辞,"教外别传"才是真话。后来禅宗语录的流行兴盛,几乎取代佛经成为禅僧的必读书,原因正在于此。

二、"直下即是":存在即此在

阅读禅宗典籍,常常会遇到大量的令人摸不着头脑的语句。青原行思禅师有一段著名的公案,就是一个极好的例子:

> 僧问:"如何是佛法大意?"师曰:"庐陵米作么价?"(《祖堂集》卷三《靖居和尚》)

这种牛头不对马嘴的回答,成为禅宗最典型的言说方式。在后来的禅宗灯录、语录中,类似的回答不可胜数。值得我们追问的是,这种荒诞奇特的回答,难道仅仅是为了打破参学者对语言的迷信和幻想而故意胡言乱语？难道其中就没有一种概念的形式和可理解的意义？要探讨这个问题，还得从禅宗的宗教观入手。

正如前面所说，慧能对西方净土信仰的批判，意味着禅宗对佛教的彼岸世界的全新认识，即西方极乐世界存在于每个人的一念净心之中。南宗禅（尤其是洪州禅）更进一步把一念净心理解为平常心，也就是说，佛法并不在遥远的彼岸，而就在此时此刻的现实生活之中，所谓"行住坐卧，应机接物，尽是道"（《景德传灯录》卷二八《江西大寂道一禅师语》），所谓"佛法无用功处，只是平常无事，屙屎送尿，着衣吃饭，困来即卧"（《古尊宿语录》卷四《镇州临济慧照禅师语录》，《佛藏要籍选刊》第十一册），所谓"佛法事在日用处，在你行住坐卧处，吃茶吃饭处，言语相问处"（《景德传灯录》卷三〇《魏府华严长老示众》）。《景德传灯录》中有一则百丈怀海禅师的故事，颇能说明这一点：

> 因普请钁地次，忽有一僧闻饭鼓鸣，举起钁头大笑，便归。师云："俊哉！此是观音入理之门。"师归院，乃唤其僧问："适来见什么道理，便恁么？"对云："适来只闻鼓声动，归吃饭去来。"师乃笑。（同上卷六《洪州百丈山怀海禅师》）[1]

小和尚听见开饭的鼓声响了，高兴得大笑，因为他挖地饿了，正想吃饭。而怀海以为他是"声闻而觉"，暗合观音菩萨的"入理之门"。怀海唤小和尚一问，才知道他并未见到什么道理，只是想吃饭而已。耐人寻味的是"师乃笑"，怀海到底是笑自己过高估价了小和尚的水平呢，还是笑自己反不如小和尚更能理解参禅的真谛呢？事实上，

---

[1] 又见《祖堂集》卷一四《百丈和尚》、《古尊宿语录》卷一，文字稍异。

按照马祖的教导,小和尚这种"饥来吃饭,困来即眠"的真率行为,最能体现"随处作主,立地皆真"的洪州禅精神;怀海赞赏的"观音入理之门",反倒留意于觉悟,而有"造作趋向"。因此,怀海禅师的"笑"应当是意识到自己的不足,带着长者的"前言戏之耳"式的检讨。更耐人寻味的是各种禅籍对这个故事的津津乐道,似乎表明后来的禅师们都注意到小和尚"饥来吃饭"中蕴藏的禅理,都注意到"师乃笑"中包含的深意。

以上怀海师徒间的问答,可以简化为或改编为这样的句子:"师问:'汝见佛法什么道理?'僧曰:'闻鼓声,吃饭去。'"老师问得深,徒弟答得浅,老师问的是宗教问题,徒弟答的是世俗生活。用禅宗的术语来说,老师问的是"体",徒弟答的是"用"。然而,徒弟的这种不假思索的真率回答,恰恰符合中唐禅宗由对"体"的追寻转向对"用"的自觉的趋向,同时也恰恰是中唐禅宗祖师对付门徒提问最常用的办法。前面所举青原行思禅师的一段公案正是如此。

据《祖堂集》记载,青原行思俗姓刘,江西庐陵人,"自传曹溪密旨,便复庐陵化度群生"。显然,行思的使命是向庐陵的普通民众宣扬慧能南宗宗旨。而南宗禅正是认为佛法并不在遥远的彼岸世界,就在此岸世界的日常生活中。所以,当僧徒提出"如何是佛法大意"这种彼岸世界的终极问题时,行思答之以"庐陵米作么价"这样的此岸世界的现实问题,以启悟僧徒把握日常生活中的禅理。也就是说,不必去苦苦追寻"佛法大意",只须了解当下的"庐陵米价",或者是说,一切"佛法大意"都必须通过对此时此刻的"庐陵米价"的了解而真正得到解释。借用德国哲学家海德格尔的哲学术语来说,即一切存在物的存在(Sein)意义都必须从人的时间性的此在(Dasein)领悟这一中心出发去阐释。行思用"庐陵米价"来回答"如何是佛法大意"的提问,正如海德格尔用"存在是人的存在即此在"来回答"什么是存在"这一问题一样。

当我们循着这条思路去重新审视灯录语录中那些荒诞奇特的言语时,眼前顿觉豁然开朗,原来有相当多的师徒问答,都自觉或不自觉地遵循着这一模式,即凡是僧徒追问"存在"的终极意义时,祖师都答之以"此在"的现实生活。例如,僧问黑眼和尚:"如何是佛法大意?"答曰:"十年卖炭汉,不知秤畔星。"(《景德传灯录》卷八《黑眼和尚》)意思是说,佛法大意就在你身边的日用事中,正如在卖炭人的秤畔星中,倘若卖炭十年,还不知道秤畔星的功用,那么又向何处去寻觅佛法大意呢?事实上,有很多类似的公案,都可以用"存在即此在"的观点去解释。试看下列数则:

> 僧问:"如何是佛法大意?"师云:"蒲花柳絮,竹针麻线。"(同上卷七《明州大梅山法常禅师》)
>
> 僧问:"如何是佛法大意?"师云:"春日鸡鸣。"(同上卷八《潭州石霜大善和尚》)
>
> 问:"如何是佛法大意?"师曰:"今年霜降早,荞麦总不收。"(同上卷一一《邓州香岩智闲禅师》)
>
> 问:"如何是佛法大意?"师曰:"驴事未了,马事到来。"(同上《福州灵云志勤禅师》)
>
> 问:"如何是佛法大意?"师曰:"填沟塞壑。"(同上卷一七《抚州曹山本寂禅师》)
>
> 问:"如何是佛法大意?"师曰:"春来草自青。"(同上卷一九《韶州云门文偃禅师》)
>
> 问:"如何是诸佛玄旨?"师曰:"草鞋木履。"(同上卷二一《金陵报恩院清护禅师》)
>
> 问:"如何是佛法大意?"师曰:"竹箸一文一双。"(同上卷

二二《福州林阳志端禅师》)

问:"如何是佛法大意?"师曰:"碓捣磨磨。"(同上《漳州报恩院行崇禅师》)

问:"如何是佛法大意?"师曰:"三门外松树子,见生见长。"(同上卷二三《石门山乾明寺慧彻禅师》)

问:"如何是佛法大意?"师曰:"点茶须是百沸汤。"(《五灯会元》卷一二《大宁道宽禅师》)

问:"如何是佛法大意?"师曰:"柿桶盖棕笠。"(同上卷一五《海会通禅师》)

顺着"存在即此在"的思路来理解,这些莫名其妙的古怪话头,便都有了一个概念的形式、概念的结构。因此也都有了一个可理解的意义。"佛法大意"不就存在于碓捣磨磨、驴事马事、填沟塞壑这样的生产劳动中吗?不就存在于竹针麻线、草鞋木履、柿桶棕笠这样的日用物品中吗?不就存在于蒲花柳絮、青草松树的生长凋零中吗?不就存在于春日鸡鸣、秋日麦收的自然节律中吗?类似的情况还体现在诸如"如何是祖师西来意"、"如何是古佛心"、"如何是佛"、"如何是法"、"如何是法身"、"如何是道"之类的问答中。最有趣的是关于"如何是道"的解答:

问:"如何是道?"师曰:"回牛寻远涧。"(《景德传灯录》卷一七《洞山师虔禅师》)

问:"如何是道?"师曰:"徒劳车马迹。"(同上《新罗泊严禅师》)

问:"如何是道?"师曰:"去去!迢迢十万余。"(同上卷二二《韶州净法章和尚》)

问:"如何是道?"师曰:"迢迢。"(同上《韶州林泉和尚》)

问:"如何是道?"师曰:"勤而行之。"(同上卷二六《宣州兴福可勋禅师》)

问:"如何是道?"师曰:"跋涉不易。"(同上《苏州长寿朋彦大师》)

问:"如何是道?"师曰:"往来无障碍。"(《五灯会元》卷一一《齐耸禅师》)

问:"如何是道?"师曰:"车碾马踏。"(同上《谷隐蕴聪禅师》)

问:"如何是道?"师曰:"宽处宽,窄处窄。"(同上卷一二《大乘慧果禅师》)

问:"如何是道?"师曰:"高高低低。"曰:"如何是道中人?"师曰:"脚瘦草鞋宽。"(同上《华严道隆禅师》)

问:"如何是道?"师曰:"出门便见。"(同上《翠岩可真禅师》)

问:"如何是道?"师曰:"路不拾遗。"(同上《云峰文悦禅师》)

问:"如何是道?"师曰:"斜街曲巷。"(同上《清隐惟湜禅师》)

问:"如何是道?"师曰:"头上脚下。"曰:"如何是道中人?"师曰:"一任东西。"(同上卷一五《云门法球禅师》)

问:"如何是道?"师曰:"踏着。"曰:"如何是道中人?"师曰:"退后三步。"(同上《铁幢觉禅师》)

问:"如何是道?"师曰:"十里双牌,五里单堠。"(同上卷一七《三祖法宗禅师》)

僧徒问的是抽象的道理的"道",祖师回答的是具体的道路的"道",表面看来,似乎是答非所问,但仔细想来,祖师正是利用"道"这一词的双关意义暗示了禅宗的观念,即抽象的"道"正蕴含在具体的"道"之中。这里再没有《老子》式的"道可道,非常道"的神秘玄虚，一切都这样明白实在，亲切具体。兴善惟宽禅师（755—817）说得更直截了当："有僧问：'道在何处？'师曰：'只在目前。'"（《景德传灯录》卷七《京兆兴善惟宽禅师》）这简直是"存在即此在"的绝佳中文意译。而药山惟俨禅师（745—828）与李翱（772—841）的一段关于"道"的著名问答，则是"存在即此在"的绝佳中文示例：

> （李翱）问曰："如何是道？"师以手指上下，曰："会么？"翱曰："不会。"师曰："云在天，水在瓶。"翱乃欣惬作礼，而述一偈曰："练得身形似鹤形，千株松下两函经。我来问道无余说，云在青天水在瓶。"（同上卷一四《澧州药山惟俨禅师》）

超时空的永恒的具有终极意义的"道"，其实都只能通过人对时间性、空间性的"目前"、"脚下"的此在（如即目所见的"云在天，水在瓶"）的体悟去把握。所以，在各种禅籍里，我们随处可见诸如"直下即是"、"直下事"、"直下便见"、"直下会得"、"直下参取"、"直下示学人"、"直下承当"、"当下开解"、"当下大悟"之类的话头，所谓"直下"、"当下"，就是指言说者的时间性、空间性的此在。

尽管禅宗的语言观受到道家思想的影响，但在对"道"的理解和阐释上，禅宗无疑更接近先秦儒家的实践理性精神。"道在目前"的说法，很容易使我们想起孔子所说"道不远人"和孟子所说"道在迩而求诸远"[①]。事实上，灵隐延珊禅师（北宋初人）在回答僧问"如何是道"时就用了"道远乎哉"的话头（《五灯会元》卷一〇《灵隐延珊禅师》）。古人也早已注意到禅宗与儒家的这一相似点，如

[①] 《礼记正义·中庸》："子曰：'道不远人。人之为道而远人，不可以为道。'"《孟子注疏·离娄上》："道在迩而求诸远。"（《十三经注疏》本）

北宋诗人黄庭坚（1045—1105）有诗云："八方去求道，渺渺困多蹊。归来坐虚室，夕阳在吾西。"任渊注："法眼禅师《金刚经四时般若颂》曰：'理极忘情谓，如何有喻齐。到头霜夜月，任运落前溪。果熟兼猿重，山长似路迷。举头残照在，元是住居西。'此用其意，谓道在迩而求诸远也。"（任渊《山谷诗集注》卷五《柳闳展如，苏子瞻甥也，其才德甚美，有意于学，故以"桃李不言，下自成蹊"八字作诗赠之》其八，《四部备要》本）南宋罗大经也认为，一女尼写的悟道诗"尽日寻春不见春，芒鞋踏破垄头云。归来笑拈梅花嗅，春在枝头已十分"，其禅理无非就是儒家所谓"道不远人"（《鹤林玉露》丙编卷六《道不远人》，中华书局排印本，1983年）。

既然禅宗相信"道"就在目前，那么，要破解禅籍中那些古怪话头的密码，就必须还原其说话的特定语境，也就是还原其说话时的"此在"。我们发现，唐代禅宗特别是洪州禅一系有很多问答或对话发生在"普请"的场景中，仅以《景德传灯录》中所载部分故事为例：

> 一日普请择蕨菜，南泉拈起一茎云："这个大好供养。"师云："非但这个，百味珍羞，他亦不顾。"（《景德传灯录》卷六《池州杉山智坚禅师》）

> 师问维那："今日普请作什么？"对云："拽磨。"师云："磨从你拽，不得动着磨中心树子。"维那无语。（同上卷八《池州南泉普愿禅师》）

> 普请摘茶。师谓仰山曰："终日摘茶，只闻子声，不见子形，请现本形相见。"仰山撼茶树。师云："子只得其用，不得其体。"仰山云："未审和尚如何？"师良久。仰山云："和尚只得其体，不得其用。"师云："放子二十棒。"（同上卷九《潭州沩山灵祐禅师》）

石霜会下有二禅客到云:"此间无一人会禅。"后普请般柴,仰山见二禅客歇,将一橛柴问云:"还道得么?"俱无语。仰山云:"莫道无人会禅。"(同上)

师在南泉时,普请择菜。南泉问:"什么处去?"曰:"择菜去。"南泉曰:"将什么择?"师举起刀子。南泉云:"只解作宾,不解作主。"师扣三下。(同上《洪州黄檗希运禅师》)

师一日与黄檗赴普请,师在后行,黄檗回头见师空手,乃问:"钁头在什么处?"师云:"有人将去了也。"黄檗云:"近前来,共汝商量个事。"师便近前。黄檗将钁钁地云:"我这个天下人拈掇不起。"师就手掣得竖起云:"为什么却在某甲手里。"黄檗云:"今日自有人普请,我更不着去也。"便归院。(同上卷一二《镇州临济义玄禅师》)

因普请往庄中,路逢猕猴。师曰:"这畜生一个背一面古镜,摘山僧稻禾。"僧曰:"旷劫无名,为什么章为古镜?"师曰:"瑕生也。"僧曰:"有什么死急?话端也不识。"师曰:"老僧罪过。"(同上卷一六《福州雪峰义存禅师》)

师曾在乐普作维那,白槌普请,曰:"上间般柴,下间锄地。"时第一座问:"圣僧作么生?"师曰:"当堂不正坐,不赴两头机。"(同上卷一七《京兆华严寺休静禅师》)

雪峰因普请畲田,见一蛇,以杖挑起,召众曰:"看看!"以刀芟为两段。师以杖抛于背后,更不顾视。众愕然,雪峰曰:"俊哉!"(同上卷一八《福州玄沙师备禅师》)

一日普请,往海坑斫柴,见一虎。僧曰:"和尚,虎!"师曰:"是汝虎。"归院后,僧问:"适来见虎,云是'汝',未审尊意如何?"师曰:"婆娑世界,有四重障,若人透得,许汝出阴界。"(同上)

> 普请般柴,师曰:"汝渚人尽承吾力。"一僧曰:"既承师力,何用普请?"师叱之曰:"不普请,争得柴归?"(同上)
>
> 因普请处,雪峰举沩山"见色便见心"语,问师:"还有过也无?"曰:"古人为什么事?"雪峰曰:"虽然如此,要共汝商量。"曰:"恁么即不如道怤锄地去。"(同上《杭州龙册寺道怤禅师》)

以上这些故事涉及南泉普愿(748—834)、沩山灵祐(771—853)、仰山慧寂、黄檗希运(?—855)、临济义玄(?—866)、雪峰义存(822—908)、玄沙师备(835—908)等禅门大德,提供了中晚唐禅宗宗教传承最常见的语境。从中我们可以了解这样一些事实:其一,"普请"是唐代禅宗最重要的日常生活之一,是解决禅宗僧众日常生存需要的必要手段,"不普请,争得柴归",这是禅师们最朴素然而也最深刻的认识;其二,"普请"内容包括择菜、拽磨、摘茶、搬柴、锄地、畲田、斫柴等诸多农业劳动和家务劳动,禅宗僧众的对话往往在"普请"的背景中展开;其三,"普请"是"上下均力",无所谓贵贱,师徒之间平等劳动,因此只有平等自由的交谈,而无耳提面命的说教;其四,在"普请"过程中探讨禅理,是禅宗传教的重要方式之一,如沩山、仰山摘茶时辨"体用",南泉、黄檗择菜时论"宾主",化抽象为形象,言简而意深;其五,"普请"本身就是宗教活动,禅机就蕴藏在劳动中,如仰山以搬柴为"会禅",道怤以为商量"见色便见心"还不如锄地去。

从以上事实中可得出这样的结论,"普请"是禅宗僧众言说最典型的语境,即"农禅语境",这一语境也影响甚至决定了禅宗的整个语言风格和言说方式。禅师们在上堂、小参等其他传教活动中,所使用的仍是平等自由的交谈形式和"存在即此在"的语言模式。这样,当我们阅读灯录语录时,只要随时想到产生那些古怪话头的

"农禅语境",那么很多理解上的困难便可迎刃而解了。也就是说,那些古怪话头只要重新回到唐代禅师的具体生存环境里,就显得非常朴素自然。正如宋僧惠洪所说:"古人纯素任真,有所问诘,木头、碌砖随意答之,实无巧妙。"(《石门文字禅》卷二五《题云居弘觉禅师语录》)

三、"呵佛骂祖":经教的消解

自耕自足的生存方式更进一步强化了自证自悟的南宗禅精神。洪州禅成为禅宗最有势力的一支,荷泽神会等派系逐渐衰亡,不仅标志着农禅对非农禅的胜利,而且意味着禅宗进一步抛弃"藉教悟宗"的传统,也无视王公贵族的青睐,在南方的山水田园中找到了参禅体道的广阔天地。

早期禅宗虽然有不同于义学的疏离经教的倾向,但仍奉行某种佛教原典作为开宗立派的旗帜,如达摩诸祖以《楞伽经》传宗;慧能虽然提倡顿悟自性,但仍劝人奉持《金刚经》,并广引《维摩》《法华》《涅槃》诸经阐明宗旨;慧能门下的法达禅师虽盛赞"经诵三千部,曹溪一句亡",但觉悟后仍坚持读经,"不辍诵持"(《景德传灯录》卷五《洪州法达禅师》);神会一系"荷泽宗"也是主张禅教合一的。然而,禅宗发展到中晚唐,怀让、行思二系却出现了一股强劲的消解经教的势头。尤其是马祖道一将禅宗传统的"即心即佛"改造为"非心非佛"[①],更拆解了宗教的最后一点神圣,瓦解了

---

① 《景德传灯录》卷六《江西道一禅师》:"僧问:'和尚为什么说即心即佛?'师云:'为止小儿啼。'僧云:'啼止时如何?'师云:'非心非佛。'"意谓"即心即佛"只是权宜假设的说法,"非心非佛"那无理念、无佛法的一无所住的"空"才是心灵的惟一栖息之地。

理念的最后一处阵地，呵佛骂祖、离经慢教也就成了禅宗逻辑的归宿。而禅宗语言也在此解构神圣的运动中形成了泼辣粗鄙的风格。

怀让一系马祖的弟子百丈怀海首先根据禅宗发展的实际状况制定禅门规式，"不立佛殿，唯树法堂"，虽号称是"表佛祖亲嘱受，当代为尊也"（《景德传灯录》卷六《洪州百丈山怀海禅师》），但实际上是把如来请下了圣殿，把佛教的外在信仰彻底地转变为向内修持，把偶像崇拜彻底地转变为自心觉悟。佛殿是律寺的主要建筑，供养诸佛菩萨，崇饰庄严，耗资巨大，是"蠹民之费"而"谄神佞佛"的设施，因而向来是反佛、排佛者攻击的对象。怀海改佛殿为法堂，不仅避免了佛教劳民伤财的社会弊病，扫除了反佛、排佛者的重要借口，而且以其简朴的传教方式和反偶像的姿态，符合农禅一贯的自耕自足、自证自悟的精神。

如果说怀海从形式上拆毁了佛教偶像崇拜的神殿的话，那么他的师兄大珠慧海禅师则从理论上解构了佛教的信仰基础和佛的神圣地位。慧海的《顿悟入道要门论》引经云："圣人求心不求佛，愚人求佛不求心；智人调心不调身，愚人调身不调心。"（《大珠禅师语录》卷上《顿悟入道要门论》，长沙刻经处本）令人怀疑的是，慧海并没有标明所引佛经名，与这段话前后引经标明《楞伽经》《维摩经》《佛名经》《禅门经》的做法颇为不同，因此所谓"经云"很可能是他自己的观点。这段话将"求佛"与"求心"对立起来，提倡"求心"而反对"求佛"，从而把禅宗强调顿悟自性、反对偶像崇拜的传统推向极端。慧海以"心"为佛教的惟一本体，并据此重新解释了"佛"、"法"、"僧"三宝的含义："心是佛，不用将佛求佛；心是法，不用将法求法；佛法无二，和合为僧，即是一体三宝。"（同上卷下《诸方门人参问》）按此逻辑，既然每个僧人自身一体即具三宝，那么外在的佛、法、僧三宝也就不再神圣了。所以，慧海指出："汝若能谤于佛者,是不著佛求;毁于法者,是不著法求;不入众数者,是不著僧求。"(同上)公然认为"谤佛"就是"求心不求佛","毁法"就是"求心不求法",公然提倡"不入众数(僧团)"的特立独行。怀海的弟子黄檗希运禅师表述得更明白:"不著佛求,故无佛;不著法求,故无法;不著众求,故无僧。"(《古尊宿语录》卷三《黄檗断际禅师宛陵录》)以"无佛"、"无法"、"无僧"消解了三宝的一切价值。

慧海、希运的言论无疑是惊世骇俗的,但在当时却代表着农禅中的一股普遍思潮。青原行思一系石头希迁(700—790)的门徒蔑视佛法的倾向与慧海、希运完全一致,行动表现更有过之而无不及。如希迁的弟子丹霞天然(739—824)在慧林寺时,遇天大寒,便取木佛焚烧以御寒。有人批评他这种亵渎神灵的行为,丹霞曰:"吾烧取舍利。"人曰:"木头何有(舍利)?"丹霞曰:"若尔者,何责我乎?"(见《景德传灯录》卷一四《邓州丹霞山天然禅师》)竟将理论上"谤佛"、"无佛"化为行动上的焚烧佛像。又如希迁的三传弟子德山宣鉴(780—865)曾经精研律藏,不服禅宗的直指人心、见性成佛之说,担上《青龙疏钞》出蜀,准备和南宗禅辩论一场。没想到在至湖南澧州的路上,一个卖点心的婆子给他出了道难题:"《金刚经》道:'过去心不可得,现在心不可得,未来心不可得。'未审上座点那个心?"德山满腹律藏竟无以对答。后来德山从澧州龙潭崇信禅师而悟,更意识到经论疏钞在启悟人的心灵方面毫无用处:"穷诸玄辩,若一毫置于太虚;竭世枢机,似一滴投于巨壑。"于是就在龙潭的法堂上将《青龙疏钞》付之一炬。从此,德山这个曾经以讲解《金刚经》闻名的"周金刚",成了人人皆知的"呵佛骂祖"的急先锋。他上堂说法竟宣称:

我先祖见处即不然,这里无祖无佛,达磨是老臊胡,释迦

> 老子是干屎橛，文殊、普贤是担屎汉。等觉妙觉是破执凡夫，菩提涅槃是系驴橛，十二分教是鬼神薄、拭疮疣纸。四果三贤、初心十地是守古冢鬼，自救不了！（《五灯会元》卷七《德山宣鉴禅师》）

真个痛快淋漓，泼辣火爆，把佛教各种偶像、教条骂了个遍。"呵佛骂祖"的背后是对"自救"（自我拯救）的强烈呼唤。这段痛骂表达了德山觉悟后誓与佛教义学划清界限的决心，同时也表达了他对任何外在的经典、权威和偶像的轻蔑。最有意思的是，德山这段话的每一个判断句的主语都是神圣的佛祖菩萨和经教名相等外来名词，而谓语都是污秽粗鄙、低贱卑下的侮辱性的本土名词，这似乎不仅意味着佛教的偶像崇拜和外在信仰在禅门的彻底坍塌，而且意味着本土农禅话语对外来印度话语的长期不满的一次彻底清算。

这种"呵佛骂祖"的言词，在中晚唐禅师的语录里随处可见，如马祖的再传弟子赵州从谂上堂有云："金佛不度炉，木佛不度火，泥佛不度水，真佛内里坐。"（《景德传灯录》卷二八《赵州和尚从谂语》）与丹霞天然烧木佛烤火的思路如出一辙。事实上，希迁的湖南禅与马祖的洪州禅有千丝万缕的联系，如希迁曾问道于怀让（见《祖堂集》卷四《石头和尚》），丹霞曾参拜过马祖（见同上《丹霞和尚》），而德山的师祖天皇道悟很可能就是马祖的弟子天王道悟（见《全唐文》卷七一三唐丘玄素《天王道悟禅师碑》，中华书局影印本，1983年）。因此，百丈怀海的再传弟子临济义玄也有德山式的痛骂：

> 十地满心犹如客作儿，等妙二觉担枷锁汉，罗汉辟支犹如厕秽，菩提涅槃如系驴橛。（《镇州临济慧照禅师语录》，《大正藏》第四十七卷）

"十地满心"等术语都是指佛教徒修行所达到的境界,而在义玄看来,这些神圣的境界不过是迷失自性、丧失主宰的雇工("客作儿"),是自缚心性、不知解脱的囚徒("担枷锁汉"),其污染心性犹如厕所里的粪便("厕秽"),其拘执心性犹如拴驴子的木桩(系驴橛)。他甚至公开号召"毁佛毁祖,是非天下,排斥三藏教,骂辱诸小儿,向逆顺中觅人"(同上),言词更为激烈。义玄的"干屎橛"之说也很有名:

> 上堂云:"赤肉团上有一位无位真人,常从汝等诸人面门出入。未证据者看看!"时有僧出问:"如何是无位真人?"师下禅床把住云:"道道!"其僧拟议。师托开云:"无位真人是什么干屎橛!"便归方丈。(同上)

"干屎橛"就是干硬的棒状的屎块[①],比喻至秽至贱之物。云门文偃禅师(864—949)也继承了这种作风:"问:'如何是释迦身?'师云:'干屎橛。'"(《云门匡真禅师广录》卷上,《大正藏》第四十七卷)这种把佛菩萨比作"干屎橛"的说法,或许包含有庄子所谓"道在屎溺"的观念(见郭庆藩《庄子集释·知北游》,中华书局排印本,1982年),但似乎更多地表明了这样的看法,即佛菩萨是对顿悟自性毫无帮助的废物。

与"呵佛骂祖"思潮相联系,禅门中离经慢教的趋向也发展到极端。百丈怀海反复向僧众讲明,佛教的一切"有无知见",即各种以理

[①] "干屎橛"一词,《辞海》释为"拭粪之橛也",《汉语大词典》释为"厕筹",即"刮屎篦",均误。当依日本学者入矢义高释为"棒状的干粪",见《俗语言研究》第2期《禅语散论——"干屎橛"、"麻三斤"》,禅籍俗语言研究会编,日本京都花园大学禅文化研究所发行,1995年。

性知识形式为载体的佛法,都是障蔽人自性的东西,都是农禅必须清除的"粪",他指出:"只如今求佛求菩萨,求一切有无等法,是名运粪入,不名运粪出。只如今作佛见,作佛解,但有所见所求所著,尽名戏论之粪,亦名粗言,亦名死语。"(《古尊宿语录》卷二《大鉴下三世百丈大智禅师语之余》)其弟子黄檗希运也有类似的说法:"所以佛出世来,执除粪器,蠲除戏论之粪。只教你除却从来学心见心,除得尽,即不堕戏论,亦云搬粪出。"(同上卷三《黄檗断际禅师宛陵录》)也就是说,佛的本意是清除人的"知见",犹如"搬粪出";而苦苦探求佛的见解,执著于佛经的"戏论",则反而增加了人的"知见",犹如"运粪入",与佛的本意南辕北辙。显然,视佛经为"戏论之粪",这是对以解说、阐释、注疏佛经为宗旨的义学各派的一种辛辣讽刺。

怀海的另一弟子古灵神赞禅师忠实地继承了其师的衣钵,反对读经,以清除"知见"。古灵神赞原在福州大中寺受业,后来行脚到洪州,遇到百丈怀海而开悟。悟后回到本寺。一日,神赞看到他的受业师在窗下看经书,一只蜂子在纸窗上爬来爬去想钻出窗外,便说:"世界如许广阔,不肯出;钻他故纸,驴年去。"并作了一首偈讽刺包括他老师在内的埋头经书的人:"空门不肯出,投窗也大痴。百年钻故纸,何日出头时?"(《五灯会元》卷四《古灵神赞禅师》)[①]沉溺于经书的人,就如同蜂子一样在语言文字的纸窗上东碰西撞,忘记了广阔世界任他横行竖行。中国的十二生肖纪年里没有"驴年",因此,"钻他故纸,驴年去",就是说永无出头之日。俗话说:"人生识字糊涂始。"人们常常被语言文字所异化,通过语言文字来了解真实的存在,在自己与活生生的世界之间树起一扇理性知识的纸窗,

---

① 《祖堂集》卷一六、《景德传灯录》卷九均载此事,文字稍异。"蜂子"《祖堂集》作"蝇子","驴年去"《祖堂集》作"驴年解得出",《景德传灯录》作"驴年出得"。又《祖堂集》《景德传灯录》未载这首偈。

从来就没有想到过理性及语言文字有可能欺骗它的使用者。人们靠语言来了解世界,而语言却遮蔽了世界的真相,使认识发生了混乱。人们的学佛也是如此,本来力图通过读佛经来了解佛的真谛,而佛经的文字却遮蔽了佛的真谛。钻故纸而不得出,这是碰窗蜂子的困惑,是读经和尚的困惑,也是堕入理窟的人类的困惑。所以,人们只有返回来时的路,返回原初的素朴之心,才能发现世界的本来面目。对于参禅者来说,就是要扫除经教文字造成的事障、理障、言语障,从而恢复本来清净的自性,即佛性。

大珠慧海在倡导谤佛毁法的同时,也雄辩地论证了读经诵经的愚蠢幼稚。据《景德传灯录》所载《越州大珠慧海和尚语》:

> 僧问:"何故不许诵经,唤作客语?"师曰:"如鹦鹉只学人言,不得人意。经传佛意,不得佛意而但诵,是学语人,所以不许(诵经)。"曰:"不可离文字言语别有意耶?"师曰:"汝如是说,亦是学语。"曰:"同是语言,何偏不许?"师曰:"汝今谛听。经有明文:'我所说者,义语非文;众生说者,文语非义。'得意者越于浮言,悟理者超于文字。法过语言文字,何向数句中求?是以发菩提者得意而忘言,悟理而遗教,亦犹得鱼忘筌、得兔忘蹄也。"(《景德传灯录》卷二八《越州大珠慧海和尚语》)

马祖曾经告诉慧海,求佛法不如求"自家宝藏","是汝宝藏,一切具足,更无欠少,使用自在,何假向外求觅"(同上卷六《越州大珠慧海禅师》)。禅宗将顿悟自性喻为"作主"(主),将依经生解视为"作客"(宾),主张"随处作主,立地皆真",所以慧海把诵经看做是与表现自性之"主"无关的"客语"或"学语"。慧海进一步认为,佛所说的,是"第一义"(义语)而非语言文字,人们所说的,是语言文字(文语)而非"第一义"。因此要领悟"第一义",必须超越语言文字。尽管从《越州大珠慧海和尚语》中可看出他本人对佛经教理非常熟悉,有很高的义学修养,然而自从跟随马祖悟道以后,他就在理论上对义学反戈一击,充当了禅宗离经慢教的辩护士。慧海的语言观很接近早期禅宗祖师,即一方面引证佛经原典本身来说明语言文字的虚幻性质;另一方面引申庄子"得意而忘言"的观点,提出抛开佛经、直契佛理的"悟理而遗教"的接受方法。

正如不少学者所指出的那样,禅宗是魏晋玄学与佛教禅学相结合的产物,不仅其"本心即佛"论、顿悟解脱论等带有玄学的影子,而且其语言观也打下玄学鲜明的烙印。玄学的语言观源于庄子,而庄子对语言基本持一种虚无主义的态度。庄子首先认为道不可言或言不尽意,"可以言论者,物之粗也;可以意致者,物之精也;言之所不能论,意之所不能察致者,不期精粗焉"(《庄子集释·秋水》)。这种认识有时基于道不待言或意不待言的看法,所谓"天地有大美而不言,四时有明法而不议,万物有成理而不说"(《庄子集释·知北游》),就是这个意思。天地、四时、万物按其本然规律运行,按其素朴的面貌呈现,天然和谐,何须人为的语言去分析、说明或描述呢?人的体验也如此,既然已得道于心,又何须向人表白陈述,用人为的语言去拆解那份真切而浑然的感受呢?既然"言者不知",那么最好的办法就是"知者不言"。由于宣扬一种学说理论迫不得已要使用语言,因此庄子尽量运用"寓言"(寄寓他人之言)、"重言"(重复拖沓之言)、"卮言"(无心之言或支离之言)等言说方式[1],反

---

[1] "重言",郭象注、成玄英疏、陆德明《释文》皆以世人所重之言释之,是读为"重(zhòng)言"。而郭庆藩《庄子集释·寓言》引郭嵩焘(家世父)曰:"重,当为直容切。《广韵》:'重,复也。'庄生之文,注焉而不穷,引焉而不竭者是也。郭(象)云世之所重,作柱用切者,误。"根据庄子对语言的态度,"重言"似当依郭嵩焘说读作"重(chóng)言"。

复说明自己"以谬悠之说、荒唐之言、无端崖之辞,时恣纵而不傥,不以觭见之也。以天下为沉浊,不可与庄语,以卮言为曼衍,以重言为真,以寓言为广"(《庄子集释·天下》),或以"寓言"彰明语言的工具性质,或以"重言"突出语言的荒谬特点,或以"卮言"暗示语言的随意自由,从而把读者对语言本身的注意和信任转移到对所寓之意的领悟上来。事实上,庄子正是大力提倡一种"得意忘言"的接受方法:"筌者所以在鱼,得鱼而忘筌;蹄者所以在兔,得兔而忘蹄;言者所以在意,得意而忘言。"(《庄子集释·外物》)正如筌是捕鱼的工具、蹄是捉兔的工具一样,语言也只是表达或获取意识的工具和手段。交流的根本目的不在于语言的碰撞,而在于思想信息的沟通。庄子的语言本体观可概括为"工具说",这与某些现代语言学的观念非常接近,如美国语言学家萨丕尔就指出:"语言是纯粹人为的,非本能的,凭借自觉地创造出来的符号系统来传达观念、情绪和欲望的方法。"①

庄子的语言理论和实践,都给了禅宗相当大的启示。其一,庄子对自身语言性质的描述,所谓"谬悠之说、荒唐之言、无端崖之辞",启发禅师们重新思考佛经语言的性质,从而发现佛经的一切陈述都可以看做"戏论",或"粗言"、"死语",并非那么神圣不可侵犯。其二,庄子谬悠荒唐的言说方式,启发禅师们进一步背离佛经名相的"庄语",用粗话甚至脏话去贬损佛经的权威。其三,庄子的"得意忘言"论,启发禅师们"悟理而遗教",进而完全抛开经教,只悟自心。当然,必须指出的是,禅宗无论是理论上对语言文字的否定,还是实践上对谬悠荒唐之言的使用,都较庄子走得更远。毕竟,禅宗的基本队伍还不是学养深厚、心慕玄远的士大夫,而是文

---

① 爱德华·萨丕尔《语言论》第7页,陆卓元译,商务印书馆,1985年。

化低下、普请执役的农民，因而需要用一种极端的否定书籍文字的姿态来获得自己的话语权。

农禅的生存方式和玄学的思想传统合流，造就了中晚唐禅宗波澜壮阔的呵佛骂祖、离经慢教的运动。而晚唐时期封建主义上层建筑和意识形态的土崩瓦解，则从更大的社会范围内加速了佛教经典圣殿的坍塌。从此，禅宗"不立文字"的倾向发展到极点，禅宗语言更彻底地与佛典语言分道扬镳。

第三章 ● 分灯禅：
禅门宗风的确立

在晚唐五代这个战火频仍、文化衰落的年代，禅宗迎来了自己发展史上的黄金时期。南岳怀让一系经过马祖道一、百丈怀海数传，由沩山灵祐与弟子仰山慧寂开创了沩仰宗。怀海另一弟子黄檗希运，再传临济义玄，开创了临济宗。青原行思一系经过石头希迁、药山惟俨、云岩昙晟（？—829）数传，由洞山良价（807—869）与弟子曹山本寂（840—901）开创了曹洞宗。石头另一支，经天皇道悟、龙潭崇信、德山宣鉴、雪峰义存数传，由云门文偃开创了云门宗。又雪峰门下经玄沙师备、罗汉桂琛（867—928）数传，由清凉文益（885—958）开创了法眼宗[1]。这

---

[1] 据当今学者考证，药山惟俨和天皇道悟（天王道悟）很可能是马祖的弟子，因此曹洞、云门、法眼三宗出自青原的说法就颇值得怀疑。参见葛兆光《中国禅思想史》第298—302页，北京大学出版社，1995年。此处为论述方便，仍从《祖堂集》《景德传灯录》的说法。

就是禅宗的"五家"。"一花开五叶，结果自然成"，这首载于《坛经》各本的达摩偈语，在晚唐五代终于应验了。一时间，禅宗势力分布全国各地，几乎成为惟一的佛教宗派。

五家的形成与当时的社会状况有关。本来在中唐，石头希迁和马祖道一的关系颇为密切，并无宗派的分别，不少禅门大德行脚于湖南、江西之间，并无门户的偏执。但到了唐武宗会昌（841—846）毁佛之后，佛教也包括禅宗原有的格局被打乱，禅宗复兴者分布四方，由于受到晚唐五代地方割据政权的影响，因而自然带上不同政治、不同文化、不同地域的宗派风格。同时，南宗禅势力强大，分布甚广，天下僧徒几乎尽入禅门，造成统绪纷繁、思想驳杂的局面，因此，在"举唱宗乘"、"辨别邪正"的旗帜下，各种自诩为正宗的派别便纷纷出现，造成"天下丛林至盛，禅社极多"的局面（释文益《宗门十规论·护己之短好争胜负第十》，台北艺文印书馆《禅宗集成》本第一册）。再者，在晚唐五代时期，一些宗师从不同角度发展了禅学理论，并形成富有个性的言说方式，所谓"逮其德山、林际（临济）、沩仰、曹洞、雪峰、云门等，各有门庭施设，高下品题"（《宗门十规论·党护门风不通议论第二》），而其门徒，各自"护宗党祖"，相互攻讦，渐至门户森严。本来，宗教思想史上的所谓"派别"，并非像江河派别一样，最终众流归一，而是像大树分枝，一本生成众末，或如"一花开五叶"。因此，禅宗五家的形成，也是宗教思想史发展的逻辑结果。

与五家繁衍的盛况相应，晚唐五代的禅宗语言也极为丰富多彩。其实，五家基本思想还是遵循"直指人心，见性成佛"的宗旨，其主要歧异更多地表现在如何阐释这一宗旨方面。"师唱谁家曲？宗风嗣阿谁?"这两句在五代流行开来的话头①,充分说明宗风嗣法"谁家"主要在于"唱谁家曲"即采用"谁家"的言说方式。由于禅社的建立,应机接人,勘辨邪正,各自便有了规矩,拜师犹如入伙,俗语渐成行话,"宗门语"亦由随问随答的朴质而增加了许多随机应变的巧妙。同时,也正因为宗派的建立,禅门宗师为了"语不失宗",多祖述前辈大师的话头,因而禅宗语言从总体上日益走向程式化的道路。

一、棒喝:截断言路的手段

禅宗"不立文字"的精神,以临济宗"棒喝"门风的流行而推向极点。所谓"棒喝",是指禅师在接待初学者之时,不用语言,或当头一棒,或大喝一声,藉以表达各种禅机,考验初学者的悟性。

作为接引学人的一种手段,禅宗的"棒喝"可谓源远流长。最早的棒喝可溯源到六祖慧能,据《坛经》记载,慧能在神会身上就使用过棒喝:

> 玉泉寺有一童子,年十三岁,当阳县人,名曰神会,礼师三拜,问曰:"和尚坐禅,还见不见?"师以拄杖打一下,却问:"汝痛不痛?"对云:"亦痛亦不痛。"师曰:"吾亦见亦不见。"神会问:"如何是亦见亦不见?"师曰:"吾之所见,常见自心过愆,

---

① "师唱谁家曲?宗风嗣阿谁?"这两句话最早似见于僧问临济宗风穴延沼禅师(896—973),见《景德传灯录》卷一三。同时或稍后,临济宗兴阳归静、首山省念、曹洞宗石门献蕴、药山忠彦、含珠山真和尚、石门慧彻、大安能和尚、潭州延寿和尚、护国志朗、谷隐知俨、石门绍远、梁山缘观,云门宗谷山丰禅师、乐寿含匡、雪峰义存法孙资福智远、岳麓和尚、德山宣鉴四世法孙四祖清皎、三角真鉴等都回答过同样的问题。参见《景德传灯录》卷一三、二〇、二一、二二、二三、二四。

不见他人是非好恶,是以亦见亦不见。汝言亦痛亦不痛如何?汝若不痛,同其木石;若痛,即同凡夫,即起于恨。"师曰:"神会小儿向前!见不见,是二边;痛不痛,属生灭。汝自性且不见,敢来弄人。"①

就这段描写来看,慧能杖打神会只是为了引起一场关于"见不见"的中道观、"痛不痛"的生灭心的讨论,启发神会顿悟自性。杖打只是触发言教的媒介,而非代替语言的手段。换言之,杖打的作用是引出言诠理路,而非截断言诠理路。尽管如此,慧能的这种做法毕竟因其具有经典意义而被南宗继承下来。

据各种禅籍记载显示,棒喝是洪州禅的一个传统。百丈怀海参拜马祖,马祖见他来,取禅床角头拂子竖起。百丈云:"即此用,离此用。"马祖挂拂子于旧处,怀海沉默良久。马祖云:"你已后开两片皮,将何为人?"百丈遂取拂子竖起。马祖云:"即此用,离此用。"百丈挂拂子于旧处,马祖便大喝一声,喝得他三日耳聋。百丈后来对弟子黄檗希运说:"佛法不是小事,老僧昔再参马祖,被大师一喝,直得三日耳聋眼暗。"黄檗听了不觉吐舌,且曰:"今日因师举,得见马祖大机之用。"(《景德传灯录》卷六《洪州百丈山怀海禅师》)百丈与马祖之间的这段公案有两点值得注意,一是"竖起拂子"的"势"(动作)和令人耳聋的"喝",二是"势"和"喝"中蕴藏的佛法禅机。黄檗所谓"大机之用"的具体内涵很难猜测,但可以肯定的是他将"势"和"喝"看做表现佛法禅机的重要手段。沩山灵祐和仰山慧寂曾讨论这段公案,沩山问:"百丈再参马祖因缘,此二尊宿意旨如何?"仰山答:"此是显大机大用。"沩山又问:"马祖出

---

① 《坛经对勘》第121页,惠昕本,法海、契嵩、宗宝诸本文字略异,而记载慧能杖打神会则同。

八十四人善知识，几人得大机，几人得大用？"仰山云："百丈得大机，黄檗得大用，余者尽是唱导之师。"（见《五灯会元》卷三《百丈怀海禅师》旁注）大意是说，百丈领悟了马祖"即此用，离此用"的禅机，而黄檗则继承了用"势"与"喝"的接引方式。

事实上，黄檗不仅承此门风，而且又有发展，加上杖打之"用"。临济义玄参见黄檗，问："如何是祖师西来的意？"黄檗便打，如此问三遍，遭打三遍。义玄辞别黄檗，去参大愚禅师。于是便有以下一段颇为风趣的故事：

> 愚问曰："什么处来？"曰："黄檗来。"愚曰："黄檗有何言教？"曰："义玄亲问佛法的意，蒙和尚便打。如是三问，三转被打，不知过在什么处？"愚曰："黄檗恁么老婆，为汝得彻困，犹觅过在。"师于言下大悟，云："元来黄檗佛法无多子。"大愚搊住云："者尿床鬼，子适来又道不会，如今却道黄檗佛法无多子。你见个什么道理？速道速道！"师于大愚肋下筑三拳。大愚托开云："汝师黄檗，非干我事。"师辞大愚，却回黄檗。黄檗云："汝回太速生。"师云："只为老婆心切，便人事了。"侍立次，黄檗云："大愚有何言句？"师遂举前话。黄檗云："这大愚老汉，待见痛与一顿。"师云："说什么待见，即今便与。"随后便打黄檗一掌。黄檗云："这风颠汉，却来这里捋虎须。"师便喝。黄檗云："侍者，引这风颠汉参堂去。"（《景德传灯录》卷一二《镇州临济义玄禅师》）

通过大愚的点拨，义玄恍然大悟：黄檗的三次杖打，无非是要告诉自己，佛法并没有多少神秘之处（佛法无多子），而且无道理可说。所以，当大愚要义玄讲讲到底悟见什么道理时，义玄不作回答，却打大愚三拳。回到黄檗处,更以其人之道还治其人之身,打一掌,喝一声,全不讲道理。后来,义玄到河北镇州传法,更"多行喝棒"(《祖堂集》卷一九《临济和尚》),成为宗门著名的"临济喝"。下面试看一段关于"临济喝"的记载:

> 上堂。僧问:"如何是佛法大意?"师竖起拂子,僧便喝,师便打。又僧问:"如何是佛法大意?"师亦竖起拂子,僧便喝,师亦喝。僧拟议,师便打。师乃云:"大众,夫为法者,不避丧身失命。我二十年在黄檗先师处,三度问佛法大意,三度蒙他赐杖。"(《镇州临济慧照禅师语录》)

义玄上堂说法,既竖拂子,又用棒喝,可谓集洪州禅之大成。在南宗禅的传统中,通常僧问"如何是佛法大意",禅师总得回答,哪怕用的是风马牛不相及的句子。而到了临济宗这里,不仅有问而无答,而且是谁问"如何是佛法大意",谁就得遭杖打,几乎成为一种公式。为什么谁问谁就得挨打呢?这是因为提问近似"拟议",而"拟议"就是计较思量的意思①,也就是禅宗反对的"知见"。正如前面所说,禅宗认为所谓佛法大意并不神秘,并不遥远,只在日常的生活中,因此有所谓"见则直下便见,拟思(同'拟议')即差"的说法(《景德传灯录》卷一四《澧州龙潭崇信禅师》载天皇道悟语)。既然"拟议即差",那么"开口便错";既然"第一义"不可言说,那么要追问"如何是佛法大意",本身问题就提错了,所以该挨打。这种

---

① "拟议"一词,见《周易正义·系辞上》:"拟之而后言,议之而后动,拟议以成其变化。"(《十三经注疏》本)宗门借用其语,谓"欲言而未言"或"涉计较思量"。参见《禅语辞书类聚》第二册日本无著道忠撰《葛藤语笺》第67页,日本京都花园大学内禅文化研究所印行。

近乎蒙昧主义的"棒喝",其旨意乃在打破参学者对语言的迷信和幻想。换言之,"棒喝"试图以一种极端的手段来警醒参学者的迷误,打断参学者正常的理路言诠,使之进入非理性非逻辑的混沌状态,从而破除文字执,在一瞬间以超出常情的直觉体验直接悟道。所以,我们在禅籍中能看到遭棒喝的和尚忽然大悟的故事(如《五灯会元》卷一一《兴化存奖禅师》《定上座》等),这就是所谓"机前语活,棒头眼开"。

德山宣鉴的门风也如此,其棒喝的峻烈丝毫不亚于临济。据当今学者考证,德山的师祖乃天皇道悟,为马祖法嗣,因此德山也应属于洪州禅系,与临济同源而异流。临济曾派侍者到德山处参教,令其以拄杖对拄杖,考验德山门风(见《景德传灯录》卷一五《朗州德山宣鉴禅师》)。德山上堂说法,与临济如出一辙:

> 上堂。曰:"今夜不得问话,问话者三十拄杖。"时有僧出,方礼拜,师乃打之。僧曰:"某甲话也未问,和尚因什么打某甲?"师曰:"汝是什么处人?"曰:"新罗人。"师曰:"汝上船时便好与三十拄杖。"(同上)

问话即挨打,这与临济相同;不问话也挨打,这是德山的特点。所以他示众时有"道得也三十棒,道不得也三十棒"的说法(《五灯会元》卷七《德山宣鉴禅师》),比临济走得更远。尽管如此,德山的棒喝仍非毫无道理,而有其禅学目的。如上面所引这段上堂说法的故事,《祖堂集》是这样记载的:"师又时云:'问则有过,不问则又乖。'僧便礼拜,师乃打之。僧云:'某甲始礼,为什么却打?'师云:'待你开口,堪作什么?'"(《祖堂集》卷五《德山和尚》)可见,"打"是不许开口即不许"拟议"的意思。《祖堂集》又载:"岩头问:

'凡圣相去多少？'师喝一声。"（同上）这一"喝"，就是要求超越凡圣分别的意思。总之，德山反对以任何言句来讨论佛法禅理，他的弟子雪峰义存问："从上宗风，以何法示人？"他回答说："我宗无语句，实无一法与人。"所以，有僧问："如何是菩提？"他便打，且曰："出去，莫向这里屙屎！"（《景德传灯录》卷一五《朗州德山宣鉴禅师》）可以说把禅宗"不立文字"的精神发挥得淋漓尽致。

据《宋高僧传》称，"天下言激箭之禅道者，有德山门风焉"（《宋高僧传》卷一二《唐朗州德山院宣鉴传》）；而临济"示人心要，颇与德山相类"（同上《唐真定府临济院义玄传》）。至迟在五代时，已有了"棒喝乱施，自云曾参德峤临济"的说法（《宗门十规论·对答不观时节兼无宗眼第四》），到了宋代，各种禅籍遂以"德山棒，临济喝"并称①。值得注意的是，德山和临济恰巧是中晚唐之际"呵佛骂祖"的急先锋，由此可见，"棒喝"由一种权宜的表现佛理禅机的"势"而成为德山、临济建立门庭的最重要的应接方式，是洪州禅否定佛教经典、权威、偶像运动的历史发展的必然结果。事实上，德山的弟子岩头全奯（826—883）就窥见其中消息："德山老人寻常只据目前一个杖子，佛来亦打，祖来亦打，争奈较些子。"（《景德传灯录》卷一五《朗州德山宣鉴禅师》旁注引岩头语）棒喝之中，包含着超佛越祖、尊崇自性的精神。临济对此也颇有会心，他觉悟后敢于"捋虎须"，筑大愚三拳，打黄檗一掌，正是基于对蔑视权威、自信自主的洪州禅精神的深刻理解。而他从那些"莫受人惑，向里向外，逢着便杀，逢佛杀佛，逢祖杀祖，逢罗汉杀罗汉，逢父母杀父母，逢亲眷杀亲眷"的言词里（《镇州临济慧照禅师语录》），我们也能感受到"棒如雨点，喝似雷奔"的峻烈门风。

---

① 如释克勤《碧岩录》卷一第八则《翠岩眉毛》"这个示众直得千古无对,过于德山棒、临济喝"（《佛藏要籍选刊》第十一册）。

从纯粹语言学的角度来看,棒喝是一种特殊的言说方式。棒喝的使用者们深信,人为的语言永远不能揭示世界的真相,在"能指"与"所指"之间有一条永远无法跨越的鸿沟,因此最好的办法是"言语道断"。义学各派的疏经造论是佛教语言的建构,相信"能指"可普度众生;禅宗各派的行禅证道则是佛教语言的解构,相信"所指"可直达彼岸。而棒喝则不仅解构佛教语言,而且解构一切与思维有关的语言,尝试用一种无言之言传达佛理禅机。然而这种解构似乎过于彻底,既见不到"能指"的筏,也找不到"所指"的岸。

必须指出的是,棒喝绝不仅仅是纯粹语言学的问题,它的流行有其特殊的社会背景和文化土壤。从社会学的角度来看,晚唐五代时期的藩镇割据,使封建皇权及其意识形态面临崩溃,社会风气败坏,价值标准颠倒。临济所处的河北镇州,更几乎成为化外之区[①]。而棒喝正是整个社会尤其是河北地区道德话语失范的曲折反映。从宗教学的角度来看,宗教权威的丧失往往伴随着宗教信仰的失落。晚唐武宗的毁佛,不仅促进佛教的禅宗化,而且促进禅宗的非宗教化。从某种意义上说,棒喝是整个佛教界信仰危机的曲折表现。从心理学的角度来看,中晚唐的政治局势的恶化,造就一大批社会的"多余人",如士大夫阶层中落第的举子,农民阶层中无业的流民,压抑、郁闷、牢骚和不满是弥漫于社会的普遍情绪,而棒喝正有如士大夫的"不平则鸣",是农禅游僧的一种解除压抑、发泄情绪的有效手段。换言之,棒喝是晚唐社会的世纪末情绪的折射。从文化学的角度来看,晚唐五代文化的全面衰落,使得极端"不立文字"的禅宗成为封建文化废墟上的幸运儿,而棒喝正以其反文化、非文化的

---

① 参见缪钺《宋代文化浅议》,《国际宋代文化研讨会论文集》,四川大学出版社,1991年。

形式,在文化素质低下的社会中倍受欢迎。

二、机锋:应接学人的艺术

前人称临济宗的接人方式是"有杀有活"。"杀"是指"破",破除一切知见,把参学者逼上绝路;"活"是指"立",建立顿悟一途,使参学者绝处逢生。棒喝的作用显然是"杀"是"破",然而,没有任何宗教能仅仅依靠否定一切而承传下去,也没有任何宗教的承传能彻底放弃语言。事实上,"德山棒,临济喝"只是宗门的一种避免回答的消极手段,它在解构佛教话语系统的同时,也可能解构禅宗自己的话语系统。禅宗需要有"活"有"立",需要一种应付回答的积极手段,于是,一种在解构佛教义学旧文字的基础上建构的禅宗自己的新文字便应运而生,这就是所谓"机锋"。

"机锋"形成于晚唐五代,是禅宗在否定佛经语言的同时自己创立的语言艺术,是"不立文字"的另一种表现,是禅宗最有特色的传道、授业、解惑的言说方式。机锋的说法源于一种比喻,机是指射箭的弩机,锋是指箭锋。弩机一触即发,所以无从触摸;箭锋犀利无比,触之即伤,所以不可粘着。这种艺术主要用于应接学人或勘辨禅者。临济义玄指出:"主客相见,便有言论往来,或应物现形,或全体作用,或把机权喜怒,或现半身,或乘师子,或乘象王。如有真正学人便喝。"(《镇州临济慧照禅师语录》)据此,则机锋有直接痛快、随机应变、含蓄深藏、象征暗示等不同特点。应接学人时,着重在触机,讲顿悟,拨动学人从善之心;勘辨禅者时,着重在机智,讲权变,考验对方的禅法。

据法眼宗开山祖师文益《宗门十规论》所言,机锋是流行于禅宗各家的语言艺术，"其间有先唱后提，抑扬教法，顿挫机锋，祖令当施，生杀在手"（《宗门十规论·举令提纲不知血脉第三》）；"又须语带宗眼，机锋酬对，各不相辜"（同上《对答不观时节兼无宗眼第四》）。也就是说，各派宗师应该在言语中带有禅宗的正法眼藏，以不落迹象、不着思议的语言与他人对答。为什么要用机锋呢？文益曾用颇有机锋的言词回答了这个问题：

> 问："如何是第一义？"师曰："我向汝道是第二义。"（《景德传灯录》卷二四《金陵清凉文益禅师》）

在禅宗看来，佛教的"第一义"是无法用语言文字企及的，因此，任何试图解释"第一义"的语言文字都只能是"第二义"的东西。那么，要回答诸如"如何是第一义"这一类的问题时，就不能用解释性的语言，只能用非解释甚至非逻辑的语言，即超越理性的语言，让听者自己去体验领悟。慧能曾教导学人："若有人问汝义，问有将无对，问无将有对，问凡以圣对，问圣以凡对。二法相因，生中道义。"（《坛经对勘》第140页，惠昕本）慧能的本意是以"中道之义"消除任何极端的观点和执著的态度，但这种正问反答的方法，无疑也为后来宗师应接学人提供了很好的典范，同时也为后来宗师如何解释"第一义"开辟了全新的思路。有无、圣凡等等都只是用概念语言所分割的有限性，它们远非真实，所以禅师们要故意用概念语言的尖锐矛盾和直接冲突来打破这种对语言、思辨、概念、推理的执著。问无偏说有，问有偏说无，问凡答以圣，问圣答以凡，目的都在于打破和超越任何区分和限定，即任何名相概念，真正体会和领悟到那个所谓真实的绝对本体。

晚唐五代禅宗的机锋，最常见的形式就是问答之间的语言矛盾和冲突，或是答非所问，或是问答脱节，或是问答背反，或是重复问题，或是反题作答，或是答语倒序，或是循环答复，或是循环肯定，或是循环否定①，利用无意义的言句让人觉悟到语言的荒谬性质，发现那个绝对本体"第一义"只有通过与语言、思辨的冲突或隔绝才能领会和把握。试看下面数则公案：

问："古人道觌面相呈时如何？"师曰："是。"曰："如何是觌面相呈？"师曰："苍天苍天。"（答非所问）（《景德传灯录》卷一六《福州雪峰义存禅师》）

僧问："如何是和尚家风？"师曰："分明记取。"问："如何是诸法之根源？"师曰："谢指示。"（问答脱节）（同上卷二四《高丽雪岳令光禅师》）

僧问："如何是清净法身？"师曰："屎里蛆儿，头出头没。"（问答背反）（同上卷一五《濠州思明和尚》）

有僧问："如何是曹源一滴水？"净慧曰："是曹源一滴水。"（重复问题）（同上卷二五《天台山德韶国师》）

僧问："如何是第二月？"师曰："森罗万象。"曰："如何是第一月？"师曰："万象森罗。"（答语倒序）（同上卷二四《金陵清凉文益禅师》）

僧礼拜退后，侍者问曰："和尚适来莫是成他问否？"师曰："无。"曰："莫是不成他问否？"师曰："无。"（异问同答）（同上卷一八《杭州龙册寺道怤禅师》）

问："如何是乐净境？"师曰："有功贪种竹，无暇不栽松。"问："如何是乐净境？"师曰："满月团圆菩萨面，庭前棕树夜叉

---

① 参见于谷《禅宗语言和文献》第25—29页，江西人民出版社，1995年。

头。"(同问异答)(同上卷二四《英州乐净含匡禅师》)

问:"如何是西来意?"师云:"如何是不西来意?"(反题作答)(《祖堂集》卷一〇《安国和尚》)

问:"柏树子还有佛性也无?"师曰:"有。"曰:"几时成佛?"师曰:"待虚空落地时。"曰:"虚空几时落地?"曰:"待柏树子成佛时。"(循环答复)(《五灯会元》卷四《赵州从谂禅师》)

(师)初礼岩头(全奯),致问曰:"如何是本常理?"岩头曰:"动也。"曰:"动时如何?"岩头曰:"不是本常理。"(循环否定)(《景德传灯录》卷一七《台州瑞岩师彦禅师》)

师问修山主:"毫厘有差,天地悬隔,兄作么生会?"修曰:"毫厘有差,天地悬隔。"师曰:"恁么会又争得?"修曰:"和尚如何?"师曰:"毫厘有差,天地悬隔。"(循环肯定)(同上卷二四《金陵清凉文益禅师》)

以上诸例中,答非所问是突出语言的无目的性,问答脱节是突出语言的无逻辑性,问答背反是突出语言的矛盾性,重复问题是突出语言的累赘性,答语倒序是突出语言的人为性,异问同答是突出语言的随意性,同问异答是突出语言的随机性,反题作答是突出语言的相对性(即正题相对于反题而存在),循环答复是突出语言的循环性(其实就是所谓"阐释的循环")[①],循环肯定、循环否定是突出语言的游戏性。总之,机锋的运用主要是为了破除人们对语言的迷信和幻想,所以有意识地将语言的荒谬性质推向顶点,从而使参学者从

[①] 禅宗机锋的循环答复,以极端的形式突出了语言诠释的困境,暗合德国哲学家狄尔泰(Wilhelm Dilthey)所谓"阐释的循环"(der hermeneutische Zirkel),即一部作品的整体要通过个别的词和词组的组合来理解,可是个别词的充分理解又假定已经先有了整体的理解为前提。参见张隆溪《二十世纪西方文论述评》第177页,生活·读书·新知三联书店,1986年。

语言的状态中突围出来，进入非语言、无思虑的直觉体验状态。

尽管机锋是普遍流行于晚唐五代禅宗各家的语言艺术，但各家机锋仍有不同的特色。在临济宗那里，机锋如同棒喝一样，目的也是反对参学者的"拟议"，使人超越理性的思索而直接顿悟。义玄曾用三句偈语概括其宗风，第一句："三要印开朱点窄，未容拟议主宾分。"第二句："妙解岂容无著问，沤和争负截流机。"第三句："看取棚头弄傀儡，抽牵都藉里头人。"（《镇州临济慧照禅师语录》）大意是说，临济有"三要"之印，印可学人，而此印不容有任何思维言语的"拟议"；临济的妙解应如文殊菩萨答无著所问，语中含机，方便示人，截断思维之流；一切言词都如傀儡演出，是一种受异己力量控制的社会性行为，不能显现自性的真相。基于这种认识，临济宗特别强调言词的迅疾，开口便道，直下便是，因为在他们看来，稍有迟疑，就落入"拟议"的泥坑。正如汾阳善昭（947—1024）所说，"石火电光犹是钝，思量拟议隔千山"（《汾阳无德禅师语录》卷上《五位颂》，《大正藏》第四十七卷），或者"疾焰过风用更难，扬眉瞬目隔千山。奔流度刃犹成滞，拟拟（议）如何更得全"（同上卷下《识机锋二颂》其二）。所以后人称"临济门庭"的特点是"虎骤龙奔，星驰电激"（释智昭《人天眼目》卷二，《大正藏》第四十八卷）。试看一段临济义玄与凤林禅师的主客问答：

> 林问："有事相借问，得么？"师云："何得剜肉作疮？"林云："海月澄无影，游鱼独自迷。"师云："海月既无影，游鱼何得迷？"凤林云："观风知浪起，玩水野帆飘。"师云："孤轮独照江山静，自笑一声天地惊。"林云："任将三寸辉天地，一句临机试道看。"师云："路逢剑客须呈剑，不是诗人莫献诗。"凤林便

休。师乃有颂:"大道绝同,任向西东。石火莫及,电光罔通。"(《镇州临济慧照禅师语录》)

这里的语言酬对,真可谓随心所欲,八面翻滚,主客所言,除了"海月"、"游鱼"两句稍微对应以外,其余语句,似乎各不相干;同时,这里的所有句子都是诗句,逻辑性不强,问答之间看不出因果关系。正如义玄自己的颂所说,这些句子是"任向西东",无所谓"意向";而且"石火莫及,电光罔通",再快的思维也无法企及,因为它是超"拟议"的。义玄的颂实际上是在形容"机锋"的特点。

沩山与仰山曾讨论义玄颂的意思,沩山问仰山:"'石火莫及,电光罔通',从上诸圣将什么为人?"仰山云:"和尚意作么生?"沩山云:"但有言说,都无实义。"仰山云:"不然。"沩山云:"子又作么生?"仰山云:"官不容针,私通车马。"(同上)沩山认为"机锋"的目的是暗示否定言说的意义,仰山则认为表面看来"机锋"是理路不通(官不容针),但对于有悟性的人来说,它的暗示性可以通达佛性的大道(私通车马)。因此,沩仰宗也有极富机锋的言句,如下面一则例子:

仰山问:"如何是西来意?"师(沩山)云:"大好灯笼。"仰山云:"莫只这个便是么?"师云:"这个是什么?"仰山云:"大好灯笼。"师云:"果然不识。"(《景德传灯录》卷九《潭州沩山灵祐禅师》)

这段问答具有禅宗机锋中最常见的两种形式,一是答非所问,二是仿答被斥。不过总体说来,沩仰宗受到华严宗理事圆融理论的影响,更多地对佛学的一些理论范畴感兴趣,因此在应接学人时,相对而言较少使用机锋,而常常作理性的说明,如沩山接引仰山,仰山问:"如何是佛?"沩山云:"以思无思之妙,返(思)灵焰之无穷;思尽还源,性相常住,理事不二,真佛如如。"仰山于语下顿悟(《祖堂集》卷一八《仰山和尚》、《景德传灯录》卷一一《袁州仰山慧寂禅师》)。在"官不容针,私通车马"的暗示性方面,沩仰宗更多地是画圆相,而非斗机锋。

曹洞宗的禅法与沩仰宗有相似之处,即较多地注意建立理论机制,对理事关系特别感兴趣。不过,在主客问答时,仍有一些极玄秘的机锋,如曹山本寂与德上座的一段对话:

> 师又问:"佛真法身犹若虚空,应物现形如水中月,作么生说应底道理?"德曰:"如驴觑井。"师曰:"道则太杀道,只道得八成。"德曰:"和尚又如何?"师曰:"如井觑驴。"(《抚州曹山元证禅师语录》,《大正藏》第四十七卷)

德上座"驴觑井"的回答运用了比喻联想,是说佛真法身的显现就像驴子看到井中的身影一样,是虚幻不实的。但本寂认为这种说法仍未道中要害,他因此有意用"井觑驴"这种主宾关系舛谬的语法。如果我们对曹洞宗的禅法稍有了解,就知道本寂的回答正是遵循了曹洞宗"机贵回互"的原则。什么叫"回互"呢?本寂解释说:"回互者,谓唤那边作这边,令特唤主作宾,唤正作偏,唤君作臣,唤向上作向下。"[①]这种语言上的"回互",与曹洞宗关于事理关系对立统一的辩证认识是相一致的。

---

① 见日本无著道忠《五家正宗赞助桀》第675页,日本京都花园大学内禅文化研究所印行。

相比较而言，云门宗的机锋更接近临济宗，其特点是"绝断众流，不容拟议，凡圣无路，情解不通"(《人天眼目》卷二《云门门庭》)，反思维而超理性。试看云门文偃应接学人的一段对话：

> 问："牛头未见四祖时如何？"师曰："家家观世音。"曰："见后如何？"师曰："火里蟾蜍吞大虫。"问："如何是云门一曲？"师曰："腊月二十五。"问："如何是雪岭泥牛吼？"师曰："天地黑。"曰："如何是云门木马嘶？"师曰："山河走。"(《景德传灯录》卷一九《韶州云门文偃禅师》)

所有的句子都是答非所问。值得注意的是，云门宗源出德山宣鉴，德山的呵佛骂祖、棒喝交驰均与临济齐名，而云门文偃也有过称佛为"干屎橛"的疯话，因此云门机锋如临济一样，具有强烈的反理性主义倾向。后世禅者总结云门要诀为："打翻露布葛藤，剪却常情见解，烈焰宁容凑泊，迅雷不及思量。"(《人天眼目》卷二《(云门)要诀》)正是指出了云门宗言句不涉理路、不落思议的特点。

五家之中，法眼宗的机锋最接近慧能的教导，即非常自觉地采用"问有将无对，问无将有对，问凡以圣对，问圣以凡对"的方法。例如文益应答僧徒的一些句子：

> 僧问："指即不问，如何是月？"师曰："阿那个是汝不问底指？"又僧问："月即不问，如何是指？"师曰："月。"曰："学人问指，和尚为什么对月？"师曰："为汝问指。"
>
> 问："如何是法身？"师曰："这个是应身。"(《景德传灯录》卷二四《金陵清凉文益禅师》)
>
> 问："如何是不生不灭底心？"师曰："那个是生灭心？"(同

上卷二八《大法眼文益禅师语》)

这些回答都是与问话相对或相反,明显带有"二道相因"的思维方式,无非是想泯灭事物之间的界限差别,做到理事圆融。这种言说方式,也与法眼宗的"华严六相义"的禅学观有密切关系。正如后人评价法眼宗说:"亘古今而现成,即圣凡而一致。"(《人天眼目》卷四《(法眼)要诀》)从文益的机锋中,我们可以感觉到一种理性因素的存在,即思索痕迹的存在,逻辑背反的语句并不是想完全截断理路,而是力图建立一种禅宗自身的新理路。因此,在法眼宗的机锋中,已埋下了该宗走向禅教合一的伏笔。

在前面我曾谈及禅宗问答中的"问存在答此在"的模式,这是中晚唐禅师普请行禅的语境的产物,最朴素,最直接,因而也最澄明。然而,到五家形成后,这种模式随着语录的编纂和流行而蔚然成风,并渐渐被仿效者抽空其语境而成为一种纯粹的答非所问的宗教语言艺术,语箭言锋中多了几分诡谲和机巧。当后辈禅师把前辈宗师的那些朴素的语言视为"机锋"时,就已经意味着禅宗发展逐渐脱离活生生的实践性,而开始讲究语言的技巧性,由参禅而变为参玄。无论是临济宗的"三玄三要",还是曹洞宗的"五位君臣",都有把简捷明了的禅玄虚化、神秘化的倾向,而沩仰宗更将"禅学"称为"玄学",以与"义学"相对举①。

事实上,机锋的语言风格有时的确很像魏晋名士的玄言。如嵇康于树下锻铁,钟会前来造访,嵇康不为之礼,钟离去,康问曰:"何所闻而来?何所见而去?"钟答曰:"闻所闻而来,见所见而去。"(《世说新语·简傲》,上海古籍出版社影印清光绪十七年思贤讲舍

---

① 如《景德传灯录》卷一一《袁州仰山慧寂禅师》:"(沩山)问:'子既称善知识,争辨得诸方来者,知有不知有?有师承无师承?是义学是玄学?子试说看。'"

刻本）这种回答就是典型的禅宗机锋,以虚对虚,答如不答,所以南宋陈善戏称钟会"会禅"(陈善《扪虱新话》上集卷二《钟会王徽之会禅》,《丛书集成初编》本)。其实,"机锋"二字就有可能出自《世说新语·言语》,王导称赞顾和:"此子珪璋特达,机警有锋。"因此,机锋在某种程度上与玄学的思辨有类似之处。如沩山与仰山关于"色"与"心"的一段对话:

> 沩山与师(仰山)游山,说话次,云:"见色便见心。"仰山云:"承和尚有言,'见色便见心',树子是色,阿那个是和尚色上见底心?"沩山云:"汝若见心,云何见色,见色即是汝心。"仰山云:"若与么,但言先见心,然后见色,云何见色了见心?"沩山云:"我今共树子语,汝还闻不?"仰山云:"和尚若共树子语,但共树子语,又问某甲闻与不闻作什么?"沩山云:"我今亦共子语,子还闻不?"仰山云:"和尚若共某甲语,但共某甲语,又问某甲闻与不闻作什么?若问某甲闻与不闻,问取树子闻与不闻,始得了也。"(《祖堂集》卷一八《仰山和尚》)

这段对话表明了沩仰宗"心色一如"的禅学道理,而其辩论艺术则很容易使我们想起《庄子·秋水》中那个著名的故事,庄子与惠施游于濠梁之上,见鲦鱼出游从容,于是辩论知鱼之乐与否。庄子曰:"鲦鱼出游从容,是鱼之乐也。"惠子曰:"子非鱼,安知鱼之乐?"庄子曰:"子非我,安知我不知鱼之乐?"惠子曰:"我非子,固不知子矣;子固非鱼也,子之不知鱼之乐全矣。"庄子曰:"请循其本。子曰'女安知鱼乐'云者,既已知吾知之而问我。我知之濠上也。"二者相同之处在于:其一,庄子游濠梁举鱼,沩山游山举树子,都"举一境"展开问答;其二,仰山和庄子都采用了诡辩艺术,也是魏晋玄学爱使用的语言艺术。

总之，晚唐五代的机锋大约有两个走向：一是所谓"截断众流"，"不容拟议"，以极端非理性的言词消除人们对语言义理的任何幻想，其精神接近于棒喝，坚持了洪州禅的传统；二是所谓"言中有响，句里藏锋"，以机智的、犀利的、隐晦的言词突出语言的多种表意或暗示功能，从消极地否定语言转变为积极地利用语言，其精神接近于玄学。前一种走向代表着下层平民的作风，后一种走向则更多地体现了士大夫的意识。如后来宋代文学家苏轼欣赏的"机锋不可触，千偈如翻水"（《苏轼诗集》卷二六《金山妙高台》，中华书局排印本，1982年），黄庭坚借鉴的"禅家句中有眼"（黄庭坚《豫章黄先生文集》卷二九《自评元祐间字》，《四部丛刊》本），大抵是对后一种机锋更感兴趣。

三、旨诀：指示门径的言句

随着晚唐五代禅宗五家的形成和繁衍，各家应机接人的方法逐渐被固定为标明宗派的门庭设施。"曹洞家风则有偏有正，有明有暗，临济有主有宾，有体有用"，"韶阳（云门）则函盖截流，沩仰则方圆默契"（《宗门十规论》之《理事相违不分触（浊）净第五》《对答不观时节兼无宗眼第四》），五家不仅在地域上，也在话语权力上划分了势力范围。早期禅宗宗师之间互相参访问学的优良传统随着五代十国造成的社会分裂而逐渐丧失，各派门徒，"矛盾相攻，缁白不辨"，"是非锋起，人我山高"（《宗门十规论·党护门风不通议论第二》）。禅社的兴盛，宗派的分疆，使得农禅僧团带上几分帮会性质，勘验学人、判定宾主的言句，也有了几分行话的味道。难以言传的禅悟体验被装进形而下的禅法的模子，应病投药的举唱机锋被分解为条款分明的旨诀葛藤。禅宗在思想上的原创性日渐衰退，而在语言上的技巧性却日益翻新。

临济义玄最看重参禅中的主客关系，他指出："今时学者，总不识法，犹如触鼻羊，逢着物安在口里，奴郎不辨，宾主不分，如是之流，邪心入道，闹处即入，不得名为真出家人。"(《镇州临济慧照禅师语录》) 所谓"主"，不光指接待的主人，也指"不受人惑，随处作主，立处皆真"的自主精神；所谓"客（宾）"，不光指来访的客人，也指"萎萎随随"、"依草附叶"、"向外傍家"的沿袭作风。所以，"宾主"有时相当于"奴郎"，即奴仆和主人，被指挥者和指挥者。义玄一再用主客关系来比喻他提倡自立、肯定个性的主张，这就是著名的"临济宾主句"。据《镇州临济慧照禅师语录》记载，义玄论宾主关系大约有以下几例：

其一，所谓"四宾主"。这是用来衡量"主客相见，便有言论往来"情况下应对双方的成败得失的，勘辨主客双方谁坚持了自证自悟的精神。义玄列举了四种情况，并评价其优劣：

> 如有真正学人便喝，先拈出一个胶盆子，善知识不辨是境，便上他境上作模作样，学人便喝，前人不肯放。此是膏肓之病，不堪医。唤作"客看主"。或是善知识不拈出物，随学人问处即夺，学人被夺，抵死不放。此是"主看客"。或有学人应一个清净境，出善知识前。善知识辨得是境，把得抛向坑里。学人言："大好。"善知识即云："咄哉！不识好恶。"学人便礼拜。此唤作"主看主"。或有学人披枷带锁，出善知识前。善知识更与安一重枷锁，学人欢喜，彼此不辨。呼为"客看客"。（同上）

第一种情况是主人（善知识，即宗师）被客人（学人）所瞒，执著于外境不肯放；第二种情况是客人被主人所困，执著于外境不肯放；第三种情况是主客双方都不为外境所瞒，不受人惑；第四种情况是主客双方都为外境所瞒，为知见所惑，成为经教的囚徒。

其二，所谓"四料简"。"料简"意思是品评选择，特指人才品评。"四料简"是临济宗对付不同的参学者所使用的对答艺术，辨别禅者是否做到自性具足、不假外求：

> 师晚参示众云："有时夺人不夺境，有时夺境不夺人，有时人境俱夺，有时人境俱不夺。"时有僧问："如何是夺人不夺境？"师云："煦日发生铺地锦，婴孩垂发白如丝。"僧云："如何是夺境不夺人？"师云："王令已行天下遍，将军塞外绝烟尘。"僧云："如何是人境两俱夺？"师云："并汾绝信，独处一方。"僧云："如何是人境俱不夺？"师云："王登宝殿，野老讴歌。"（同上）

在佛教术语中，"人"指情识法执，"境"指客尘妄境。义玄借用"人"来指外在的佛祖权威，借用"境"来指外在的客观环境，包括语言环境。换言之，念念向外追求成佛作祖，执著信奉佛法，这就是依"人"；一切见解生发于自己所处的客观环境，包括受佛教文字的影响，这就是依"境"。所谓"四料简"其实是义玄针对各种不同水平的参学者制定的传教方法。第一种"夺人不夺境"，是针对缺乏头脑的参学者而言，用义玄的话来说，就是"山僧指示人处，要你不受人惑，要用便用，更莫迟疑"。不受人惑，便是"夺人"。第二种"夺境不夺人"，是针对缺乏自信的参学者而言，义玄指出："你若自信不及，即便茫茫地徇一切境转，被他万境回换，不得自由。"不被万境转，便是"夺境"。第三种"人境俱夺"，是针对悟性较高的参学者,用"逢佛杀佛,逢祖杀祖"的手段,破除一切法执客境,"不与物拘,透脱自在"。第四种"人境俱不夺",是针对已悟自性的来访者而言,主宾之间用不着再作勘辨,不再执著于"人"、"境"的破除,不再留意于凡、圣的区别,"应物现形,如水中月"。义玄曾道及这几种方法的使用对象:"如中下根器来,我便夺其境,而不除其法;或中上根器来,我便境法俱夺;如上上根器来,我便境法人俱不夺;如有出格见解人来,山僧此间便全体作用,不历根器。"(同上)

其三,所谓"四照用"。类似"四料简",也是应付不同水平的禅者所采用的言说方式:

> 示众云:"我有时先照后用,有时先用后照,有时照用同时,有时照用不同时。先照后用有人在;先用后照有法在;照用同时,驱耕夫之牛,夺饥人之食,敲骨取髓,痛下针锥;照用不同时,有问有答,立主立宾,合水和泥,应机接物。"(《人天眼目》卷一《四照用》)

"照"和"用"作为佛教术语本是指观照和作用,义玄似乎借以指勘验(照人)和棒喝(用法)。"先照后用"是先勘验而后棒喝,存"人"执(情识)而破"法"执(客境);"先用后照"是先棒喝而后勘验,存"法"执而破"人"执;"照用同时"是勘验与棒喝同时施行,人执、法执皆破,相当于"人境俱夺";"照用不同时"是指主宾之间不须以棒喝作勘验或以勘验为棒喝,有问有答,各不失身份又融洽契合。

值得注意的是,临济义玄本是晚唐作风最不拘一格、最有独创性的禅师,但他为了适应晚唐禅社蜂起的新形势,接待四方学者,不得已总结出一些应机接物的方法。这些方法本来是义玄传授"正法眼藏"（即"随处作主，立处皆真"的宗旨）的"筌蹄"，都是应当抛却的。然而，后来的门徒却把这些"筌蹄"编排成若干种要诀，奉为传宗的"正法眼藏"。如"四料简"的说法，就首见于南院慧颙（？—952）与风穴延沼（887—973）的问答[①]。此后，临济宗宗师上堂，大抵都要回答"如何是宾中主"、"如何是夺人不夺境"或"如何是先照后用"等等提问，几乎成为定式。如关于"四料简"的回答解释，据《人天眼目》《五灯会元》记载，就有克符道者、风穴延沼、首山省念（926—993）、法华全举、慈明楚圆（986—1039）、道吾悟真、圆悟克勤（1063—1135）、石门聪、翠岩可真、佛鉴慧勤、三交智嵩等十一家。这种买椟还珠的现象，对于一生都极力主张"随处作主，立处皆真"的大师来说，的确是一件不幸的事。相传义玄临终前上堂云："吾灭后，不得灭却吾正法眼藏。"三圣慧然云："争敢灭却和尚正法眼藏？"义玄云："已后有人问尔，向他道什么？"三圣便喝。义玄云："谁知吾正法眼藏，向这瞎驴边灭却！"（《景德传灯录》卷一二《镇州临济义玄禅师》）这句话里我们能深深感到义玄的愤怒和失望，的确，三圣之流学到的只是临济的棒喝形式，而并未理解到临济独立自主的叛逆精神。同样，那些总结义玄各种言句并加以仿效的人，也是一帮灭却临济"正法眼藏"的"瞎驴"，因为临济呵佛骂祖、自信自立的精神，正是在这些程式化的言句中逐渐被"灭却"。

如果说临济的旨诀多为义玄的门徒所总结凝定的话，那么曹洞的旨诀更多为祖师所制定确立。相对于义玄的"应机接物"来说，洞山良价和曹山本寂更注意编排阐明本宗宗旨的教材，如良价的

[①] 《古尊宿语录》卷七《风穴禅师语录》："（南院）又问：'汝道四种料简语，料简何法？'（风穴）对曰：'凡语不滞凡情，即堕圣解，学者大病。先圣哀之，为施方便，如楔出楔。'"

《宝镜三昧歌》《纲要颂》《五位显诀》，本寂的《五位君臣旨诀》等，就是一些要学人背诵的要旨口诀。所以，曹洞宗的旨诀重点不在于勘辨学者，而在于传授禅法。良价作《五位颂》：

> 正中偏，三更初夜月明前。莫怪相逢不相识，隐隐犹怀旧日嫌。
> 偏中正，失晓老婆逢古镜。分明觌面别无真，休更迷头犹认影。
> 正中来，无中有路隔尘埃。但能不触当今讳，也胜前朝断舌才。
> 兼中至，两刃交锋不须避。好手犹如火里莲，宛然自有冲天志。
> 兼中到，不落有无谁敢和。人人尽欲出常流，折合还归炭里坐。①

良价以"偏"、"正"、"兼"相互间的五种情况来表示理（空界）与事（色界）之间可能存在的五种关系，但由于使用的是诗歌的比兴手法，意义较晦涩。本寂进一步以君臣关系作譬喻，来解释理事关系，号称"五位君臣"：

> 师因僧问"五位君臣旨诀"，师曰："正位即空界，本来无物。偏位即色界，有万象形。正中偏者，背理就事。偏中正者，舍事入理。兼带者，冥应众缘，不堕诸有，非染非净，非正非偏，故曰虚玄大道，无着真宗。从上先德，推此一位，最妙最

---

① 《五灯会元》卷一三《洞山良价禅师》作《五位君臣颂》。此颂未言君臣事，当从《人天眼目》卷三题作《五位颂》。"君臣"当为本寂阐释"五位"时所加。

玄,当详审辨明。君为正位,臣为偏位。臣向君是偏中正,君视臣是正中偏。君臣道合是兼带语。"(《五灯会元》卷一三《曹山本寂禅师》)

"正位"是形而上的道理,是本来无物、一切皆空的解脱之道,即"空界",相当于华严宗的"理法界";"偏位"是形而下的事物,有万象形,即"色界",相当于华严宗的"事法界"。用君臣关系比喻说,君相当于理,臣相当于事。曹洞宗主张即色即空,事理圆融,因此,无论是"背理就事",还是"舍事入理",都是片面的。只有做到色空不二,事理兼顾,偏正回互,君臣道合,才是合乎虚玄大道的"真宗"。这种理论并无多大创新,值得注意的倒是曹洞宗的言说方式,即把空色、理事比作正偏、君臣。本来佛教并无偏正的说法,更无君臣的概念,显然,"五位君臣"之说是对外来佛教术语的又一次本土化的改造。本寂指出:"以君臣偏正言者,不欲犯中。故臣称君,不敢斥言是也。此吾法宗要。"(同上)"斥言"是中国本土训诂学术语,谓指名而言。《左传·桓公六年》:"周人以讳事鬼神。"杜预注:"自父至高祖,皆不敢斥言。"臣称君要避讳,不敢斥言。本寂借以比喻谈禅不得直接说道理,所谓"不欲犯中",语言要迂回曲折,含蓄隐晦。本寂又作偈曰:"学者先须自识宗,莫将真际杂顽空。妙明体尽知伤触,力在逢缘不借中。出语直教烧不着,潜行须与古人同。无身有事超歧路,无事无身落始终。"(同上)用形象化的诗句说明谈禅不能正面涉及佛理的"出语"原则。

尽管临济的"宾主句"目的在强调自主自立,破除权威,而曹洞的"五位君臣"重在明理,提倡中道,有一种保留权威、尊重典型的倾向,二者的禅法完全不同,但由于临济与曹洞同为南宗禅,其禅理也有相通之处。所以,虽然曹洞与临济的门徒各自"护宗党祖",然而临济宗宗师中喜好文辞者,仍对"五位君臣"表示出很大的兴趣,如克符道者、汾阳善昭、慈明楚圆等都有《五位颂》。明安禅师更将曹洞"五位"和临济"宾主"看做一回事:"正中偏,乃垂慈接物,即主中宾,第一句夺人也;偏中正,有照有用,即宾中主,第二句夺境也;正中来,乃奇特受用,即主中主,第三句人境俱夺也;兼中至,乃非有非无,即宾中宾,第四句人境俱不夺也;兼中到,出格自在,离四句,绝百非,妙尽本无之妙也。"(《人天眼目》卷三《明安五位宾主》)这种现象与其说是各宗派之间消除门户之见的禅法交流,不如说是禅宗各宗师自我独创的个性语言正日渐消失,日益成为一种程式化、普遍化的宗门行话。

云门宗的情况和临济宗相似,也是祖师随机生发的言句被门徒奉为要诀。据《人天眼目》记载,云门文偃示众云:"函盖乾坤,目机铢两,不涉万缘,作么生承当?"众人无对,自代答云:"一镞破三关。"其弟子德山缘密禅师把文偃的话分解为三句,曰"函盖乾坤句"、"截断众流句"、"随波逐浪句"(《人天眼目》卷二《三句》)①。这就是所谓"韶阳(云门)则函盖截流"。大致说来,"函盖乾坤"是指至大无外、包容天地、凡圣不别、理事圆融的境界,普安道颂曰:

乾坤并万象,地狱及天堂。物物皆真见,头头用不伤。
(《五灯会元》卷一五《普安道禅师》)②

是说宇宙万有都是真理的显现,而显现之物各不相伤,自由无碍。如果将此境界视为应接方式,则与临济的"人境俱不夺"、曹洞的

---

① 《景德传灯录》卷二二《朗州德山缘密禅师》作"德山有三句语"。
② 下引两首颂皆同。三颂也见于《人天眼目》卷二。《人天眼目》载此颂,"见"作"现","用"作"总"。

"君臣道合"多有相似之处。"截断众流"是指斩断语言葛藤,打破常情识解的境界,普安道颂曰:

堆山积岳来,一一尽尘埃。更拟论玄妙,冰消瓦解摧。

不管有多少知见情解,都以尘埃视之;如果还打算探讨玄妙问题,更坚决予以摧截。这相当于临济的"人境俱夺"。"随波逐浪"是指随机应变、不主故常的应接方式,普安道颂曰:

辩口利舌问,高低总不亏。还如应病药,诊候在临时。

宗师需要有雄辩的口才,但更重要的是能针对参学者的不同水平或不同问题,临时作出机智的回答。这相当于临济的"应机接物"。

后来云门弟子视此三句为纲宗,多有阐释。据《五灯会元》《人天眼目》记载,诸禅师对此"三句"的解说共有归宗慧通、三祖冲会、云居文庆、首山省念、天柱静、瑞岩智才、西禅钦、中竺元妙等八家十说[1]。此外,还有普安道、翠岩可真的《三句颂》(《人天眼目》卷二),还有日芳上座以竖起拄杖、横按拄杖、掷下拄杖回答三句(《五灯会元》卷一五《日芳上座》),还有法云法秀上堂所云"看风使帆,正是随波逐浪;截断众流,未免依前渗漏"等开场白(同上《法云法秀禅师》)。总之,"三句"是云门门庭的主要设施,如何解释三句,几乎是每个云门禅师都要遇到的问题。

值得注意的是,除了云门的禅师外,临济的首山省念、翠岩可真也加入了对"三句"的阐释,正如云门的雪窦重显也曾为临济的

---

[1] 参见张伯伟《禅与诗学》第57—58页,浙江人民出版社,1992年。

"四宾主"作颂一样(《人天眼目》卷一)。这种情况有点类似临济与曹洞的关系,即各家的旨诀不仅为本家门徒所崇奉,而且成为整个宗门的行话而流行。同时,由于禅宗五家都同属南宗禅,有共同的"教外别传,不立文字,直指人心,见性成佛"十六字传统,其相异者,更多地是应接学人的方式或布道的言说方式的区别,因而其旨诀在精神上颇有相通之处,正如清凉文益所说,各宗纲宗要眼"虽差别于规仪,且无碍于融会"(《宗门十规论·对答不观时节兼无宗眼第四》)。这样,禅师偶然借用他宗旨诀来阐明禅理,"随波逐浪",也在情理之中。

通过对晚唐五代禅宗旨诀的粗略考察,我们注意到,诚然五家在禅理方面也有一些差别,或主万法皆空(如临济、云门),或主万法皆理(如曹洞、沩仰),或主万法唯心(如法眼),但五家门徒和禅史作者更强调的是门庭设施即旨诀的区别。由此可见,晚唐五代以后的禅宗不再留意于思想的建设,而把精力放在语言的选择和形式的翻新上。

四、圆相:立象尽意的禅法

在晚唐五代禅宗五家中,沩仰宗应接学人的方式最为独特,对答双方有时不用语言,而以圆相示意。一般有两种方式:一是以手作圆相,即一种手势;一是以笔或其他工具在纸上或地上画圆相,即一种图像。这是"不立文字"的另一种极端表现。

最初,圆相是禅师应接学人时随机而作的手势,后来渐渐成为沩仰宗门庭设施的标志。据说,圆相之作始于南阳慧忠国师(?—775),慧忠传耽源应真,再由耽源传仰山慧寂。《五灯会元》有这样一段记载:

耽源谓师（仰山）曰："国师当时传得六代祖师圆相，共九十七个，授与老僧。乃曰：'吾灭后三十年，南方有一沙弥到来，大兴此教，次第传受，无令断绝。'我今付汝，汝当奉持。"遂将其本过与师。师接得一览，便将火烧却。耽源一日问："前来诸相，甚宜秘惜。"师曰："当时看了便烧却也。"源曰："吾此法门无人能会，唯先师及诸祖师、诸大圣人方可委悉。子何得焚之？"师曰："慧寂一览，已知其意。但用得，不可执本也。"源曰："然虽如此，于子即得，后人信之不及。"师曰："和尚若要重录，不难。即重集一本呈上，更无遗失。"源曰："然。"耽源上堂，师出众，作此〇相，以手拓呈了，却叉手立。源以两手相交，作拳示之。师进前三步，作女人拜。源点头，师便礼拜。（《五灯会元》卷九《仰山慧寂禅师》）

这则传说突出慧忠国师谶记的先见之明，又渲染仰山慧寂聪明绝顶的悟性，其细节的真实性令人怀疑。不过，慧忠国师的确有过画圆相的事迹[①]，仰山的确先参拜耽源，跟从数年[②]，仰山的圆相受慧忠国师的启示应该是可信的。然而，仰山圆相的来源应不只一途，事实上，马祖的洪州禅本身就有作圆相的传统。仅以《景德传灯录》所载为例，仰山之前洪州禅系的圆相之作就不只一例：

马祖令人送书到，书中作一圆相。师发缄，于圆相中作一画，却封回。（《景德传灯录》卷四《杭州径山道钦禅师》）
有小师行脚回，于师前画个圆相，就上礼拜了立。（同上卷

[①] 《景德传灯录》卷五《西京光宅寺慧忠国师》："师见僧来，以手作圆相，相中书日字。僧无对。"
[②] 《宋高僧传》卷一二《唐袁州仰山慧寂传》："先见耽源，数年，良有所得。"

六《江西道一禅师》)

师有小师行脚回,师问曰:"汝离此间多少年邪?"曰:"离和尚左右将及八年。"师曰:"办得个什么?"小师于地画一圆相。师曰:"只这个,更别有?"小师乃画破圆相,后礼拜。(同上卷七《京兆章敬寺怀晖禅师》)

尝谒州牧王常侍者,师退,将出门,王后呼之云:"和尚!"师回顾,王敲柱三下,师以手作圆相,复三拨之,便行。(同上《鄂州无等禅师》)

师入园取菜次。师画圆相围却一株,语众云:"辄不得动着这个。"(同上《庐山归宗寺智常禅师》)

师与归宗、麻谷同去参礼南阳国师。师先于路上画一圆相,云:"道得即去。"归宗便于圆相中坐,麻谷作女人拜。师云:"恁么即不去也。"归宗云:"是什么心行?"师乃相唤回,不去礼国师。(同上卷八《池州南泉普愿禅师》)

师画一圆相,僧作女人拜,师乃打之。(同上《温州佛嶴和尚》)

有僧作一圆相,以手撮向师身上。师乃三拨,亦作一圆相,却指其僧,僧便礼拜。(同上《洪州水老和尚》)

师问新到僧名什么,僧云:"名月轮。"师作一圆相,问:"何似这个?"(同上卷九《潭州沩山灵祐禅师》)

以上作圆相的诸禅师,除了径山道钦属牛头宗外,其余如章敬怀晖、鄂州无等、归宗智常、南泉普愿、温州佛嶴、洪州水老都是马祖道一的弟子,而沩山灵祐嗣百丈怀海,也是马祖的再传弟子。由此可见,仰山的圆相是对他以前的禅宗各派圆相的总结,或者说突出了禅宗以圆相暗示禅理的传统。

前面曾经说过,仰山因沩山的一番话而悟,这番话是:"以思无思之妙,返(思)灵焰之无穷;思尽还源,性相常住,理事不二,真佛如如。"(《祖堂集》卷一八《仰山和尚》)这个悟道因缘充分说明沩仰宗基本理论的两大特点:其一,无思之思,不可拟议言说;其二,理事不二,事不弃理,理在事中,圆融无碍。那么,用什么方式才能表达这种理论呢?即既要符合无思无言,又要表现理事圆融呢?棒喝倒是能截断思路,但不能表达思想;机锋能表达思想,但又易陷入语言的窠臼。只有圆相能符合以上两个要求,能最精当地从内容上和形式上兼顾沩仰宗的理论特点,既没有语言文字的阐释说明,又非常形象地传达出理事圆融的精神。相传,官员韦胄曾向沩山乞一"伽陀"(偈颂),沩山曰:"觌面相呈,犹是钝汉,岂况形于纸笔?"意思是道理不可用语言,更不可用文字表达。于是沩山请仰山于纸上画一圆相,仰山于圆围下注云:"思而知之,落第二头;不思而知,落第三首。"(见《景德传灯录》卷一一《袁州仰山慧寂禅师》、《祖堂集》卷一八《仰山和尚》。参见《宋高僧传》卷一二《唐袁州仰山慧寂传》)此处"第二"、"第三"的含义很难理解,估计是相对于"第一义"而言,大约是说,"第一义"既非通过"思"而知之,也非通过"不思"而知之,而是通过"不思之思"而知之。因为"思"或"不思"都有执著于一端之嫌,只有"不思之思"才不偏不倚,无阻无碍,即所谓圆通。而"不思之思"的最好体现就是对圆相的观照领悟。

仰山是唐代画圆相最勤的禅师,所谓"九十七圆相",很可能是他自己一生中曾对门徒画过的图像,其中当有很大部分是他自己随机的创造,而非来自耽源的传授。在各种灯录里,可见到一些仰山画圆相的记载:

问:"如何是祖师意?"师以手于空作圆相,相中书佛字。

僧无语。

　　师闭目坐次,有僧潜来身边立,师开目,于地上作一圆相,相中书水字,顾视其僧,僧无语。

　　问:"天堂地狱相去几何?"师将拄杖画地一画。(以上见《景德传灯录》卷一一《袁州仰山慧寂禅师》)

　　根据这些记载,我们可发现作圆相的作用类似于斗机锋,目的是"表相现法,示徒证理",也是应机接人、传授禅法的手段。能否识得圆相的意义,是勘辨学人是否悟道的标志之一。据明州五峰良和尚称,仰山圆相总有六名:曰"圆相",曰"暗机",曰"义海",曰"字海",曰"意语",曰"默论"(见《人天眼目》卷四《圆相因起》)。"圆相"乃就其"体"而言,其余五名均指其"用":"暗机"是指其暗藏机锋,所谓"或间暇师资辨难,互换机锋";"义海"是指其包含无穷义理,所谓"觉海变为义海";"字海"是指圆相中可书写任何文字和符号,无有拘限;"意语"是指其相当于表意语言;"默论"是指其虽有形无声,而沉默中自有妙论。六名之说,虽有强生分别、以为要诀之嫌,但也基本概括了圆相的作用。

　　圆相的"圆"义来自佛经的观念,圆相就是满月相,佛典爱以十五夜满月比喻正遍智,如《文殊师利问菩提经》云:"初发心如月新生,行道心如月五日,不退转心如月十日,补处心如月十四日,如来智慧如月十五日。"① 又有"圆通"、"圆觉"、"圆成"、"圆融"、"圆满"、"圆妙"、"圆明"、"圆寂"等诸多以"圆"为核心的合成词。总之,"圆"是佛教中表示最高境界的一种常用概念。禅宗的心、道、理也常以圆为喻,如三祖僧璨《信心铭》称至道为"圆

---

① 参见钱锺书《谈艺录》第307页"说圆",中华书局,1984年。

同太虚，无欠无余"(《景德传灯录》卷三〇)，永嘉玄觉《证道歌》称如来禅为"六度万行体中圆"(同上)。据禅籍记载，龙树尊者曾于法座上现自在身，如满月轮。提婆曰："此是尊者现佛性体相，以示我等。何以知之？盖以无相三昧，形如满月，佛性之义，廓然虚明。"(同上卷一《第十四祖龙树尊者》)可见，圆相是禅宗追求的佛性（即无相三昧）的象征。

至于圆相的"相"，则是仿效《周易》"圣人立象以尽意"的做法，用符号体现哲学思想。有证据表明，仰山对《周易》非常熟悉。仰山问一僧："汝会甚么？"僧回答："会卜（占卜）。"仰山提起拂子问道："这个六十四卦中阿那卦收？"僧回答不出。仰山代答道："适来是雷天'大壮'，如今变为地火'明夷'。"（《五灯会元》卷九《仰山慧寂禅师》）"大壮"的卦象为☱，雷（震）在天（乾）上；"明夷"的卦象为☷，火（离）在地（坤）下。仰山借这两个卦象来讽刺该僧，刚才说"会卜"时有如"大壮"的气壮如雷，而现在回答不出则如"明夷"的火入地中"晦其明"。这个例子说明仰山对作相示意的方法颇有研究。前人也早已注意到圆相与卦象之间的相似关系，清代三山来禅师颂圆相"义海"云："河洛交呈，鸟虫迭变。剖羲画之奇踪，划苍颉之异撰。月印川以无痕，珠入盘而自转。"（释性统编《五家宗旨纂要》卷下《沩仰宗·义海》）鉴于《周易》卦象在中国民间广泛的群众基础，我们有理由认为，圆相是禅宗借鉴本土的符号形式改造佛经的言说方式的尝试之一，与禅宗语言其他的本土化尝试是一致的。

曹洞宗的禅法更充分证明这一点。曹洞将"五位"用"五相"来表示，所谓"五相"，是以圆相为基础、以黑白图案相区别的五种形相，即◐◑·●，不仅各配以诗偈作解释，而且配以《周易》卦象。洞山良价云："重离六卦，偏正回互，叠而为三，变尽成五。"

(《人天眼目》卷三《宝镜三昧》)明确指出曹洞的"五位"由《周易》的卦象演变而来。惠洪解释说：

> 离，南方之卦，火也，心之譬也。其爻六划，回互成五卦，重叠成三卦。如☲，第二爻、三爻、四爻又成一卦，巽也☴；第三爻、四爻、五爻又成一卦，兑也☱；此之谓叠为三也。下巽上兑，又成一卦，大过也䷛；下兑上巽又成一卦，中孚也䷼；此之谓变成五也。（释惠洪《智证传》附《云岩宝镜三昧》）

也就是说，"正中来"相当于"大过"，卦象为䷛，圆相为●◐；"偏中至"相当于"中孚"，卦象为䷼，圆相为◐●；"正中偏"相当于"巽"，卦象为☴，圆相为◐；"偏中正"相当于"兑"，卦象为☱，圆相为●◯；"兼中到"相当于"重离"，卦象为䷝，圆相为●◯●（同上）。

从本质上说，圆相类似符号哲学，即通过圆形的符号来表示宗教哲学观念。由于圆形具有无始无终、不偏不倚的物理性质，因此可以象征永恒的宇宙时空，也可象征通达无碍的心性，可以象征心佛众生之间的各种微妙关系，也可象征各种对立范畴如理事、色空、心境、体用的圆融统一。由于圆相具有包容性和圆通性，因此在用于应接学人时，"便有宾主、生杀、纵夺、机关、眼目、隐显、权实"诸多功能（《人天眼目》卷四《暗机》），可囊括诸家的应接方式。诚如明释法藏所言，"圆相早具五家宗旨"，"只一〇中，五宗具矣"（释法藏《五宗原》）。曹洞宗的"五位君臣图"于圆相中画分黑白回互（《人天眼目》卷三），法眼宗的"华严六相义"于圆相中置"同异总别成坏"六字（同上卷四），都可证明这一点。

本来，以圆相示意，最符合禅宗"不立文字"的宗旨，甚至比迅捷的机锋更"不落言诠"。通过"立象以尽意"，最终达到类似魏晋玄学所谓的"得意忘象"，息灭一切圣凡心境。然而遗憾的是，一方面，沩仰宗的圆相常与文字相结合，逐渐成为相对固定的符号，并且有了相对固定的象征意义，"或画此⊕相乃纵意，或画㊣相乃夺意，或画⊛相乃肯意，或画○相乃许他人相见意"（同上），而"九十七圆相"也就有了九十七种套路；另一方面，圆相常把简明直接的禅理搞得晦涩复杂，本来沩山、仰山师徒于"普请"时常有精彩的应机说法，而圆相之作却往往破坏了活泼泼的语境。这样，应时方便的手势一变而为师徒秘授的图相，"直下即是"的禅理佛法一变而为玄虚隐晦的神秘暗示。这种状况显然违背了南宗禅独立自主的精神和方便接人的态度，带来很大的流弊。

五、作势：示道启悟的动作

除了圆相之外，沩仰宗另一著名的应接方式就是作势。北宋初杨亿曾这样概括各宗禅法："洞山之建立五位，回互以彰；仰山之分列诸势，游戏无碍；雪峰应接之眼，啐啄同时；云门扬攉之言，药石苦口。"（《汾阳无德禅师语录》卷首附杨亿序）可见，作势是沩仰宗区别于其他宗的重要特色之一。

所谓"作势"，是指用身体各部分的动作或表情来表达特定的意义，如伸拳踢腿、扬眉瞬目等等。尽管以手作圆相也是作势中的一种，但作势却非圆相所能概括，而画圆相也不属于作势的范围。如果说圆相主要近似于绘画艺术的话，那么，作势就相当于一种舞蹈艺术。在沩仰宗的实际操作中，圆相和作势往往配合使用，共同达到不用文字的表意效果。如下面这个例子：

> 师坐次，有僧来作礼，师不顾。其僧乃问："师识字否？"师曰："随分。"僧乃右旋一匝。曰："是甚么字？"师于地上画十字酬之。僧又左旋一匝，曰："是甚字？"师改十字作卍字。僧画此〇相，以两手拓，如修罗掌日月势。曰："是甚么字？"师乃画此卐相对之，僧乃作娄至德势。师曰："如是！如是！此是诸佛之所护念，汝亦如是，吾亦如是。善自护持！"其僧礼谢，腾空而去。(《五灯会元》卷九《仰山慧寂禅师》。又见《人天眼目》卷四《义海》)

在仰山和僧人的对话中，主要的媒介不是语言，而是图像和动作。僧人出之以"势"（右旋、左旋、修罗掌日月势、娄至德势），而仰山对之以"相"（十字、卍字、卐相），可见，在沩仰宗的门庭设施里，"势"和"相"往往是相互配合并可一一对应的。正如赞宁所言："(仰山)凡于商攉，多示其相。……自尔有若干势以示学人，谓之仰山门风也。……今传仰山法示，成图相行于代也。"(《宋高僧传》卷一二《唐袁州仰山慧寂传》) 显然，"多示其相"和"有若干势示学人"二者是相通的，有时"相"就是"势"。

正如圆相一样，作势也是禅宗源远流长的示意方式之一，并不始于仰山。就渊源来看，仰山的"势"大约有两个源头：一是禅宗日常生活中常见的动作，如"竖起拂子"之类；二是义学讲师讲经时常用的与语言相配合的表情动作，如隋释吉藏云："此论或一字论义，或二字、三字乃至十字；或默然论义；或动眼论义；或闭眼论义；或举手论义；或鸟眼疾转；或师子返掷；巧难万端，妙通千势，非可逆陈。"(释吉藏《百论疏》卷上之上，《大正藏》第四十二卷)

当然，吉藏所论"千势"，不光指演讲者的各种表情动作，也包括其语言句式的节奏顿挫，即"语势"。

就禅宗而言，最早的作势是随机生发的，只是作为暂时代替语言的表情动作。如四祖道信到牛头山见法融禅师，在法融所居庵周围唯见虎狼之类，四祖乃"举两手作怖势"（《景德传灯录》卷四《金陵牛头山第一世法融禅师》）。然而，由于作势正好符合禅宗"不立文字"的宗旨，所以后来禅师们越来越爱用表情动作来代替语言交谈。同时，由于受到讲师生动的讲经艺术的启发和影响，配合语言的作势也渐渐成了宗门中一种时尚和习惯，并且开始有了禅理方面的象征意义。至迟到中唐，已有一些表情动作成为宗门中流行的、有相对固定意义的"势"。例如马祖弟子大珠慧海和参学僧人的一段对话：

> 僧问："未审托情势、指境势、语默势，乃至扬眉动目等势，如何得通会于一念间？"师曰："无有性外事。用妙者，动寂俱妙；心真者，语默总真；会道者，行住坐卧是道。为迷自性，万惑兹生。"（《大珠禅师语录》卷下《诸方门人参问》。又见《景德传灯录》卷二八《越州大珠慧海和尚语》）

从这个例子可看出这样两个事实：其一，中唐时期已有"托情势"、"指境势"、"语默势"、"扬眉动目势"等名目出现，并受到参学者的关注，如这个僧人就试图弄清"势"和心念的关系，这说明禅门中确有以"势"示禅的方法出现。而这些名目的"势"，很可能和讲经的"势"有关，如"语默势"之于"默然论义"，"扬眉动目势"之于"动眼论义"、"闭眼论义"。其二，大珠慧海认为，只要不迷失自性，任何动作行为都与道合，任何"势"都是真妙的体现，都是和心念相通的，而不用去管那些"势"的名目。这应该是洪州禅对作势的基本看法，即仅把"势"看做人在日常生活中的自然行为，看做"平常心"的自然流露，而并不看重"势"作为动作语言的符号意义。

事实上，洪州禅系的禅师们的"作××势"大多都是随意自由的行为，并无特别的象征性。下面这些故事似能证明这一点：

师至来日又问丹霞："昨日意作么生？"丹霞乃放身作卧势。师云："苍天！"（《景德传灯录》卷七《蒲州麻谷山宝彻禅师》）

师问新到僧："什么处来？"僧云："凤翔来。"师云："还将得那个来否？"僧云："将得来。"师云："在什么处？"僧以手从顶擎捧呈之，师即举手作接势，抛向背后。僧无语。师云："这个野狐儿。"（同上《庐山归宗寺智常禅师》）

师铲草次，有座主来参。值师锄草，忽见一条蛇。师以锄便钁。座主云："久向归宗，到来只见个粗行沙门。"师云："是你粗？是我粗？"主云："如何是粗？"师竖起锄头。主云："如何是细？"师作斩蛇势。主无语。（同上）

云岩来参，师作挽弓势。岩良久，作拔剑势。师云："来太迟生。"（同上）

一日，石头和尚铲草次，师在左侧叉手而立。石头飞铲子向师面前铲一株草。师云："和尚只铲得这个，不铲得那个。"石头提起铲子，师接得铲子，乃作铲势。石头云："汝只铲得那个，不解铲得这个。"师无对。（同上卷八《五台山隐峰禅师》）

沩山闻师叔到，先具威仪，下堂内。师见来，便倒作睡势。（同上）

百丈一日问师："什么处去来？"曰："大雄山下采菌子来。"

百丈曰："还见大虫么？"师便作虎声。百丈拈斧作斫势，师即打百丈一掴。（同上卷九《洪州黄檗希运禅师》）

这些作势，都是在特定场景中因时制宜所采用的动作，与其说是暗藏佛理禅机，不如说是充满生活气息。后来的临济宗继承了这个传统，凡作势都强调平常天真，所以后世禅学研究者总结"济宗四大势"有这样一些名目："第一正利大势，从正接人，以此利物，不作高远；第二平常大势，用处寻常，拈来便是，不存奇特；第三真假大势，借假明真，意在言外，不拘一定；第四本分大势，作用自然，毫无勉强，不生枝节。"（《五家宗旨纂要》卷上）

相对于洪州禅其他派系而言，沩山和仰山师徒尤其好用作势来代替交谈，并渐向非自然的、象征性的方向发展。于是"势"便有了几分勘辨学人的作用。如仰山应接神僧的故事："师一日在法堂上坐，见一僧从外来，便问讯了，向东边叉手立，以目视师，师乃垂下左足。僧却过西边叉手立，师垂下右足。僧向中间叉手立，师收双足。僧礼拜。师曰：'老僧自住此，未曾打着一人。'拈拄杖便打。僧便腾空而去。"（《五灯会元》卷九《仰山慧寂禅师》）神僧之说当然不可为凭，但仰山以势接人的方式却是真实的。在此，作势有如不立文字的机锋。仰山曾公开宣称："慧寂有验处，但见僧来便竖起拂子，问伊诸方还说这个不说？"（同上《仰山慧寂禅师》）所以后来沩仰宗的香岩智闲、南塔光涌、五观顺支等禅师都有用"竖起拂子"来回答僧问的举动（同上《香岩智闲禅师》《南塔光涌禅师》《五观顺支禅师》），简直就像临济宗用棒喝来对付提问。所以后来万松行秀评价仰山的以势接人说："此仰山壁立千仞，与德山、临济峻机不别。"（释行秀《万松老人评唱天童觉和尚颂古从容庵录》，简称《从容庵录》，卷五第七十七则《仰山随分（圆相）》，《大正藏》第四十八卷）

由此可见，作势的目的也在于截断学者的言路，有不许拟议之意。

在有关仰山的记载中，可以看到很多不同于洪州禅的非日常非自然的古怪动作，如"以两手交拳"、"作女人拜"、"作圆相抛向背后"、"以手空中拨三下"、"以拂子倒点三下"等，特别是沩山与仰山之间一段无言的对话：

> 沩山一日见师（仰山）来，即以两手相交过，各拨三下，却竖一指。师亦以两手相交过，各拨三下，却向胸前仰一手，覆一手，以目瞻视，沩山休去。（《五灯会元》卷九《仰山慧寂禅师》）

完全在打哑谜，令局外人感到莫名其妙。由此可见，洪州禅日常自然的"势"发展到沩山、特别是仰山之后，逐渐被另一套神秘玄虚的"势"所取代，这与他们视禅学为玄学的倾向是相一致的。仰山诸"势"虽因年久失传，难以了解全貌，但从禅籍中还能窥见一二，如《人天眼目》《五灯会元》中就提及仰山的"背抛势"、"修罗擎日月势"、"娄至势"等（《人天眼目》卷四《义海》）①。这些"势"有如九十七圆相一样，成为有独特象征意义的姿势语，能表达特定的禅学概念。据万松行秀解释，九十七种圆相交拳，名罗刹三昧；女人拜名女人三昧；修罗（即阿修罗）是梵语，意即非天，以手障日，僧画圆相，如修罗擎日月，九十七种圆相，名为修罗三昧；梵语楼至，贤劫千佛之最后一佛，为执杵之护法神（《从容庵录》卷五第七十七则《仰山随分》）。值得一提的是，仰山的弟子霍山景通禅师积薪自焚，"师自执烛登积薪上，以笠置项后，

---

① 《五灯会元》卷九《仰山慧寂禅师》"擎"作"掌"，"娄至势"作"娄至德势"，疑误。

作圆光相；手执拄杖，作降魔杵势立，终于红焰中"(《景德传灯录》卷一二《晋州霍山景通禅师》)，用自己宝贵的生命给沩仰宗的圆相和作势涂上一层庄严神圣的亮色。而"降魔杵势"应当就是仰山诸势中的"娄至势"。

无论如何，作势是沩仰宗对语言表意功能的局限性进行弥补的有益尝试，在"不立文字"的层面上与南宗禅的精神接轨。作为局外人，我们很难理解"仰山诸势"的具体象征意义，正如未接受过哑语训练很难知道哑语的意义一样，但这并不妨碍我们对"势"在禅宗语言特色形成的过程中所曾起到的作用带一份同情的理解。

六、偈颂：明心见性的礼赞

从慧能的《坛经》开始，白话的叙述加上偈颂的吟诵成为禅师接引学者最典型的布道方式之一，后来的宗师说法，多仿此例。到了晚唐五代，制作偈颂更蔚然成风，以至于清凉文益在《宗门十规论》中专门列一条来探讨如何制作偈颂的问题。

一般说来，禅宗最警惕的是佛教的经论文字，而对诗歌文字毫不介怀，有时为了避免使用义学的逻辑语言和外来的印度话语，反而有意识地大量运用诗歌语言。而偈颂实际上就是宗门的诗歌，只不过其功能和一般世俗诗歌的言志缘情不同，主要用于明心见性、开悟示法。从纯形式的角度看，禅宗的偈颂在格式、声律、辞藻、偶对、意象等方面都与诗歌完全一样，有古体，也有近体，有五言古诗、七言歌行，也有五绝、五律、七绝、七律，因此常被人们称为"诗偈"或"歌颂"。对于禅宗传教而言，"诗偈"、"歌颂"有这样几个好处：一是主要由非逻辑的意象语言组成，与禅宗反对理性思索不相矛盾；二是具有极强的象征性和暗示性，可取代义学经论的疏解阐释而作为得鱼之筌，示月之指；三是具有韵律感，易于记诵，适宜于口头的传播；四是具有深厚的群众基础，体现出极强的本土文化色彩，与禅宗"教外别传"的精神相一致。

我在前面曾提到过，诗句的引用和制作是中唐以后禅宗语言的一大特点，意味着本土士大夫话语系统产生了潜在的影响。关于这一点，可以通过对偈颂这一文体演变过程的考察得到最充分的证明。

偈颂本是印度佛教经典中的一种文体，梵文作伽陀，是佛经中的赞颂词。伽陀是古印度的诗歌，本来在梵文里，伽陀（偈颂）的体制很严密，讲究音节格律。但在汉译佛典时，译场师为了便于读诵与理解，不惜削足适履，把它们统统依照中国诗的传统形式（主要是五言，也有四言、六言、七言）翻译出来。由于既要借用中国诗的形式，又受原典内容与形式的限制，因而传译的偈颂不得不放弃梵文的辞藻与韵律，形成一种非文非诗的体裁。所以在佛教的经藏中，偈颂一般是拙朴粗糙的，仅做到了每句的字数整齐一致，连节奏都无暇顾及，更谈不上押韵了。如反映原始佛教教义的《杂阿含经》中的一些偈颂：

> 法无有吾我，亦复无我所。我既非当有，我所何由生。比丘解脱此，则断下分结。（《杂阿含经》卷三，《大正藏》第二卷）
> 佛者是世间，超渡之胜者。为是父母制，名之为佛耶？
> （同上卷四）

除了五言的整齐形式外，再没有任何可称为诗的因素。这种状况的形成，一方面是受到译者文化水平的限制，另一方面是受到翻译文体本身的限制，因为从根本上来说，诗歌是所有文学样式中最抗翻译的。甚至在文笔优美的《维摩经》《楞严经》诸经中,偈颂仍不过是佛经散文(长行)的分行排列形式,说理布道,全无韵律,与中国传统诗歌毫无关系。显然,佛经文本中的偈颂同样也属于印度话语系统,与汉语的习惯表达法多少有点不同,因此显得生涩拗口。

从初盛唐起,禅宗的偈颂就开始流行,并逐渐褪去佛经伽陀的文体风格,成为独立于佛教经藏之外的押韵的顺口的新宗教诗歌。禅宗诗偈的流行有两个重要原因,一是来自社会的影响,唐代整个社会诗歌空前繁荣,禅僧处于这样的文化氛围熏陶之下,自然对诗歌有一种潜移默化的爱好。二是来自宗教的需要,禅宗所谓"不立文字",并非彻底反对所有的文字,而在很大程度上只是排斥概念化的、说教式的经论文字,诗歌正好以其非概念化、反说教式的文字成为禅宗传心示法的理想工具。

需要说明的是,禅宗偈颂的诗化仍有一个渐变过程。在中唐以前,许多大师的偈颂是相当枯燥乏味的,如从达摩到慧能东土六祖的付法偈:

> 吾本来兹土,传教救迷情。一花开五叶,结果自然成。(达摩)
> 本来缘有地,因地种华生。本来无有种,华亦不曾生。(慧可)
> 华种虽因地,从地种华生。若无人下种,华地尽无生。(僧璨)
> 华种有生性,因地华生生。大缘与信合,当生生不生。(道信)
> 有情来下种,因地果还生。无情既无种,无性亦无生。(弘忍)
> 心地含诸种,普雨悉皆生。顿悟华情已,菩提果自成。(慧能)

(《景德传灯录》卷三、卷五)[1]

---

[1] 《坛经》法海本也载此六偈,文字稍异;慧昕、契嵩、宗宝诸本则只载达摩与慧能之偈。

虽然有了节奏和韵律，但仍留存着佛经偈颂那种拙朴粗糙的风格，仍类似翻译语体；虽然有了"花"、"果"、"地"、"种"的比喻，但仍采用的是佛经偈颂那种说理手法。从诗律学的角度看，这些偈颂虽注意到四声的规律，但尚未能避"八病"，有四首偈犯"平头"；以唐代近体诗格律来衡量，更是平仄粘对都不合律。慧能以后，南岳怀让和马祖道一的示法偈仍保留着类似的风格：

  心地含诸种，遇泽悉皆萌。三昧华无相，何坏复何成？（怀让）
  心地随时说，菩提亦只宁。事理俱无碍，当生即不生。（道一）（《景德传灯录》卷五、卷六）

同样是概念化说理，毫无诗意可言，而且同样是不合平仄粘对。

  大约从中唐开始，一批富有诗意的禅偈出现了，多少改变了传统偈颂质木无文的状况。如马祖道一的法嗣明州大梅山法常禅师（752—839）的偈：

  摧残枯木倚寒林，几度逢春不变心。樵客遇之犹不顾，郢人那得苦追寻？（同上卷七《明州大梅山法常禅师》）

不仅平仄音韵完全符合近体诗格律，而且全用比兴手法，不露说理的痕迹。偈中的意象"枯木"、"寒林"、"樵客"、"郢人"等，完全是中国传统诗歌中的意象，再没有早期禅偈中常见的"菩提树"、"明镜台"、"心地"、"普雨"等佛经文本里的意象。此外，如灵云志勤见桃花悟道而作的诗偈："三十年来寻剑客，几逢落叶几抽枝。自从一见桃花后，直至如今更不疑。"（同上卷一一《福州灵云志勤禅师》）长沙景岑的劝学偈：";万丈竿头未得休，堂堂有路少人游。禅师愿达南泉去，满目青山万万秋。"（同上卷一〇《湖南长沙景岑禅师》）龟山正原的诗偈："沧溟几度变桑田，唯有虚空独湛然。已到岸人休恋筏，未曾度者要须船。"（同上《福州龟山正原禅师》）船子德诚的诗偈："千尺丝纶直下垂，一波才动万波随。夜静水寒鱼不食，满船空载月明归。"（《五灯会元》卷五《船子德诚禅师》）这些作品完全脱离了印度伽陀的母体，成为地地道道的中国诗。

前面我曾指出，唐代禅宗最重要的贡献就在于把佛教的禅学从印度话语系统移植到中国话语系统之中，偈颂的诗化也是最有说服力的例证之一。值得注意的是，中国诗歌语言有雅俗之分，即典雅的文言诗（特别是格律谨严的近体诗）和通俗的白话诗（主要是不拘声律的古体诗）之分，前者属于士大夫话语系统，后者属于平民话语系统。禅宗的主流是农禅，因而通俗的白话是禅宗最常用的语言，偈颂也多用白话；但随着中晚唐参禅的居士日渐增多，典雅的文言也部分地渗入禅宗语言，尤其是偈颂的制作日趋精工。著名的参禅文人如马祖道一的弟子庞蕴、佛光如满的弟子白居易（772—846）、药山惟俨的弟子李翱（772—841）、黄檗希运的弟子裴休（791—864）都写过偈颂，尽管他们有意识在偈颂中模仿农禅语言，但较那些文化层次低下的禅师，毕竟在文词方面要考究得多。如庞蕴的那首著名的示法偈："日用事无别，唯吾自偶谐。头头非取舍，处处勿张乖。朱紫谁为号？丘山绝点埃。神通并妙用，运水及般柴。"（《景德传灯录》卷八《襄州居士庞蕴》）虽然文词较通俗，但声律已相当精严，据我所知，这恐怕是第一首符合五律格式的禅偈。又如裴休呈示黄檗希运的偈："自从大士传心印，额有圆珠七尺身。挂锡十年栖蜀水，浮杯今日渡漳滨。一千龙象随高步，万里香花结胜因。拟欲事师为弟子，不知将法付何人？"（同上卷九《洪州黄檗山希运禅师》）这当然算不上好诗，但有可能是第一首七律禅偈。至于李翱赠药山的那首偈："选得幽居惬野情，终年无送亦无迎。有时直上孤峰顶，月下披云笑一声。"（同上卷一四《澧州药山惟俨禅师》）则不仅是一首标准的七绝，而且语言也很优美，完全体现了一种士大夫的审美情趣。这些例子似乎表明，士大夫在参禅的同时，也无意识地将自己的话语渗透到禅宗话语系统。

事实上，药山禅系的不少禅师颇好文词，就可能受了士大夫的影响。除了船子德诚以诗偈知名外，道吾圆智（769—835）、夹山善会（805—881）、乐普元安（834—898）以及同安常察都是作偈颂的好手①，道吾的《乐道歌》、乐普的《浮沤歌》、同安的《十玄谈》均为宗门的歌颂名作，特别是乐普和尚，"答酬请益，多偶句华美，为四海传焉"（《宋高僧传》卷一二《唐澧州苏溪元安传》）。出自药山禅系的曹洞宗，其开山祖师洞山良价也很有文采，著有《宝镜三昧歌》《玄中铭》《新丰吟》《纲要颂》等（参见《筠州洞山悟本禅师语录》，《大正藏》第四十七卷）。曹山本寂的文学修养更有名，据《宋高僧传》称，本寂"素修举业"，"文辞遒丽，号富有法才"，"注《对寒山子诗》，流行寓内"（同上卷一三《梁抚州曹山本寂传》）。唐代以诗赋取士，本寂所修举业，就是诗赋。值得注意的是，本寂从小生活在一个典型的士大夫语境里，"其邑唐季多衣冠士子侨寓，儒风振起，号小稷下焉"。因此他"少染鲁风，率多强学"（同上），较多地接受了士大夫的文化。

法眼宗开山祖师清凉文益也具有深厚的文学修养，"傍探儒典，游文雅之场"，佛教宗师"目为我门之游、夏"（《景德传灯录》卷

---

① "乐普"，《祖堂集》卷九作"落浦"，《五灯会元》卷六作"洛浦"，此从《景德传灯录》卷一六、卷三〇。

二四《金陵清凉文益禅师》）①,"好为文笔,特慕支、汤(指六朝诗僧支遁、汤惠休)之体,时作偈颂真赞,别形纂录"(《宋高僧传》卷一三《周金陵清凉院文益传》)。文益的主要传教活动在南唐,五代十国时期,南唐是经济相对发达、文化相对繁荣的地区之一,而南唐国主也素以好文学而知名,因此,文益的偈颂比以往任何禅师的偈颂都更典雅而富有诗意。一日,文益与南唐中主李璟论道罢,同观牡丹花,中主命作偈,文益赋曰:

> 拥毳对芳丛,由来趣不同。发从今日白,花是去年红。艳冶随朝露,馨香逐晚风。何须待零落,然后始知空。(《五灯会元》卷一〇《清凉文益禅师》)

这首偈简直就是一首以牡丹为题的咏物诗,采用的是精工的五言律诗,全用譬喻和象征来说理,以牡丹的荣衰阐明"色即是空"的观念,意在言外,余味无穷。

显然,曹山本寂和清凉文益等人代表了禅宗的另一种话语选择,即语言的士大夫化。这一现象表明,由于晚唐五代各地方割据政权的经济文化上的不平衡,使得流行于不同地区的禅宗出现了更进一步的分化,且不论各宗弘扬的宗旨各有特点,就是言说方式也渐有了雅俗之分。也就是说,处于经济文化相对落后地区的河北临济宗和岭南云门宗,更多地继承了呵佛骂祖的传统和棒喝交驰的方式,而处于经济文化相对发达地区的江西曹洞宗和江南法眼宗,更多地采用"主意在文"的传教方式。即使同样是偈颂创作,临济、云门与曹洞、法眼仍有雅俗之别。文益的《宗门十规论》就反映了当时

---

① "游、夏"指孔子学生言子游、卜子夏。《论语·先进》:"文学子游、子夏。"后世遂以"游、夏"代称文学之士。

禅宗偈颂创作中的两种不同倾向：

> 论曰：宗门歌颂，格式多般，或短或长，或今或古，假声色而显用，或托事以伸机，或顺理以谈真，或逆事而矫俗。虽则趣向有异，其奈发兴有殊，总扬一大事之因缘，共赞诸佛之三昧。激昂后学，讽刺先贤，皆主意在文，焉可妄述？稍睹诸方宗匠，参学上流，以歌颂为等闲，将制作为末事，任情直吐，多类于野谈；率意便成，绝肖于俗语。自谓不拘粗犷，匪择秽屑，拟他出俗之辞，标归第一之义。识者览之嗤笑，愚者信之流传。使名理而寖消，累教门之愈薄。不见华严万偈，祖颂千篇，俱烂漫而有文，悉精纯而靡杂。岂同猥俗，兼糅戏谐。在后世以作经，在群口而为实。亦须稽古，乃要合宜。苟或乏于天资，当自甘于木讷。胡必强攀英俊，希慕贤明，呈丑拙以乱风，织弊讹而贻戚。无惑妄诞，以滋后羞。（《宗门十规论·不关声律不达理道好作歌颂第九》）

文益这段话揭示了"宗门歌颂"创作中雅俗对立的现象，并表明了他自己的观点：其一，指出偈颂的创作目的，最主要是阐明"诸佛之三昧"，因此作者须达"理道"；其二，主张偈颂必须"烂漫有文"、"精纯靡杂"，提倡语言修饰，并要求作者须通"声律"；其三，批评"任情直吐"、"率意便成"的"野语"、"俗谈"，表达了对"粗犷"、"秽屑"的猥俗戏谐之言的不满。文益显然是站在高层次文化人的立场上，力图对当时宗门语言粗俗化的倾向有所纠正整顿。

通过文益的描述，我们对晚唐五代禅宗偈颂的创作情况有了大致的了解，即由于禅宗总体上向民间大众化的方向普及，因而俗语言成为禅宗偈颂创作的主流话语，权威的丧失带来平民的自信，任何僧徒都敢于用"不拘粗犷"的偈颂来表达自己理解的禅理。同时，由于禅宗中一部分富有文化修养的大师的加盟，雅正的文言，特别是诗赋的声律语言也开始成为宗门传教的工具，如文益的《宗门十规论》完全由典雅的四六骈文写成，体现出与传统农禅话语系统迥然不同的语言风格，这显然意味着在五代文化相对发达的地区，士大夫话语系统对禅宗产生了相当的影响。

必须指出的是，由于禅宗的偈颂有多种功能，因而其语言风格也有很大差别。举例来说，一种是正面阐明佛理、弘扬宗旨的偈颂，如永嘉玄觉的《证道歌》、石头希迁的《参同契》之类，往往较多地保留了佛经原典的词语，且有概念化的说理倾向，文益的《华严六相义颂》也属此类；一种是抒发个人的禅悦之情的偈颂，如道吾和尚的《乐道歌》、懒瓒和尚的《乐道歌》，往往直接描写山居环境和逍遥自在的生活，采用赋的手法；另一种是顿悟自性后当即写下的偈颂，如灵云志勤见桃花、洞山良价睹水影而作的悟道偈，往往缘境而发，类似触景生情的诗歌，采用的是比兴手法，举一境而说理。相比较而言，最后一种最能体现禅宗偈颂的特色，即本土化和诗化的特色，因此自晚唐五代后日益流行开来，成为宗门最常见的言说方式之一。

第四章 ◦ 公案禅：
阐释时代的开始

随着禅宗五家的形成、门庭设施的建立，祖师（东土六祖以及迄至五代的禅门宗师）的地位进一步提高。祖师的言行被视为判别邪正是非的典型案例，称为"公案"①。记载公案的文本主要是语录和灯录。尽管早在中唐就出现了禅宗语录，但大多数公案仍是通过口耳受授的形式而流传，直到五代末、北宋初，作为公案汇总形式的灯录才真正诞生。北宋封建文化的全面复兴，为公案的流行提供了深厚的文化土壤，灯录和语录开始取代佛经论藏而成为禅宗的新经

---

① "公案"一词，本为法律用语，指官府的案牍。据日本无著道忠《五家正宗赞助桀》卷四的观点，"公案两字，此黄檗语为始"，指宋希叟绍昙《五家正宗赞》卷一载黄檗曰"昨日公案未了"句。禅宗借用此术语喻判别教理，而文献记载则首见于《景德传灯录》，如卷一一《紫桐和尚》"今日好个公案"、《日容和尚》"且休未断这公案"，卷一二《睦州龙兴寺陈尊宿》"见成公案"等等。在宋代，"公案"特指祖师具有典范性质并需诠释判别的言行。

典。而作为经典文献的仿效，北宋又进一步出现了记载当代宗师言行的灯录语录，甚至宗师自编自选的语录。与此同时，对公案的整理、阐释也以各种形式全面展开，于是有了代语、别语、拈古、颂古、评唱、垂示等诸多名目，有了评价、赞誉、解说、考证、注释公案的诸多文本。这些文本不仅阐明了前辈大师的言行作为典型的深刻意义，而且开创了前所未有的新阐释方法。

在促进禅宗语言经典化、文本化的过程中，有两个因素特别值得注意。其一，禅宗队伍的基本成分逐渐改变，文化素质大大提高，即执耒耜的劳动者让位于执笔砚的文化人，或者说农禅让位于士大夫禅。这样，阅读行为成为禅宗的重要实践方式。其二，印刷术的进步和印刷业的发展，为各类禅宗文献的制作传播提供了必要的物质基础，而这种物质基础又反过来促进禅师和居士们对非文字形式的禅学资料重新进行整理。也就是说，宋代以文献载体高度发展为标志的封建文化的复兴和繁荣，是"公案禅"席卷禅林的最深刻的背景。

就整体而言，宋代的"公案禅"正如"以俗为雅、以故为新"的宋诗一样，在"大判断"方面没有更多的贡献，然而在"小结裹"方面却有很多发明和创获。所谓"以俗为雅"，是指唐代禅宗的俗语言形态，经过宋代各种禅籍的反复称引，凝定为一种经典化、文本化的成语典故，成为一种雅化的俗语。所谓"以故为新"，是指利用古德公案中的陈言表达新的禅理，同时也指对古德公案作出不同于原典的全新的意义认知和价值判断。

一、灯录语录：祖师言行的记载

如果严格按照祖师的训诫从事的话，"不立文字"的禅宗将给我们留下一张白纸。据说,云门文偃上堂说法,绝不喜人记录其语,见必骂逐曰:"汝口不用,反记我语,佗时定贩卖我去。"(惠洪《林间录》卷上,《佛藏要籍选刊》第十一册。又见惠洪《禅林僧宝传》卷二九《云居佛印元禅师传》,《佛藏要籍选刊》第十三册)这与临济义玄"吾正法眼藏向这瞎驴边灭却"的担心是一样的,害怕门徒失去自证自悟的精神。然而,任何一种思想学说的传播仅靠口耳受授是难以流传开来并传之久远的,一时一地的声音语言必须通过文字形式记录下来,才能真正成为一种精神传统传世。祖师作为肉体的生命形式必然会消亡,而后代的禅人只有通过他的语言的记录,才能领悟其宗教精神。所以,我们应该感谢那些有一定文化素养的好事的禅僧,是他们无视"不立文字"的祖训,突破"口耳受授"的门规,为后人留下大量的反映禅宗思想历程的原始文字记录,使禅宗由神秘的宗教受授上升为一种具有形而上意义的思想资源。就以云门宗为例,若没有香林明教等人偷偷地"以纸为衣,随所闻随即书之"(同上),我们也就难以睹见收入《大藏经》中的《云门匡真禅师广录》。

事实上,早在中唐就出现了手抄的语录,如敦煌卷子中法海集记的《南宗顿教最上大乘摩诃般若波罗蜜经六祖惠能大师于韶州大梵寺施法坛经》(即法海本《坛经》),其实就是慧能语录。稍后又有《荷泽神会禅师语录》《大珠禅师语录》《庞居士语录》《筠州黄檗山断际禅师传心法要》《黄檗断际禅师宛陵录》《镇州临济慧照禅师语录》等问世。这些语录不仅保存了祖师的禅学思想,而且提供了一种以白话口语为主的语言范式。

语录的产生与禅宗的传教方式有密切关系。从早期楞伽师时代开始,禅宗祖师就有"口说玄理,不出文记"的传统,到后来南宗禅及其主流洪州禅的祖师,也基本遵循了不撰写佛学理论著作的原则。在整个唐代,最正统的禅宗宗师大多无疏经造论的文字传世[①],这一点和其他义学各派有很大的不同。禅宗的主要传教方式是所谓"亲面相呈"或"口耳受授",禅学思想通过师徒间面对面的语言形式(机锋、旨诀、偈颂)或非语言形式(棒喝、圆相、作势)的交谈而得以承传。因此,语录尽管也是一种文字形式,但它不属于个人撰写的著作,仅仅是"亲面相呈"、"口耳受授"的言谈及场景的记录,或者说是一些案例(公案)的记录。只有说话者和记录者,没有著作者。换言之,宗师仍坚持了"不立文字"的传统,因为语录并非他本人撰写;而弟子也不负"堕于言句"的责任,因为所录之语并非他本人所说。所以,即使依最激进的反对语言文字的观点来看,语录也算不上多大的犯规。除了云门文偃这样过分认真的宗师,大多数禅师都采取睁只眼闭只眼的态度,任随弟子去记录贩卖。

由于语录是一种非著作的文本,因而它和其他义学"文记"在语言风格上有很大的区别,最突出的特点就是它的口语俗语言性质。我们所说的禅宗以本土的平民话语系统取代外来的印度话语系统,其实就是依据禅宗语录所提供的语言资料而得出的结论。同时,我们所说的禅宗语言不同于本土的带有官方色彩的文言文,也是通过对禅宗语录的阅读而得出的认识。

尽管语录的编纂始于唐代,但到了北宋才真正得以大规模发展并得以广泛流传。这主要表现在以下两个方面:

其一,除了敦煌写本外,现存的唐代祖师语录多为宋代所刊刻印行。大致说来,唐代流传的祖师语录都是手抄本,限于抄者的文化水平,这些抄本的错误脱漏特别是错别字极多,这只须看看敦煌本的《坛经》就可略知一斑。文字上的鱼鲁亥豕既多,思想上的郢

---

① 大珠慧海撰有《顿悟入道要门论》,但在灯录中,他是没有法嗣的非主流的禅师。

书燕说也就不可避免。而宋代的禅师已有足够的禅学素养和文化素养来重新整理这些抄本，同时，宋代发达的印刷业也足以保证整理的成果能刊行于世。所以，唐代祖师语录的刊刻印行既有传播学方面流通普及的意义，更有文献学方面刊正谬误的意义。如两浙转运副使苏澥作于熙宁九年（1076）的《云门匡真禅师广录序》云："其传于世者，对机室录，垂代勘辨。行录岁久，或有差舛，今参考刊正，一新镂板，以永流播。"（《云门匡真禅师广录》卷首）又如真定府路安抚使马防作于宣和二年（1120）的《镇州临济慧照禅师语录序》云："面壁未几，密付将终。正法谁传？瞎驴边灭。圆觉老演，今为流通。点检将来，故无差舛。"（《镇州临济慧照禅师语录》卷首）都谈到刊行语录在正谬和流通两方面的意义。

其二，宋代禅宗编纂语录成风，不仅记录当代宗师语句加工付梓，而且自己编选机语及其他文字汇聚成册，嘱徒刊行。稍有影响的禅师可以说人人有语录，甚至在僧史上名不见经传的二三流和尚，也纷纷效仿。两宋三百年间，传世的禅宗语录数量相当庞大，据《大藏经》《续藏经》《禅宗集成》等典籍收录，宋代语录共有百多家、数百卷。如果按照宋人文集中的语录序来统计，则数量更为惊人。黄庭坚、苏辙、张耒、惠洪、宗泽、李纲、陆游等一大批文人所作的禅师语录序，其语录基本失传，不见于佛教典籍所载，足可反证有宋一代语录极度繁荣的盛况。

如果把唐代禅宗语录和宋代禅宗语录相比较，我们可看到这样一些变化：前者多为宗师圆寂后方才问世，如裴休的《黄檗山断际禅师传法心要》编纂于黄檗希运卒后二年（857）；而后者则多为宗师尚在世时即已刊行，如汾阳善昭即遭门徒刊刻其辞句集录，并致书求当代文豪杨亿作序，"属图镂版，邀求冠篇"（见《汾阳无德禅师语录》卷首附杨亿序）。前者通常只记载开堂说法、应接勘辨的

"机语",是较为纯粹的语录;而后者则除了机语之外,还收录了不少宗师本人的书面作品,如论议、书信、序跋、诗歌、铭赞、偈颂等,最典型的是雪窦重显的《明觉禅师语录》,其中最后两卷就是他本人的诗集①。这些变化显示出这样一种倾向,即宋代禅师对待文字的态度已与唐代祖师的态度大不相同,由反感渐变为信赖。最有趣的是,临济义玄痛骂"吾正法眼藏向这瞎驴边灭却",是担心门徒贩卖他的言句;而宋人理解的"正法眼藏向者瞎驴边灭",却是害怕祖师的语录失传,因此"特命工重刊",使"后之览者,如堕妖雾,而获指南之车"(见章倧《慈明四家录序》)。也就是说,唐代禅师仍坚持着"直指人心"的原则,以为正法眼藏须自证自悟;而宋代禅师已偏离了"不立文字"的传统,以为正法眼藏须靠文献形式得以流传。唐代禅师反对一切权威经典,突出表现为"呵佛骂祖";宋代禅师则尊崇一切祖师典型,突出表现为"护宗党祖"。

有大量事例证明,宋代禅宗语录中师徒之间的主要话题是如何理解阐释祖师的公案,而非在"普请"场景中探讨如何是"此在"的问题。试看下列数例:

上堂:"先圣云:'一句语须具三玄门,一玄门须具三要。'阿那个是三玄三要底句?快会取好,各自思量,还得稳当也未?"(《汾阳无德禅师语录》卷上)

上堂云:"百丈把火开田说大义,是何言欤?杨岐两日种禾,亦有个奇特语。乃云:达磨大师,无当门齿。"(《古尊宿语录》卷一九《袁州杨岐山普通禅院会和尚语录》)

上堂,举僧问首山:"如何是佛?"山云:"新妇骑驴阿家

---

① 如《四库全书》本所收重显的《祖英集》,内容与《明觉禅师语录》最后两卷基本相同。

牵。"师乃有颂:"手提巴鼻脚踏尾,仰面看天听流水。天明送出路傍边,夜静还归茅屋里。"(同上《潭州道吾真禅师语要》)

上堂,举梁武帝问达磨:"如何是圣谛第一义?"磨云:"廓然无圣。"帝云:"对朕者谁?"磨云:"不识。"又僧问六祖:"黄梅意旨什么人得?"祖云:"会佛法底人得。"僧云:"和尚还得么?"祖云:"不得。"僧云:"和尚为什么不得?"祖云:"我不会佛法。"师云:"大小大祖师,问着底便是不识不会,为什么却儿孙遍地?"乃云:"一人传虚,万人传实。"(同上卷二〇《舒州白云山海会演和尚初住四面山语录》)

上堂,举南泉云:"道个如如,早是变也。今时师僧须向异类中行始得。"且道:"作么生是异类中行?"乃云:"石牛长卧三春雾,木马嘶时秋后泉。"(同上卷二六《舒州法华山举和尚语要》)

上堂,举僧问赵州:"学人乍入丛林,乞师指示。"赵州曰:"吃粥了也未?"僧云:"吃粥了也。"州云:"洗钵盂去。"其僧言下便悟。"大众,山僧今朝吃粥也洗钵盂,只是不悟。既是为善知识,为什么却不悟?还会么?岂可唤钟作瓮,终不指鹿为马。善人难犯,水银无假。冷地忽然觑破,管取一时放下。"(同上卷二八《舒州龙门佛眼和尚语录》)

举一则古德公案作为僧徒的思考题,旁敲侧击地点拨一番,是宋代禅宗语录里最普遍的现象。这种形式的传教,有一个专门的名称,叫做"举古"(如同上卷二四《潭州神鼎山第一代谭禅师语录》就有"举古"类)。

灯录的编纂和语录的编纂意义相近。灯录虽带有传记的因素,但其主体部分是语言的记录,相当于语录的汇编。杨亿《景德传灯录序》叙述释道原作灯录的过程是"披奕世之祖图,采诸方之语录,次序其源派,错综其辞句",可见,灯录相当于按世系宗派编排的语录总集。如《景德传灯录》《五灯会元》中关于临济义玄、云门文偃、洞山良价、曹山本寂等人的记载,其内容多与《镇州临济慧照禅师语录》《云门匡真禅师广录》《筠州洞山悟本禅师语录》《抚州曹山本寂禅师语录》等相同。正如陈垣所说:"灯录为记言体,与僧传之记行不同。"① 记言体的灯录同样是为了提供可资后人借鉴的早期宗师精神记录的文献形式,"庶几后学,得见前辈典刑存焉"(释悟明《联灯会要》卷首自序,《续藏经》第一辑第二编乙第九套第三册)。与个人语录相比较,灯录搜罗更广,编排更集中,更简练精粹,同时因有简单的场景而使语言更生动,更富有暗示性。所以,灯录比语录更适合作参禅学人的教科书。事实上,灯录正是宋代士大夫参禅所凭借的主要文本,尤其是《景德传灯录》,它的功能有些像《世说新语》之于南北朝的谈玄者,几乎是宋代士大夫参禅的必读书。

与语录编纂的情况相类似,灯录最早也出现于中唐,代表作是《宝林传》《续宝林传》。但这两部书与后来的灯录还是有所不同,着重在记载禅宗世系、传法统绪,而非采摘诸方语录。同时,如唐代其他语录一样,这两部书也是手抄本,错漏较多,在宋代就因其"文字鄙俗,序致烦乱"而受到契嵩禅师(1007—1072)的批评(释契嵩《传法正宗论》卷上,《大正藏》第五十一卷)。现存最早的灯录是五代南唐福建泉州招庆寺静、筠二禅僧所编《祖堂集》,其书的特点是集"古今诸方法要",目的在于收集保存祖师的"利济之方"。本书首叙七佛,次叙西天、东土共三十三祖,然后按法嗣传承世系分头叙写,共录二百五十三人。所录诸佛祖和禅师,有生平简介和机语记录,而详于后者。本书保存了大量的禅宗史料和唐五代时期

---

① 陈垣《中国佛教史籍概论》第92页,中华书局,1988年。

的口语材料,对于了解唐五代禅宗所处的语境及所使用的话语都有极珍贵的价值。遗憾的是,此书在宋代即传入高丽,后又传入日本,但在国内却逐渐失传,在宋人文集中已难见到它的影子。因此,就传播学的意义而言,成书于北宋景德年间(1004—1007)的《景德传灯录》才是第一部真正有影响的灯录,也是第一部带着宋人新的语言观念的灯录。

《景德传灯录》是北宋东吴僧道原编撰的。书名"传灯"取自《坛经》中"一灯能除千年暗,一智能灭万年愚"之意,喻禅法为心灯,禅法传承也就是心灯相传。道原是清凉文益禅师的再传弟子,属于法眼宗。前面曾说过,禅宗五家之中,法眼宗流行于文化发达的江南地区,开山祖师文益特别爱好文词,其宗风也较其他各宗更带文化色彩。同时,随着北宋初期社会政治的渐趋平稳,封建文化的重建工作也逐步展开,具体体现为文献典籍的大规模整理编纂,如太宗朝的《太平广记》(978)、《太平御览》(984)、《文苑英华》(986),真宗朝的《册府元龟》(1013)等。《景德传灯录》的编撰正好既显示出法眼宗对典范的尊崇和对文词的偏爱,又与宋王朝的封建文化重建的步伐合拍。所以,当景德元年(1004)道原将所编《景德传灯录》送呈朝廷时,立即受到宋真宗的高度重视,亲命翰林学士杨亿(974—1020)等人裁定。而杨亿不仅是大型类书《册府元龟》的项目负责人之一,而且是文词华丽、堆砌典实的"西昆体"的领袖。这似乎表明,《景德传灯录》的裁定也与他从事的类书编纂、诗歌创作有类似的性质和意义,即同属于北宋文化重建的一部分。正因如此,当杨亿等人用了一年时间修订成书三十卷,立即被颁入藏流通,成为有史以来第一部官修禅籍,并因此而取代《祖堂集》成为中国流传最广、影响最大的灯录。

据杨亿的《景德传灯录序》,他对道原的原作主要从三方面作了修订：其一，本着"事资纪实，必由于善叙；言以行远，非可以无文"的原则，对原作进行文字润色，使其条目分明，文意畅达，"或辞条之纷纠，或言筌之猥俗，并从刊削，俾之纶贯"；其二，对原作的史实作了必要的订正，"至有儒臣居士之问答，爵位姓氏之著明，校岁历以愆殊，约史籍而差谬，咸用删去，以资传信"；其三，突出其作为语录汇编的性质，删除其他芜杂成分，专录"启投针之玄趣，驰激电之迅机，开示妙明之真心，祖述苦空之深理"的问答机语，"若乃但述感应之征符，专叙参游之辙迹，此已标于僧史，亦奚取于禅诠，聊存世系之名，庶纪师承之实"。显然，杨亿修订的结果是将士大夫的语言观念注入灯录之中，包括"言之无文，行而不远"的文学语言观，"事资纪实，信而有征"的史学语言观，以及欣赏"玄趣迅机"等"禅诠"的禅学语言观。

《景德传灯录》问世后，在宋代佛教界引起很大反响，不仅促进了佛教的禅化向深层发展，而且进一步推动了禅宗向士大夫阶层的普及。由于《景德传灯录》是法眼宗禅师所编，记叙青原系禅师较南岳系为详，特别详于法眼宗，且所记多为北宋以前禅师，因此，后来又有临济宗居士李遵勖撰《天圣广灯录》（1029），云门宗禅僧惟白撰《建中靖国续灯录》（1101），临济宗禅僧悟明撰《联灯会要》（1183），云门宗禅僧正受撰《嘉泰普灯录》（1201—1204），不仅补充了南岳系马祖以下诸禅师语句，详叙临济宗的世系，而且记录了大量当代禅师的言行。就此而言，《天圣广灯录》等"四灯"虽是效仿之作，但因为保留了丰富的宋代禅师的机缘语句，其价值也非《景德传灯录》所可取代。南宋末宝祐年间（约1253）临济宗禅师普济主编《五灯会元》问世，将《景德传灯录》等五种灯录合为一编，删繁就简，去其重复，为宋代的灯录之作画上一个圆满的句号。

当代禅史研究者最不满灯录之处就在于它们的伪造和篡改历史，

但这种伪造和篡改大多来源于唐代禅宗的著述,如禅宗西天、东土诸祖的世系,在《宝林传》和《坛经》中就已成型,《景德传灯录》不过取其旧说,而对其中一些明显的错误予以改正[①]。也就是说,《宝林传》等伪造篡改历史的弊病来自唐代禅僧历史文化知识的贫乏,而宋代灯录沿用其说则主要出于对古本原始文献的尊重以及对"言必有征"的文献整理原则的信奉。实际上,灯录中有关晚唐五代和两宋的禅宗世系记载,多根据语录、行状、碑铭、传记等原始资料整理而成,有相当的史料价值。

然而,宋代灯录的意义更多地体现在以下几方面:其一,从宗教学角度看,灯录记载了大量祖师的"公案",为参禅者提供了判明教理、辨别邪正的典型案例。其二,从语言学角度看,灯录将唐宋口语固定为文字形式,并给很多俗语词一个较为规范的书写形态,改变了唐代手抄本禅籍"文字鄙俗"、书写混乱的状况。这只要将敦煌写本中唐宋口语的书写形式与灯录文字相比较,就可看出灯录在文字方面的相对考究。由于灯录既保留了唐宋俗语言的活泼风格,又剔除了其中过分鄙俗混乱的成分,因此大受两宋士大夫的青睐。其三,从文献学角度看,灯录广泛网罗了大量禅僧的机语,特别是收罗了不少宋代禅师和士大夫的诗偈,许多不太知名的禅僧语录以及士大夫参禅的只言片语,赖灯录而得以保存,因而具有文献辑佚的意义。

总而言之,灯录对古德公案的崇拜和对机语玄言的欣赏多少背离了唐代禅宗呵佛骂祖、不立文字的精神,正如南宋目录学家陈振孙所说:"本初自谓直指人心,不立文字,今四灯(指《景德传灯录》《天圣广灯录》《建中靖国续灯录》《嘉泰普灯录》)总一百二十

---

① 参见陈垣《中国佛教史籍概论》第108—110页。

卷，数千万言，乃正不离文字耳。"(《直斋书录解题》卷一二《释氏类·嘉泰普灯录》解题，《丛书集成初编》本)这一现象的出现，一方面是因为禅宗内部思想资源的层累积淀已超出"口耳受授"所能负载的限度，必须有书面的记载才能使这些资源不会损失；另一方面也因为宋代禅宗传法面临的对象更多的是读书人——士大夫和诗文僧，必须有书面的教科书才能争取更多的徒众，由一时一地的听众队伍扩展到随时随地的读者队伍。

二、代别拈颂：前辈典刑的评说

从晚唐五代开始，祖师公案就成为禅宗关心的话题之一，而到了宋代，禅门的一切语言文字几乎都围绕着公案展开。三教老人《碧岩录序》对"公案"一词的来源和作用作了最详尽的解释：

> 祖教之书谓之公案者，倡于唐而盛于宋，其来尚矣。二字乃世间法中吏牍语。其用有三：面壁功成，行脚事了，定盘之星难明，野狐之趣易堕。具眼为之勘辨，一呵一喝，要见实诣。如老吏据狱谳罪，底里悉见，情款不遗，一也。其次则岭南初来，西江未吸，亡羊之歧易泣，指海之针必南。悲心为之接引，一棒一痕，要令证悟。如廷尉执法平反，出人于死，二也。又其次则犯稼忧深，系驴事重，学弈之志须专，染丝之色易悲。大善知识为之付嘱，俾之心死蒲团，一动一参，如官府领示条令，令人读律知法，恶念才生，旋即寝灭，三也。（《碧岩录》卷首）

这段话可以说代表了宋代大部分禅师的观点。参禅并不是脱离传统的纯粹的个人性行为,也不是无宗教标准的纯粹个人性体验,仅依靠个人的自参自证不能保证最终达到觉悟。参禅需要得道高僧为之指路,为之提供定盘之星、指南之针,才可免于堕入野狐之趣,误入亡羊之歧。显然,唐代农禅那种自证自悟、自由自在的精神被一种尊崇典范、奉行规则的观念所取代,参究公案或阐释公案成为宋代宗门最重要的活动。

对公案的阐释,最早开始于晚唐,其形式是所谓"代语"和"别语",合称"代别"。据汾阳善昭解释:"室中请益,古人公案未尽善者,请以代之;语不格者,请以别之。故目之为代别。"(《汾阳无德禅师语录》卷中《颂古代别》)"代语"是指原公案中,祖师设问,听者懵然不知,或所答不合意旨,阐释者便代答一语。还有就是原公案中只有问话,没有答语,阐释者代作答语。"别语"是指原公案中本有答语,阐释者另加一句别有含义的话。实际上,二者差别不大,都是一种以代替回答的形式对公案作出补充性或修正性的解释。"代语"、"别语"首见于云门文偃的语录中,试举数则如下:

> 举雪峰勘僧:"什么处去?"僧云:"识得即知去处。"峰云:"你是了事人,乱走作什么?"僧云:"莫涂污人好。"峰云:"我即涂污你。古人吹布毛作么生?与我说来看。"僧云:"残羹馊饭,已有人吃了也。"师别前语云:"筑着便作屎臭气。"代后语云:"将谓是钻天鹞子,元来是死水里蛤蟆。"

> 举韶山勘僧云:"莫便是多口白头因么?"因云:"不敢。"山云:"有多少口?"因云:"遍身是。"山云:"大小二事,向甚处屙?"因云:"向韶山口里屙。"山云:"有韶山口,即向韶山口里屙;无韶山口,向甚处屙?"因无语,山便打。师代云:"这话堕阿师,放你三十棒。"又代云:"将谓是师子儿。"又云:"韶山今

日瓦解冰消。"

举湖南报慈垂语云:"我有一句子,遍大地。"僧便问:"如何是遍大地底句?"慈云:"无空缺。"师云:"不合与么道。"别云:"何不庵外问?"(《云门匡真禅师广录》卷中《室中语要》)

"代别"的语言风格类似机锋,也是机警玄妙,不落拟议。尽管云门文偃爱举前人公案,但他的"代别"却大多借为僧人代答的方式,表现出一种对宗师的反叛态度,或讥讽其如"死水里蛤蟆",或嘲笑其"瓦解冰消",或指责其"不合怎么道","代别"中仍保持着呵佛骂祖的精神。由此可见,以云门文偃为代表的早期"代别",主要是以公案为例,教参学者如何在面对勘辨时树立自信心,为参学者指明"钻天鹞子"的向上一路。

稍后于云门文偃的法眼文益,在代别中流露出另一种倾向,即多为宗师辩护。尽管仍使用机锋玄言,在判案上却明显地将天平向宗师倾斜,指责对象多为参学者。试以文益语录中的"代别"为例:

举:"僧问雪峰:'拈槌竖拂,不当宗乘,未审和尚如何?'雪峰竖起拂子,僧乃抱头出去,雪峰不顾。"师代云:"大众,看此一员大将。"

又举:"雪峰问镜清云:'古来有老宿,引官人巡堂。云:此一众,尽是学佛法僧。官人云:金屑虽贵,又作么生?老宿无对。'镜清代云:'比来抛砖引玉。'"师别云:"官人何得贵耳贱目。"(《金陵清凉院文益禅师语录》,《大正藏》第四十七卷)

前一则"代语"代雪峰发言,以"看此一员大将"的调侃语气挖苦僧人被雪峰勘辨后类似打败仗的狼狈相;后一则"别语"在镜清代老宿回答后,另作代答,用"贵耳贱目"的评价折服官人的提问。

大致说来,禅宗语录中大量的"代别"主要有两种倾向,一种保持了洪州禅自证自悟的传统,呵佛骂祖;另一种则体现出对祖师言行的尊崇,党宗护祖。这两种倾向在"代别"的发展过程中一直存在,相对而言,后一种倾向在宋代更占上风,而在汾阳善昭身上表现得尤为典型。

尽管《祖堂集》《景德传灯录》中"代别"已用得很广泛,但是,直到汾阳善昭才利用这种形式,真正将禅引导到发掘古德公案的意旨方面,而不仅仅作为代替前人应对诘问勘辨的语言技巧。换言之,汾阳将"代别"由应对性的语体改造为阐释性的语体。试以下面几则为例:

> 梁武帝问祖师:如何是圣谛第一义?祖曰:廓然无圣。帝云:对朕者谁?祖曰:不识。代云:弟子智浅。
> 梁武帝请傅大士讲经,大士俨然。帝曰:请大士与朕讲经,为什么不讲?志公曰:大士讲经毕。代云:讲得甚好。(《汾阳无德禅师语录》卷中)

表面看来,汾阳的"代别"并无高明之处,"智浅"就是"不识","讲得甚好"就是"讲经毕",似乎是同义语反复。而实际上,用"智"来代"识",就暗示了禅宗无凡无圣、无人无我的"无分别智";"讲得甚好"就有如《维摩经》里文殊称赞默然的维摩诘"无有文字语言,是真入不二法门"。

汾阳的《诘问百则》中的代语表现出更有特色的阐释性质。《诘问百则》是对著名的佛禅术语提出问题,并代为回答。试以"四誓"为例:

> 众生无边誓愿度。谁是度者？代云：车轮往灵山。法门无边誓愿学。作么生学？代云：朝参暮请。烦恼无边誓愿断。将什么断？代云：有么？无上菩提誓愿成。作么生成？代云：天子不刈草。（同上）

"灵山"是释迦牟尼说法处，"车轮往灵山"意即听释迦牟尼说法；"朝参暮请"意即时时刻刻参学佛法；"有么"以反问的语气表达了对烦恼的否定，因为禅宗"性空"观认为本来无物，烦恼亦无；"天子不刈草"暗喻"无上菩提"无须劳作生成。值得注意的是，"众生"、"法门"、"烦恼"、"菩提"等词都是佛教原典术语，而汾阳却用本土的成语俗谚去解释，这似乎意味着他有意将印度话语转换为本土话语，或者有意将逻辑语言转换为非逻辑语言（即"玄言"）。尽管这种转换在表达意义上显得更加晦涩，但却以类似诗歌的语言增强了解释的暗示隐喻性质。

汾阳的"代别"的目的是，古德公案"未尽善者"使之"善"，"语不格者"使之"格"，力图建立一种完美标准的公案答语，这就是一种玄妙的答语。汾阳认为："夫参玄之士，与义学不同，顿开一性之门，直出万机之路；心明则言垂展示，智达则语必投机。了万法于一言，截众流于四海。"（同上卷上）汾阳的"参玄"之说集中代表了自晚唐五代以来禅宗内部悄然出现的玄学化思潮，禅学被称为"玄学"，参禅被称为"参玄"，禅宗僧人修行的重点，不再是对禅境的直观体验，也不是"直下即是"的问答，而是对"玄言"的运用和理解。按汾阳的观点来看，禅学或曰玄学优于义学之处在于，它不需要思辨分析，而是靠"顿开"、"直出"；它不是靠义理的探究来说服听众读者，而是靠一言半句的展示来寻觅投机的知音；它没有拖泥带水的繁琐注疏，而是以"一言"而"了万法"。无论如何，汾阳的观点体现出宋代禅宗对语言在传教（言垂展示）、交流（语必投机）、悟道（了万法于一言）等方面功能的重视，尽管偏离了以前祖师强调"不立文字"、"直指人心"的古训，但仍保持着区别于佛经言教的宗门话语形式。

汾阳善昭无疑是宋代"公案禅"的开山祖师之一，他不仅确定了"代别"作为完善统一公案标准、借题发挥自己思想的形式的意义，而且创立了一种影响深远的以韵文对公案进行赞誉性解释的体裁——"颂古"。汾阳首创《颂古百则》，选择百则古德公案，分别以韵文评说解释。他在《都颂》中简述创作目的：

先贤一百则，天下录来传。难知与易会，汾阳颂皎然。空花结空果，非后亦非先。普告诸开士，同明第一玄。（同上卷中）

首先，他选择的公案是禅林公认的先贤言行，是流传已久的典型范例；其次，这些公案不管是晦涩难懂还是容易理解，他都要通过颂古使其清楚明白；再次，他提醒读者注意，公案与颂古的关系如同空花结空果，文字性空，无所谓先后；最后，他力图用颂古文字普告学者，从中领悟"第一玄"的禅理。这首《都颂》可以说建立了颂古的基本原则，即所选公案一定要有典型性，择优录取，不论宗派；所颂文字一定要阐明或暗示禅理，使公案意旨"皎然"。汾阳自己的颂古就实践了这一原则。例如，他所颂百则公案，除了世尊、达摩、二祖、六祖之外，不仅有南岳系洪州禅诸大师如马祖、百丈、南泉、归宗、麻谷、石巩、鲁祖、黄檗、赵州、长沙等等，而且有青原系石头禅诸大师如石头、药山、天皇、龙潭、道吾、德山、云岩、雪峰、岩头、玄沙等等，禅宗五家的开山祖师临济、沩山、仰山、洞山、曹山、云门、法眼更是全数涉及。而颂古的文字也的确是为了使人更好地了解公案所蕴藏的禅意。如"鸟窠吹布毛"这则公案,说的是唐代鸟窠和尚的侍者辞别他,打算往诸方学佛法去。鸟窠云:"若是佛法,我者里也有些子。"侍者问:"如何是和尚佛法?"鸟窠拈布毛一吹,侍者遂悟玄旨(参见《景德传灯录》卷四《杭州鸟窠道林禅师》)。汾阳作颂曰:

> 侍者初心慕圣缘,辞师欲去学参禅。鸟窠知是根机熟,吹毛当下得心安。(《汾阳无德禅师语录》卷中)

这则颂古用诗句重复叙述公案内容,只是加了句"鸟窠知是根机熟"来说明鸟窠吹布毛的目的。又如"俱胝一指"这则公案,唐代俱胝和尚因见天龙竖一指头而悟,从此,凡有参学僧问禅,他都不说话,只竖起一指表示回答(参见《景德传灯录》卷一一《婺州金华山俱胝和尚》)。这就是著名的"一指禅"。汾阳作颂曰:

> 天龙一指悟俱胝,当下无私物匪齐。万互千差宁别说,直教今古勿针锥。(《汾阳无德禅师语录》卷中)

"一指"比喻万法归一,佛教认为,在千差万别的世界中,有一以贯之的东西,这就是"空"(万法皆空)或"心"(三界唯心)。汾阳解释"一指"为"无私物匪齐"。"无私"既指"无我",即"性空"之意,也指无偏私,即无差别之意。总之,汾阳颂古的确是为了使"难知"或"易会"的公案意义"皎然",利用韵文便于记诵的特点,普及禅知识,因此并不刻意追求辞藻,卖弄文采,"看他吐露,终是作家,真实宗师,一拈一举,皆从性中流出,殊不以攒华叠锦为贵也"(释明河《补续高僧传》卷六《汾阳昭、叶县省、神鼎諲三禅师传》,《佛藏要籍选刊》第十三册)。

大约略早于汾阳创制颂古,五代宋初还出现了以散文口语评价解说公案的体裁——"拈古"。就纯形式看,"拈古"类似"代别",也是前面举古德公案,后面发表自己的看法;但从手法看,"拈古"是直接对公案蕴藏的禅理进行评判和解说,不同于"代别"借替古人作答来解释禅理;从目的看,"拈古"是给公案禅理定性,所谓"据款结案"①,不同于"代别"力图使公案答语"尽善"、"语格"。

最初"拈古"只是一些"口耳受授"的言谈,祖师上堂说法时,举一则古德公案,当场为僧徒评说,类似于"举古"。而这些言谈经记录下来,就成为一种正式的体裁,于是宋代禅宗语录里就有了"拈古"一类。在《景德传灯录》中,我们常能看到正文夹注的小字有"云居锡拈云"、"东禅齐拈云"等等,其实就是云居清锡、东禅道齐(929—997)的拈古。清锡和道齐分别是法眼文益的弟子和再传弟子(见《景德传灯录》卷二五《洪州云居清锡禅师》、卷二六《洪州云居道齐禅师》)。《景德传灯录》称道齐"著《语要》《搜玄》《拈古》《代别》等集,盛行诸方",这大约是见于著录的最早的拈古。

现存的宋代禅师语录中,最早收录"拈古"的是雪窦重显(980—1052)的《明觉禅师语录》。雪窦早年曾追慕五代诗僧禅月贯休(833—913),后来得法于云门宗的智门光祚禅师,为云门第四世。《明觉语录》中的拈古有两种情况,一种如:

举宝公云:"终日拈香择火,不知身是道场。"玄沙云:"终日拈香择火,不知真个道场。"师拈云:"一对无孔铁槌。"(《明

---

① 《碧岩录》卷一第一则《圣谛第一义》:"大凡颂古,只是绕路说禅;拈古大纲,据款结案而已。"

觉禅师语录》卷一《拈古》)

其形式是以一句极简单极玄妙的语言判决公案的问答,这种情况一般是公案本身已直接讨论禅理,无需作过多的说明。梁朝宝志和尚与晚唐玄沙师备两人的话都是揭示禅学真谛的名言,无庸置喙,所以用"一对无孔铁槌"来赞叹其完满无缺。另一种如:

> 举德山圆明示众云:"但有问答,只竖一指头。寒则普天普地寒。"师云:"什么处见俱胝老?""热则普天普地热。"师云:"莫错认定盘星。森罗万象,彻下孤危;大地山河,通上险绝。甚么处得一指头禅?"(同上卷三《拈古》)

其形式是通过讨论禅理来修正或驳斥前人对古德公案的误解。这种情况一般是自己认为前辈禅师对公案的解释不准确,特地另作说明。如德山圆明(即缘密禅师)是云门文偃的弟子,是雪窦的师祖辈,但他将"一指头禅"理解为"寒则普天普地寒,热则普天普地热",把世界看作绝对的统一。所以雪窦指出他"错认定盘星",不懂得一以贯之的"禅"存在于千差万别的世界万物中。

雪窦的拈古为宋代的公案禅提供了经典的文本,后来临济宗大师圆悟克勤(1063—1135)作《击节录》,选雪窦的拈古一百则专门为之评唱,可见他的影响。雪窦之后,拈古大为流行,几乎所有的禅师语录中都有这一文类。南宋僧人祖庆编《拈八方珠玉集》,收集佛鉴慧懃、圆悟克勤、正觉宗显、石溪心月四位禅师的拈古语句,可窥宋代拈古盛况之一斑。

雪窦重显在禅学界的更大影响体现在他的颂古制作上。如果说汾阳还多少保留了晚唐五代歌颂朴质的文风的话,那么,雪窦则完全将颂古变为尝试多种艺术风格的诗歌创作。雪窦既有文学天才，又深契宗门悟境，因此他将诗骨禅心融结为《颂古百则》，能做到情理并茂，成为法眼文益所期待的"俱烂漫而有文，悉精纯而靡杂"的歌颂制作的典型。他的《颂古百则》所选公案虽大大增加了云门、智门的内容，但也基本上照顾到青原、南岳两系和禅宗五家。与汾阳相比较，雪窦的颂古在表现手法上和形式体裁上都有较大的改进。他放弃了汾阳那种意义"皎然"的阐释原则，而代之以"绕路说禅"的新阐释方法；打破了汾阳七言诗（七言绝句为主）的单调形式，而根据不同的内容，选择不同的诗体，有律诗绝句，也有古风歌行，有五言、七言，也有三言、四言、六言，或村朴，或典雅，或轻灵，或凝重。试看下面几首：

江国春风吹不起，鹧鸪啼在深花里。三级浪高鱼化龙，痴人犹戽夜塘水。（《碧岩录》卷一第七则《慧超问佛》）

曾骑铁马入重城，敕下传闻六国清。犹握金鞭问归客，夜深谁共御街行？（同上卷三第二十四则《刘铁磨老牸牛》）

问既有宗，答亦攸同。三句可辨，一镞辽空。大野兮凉飚飒飒，长天兮疏雨濛濛。君不见少林久坐未归客，静依熊耳一丛丛。（同上第二十七则《云门体露金风》）

大地绝纤埃，何人眼不开？始随芳草去，又逐落花回。羸鹤翘寒木，狂猿啸古台。长沙无限意，咄地更深埋。（同上卷四第三十六则《长沙芳草落花》）

咄这维摩老，悲生空懊恼。卧疾毗耶离，全身太枯槁。七佛祖师来，一室且频扫。请问不二门，当时便靠倒。不靠倒，金毛狮子无处讨。（同上卷九第八十四则《维摩不二法门》）

盲聋喑哑，杳绝机宜。天上天下，堪笑堪悲。离娄不辨正

色,师旷岂识玄丝。争如独坐虚窗下,叶落花开自有时。(同上第八十八则《玄沙三种病人》)

这些颂古有禅理而无禅语,完全可以当做独立的诗歌作品来欣赏。除了"维摩老"一首之外,其余的根本看不出颂的是哪一则公案。这意味着雪窦的颂古不再是用韵文的形式去复述公案内容,而是以诗歌的意象语言来阐释禅理,或者说是不再正面去直接讲解公案的禅理,而是企图通过形象思维的方式来唤起读者对禅理的直观体验。

前面说过,晚唐五代的云门宗类似临济宗,具有某种非文化的倾向。云门文偃虽也曾用偈颂说法,但语句多为野语俗谈,当时就有人嫌他"太粗生"。而到了雪窦重显,上堂(法堂上说法)、小参(非按时的说法)、垂示(指授弟子)所用语句,大多是优美的诗句,如他住持雪窦时,上堂便吟诗一首:"春山叠乱青,春水漾虚碧。寥寥天地间,独立望何极!"(《五灯会元》卷一五《雪窦重显禅师》)气象雄浑,体现出一种诗人特有的宇宙意识。特别是他撰写的《颂古百则》,既富有情韵,又引经据典,"其间取譬经论或儒家文史,以发明此事",因此不仅为"丛林学道诠要"(《碧岩录》卷末附关友无党《碧岩录后序》),而且深受士大夫欢迎。所以后人评价说:"云门一宗,得雪窦而中兴。"(《补续高僧传》卷七《雪窦显禅师传》)

事实上,雪窦不仅改变了云门粗野质朴的宗风,而且影响到整个宋代禅林的发展。汾阳虽首创颂古的形式,但雪窦的《颂古百则》才作为更经典的文本,把宋代的颂古之风推向高潮。圆悟克勤《碧岩录》所谓"大凡颂古,只是绕路说禅"的定义,就是根据雪窦颂古的文本总结概括的。此后几百年,几乎所有能提笔的禅僧都有颂古之作,所有的参禅者都要阅读研究颂古,所有的名禅师都发表过颂古的评说。于是,颂古著作剧增,构成禅宗典籍的重要组成部分。

南宋僧人法应编《禅宗颂古联珠集》,"采摭机缘三百二十五则,颂二千一百首,宗师一百二十二人"(《禅宗颂古联珠通集》卷首附释法应《禅宗颂古联珠集序》,《续藏经》第二编第二十套第一册);元代僧人普会续编成《禅宗颂古联珠通集》,"加机缘又四百九十又三则,宗师四百二十六人,颂三千丹(单)五十首"(同上卷首附释普会《禅宗颂古联珠通集序》)。尽管这两个集子还不能囊括宋代全部颂古之作,但其规模也相当惊人。更重要的是,颂古作为有宋一代特有的体裁,比其他任何禅籍都更能体现整个时代"以公案为禅"的特色。特别是雪窦把汾阳注重的玄言演变为辞藻之学,更代表了宋代禅宗走向"文字禅"的大趋势。在这一趋势的影响下,甚至连提倡"默照禅"的天童正觉禅师,也有《颂古百则》传世,为后人评唱(即《从容庵录》);而痛斥"文字禅"、火烧《碧岩录》的大慧宗杲禅师,也曾取古德公案一百一十则,作颂古一百一十首[①]。

不仅宗门中人颂古成风,参禅的士大夫对此也颇感兴趣,纷纷效仿,例如黄庭坚(1045—1105)的词集中有《江宁江口阻风,戏效宝(保)宁勇禅师作古渔家傲四首》(见《山谷琴趣外编》卷三,《彊村丛书》本),其实就是以词为颂古;江西诗派诗人李彭也曾为大慧宗杲作《渔父歌》十首,颂汾阳以下十位古德的公案(见释晓莹《云卧纪谭》卷下,《续藏经》第二编乙第二十一套第一册)。

颂古在宋代虽深受欢迎,但也引起了坚持早期禅宗传统的部分禅师的强烈不满,如心闻昙贲就指责雪窦"以辩博之才,美意变弄,求新琢巧,继汾阳为颂古,笼络当世学者,宗风由此一变矣"(释净善编《禅林宝训》卷四引心闻语,《大正藏》第四十八卷)。心闻的

[①] 见《大慧普觉禅师语录》卷一○,《大正藏》第四十七卷;参见《大慧普觉禅师年谱》"绍兴三年癸丑"(1133),吴洪泽编《宋人年谱集目/宋编宋人年谱选刊》第179页,巴蜀书社,1995年。

指责虽言词激烈,但也道出了实情。值得注意的是,雪窦为什么要用"辩博之才,美意变弄,求新琢巧"去笼络学者呢?这里面自有其深刻的社会原因。

前面曾说过,晚唐五代禅宗五家并宏的时代恰巧是中国整个封建文化全面衰落的时代,藩镇割据、朝代更迭、国土分裂造成整个社会文化素质的低下。而文化发展的惯性使这种状况一直延续到北宋初期。《宋史·路振传》云:"淳化(990—994)中举进士,太宗以词场之弊,多事轻浅,不能该贯古道,因试《厄言日出赋》,观其学术。时就试者凡百数人,咸膺眙忘其所出,虽当时驰声场屋者亦有难色。""厄言日出"语出《庄子·寓言》,并不生僻,而参加考试的几百人竟都不知其出处。这就是宋初诗坛浅俗粗疏的白体和窘涩褊狭的晚唐体流行的土壤。所谓"贵白描而忌用事",与其说是提倡清新浅切的诗风,不如说是学贫才馁的体现。对此轻浅的士风,宋太宗痛下针砭,力倡学术,鼓励读书。到真宗朝(998—1022),情况已有了很大改观,西昆体领袖杨亿以"雄文博学"傲视当世,领导一代潮流,就是宋初三代皇帝封建文化重建初见成效的反映。

仁宗朝(1023—1063)出现的儒学复古运动,更把封建文化的复兴推向高峰。这不仅表现在文化各个领域都出现了全才巨匠,而且表现在整个社会民众文化水平的空前提高。在不少经济发达的地区,出现了"释耒耜而执笔砚者十室而九"的状况(见《苏轼文集》卷四九《谢范舍人启》)。随之而来的是禅宗队伍基本成分的改变,执耒耜的农禅逐渐让位于执笔砚的士大夫禅,在禅宗队伍中,随处可见披着袈裟的博学之士和文采风流的诗人。仅以南宋初释晓莹《云卧纪谭》所载数则为例:

惟正禅师,秀之华亭黄氏子。甫五岁,见佛书能指识其字,才诱读,则琅然成诵。……正雅富于学,作诗有陶、谢趣,临義、献书,益尚简淳。至于吐论卓荦,推为辩博之雄。如王文康、胥内翰、吴宣献、蔡密学皆乐与为方外游。

倚松庵主乃临川饶节字德操者,政和间,裂儒衣,从释氏,名如璧。

南昌信无言者,早以诗鸣于丛林,徐公师川、洪公玉父品第其诗韵致高古,出瘦权、癫可一头地,由是收名定价于二公。……平时制作,名为《南昌园夫集》,胡侍郎明仲易之曰《奇葩》,以序冠集首云。

南海僧守端字介然,为人高简,持律甚严,于书史无不博究,商榷古今,动有典据,丛林目为"端故事"。亦喜工诗,务以雅实。

佛印禅师平居与东坡昆仲过从,必以诗颂为禅悦之乐。

中际可遵禅师,号野轩,早于江湖以诗颂暴所长,故丛林目之为"遵大言"。因题庐山汤泉,东坡见而和之,自是名愈彰。

金山达观颖禅师,为人奇逸,智识敏妙,书史无不观,词章亦雅丽,与夏英公、王文康公、欧阳文忠公、赵参政平叔游,殊相乐也。

蒋山佛慧禅师,丛林号"泉万卷"者,有《北邙行》曰:"前山后山高峨峨……纵经劫火无生死。"观其词理凄壮,有关教化。

西蜀政书记,居百丈山最久,而内外典坟,靡不该洽。至于诗词,虽不雅丽,尤多德言。(均见《云卧纪谭》卷下)

从以上记载可以看出,宋代禅僧有这样一些特点:博览群书,包括儒书释典;爱好文学,特别是诗词创作;爱与当世著名文人交游。

像唐代曹山本寂那样"文辞遒丽"的禅僧,不再是凤毛麟角,而比比皆是。如"端故事"、"遵大言"、"泉万卷"这样的别号,正是禅宗队伍学术化和文学化的极佳例子。

作为真宗、仁宗朝文化复兴中成长起来的禅师,雪窦所要笼络的就是这样一大批像他本人一样的博学多才的"当世学者"。雪窦颂古的文本有三个特点:一是保留了宗门语的生动活泼的特色,二是加强了文学的修辞性,三是突出了对典范的尊崇。前一个特点使得它仍能获得一般平民僧众的支持,而后两个特点则可以迎合更多博学好文的禅僧、居士。事实上,"参雪窦禅"已成为北宋士大夫中流行的风气,如苏轼过庐山圆通院时明确表示:"此生初饮庐山水,他日徒参雪窦禅。"(《苏轼诗集》卷二三《圆通禅院,先君旧游也。四月二十四日晚,至,宿焉。乃作是诗》)又称赞朋友杨杰(次公):"高怀却有云门兴,好句真传雪窦风。"(《苏轼诗集》卷三二《再和并答杨次公》)吕本中督促李彭"参雪窦下禅"[①],韩驹称赞禅僧"诗如雪窦加奇峭"(韩驹《陵阳先生诗》卷四《送东林珪老游闽五绝句》之四,清宣统庚戌刊《江西诗派》本),都反映出雪窦在北宋的广泛影响。

三、著语评唱:机缘拈颂的训释

圆悟克勤就是被雪窦笼络的学者之一。在北宋禅宗圈子里,克勤称得上是与汾阳、雪窦齐名的公案阐释大师。从某种意义上来说,他的《碧岩录》才真正将宋代的"公案禅"推向顶点。

克勤,号佛果,又号圆悟,临济宗杨岐派五祖法演禅师的法嗣。

[①] 李彭《日涉园集》卷八《戏次居仁见寄韵》题下自注:"居仁见督参雪窦下禅。"居仁,即吕本中。(台北商务印书馆影印文渊阁《四库全书》本)

相传,克勤在五祖山时,有一官员入山问法,法演诵小艳诗云:"频呼小玉元无事,只要檀郎认得声。"克勤侍立在侧,忽然大悟,并写了一首偈呈交法演:"金鸭香消锦绣帏,笙歌丛里醉扶归。少年一段风流事,只许佳人独自知。"深得法演嘉许(《五灯会元》卷一九《昭觉克勤禅师》;又见释念常《佛祖历代通载》卷三○,《大正藏》第四十九卷)。克勤能从小艳诗悟入,所作诗偈,深得禅家和诗家三昧,可见出他深厚的禅学和文学修养。而雪窦的《颂古百则》,正是禅与诗结合的最佳典范,所以颇能引起克勤的兴趣。

徽宗政和年间(1111—1118),克勤住持湖南澧州夹山灵泉禅院时,应参学门人之请,评唱雪窦重显的《颂古百则》,门人记录汇编为《佛果圆悟禅师碧岩录》(又名《碧岩集》)十卷,试图给参禅的人提供一条终南捷径。"碧岩"为夹山的别名,二字出自一则公案:唐懿宗咸通年间(860—874),有僧问夹山灵泉禅院的善会禅师:"如何是夹山境?"善会答道:"猿抱子归青嶂里,鸟衔花落碧岩前。"(见《景德传灯录》卷一五《澧州夹山善会禅师》)尽管克勤早在住持成都昭觉寺时就开始讲解雪窦颂古,但在夹山这充满禅意诗情的地方,他的讲稿才真正成形。因此《碧岩录》不仅以剖析禅理著名,而且富有文学色彩。

《碧岩录》包括对古德公案和雪窦颂古二者的评唱,即评说注释,每一则包括三个方面:

其一,"垂示",放在每则公案和颂古的最前面,是一种总论式的提示,大抵有概括和引入的作用。试以第七则《慧超问佛》为例:

> 垂示云:声前一句,千圣不传。未曾亲觐,如隔大千。设使向声前辨得,截断天下人舌头,亦未是性躁汉。所以道:天不能盖,地不能载,虚空不能容,日月不能照。无佛处独称尊,始较些子。其或未然,于一毫头上透得,放大光明,七纵八横,

> 于法自在自由，信手拈来，无有不是。且道得个什么如此奇特？复云：大众会么？从前汗马无人识，只要重论盖代功。即今事且致雪窦公案，又作么生？看取下文。

就像宋代说话艺术的"入话"或"得胜头回"，目的是引出下面的公案、颂古来。这段垂示大意是说，禅的真谛是超越语言的，或曰前语言的，因而不可能通过声音文字传授证悟，必须靠自己亲身体验。禅是一种心性的觉悟，而这种心性无比自由，不受任何外在空间的限制。所以，天上地下，唯我（心性）独尊。能钻透这个道理，就能够自由自在，信手拈来，头头是道。这是很平常的道理，并没有多少奇特的地方。但要重新认识这个道理，还得看雪窦的公案颂古到底说了些什么。这段垂示表面看来显得东拉西扯，但与下文《慧超问佛》公案中表现出来的自身是佛的意旨是紧密扣合的。

其二，"著语"，附在公案和颂古的每一句下，相当于夹注夹批。如《慧超问佛》公案下附著语：

> 举僧问法眼：（道什么担枷过状。）"慧超咨和尚，如何是佛？"（道什么眼睛突出。）法眼云："汝是慧超。"（依模脱出，铁馂馅，就身打劫。）

括号外是雪窦所举公案，括号内是克勤所下著语。"担枷过状"是唐宋歇后语，出自唐睦州和尚一则公案[①]，意谓"自求解脱"；"眼睛突

---

① 《景德传灯录》卷一二《睦州龙兴寺陈尊宿》："新到僧参，师云：'汝是新到否？'云：'是。'师云：'且放下葛藤，会么？'云：'不会。'师云：'担枷陈状，自领出去。'"

出",出自唐婺州苏溪和尚一则公案①,大致是指识见不明,即后面评唱中所说"只管瞠眼作解会";"依模脱出"是唐宋俗语,即"依样画葫芦"之意;"铁馂馅"是宋代歇后语,意谓"咬不破",禅宗借喻钻不透的禅理,出自克勤的老师五祖法演禅师的一则公案②;"就身打劫"也是唐宋俗语,指自己抢劫自己,出自云门文偃的一则公案③,此处借喻自性具足,无需外求。又如雪窦颂古下附著语:

江国春风浪不起,(尽大地那里得这消息?文采已彰。)鹧鸪啼在深花里。(喃喃何用?又被风吹别调中。岂有恁么事?)三级浪高鱼化龙,(通这一路,莫谩大众,好踏着龙头。)痴人犹戽夜塘水。(扶篱摸壁,挨门傍户,衲僧,有什么用处?守株待兔。)

正如前面所说,雪窦的颂古有禅理而无禅语,字面上全不涉及公案内容,因此克勤的著语有如诗歌评点,不作理性的说明,用同样闪烁其词的语言略作点拨,让读者自己领会。这段颂古似与"慧超问佛"毫不相干,著语也似乎不着边际,但只要将后面的评唱与此联系起来看,就知道克勤对颂古的理解。大意是说,"江国春风浪不起"句,透露出"汝是慧超"的消息;"鹧鸪啼在深花里"句,意谓纠缠于言词情解是无用的;"三级浪高鱼化龙"句,是喻指通向觉悟之途,所谓"转凡成圣";"痴人犹戽夜塘水"句,是喻指未理解"汝

---

① 《五灯会元》卷四《婺州苏溪和尚》:"僧问:'如何是定光佛?'师曰:'鸭吞螺师。'曰:'还许学人转身也无?'师曰:'眼睛突出。'"
② 同上卷一九《五祖法演禅师》:"某甲十有余年,海上参寻,见数人尊宿,自为了当。及到浮山会里,直是开口不得。后到白云门下,咬破一个铁酸豏,直得百味具足。"案:"酸"同"馂","豏"同"馅"。
③ 《云门匡真禅师广录》卷上有"就身打出语",即"就身打劫"之意。

是慧超"深意的学者还始终从字面上去苦苦思索，有如守株待兔。

其三，"评唱"，是《碧岩录》的主体部分，分别放在公案之后和颂古之后，是克勤对公案和颂古的正面阐释评论。评唱一般文字冗长，比较全面详尽地阐释出公案和颂古所蕴藏的禅理及其典范意义。试以《慧超问佛》公案的评唱为例：

> 法眼禅师有啐啄同时底机，具啐啄同时底用，方能如此答话。所谓超声越色，得大自在，纵夺临时，杀活在我，不妨奇特。然而此个公案诸方商量者，多作情解会者不少。不知古人凡垂示一言半句，如击石火，似闪电光，直下拨开一条正路。后人只管去言句上作解会，道"慧超便是佛，所以法眼恁么答"。有者道："大似骑牛觅牛。"有者道："问处便是。有什么交涉？"若恁么会去，不惟辜负自己，亦乃深屈古人。若要见他全机，除非是一棒打不回头底汉，牙如剑树，口似血盆，向言外知归，方有多少分相应。若一一作情解，尽大地是灭胡种族底汉。只如超禅客，于此悟去，也是他寻常管带参究，所以一言之下，如桶底脱相似。只如则监院，在法眼会中，也不曾参请入室。一日，法眼问云："则监院，何不来入室？"则云："和尚岂不知，某甲于青林处有个入头。"法眼云："汝试为我举看。"则云："某甲问：'如何是佛？'林云：'丙丁童子来求火。'"法眼云："好语。恐你错会，可更说看。"则云："丙丁属火，以火求火，如某甲是佛，更去觅佛。"法眼云："监院果然错会了也。"则不愤，便起单渡江去。法眼云："此人若回，可救，若不回，救不得也。"则到中路，自忖云："他是五百人善知识，岂可赚我耶？"遂回再参，法眼云："你但问我，我为你答。"则便问："如何是佛？"法眼云："丙丁童子来求火。"则于言下大悟。如今有

者只管瞠眼作解会,所谓彼既无疮,勿伤之也。这般公案,久参者一举便知落处。法眼下谓之箭锋相拄,更不用五位君臣、四料简。直论箭锋相拄,是他家风,如此一句下便见,当阳便透。若向句下寻思,卒摸索不着。法眼出世,有五百众,是时佛法大兴,时韶国师久依疏山,自谓得旨,乃集疏山平生文字顶相,领众行脚到法眼会下。他亦不去入室,只令参徒随众入室。一日,法眼升座,有僧问:"如何是曹源一滴水?"法眼云:"是曹源一滴水。"其僧惘然而退。韶在众闻之,忽然大悟,后出世承嗣法眼,有颂呈云:"通玄峰顶,不是人间。心外无法,满目青山。"法眼印云:"只这一颂,可继吾宗。子后有王侯敬重,吾不如汝。"看他古人怎么悟去,是什么道理?不可只教山僧说,须是自己二六时中,打办精神,似恁么与他承当,他日向十字街头,垂手为人,也不为难事。所以僧问法眼:"如何是佛?"法眼云:"汝是慧超。"有甚相辜负处?不见云门道:"举不顾,即差互。似思量,何劫悟?"雪窦后面颂得,不妨显赫。

这段评唱为了阐释这则公案,不厌其烦地介绍了法眼宗的宗风,并举了法眼与则监院、法眼与韶国师的两则公案作为旁证,批驳了禅门对这则公案的各种误解。克勤认为,法眼回答"汝是慧超",是不能从情理上推测、言句上分析的。因为法眼的宗风是"箭锋相拄",问答之间针尖对麦芒,无需拟议思索。那些把法眼的答语理解为自身有佛性、不必更求佛的种种说法,正如则监院对"丙丁童子来求火"的解释一样,都是"只管去言句上作解会",完全错会了法眼的意思。如果说公案的评唱主要是辨明禅理的话,那么颂古的评唱则同时兼顾文词的解释,有时甚至像诗歌赏析。如这则颂古的评唱:

雪窦是作家，于古人难咬难嚼、难透难见、节角漎讹处，颂出教人见，不妨奇特。雪窦识得法眼关捩子，又知慧超落处，更恐后人向法眼言句下错作解会，所以颂出。这僧如此问，法眼如是答便是。"江国春风吹不起，鹧鸪啼在深花里"此两句只是一句。且道雪窦意在什么处？江西、江南多作两般解会，道"江国春风吹不起"用颂"汝是慧超"，只这个消息，直饶江国春风也吹不起。"鹧鸪啼在深花里"用颂诸方商量这话，浩浩地似鹧鸪啼在深花里相似。有什么交涉？殊不知雪窦这两句只是一句，要得无缝无罅，明明向汝道，言也端，语也端，盖天盖地。他问："如何是佛？"法眼云："汝是慧超。"雪窦道："江国春风吹不起，鹧鸪啼在深花里。"向这里荐得去，可以丹霄独步。你若作情解，三生六十劫。雪窦第三第四句忒煞伤慈，为人一时说破。超禅师当下大悟处，如"三级浪高鱼化龙，痴人犹戽夜塘水"。禹门三级浪，孟津即是龙门。禹帝凿为三级，今三月三桃花开时，天地所感，有鱼透得龙门，头上生角，昂鬃鬣尾，掣云而去。跳不得者，点额而回。痴人向言下咬嚼，似戽夜塘之水求鱼相似，殊不知鱼已化为龙也。端师翁有颂云："一文大光钱，买得个油糍。吃向肚里了，当下不闻饥。"此颂极好，只是太拙，雪窦颂得极巧，不伤锋犯手。旧时庆藏主爱问人："如何是三级浪高鱼化龙？"我也不必在我，且问你："化作龙去，即今在什么处？"

这段评唱再次申明不可从言句上理解法眼的答话。克勤认为，雪窦颂古中"江国"两句的目的就是要人们放弃任何从言词上理解的企图，因此这两句本身也是不说破，"无缝无罅"，无法用情理去剖析，而江西、江南的禅师将两句分开来讲，完全误解了雪窦的意思。在克勤看来，也就是说，无论是对公案还是对颂古，都不能执著于言句，都不能作道理解会。只有悟透这一点，才能见性成佛，"丹霄独步"。持此"不说破"的原则，克勤认为雪窦的后两句太具慈悲心肠，为学者点破了悟透禅关的途径以及不得"向言下咬嚼"的道理。值得注意的是，在评唱完雪窦颂古的意旨后，克勤特意将端师翁的颂拿来作比较。端师翁即杨岐方会的法嗣白云守端禅师，是克勤的师祖，但由于他的颂语言太粗俗，因而不为克勤所取。这里，克勤对雪窦和守端两首颂的优劣品评，已完全抛开了门户之见，纯粹以辞藻的精美与否、构思的巧妙与否作为评价标准。

　　从以上《慧超问佛》这一则的"垂示"、"著语"和"评唱"三部分可以看出，《碧岩录》有这样一些特点：在宗教观念上，仍然继承了唐代禅宗反对拟议思索的传统；在语言形态上，仍然保持着禅宗常用的唐宋时期流行的俗语；在言说方式上，仍然采取了禅宗特有的不拘一格、声东击西的机锋。更重要的是，《碧岩录》集禅宗话语之大成，建立了一种前所未有的新阐释方法。这种阐释方法既不同于汉唐儒家经学的章句训诂，也不同于魏晋玄学的"寄言出意"、"辨名析理"，甚至也不同于佛教因明学的表诠与遮诠，它的特点是，阐释的文本力求不与被阐释的内容正面发生关系，既不解释字词章句，也不探求内在意义，只用一些旁敲侧击的成语俗谚略作暗示，或用一些大同小异的公案颂古略作旁证，不点破，不说穿，让读者超越"言句"、"情解"去作创造性的解读。这就是所谓"不伤锋犯手"，或曰"绕路说禅"。显然，"绕路说禅"的方式更多地把"本文"的意义由全能的阐释者交给颖悟的解读者。这种新阐释方法对后世影响极为深远，不仅金、元的颂古评唱如《从容庵录》《空谷集》《虚堂集》等仿其体势，而且明、清的李贽、金圣叹等人的小说诗文评点也得其神髓。

尽管克勤一再强调莫从"言句上作解会",但实际上他的"垂示"、"著语"、"评唱"那些叠床架屋的解释,本身就有"以文字说禅"的嫌疑。在克勤之前,我们还很难看到禅宗有如此喋喋不休的言说。其实,克勤的言意观本身就自相矛盾,他曾经指出:"言语只是载道之器,殊不知古人意,只管去句中求,有什么巴鼻?不见古人道:道本无言,因言显道,见道即忘言。"(《碧岩录》卷二第十二则《洞山麻三斤》)既然承认语言可以"载道",那么公案答语和雪窦颂古中就必然有"道"蕴藏其中,因而通过语言而"求道"也就无可厚非。事实上,他一方面批评其他禅师言中求解,但另一方面也承认"句中有眼"(同上卷三第二十五则《莲花峰拈拄杖》),并主张"句里呈机,言中辨的"(同上卷七第七十则《沩山请和尚道》)。从前面所举对雪窦之"巧"与守端之"拙"的褒贬上,可看出他对语言技巧的重视。所以,表面看来,《碧岩录》保留了禅宗语言的本色,但其中很多看似生动活泼的俗语,都能从祖师公案里找到出处。换言之,这些宗门俗语,不再是随机生发,而是语有所本,不再是实际生活中交流的语言,而是典范化、文本化的陈言。禅宗的原创性从思想上到语言上都被一种沿袭性所替代,无论"普请"场景中有多么丰富的生活内容和禅学思想,都被纳入"单传心印,开示迷途,不立文字,直指人心,见性成佛"的框架中(同上卷一第一则《圣谛第一义》),不管是棒喝峻利的临济、截断众流的云门,还是偏正回互的曹洞、圆相互出的沩仰,所有的公案、颂古都用"不随一切语言转,脱体现成"的套话去笼统概括(同上)。所谓"百则公案从头一串穿来"(同上卷首附释普照《碧岩录序》),虽然坚持了禅宗最占主流地位的传统,但未免把禅宗发展过程中各种富有创新精神的禅法过于简单化、统一化,从而导致认识的贫困化。

《碧岩录》的成书,说明"公案禅"自晚唐出现后,经历北宋几位大师的求新琢巧,踵事增华,语句修辞空前成熟,成为地地道道的"文字禅"。《碧岩录》给参禅的人很大方便,有敲门砖可寻,被当时禅僧称为"宗门第一书"。然而,学禅者并非都有克勤那种由艳诗而悟道的灵根慧骨,所以不少人成天醉心于《碧岩录》的文字,荡而不返,不再去顿悟自性,而是到公案中去乞求灵感,到颂古中去剽窃语言。

克勤用大立文字的方法,宣传不立文字的宗旨,大似掩耳盗铃,贼喊捉贼,其效果自然是南辕北辙。所以,他越是大声疾呼"不立文字",以文字为禅之风越是猛烈。正因如此,南北宋之际一些崇尚朴实的禅师把克勤视为败坏禅风的罪魁祸首,心闻贲禅师在批评雪窦颂古"笼络当世学者,宗风由此一变"之后,进一步痛心疾首地指出:"逮宣、政间,圆悟又出己意,离之为《碧岩集》。彼时迈古淳全之士,如宁道者、死心、灵源、佛鉴诸老,皆莫能回其说。于是新进后生珍重其语,朝诵暮习,谓之至学,莫有悟其非者。痛哉!学者之心术坏矣。"(《禅林宝训》卷四)

然而,我们要追问的是,《碧岩录》为什么能取得这样大的影响,以至于几位禅宗大德"皆莫能回其说"?这里面当然有各种复杂的因素,但我想恐怕最重要的是因为它的言说方式和文本形式与北宋后期禅宗队伍的生存方式相契合。正如我在前面所说,北宋中叶后,整个社会民众文化水平空前提高,禅宗内部出现了一大批博学多才的禅僧,执耒耜的农禅让位于执笔砚的士大夫禅。因此,早期农禅运水搬柴的神通妙用对于从事笔砚活动的居士、禅僧再没有多少现实针对性,只有文字才能建立起禅宗与士大夫真正的亲和关系。笔砚活动本身就是富有文化修养的居士和禅僧的日常实践行为,文字因此而并不与禅冲突,而是以日常生活实践为宗教实践的禅经验之一种。《碧岩录》正是在相当程度上顺应了北宋佛教界以文字为禅的大趋势，因而深受当代学者的欢迎。所以尽管有一些坚持自证自悟或口耳受授的禅师竭力反对，克勤的弟子大慧宗杲甚至毁掉其师《碧岩录》的刻板，但仍未能阻止此书的流传。不过数代以后，元大德年间（1297—1307）居士张炜又将此书重新刻板印行，死灰复燃，又成燎原之势。而宗杲本人也始终未能摆脱公案文字的阴影，不仅其《大慧语录》就多达三十卷，还有《正法眼藏》《宗门武库》等等数种著述传世，这是因为他不可能真正跳出自己生存于斯的禅文化圈。

第五章 ● 文字禅：
禅宗语言与文化整合

当我在使用"士大夫禅"这一概念时，并非仅指禅宗队伍文化素质的提高，而且包括士大夫阶层禅悦之风的大盛以及士大夫儒家语言观念对禅门的渗透。从北宋中叶开始，"百年无事"的社会承平导致封建经济的高度发达，与此同时，以文献载体书籍高度发展为标志的封建文化进入鼎盛时期，参禅学佛由纯粹的个人解脱而多少演变为从属于更广阔的文化整合的社会需要。禅宗内部由此出现了一次在文化史上颇有意义的"语言学转向"（linguistic turn），这就是所谓"文字禅"。

"文字禅"有广义、狭义之分。广义的"文字禅"泛指一切以文字为媒介、为手段或为对象的参禅学佛活动，包括灯录语录的编纂、颂古拈古的创制、评唱著语的汇集、僧传笔记的写作，甚至佛经文字的疏解、宗门掌故的编排、世俗诗文的吟诵。"文字禅"不是一个固定的概念，而是在禅宗发展过程中逐渐形成的一种倾向。尽管在晚唐五代的机锋和旨诀中就出现了某种醉心言句的苗头，在北宋初期的代别和偈颂中更有了讲究文字的趋势，但直到北宋中叶后，以文字制作解读为中心的参禅活动才发展为席卷丛林的普遍现象。事实上，"文字禅"与晚唐五代的机锋言句已有本质的不同，这还不仅是从量变到质变的纵向发展的结果，而更主要是宋代文化气候横向影响的产物。在五代十国的分裂混乱之后，宋王朝开始着手文化的重建，经过太祖、太宗、真宗、仁宗几朝的积累，北宋中叶文化出现全面繁荣，复古思想盛行，学术空气浓厚。禅宗文献作为一种人文资源、古典精神传统，像儒家经典一样得到人们的重视，"文字禅"的形成，正是这种文化积累和学术风潮在禅门的折光。"文字禅"既受儒家语言观念的影响，又对宋代儒家的学术观念有反馈作用，禅僧的博究书史与居士的留心内典，造成儒释交流和融合的局面。同时，佛教经典也作为一种重要的思想资源受到士大夫的青睐，由研习佛经入手，最后证之以禅家心印，是宋代士大夫参禅的基本模式。这种模式导致藉教悟宗、禅教合一思潮的重新抬头，禅门出现了过去不曾有过的为佛经作注、为禅僧立传这样的被义学沙门垄断的"文字"。

狭义的"文字禅"是诗与禅的结晶，即"以诗证禅"，或就是诗的别称。禅的生命哲学与诗的艺术语言联手，既促进哲学的诗化，也推动诗的哲学化。"文字"不仅仅是外在于意义的工具，如捕鱼之筌、捕兔之蹄，而且本身就具有一种高度抽象的精神。诗化的文字是宋人存在的家园。宋禅的参究话头和妙悟自性相一致，宋诗的研炼句法与反向内心相一致，说明宋人已将翰墨生涯转换为一种陶冶精神的活动，因而"文字"对于宋代禅僧和居士来说，也就有了几分形而上的准宗教的意义。禅家和诗家共同津津乐道的"句中有眼"（即语句中有正法眼藏），正是这种语言观的集中体现。

"文字禅"表明了宋代禅宗对语言本质的更深刻的认识,魏晋以来的"言意之辨"在宋代得到更进一步的发展。佛教二道相因的思维方式使得宋代禅宗对言意关系有着更为圆通和辩证的看法,特别是惠洪为"文字禅"的辩护,堪称中国语言哲学的经典言论之一。在宋代禅人眼中,指与月、符号与意义、能指与所指,存在着同一性,因此语言文字并不仅仅是运载思想的工具,而且其本身就可成为参禅的对象,所谓"一切语言文字皆解脱相"。

　　在语言实践方面,"文字禅"通过士大夫阶层这一媒介对宋代文化产生了深刻的影响。禅宗语录为儒者提供了理想的说教形式,道学家的语录,其文体风格和口语形态都直接从禅宗语录脱胎而出;禅宗典籍为诗人提供了全新的语言资源,以禅语为诗以及由此而引发的以俗语为诗,成为宋诗的一大特色;禅宗话头为批评家提供了不少全新的术语,形成宋诗学"以禅喻诗"的鲜明特征,填补了传统文论话语的不足。

　　还需要说明的是,"文字禅"与"公案禅"是两个内涵与外延相交而不重合的概念,前者主要是指观念上对语言文字表意功能的承认或肯定,实践上以儒明禅,以教说禅,以诗证禅;后者主要是指观念上强调祖师言行的典范意义,实践上围绕着古德公案展开各种形式的阐释或参究活动。前者主要盛行于北宋中叶至南宋前期(11世纪至12世纪),在晚明有过回光返照;后者则几乎贯穿于宋以后的所有朝代,直到清雍正皇帝编《御选语录》之后,才算告一段落。

一、以儒明禅:儒释相通,文以载道

　　士大夫的参禅学佛活动,在北宋中叶之前,总体说来水平不高,规模不大。但就是不多的几位居士,在禅宗典籍的编纂整理方面作出了引人注目的贡献,如翰林学士杨亿修改润色《景德传灯录》,驸马都尉李遵勖收录编撰《天圣广灯录》,丞相王随为《雪峰广录》作序。而宋仁宗作于景祐三年(1036)的《御制天圣广灯录序》则代表了北宋前期几位皇帝对佛教禅宗的宽容态度。不过,就整体而言,此时士大夫的参禅还只是个人的爱好,尚未形成社会风潮。禅宗的思想和语言也尚未对其他文化领域产生真正的影响。

宋仁宗庆历(1041—1048)前后,朝野上下掀起一股排佛浪潮,范仲淹(989—1052)、张方平(1007—1091)等人从政治或经济的角度提出限制僧尼的主张[1],孙复(992—1045)、石介(1005—1045)、欧阳修(1007—1072)、李觏(1009—1059)等人则从思想上对佛教大肆挞伐[2]。排佛浪潮的出现有其特定的社会背景。一是宋代统治者要求建立一种稳定的符合中央集权制的意识形态,儒家的社会政治伦理学说正符合这种时代需要。经历过太祖、太宗、真宗三朝的文化积累,儒家文化已全面复兴,以天下为己任、恢复先王古道的政治意识和道统意识已成为士大夫中的普遍思潮。而随着道统意识的加强,必然视佛老为异端,韩愈的《原道》正成为这个时代的旗帜。二是西夏的入侵形成尖锐的民族矛盾,华夷之辨是维系中华民族传统文化的重要课题,佛教作为外来文化与传统的儒家文化相冲突,自然被视为异端邪说。三是民族矛盾引发

---

[1] 参见范仲淹《范文正公集》卷七《上时务书》,《四部备要》本;张方平《乐全集》卷一五《原蠹篇》,《四库全书》本。
[2] 孙复作《儒辱》,痛斥"佛、老之徒横乎中国"的现象,《全宋文》卷四〇一,巴蜀书社排印本;石介作《怪说》,称"释、老之为怪也,千有余年矣",《徂徕石先生文集》卷五,中华书局排印本,1984年;李觏先后作《潜书》(1031)、《广潜书》(1038),批判浮屠"绝亲去君",是"夷狄",《直讲李先生文集》卷二〇,《四部丛刊》本;欧阳修作《本论》二篇(1042),惊呼"佛法为中国患千余岁",《欧阳文忠公文集》卷一七,《四部丛刊》本。

社会危机,宋代统治者和一切有识之士都把注意力集中到富国强兵的现实政治问题上来。而作为以个人生死解脱为主旨的佛教禅宗思想,由于与此现实政治问题毫不相干,所以相对遭到唾弃。四是佛教势力膨胀,使得游民混迹其间,滥度僧尼,大建佛寺,造成不少社会问题和经济问题,因此包括同情佛教的士大夫也主张限制佛教的规模。

然而,排佛的结果,却从某种意义上起了为渊驱鱼、为丛驱雀的作用。在儒佛的对抗中,双方的有识之士都明白"欲破彼宗,先善彼宗"的道理,于是,禅师涉足儒书,儒士研读佛典,对抗渐变为交流,又进一步变为融合。而"深入虎穴"之后,儒者才发现了儒家经典中不曾有过的"新大陆"。如李觏(泰伯)"先尝著《潜书》,又广《潜书》,力于排佛。嵩明教(契嵩禅师)携所著《辅教论》谒之。辩明,泰伯方留意佛书。乃怅然曰:'吾辈议论,尚未及一卷《般若心经》,佛道岂易知耶?'"(《云卧纪谭》卷上)甚至后来的学者还一直为欧阳修的排佛感到遗憾:"予尝恨欧阳公文章议论,高出千古,而犹未能免俗,惜乎其不看佛书也。"(《扪虱新话》下集卷四)其实,欧阳修晚年也渐向佛教靠拢,跟从云门宗投子修颙禅师读《华严经》(叶梦得《避暑录话》卷上,《津逮秘书》本),不过,这已是宋神宗熙宁年间的事了。

研究禅宗史的学者都普遍注意到两宋士大夫参禅的盛况,却未留心禅悦之风真正席卷朝野是在北宋中叶特别是熙宁(1068—1077)以后。宋初以临济宗为代表的禅宗势力向江西的南移,渐变为北宋中叶后以云门宗为代表的禅宗势力向中原的北上。一方面,临济宗黄龙派和杨岐派盘踞江西各大禅院,成为外放或迁谪的官员的精神避难所;另一方面,云门宗圆通居讷(1010—1071)、大觉怀琏(1009—1090)、法云法秀(1027—1090)、慧林宗本(1020—

1099）诸大师先后主持东京名刹，笼络更多的朝廷重臣。参禅学佛一时蔚成风气。西京洛阳也成了士大夫禅的根据地之一，据叶梦得（1077—1148）记载："熙宁以前，洛中士大夫未有谈禅者。偶富韩公（富弼）问法于颙华严（投子修颙），知其得于圆照大本（慧林宗本）。时本方住苏州瑞光寺，声震东南，公乃遣使作颂寄之，执礼甚恭如弟子。于是翻然慕之者，人人喜言名理。惟司马温公（司马光）、范蜀公（范镇）以为不然。既久，二公亦自偶入其说，而温公尤多，蜀公遂以为讥。"（同上）其实，范镇（1008—1088）于禅也有心解："或问景仁（范镇）何以不信佛，景仁曰：'尔必待我合掌膜拜然后为信耶？'"（宋阙名《道山清话》，陶氏涉园影印宋刊《百川学海》本）这种态度就完全来自禅宗反偶像崇拜的精神。

熙宁以后士大夫禅悦之风大盛表现在以下几个方面：

其一，士大夫参禅队伍空前庞大，有相当多的朝廷重臣和文坛领袖热衷释典，栖心禅寂。据《嘉泰普灯录》《五灯会元》《续传灯录》《居士分灯录》《居士传》等佛教禅宗典籍记载，北宋中叶后居士中仅位至宰辅（宰相、参知政事、枢密使、副使等）的就有富弼（1004—1083）、文彦博（1006—1097）、张方平、欧阳修、赵抃（1008—1084）、吕公著（1018—1089）、司马光（1019—1086）、王安石（1021—1086）、吕惠卿（1032—1111）、吴居厚（1037—1113）、苏辙（1039—1112）、张商英（1043—1121）、徐俯（1075—1140）、李纲（1083—1140）、李邴（1085—1146）、陈与义（1090—1138）、张浚（1097—1164）、钱端礼（1109—1177）、周必大（1126—1206）等，其中当然不乏灯录作者拉名人壮声势的情况，如欧阳修、司马光就很难说是宗门信徒，但也有濡染禅学极深的真正居士，如富弼、张方平、王安石、张商英、李纲等等。这批朝廷重臣的思想取向，无疑对整个社会风气产生巨大影响。在北宋后期士大夫的社交圈子里，几乎出现了"不谈禅，无以言"的局面[①]。在熙宁以前，还难得看到士大夫以"居士"为别号的现象，而熙宁以后，"居士"的名号简直泛滥成灾。苏门文人和江西诗派几乎由一帮居士组成，如东坡居士、黔安居士、淮海居士、后山居士、姑溪居士、东湖居士、清非居士、溪堂居士、竹友居士等等。

其二，士大夫的禅学水平空前提高，对佛经禅籍的意旨多有发明，士大夫为佛经作注疏、为禅师语录作序成为一时风尚。著名的如王安石著《维摩诘经注》三卷（见元脱脱等《宋史·艺文志四》，中华书局排印本，1977年）、《楞严经解》十卷（见晁公武《郡斋读书志》卷五，《四部丛刊三编》本），又著《华严经解》（见《苏轼文集》卷六六《跋王氏华严经解》）；黄庭坚为翠岩可真、云居元祐、大沩慕喆、翠岩文悦、福州西禅遁老诸禅师语录作序（见《豫章黄先生文集》卷一六）。张商英对佛禅更是深有研究，不仅从兜率从悦禅师参禅，为禅门诸大德语录作序，而且撰写《护法论》《金刚经四十二分说》《法华经合论》等著述（见《续藏经》目录《支那撰述》部分）。士大夫的禅学水平也受到禅师们的高度评价，如惠洪称赞王安石的《楞严经解》"其文简而肆，略诸师之详，而详诸师之略，非识妙者莫能窥也"（《林间录》卷下）；惠洪作《智证传》，屡引苏轼之说与佛经禅籍相印证，如引苏轼《虔州崇庆禅院新经藏记》证《金刚般若经》（《智证传》，《禅宗集成》本第一册）。一些士大夫所作禅师语录序，也颇为丛林称道："本朝士大夫与当代尊宿撰语录序，语句斩绝者，无出山谷（黄庭坚）、无为（杨杰）、无尽（张商英）三大老。"（释道融《丛林盛事》卷下，《续藏经》第二编乙第二十一套第一册）尤其是张商英的禅学，更受到禅门学者的推许，

[①] 如司马光《温国文正司马公文集》卷一五《戏呈尧夫》云："近来朝野客，无座不谈禅。"《四部丛刊》本。

称"相公禅",后来竟然有禅门长老承嗣张商英开堂说法(《避暑录话》卷上)。

其三,士大夫中以反佛排佛相标榜的道学家也普遍受佛教学说影响,与此前的孙复、石介等人的作风大为不同。张载(1020—1077)曾"访诸释、老,累年极究其说"(《宋史·张载传》)。周敦颐(1017—1073)曾从学于润州鹤林寺寿涯禅师,又问道于晦堂祖心禅师,在庐山与东林常总禅师讨论"性及理法界、事法界",后从佛印了元禅师悟禅旨,并追慕东晋白莲社故事,而结青松社,推佛印为社主(见《云卧纪谭》卷上。参见朱时恩《居士分灯录》卷下,《续藏经》第二编乙第二十套第五册)。程颢(1032—1085)"自十五六时,闻汝南周茂叔论道,遂厌科举之事,慨然有求道之志。未知其要,泛滥于诸家、出入于老释者几十年"(见《二程文集》卷一一程颐《明道先生行状》,《正谊堂全书》本)。程颐(1033—1107)虽自夸醇儒,但也暗受禅学戒、定、慧修行方式的影响,"每见人静坐,便叹其善学"(见《二程全书》卷三七,《四部备要》本)。而他与黄龙派灵源惟清禅师的交往也非同一般,《禅林宝训》中尚存二人往来的书信[①]。不管这些道学家是否怀着"入虎穴探虎子"、"透识禅弊"的目的,总之,在客观上都推动了禅悦之风的流行。

据传,张方平和王安石之间有这样一段对话:

> 世传王荆公尝问张文定公曰:"孔子去世百年,生孟子,亚圣后绝无人,何也?"文定曰:"岂无,只有过孔子上者。"公曰:"谁?"文定曰:"江西马大师、汾阳无业禅师、雪峰、岩头、丹霞、云门是也。"公暂闻,意不甚解,乃问曰:"何谓也?"文

---

① 《禅林宝训》卷二引《笔帖》"灵源谓伊川先生曰"共二条。

定曰:"儒门淡薄,收拾不住,皆归释氏。"荆公忻然叹服。其后说与张天觉,天觉抚几叹赏曰:"达人之论也。"遂记于案间。(《扪虱新话》上集卷三《儒释迭为盛衰》)

在张方平看来,孔孟的精神传统在儒者那里断绝,却在禅门大师那里得到真正继承。如果抛开狭隘的道统之争,应该说这种观点相当深刻。在"平常心是道"的禅观中,的确蕴藏着类似孔孟的实践理性精神;在"天上地下,唯我独尊"的禅观中,的确包含着类似孔孟的独立人格意识。所谓"儒门淡薄,收拾不住,皆归释氏"的说法,既如实概括了隋唐五代儒学停滞衰落的状况,表示出对孙复、石介一类浅薄儒者的不满,同时也流露出儒者欲从释氏那里寻求思想资源而重新收拾儒门的强烈愿望。禅宗对于士大夫来说,不光是一种现实中的宗教信仰,也是一种古典的精神传统。这就是北宋中叶后士大夫参禅的真实思想背景。

宋代文化重建的目的不仅在于复兴正统的儒学,而且在于对以往一切文化资源的重新收集整理。太宗、真宗朝《太平御览》《太平广记》《文苑英华》《册府元龟》四大类书、《云笈七籤》等道藏、《景德传灯录》等禅籍的编纂,以及佛经译场的重新开设,揭开了宋代文化复兴的序幕。到北宋中叶,以文献典籍印行为基础的封建文化已达到鼎盛。大量书籍的印行出版培养出士大夫大得惊人的阅读胃口:"一书之不见,一物之不识,一理之不穷,皆有憾焉。"(陆游《渭南文集》卷三九《何君墓表》,《四部丛刊》本)显然,传统的儒家经典已不能满足这种需要,于是佛典禅籍自然而然进入士大夫的视野。他们像对待其他古典文献一样,也把禅宗看成一种文献,一种人生必备的知识。他们不再像前辈儒者那样意气用事,致力于排佛老,而更多地用一种心平气和的理性态度去看待佛禅这份遗产,使之融合于以儒学为主体的封建传统文化中。可以说，禅悦之风的盛行与北宋文化的全面繁荣分不开，它符合一种文明达到鼎盛后所必然产生的文化整合的需要。

正是出于文化整合的需求，宋代士大夫远较唐代士大夫更直接地加入了禅宗思想、文献的整理和阐释工作，参与了佛禅与儒学的交流融通工作，同时也更自觉地把佛禅的文化资源移植到意识形态的其他领域，尤其是文学艺术领域。这样，一方面是文化素养较高的士大夫不断将儒家语言观以及学术气质带进宗门，助长了"以文字为禅"的新宗风；另一方面是佛禅文献为士大夫提供了全新的思想和语言资源，改变了宋代儒者的思维方式和言说方式，并造成宋代诗人以俗语为诗的新诗风。

早在仁宗朝排佛浪潮方兴未艾之时，云门宗契嵩禅师就开始试图消解儒释的对抗，明确主张儒释合一，特别声明"儒佛者，圣人之教也。其所出虽不同，而同归于治"（释契嵩《镡津文集》卷八《寂子解》，《四部丛刊三编》本）。他之所以作《辅教编》，主旨就在于"推会二教圣人之道，同乎善世利人矣"（同上卷九《再书上仁宗皇帝》）。嘉祐六年（1061），契嵩带着他的著作《辅教编》《传法正宗论》《传法正宗记》和《传法正宗定祖图》北上京城，上达仁宗。次年，仁宗下诏将这些著作编入大藏经。契嵩的行为对北宋后期儒释融合的思潮有重要影响，他在京城日，"朝中自韩丞相（韩琦）而下，莫不延见而尊重之"（见陈舜俞《镡津明教大师行业记》，《大正藏》第五十一卷）。自此以后，士大夫以儒通禅的言论屡见不鲜。如苏轼云："孔老异门，儒释分宫。又于其间，禅律相攻。我见大海，有北南东。江河虽殊，其至则同。"（《苏轼文集》卷六三《祭龙井辩才文》）苏门文人大抵持相同的看法，陈师道（1053—1102）以为"三圣（指孔、老、释）之道非异，其传与不传也"（《后山居士文集》卷一五《面壁庵记》,上海古籍出版社影印宋刻本),张耒(1052—1112)也认为"儒佛故应同是道,诗书本自不妨禅"(《张右史文集》卷二三《赠僧介然》,《四部丛刊》本)。稍后,叶梦得有更详细的说明:"裴休得道于黄檗,《圆觉经》等诸序文,皆深入佛理,虽为佛者亦假其言以行,而吾儒不道,以其为言者佛也。李翱《复性书》,即佛氏所常言,而一以吾儒之说文之,晚见药山,疑有与契,而为佛者不道,以其为言者儒也。此道岂有二?以儒言之则为儒,以佛言之则为佛。"(《避暑录话》卷下)李纲的看法最精彩,一一将儒家经典与佛典禅旨相对照:

> 曲礼三百,威仪三千,即律(佛教戒律)也;六经之所载,诸子之所言,即经论也;至于教外别传正法眼藏,则孔子与诸弟子见于问答,言屯而理解者是已。……颜渊问仁,孔子曰:"克己复礼为仁。一日克己复礼,天下归仁焉。"此非禅宗所谓"心外无法"者耶?子曰:"参乎,吾道一以贯之。"曾子曰:"唯。"此非禅宗所谓"默契"、"顿悟"者耶?"二三子以我为隐乎?吾无隐乎尔!"此即禅宗之扬眉瞬目也。"朝闻道,夕死可矣。"此即禅宗之坐脱立亡也。"毋固毋必毋意毋我。"其无诸滞碍执着有如此者。"性与天道,不可得而闻也。"其不假文字言说有如此者。凡《论语》所载孔子与诸弟子问答之辞,无非明此一事,但学者不心会之,既其文不既其实,故以吾儒为世间法,而以佛之所传为出世间法。殊不知其初未尝异也。(李纲《梁谿集》卷一三五《送浮图慧深序》,《四库全书》本)

《易》立象以尽意,《华严》托事以表法,本无二理,世间、出世间亦无二道。何以言之?天地万物之情,无不总摄于八卦,引而申之,而其象至于无穷,此即华严法界之互相摄入也。一为无量，无量为一，小中现大，大中现小。法界之成坏，一沤之起灭是也；乾坤之阖辟，一气之盈虚是也。《易》有时，其在华严，则世界也；《易》有才，其在《华严》，则法门也。（彭际清《居士传》卷二九《李伯纪传》引李纲《答吴元中敏书》，《续藏经》第二编乙第二十二套第五册）

这种打通儒释墙壁的观点，在北宋后期和南宋前期极为常见。道学家程颐的四大弟子游酢、杨时（1044—1130）、吕大临、谢良佐均出入于禅，融通儒释，如谢良佐"说得'仁'字，正与尊宿谈禅一般"。杨时曾曰："微生高乞醯与人，孔子以为不直。《维摩经》云：'直心是道场。'儒佛至此，实无二理。"又曾论《孟子·尽心上》"形色天性"一章曰："此与释氏色空之论何异？"（均见《居士分灯录》卷下）此外，如陈善以儒家古书赘讹处同于禅家公案，将孔子之说与《楞严经》相比附（见《扪虱新话》上集卷一《读书当讲究得力处》、下集卷一《孔子说与楞严经合》)，都反映了这一思潮。

这种儒释的交流和融合，为士大夫审视儒家经典提供了一个全新的视角，从而使儒学研究从汉唐经学的繁琐训诂考据中解放出来，成为活泼泼的观察体验与心性证悟。黄庭坚读傅大士的《心王铭》后颇有感触："若解双林此篇，则以读《论语》，如啖炙自知味矣。不识心而云解《论语》章句，吾不信也。"（《豫章黄先生文集》卷二五《跋双林心王铭》）陈善也有类似的体会："唐人李翱问药山：'如何是道？'药山以手指上下，翱不会。药山云：'云在青天水在瓶。'予始读此，而悟《中庸》'鸢飞戾天，鱼跃于渊，言其上下察'之义。"（《扪虱新话》下集卷一《李翱问药山如何是道》）此外如陈善所谓"读书须知出入法"（同上上集卷四《读书须知出入法》)，罗大经所谓"活处观理"（《鹤林玉露》乙编卷三《活处观理》)，都体现出一种迥异于传统儒学的新的学术观念和方法。

观念的选择往往意味着话语的选择,宋儒在思想方法上吸收禅宗精神的同时,在语言上也不知不觉地接受了禅宗语录的言说方式。正如清人江藩所说:"儒生辟佛,其来久矣,至宋儒辟之尤力。然禅门有语录,宋儒亦有语录;禅门语录用委巷语,宋儒语录亦用委巷语。夫既辟之,而又效之,何也?盖宋儒言心性,禅门亦言心性。其言相似,易于混同,儒者亦不自知而流入彼法矣。"(江藩《国朝宋学渊源记》附记,《四部备要》本)尽管在儒家典籍中也有《论语》《文中子》之类的语录体著作,但这些著作均使用文言,宋儒语录的白话口语形式显然与禅宗语录有更直接的联系。明人杨慎指出:

> 《中庸章句》引程子语云:"活泼泼地。"僧家语录有云:"顶门之窍露堂堂,脚根之机活泼泼。"又云:"圆陀陀,活泼泼。"程子之言未必用僧语,盖当时有此俗语,故偶同耳。有人问尹和靖曰:"《伊川语录》载:人问'鸢飞鱼跃',答曰:'会得时活泼泼地,会不得时只是弄精魂。'不知当时曾有此语否?"先生曰:"便是学者不善记录。伊川教人多以俗语引之,人便记了此两句。焞尝问:'莫只是顺理否?'伊川曰:'到此,吾人只得点头。'今不成书'先生教人点头'?"呜呼!和靖亲炙伊川,其言若此,盖恐俗语误后人,可谓不阿所好矣。朱子乃以入《章句》,所见何其不同耶?(杨慎《丹铅续录》卷七《活泼泼地》,《四库全书》本)

即使宋儒语录中的俗语不一定直接借用禅语,但至少二者的俗语口语的形态是完全相同的。所谓"偶同",其实也包含着必然性,因为宋代士大夫的出身,大多是由"释耒耜"而转向"执笔砚"的,与平民社会保持着千丝万缕的联系。事实上,依照不少历史学家的观点,从唐代到宋代经历了由门阀贵族社会到平民市俗社会的转变。因此,禅宗语录的白话口语文本形式,由于代表了平民话语系统而在宋代倍受欢迎。

在儒释的交流融合中,儒家的观念也对禅宗有反馈作用,其中最引人注目的就是儒家言意观的影响。叶梦得曾比较儒佛的言意观说:"大抵儒以言传,而佛以意解。非不可以言传,谓以言得者未必真解,其守之必不坚,信之必不笃,且堕于言,以为对执,而不能变通旁达尔。此不几吾儒所谓'默而识之,不言而信'者乎?两者未尝不通。自言而达其意者,吾儒世间法也;以意而该其言者,佛氏出世间法也。若朝闻道,夕可以死,则意与言两莫为之碍,亦何彼是之辨哉?"(《避暑录话》卷上)这段话强调的是儒佛融通,但显然站在儒的立场,认为从本质上说,言是可以传意的,只是从宗教实践"守"、"信"的角度看,最好不提倡"以言得意"。通观宋代禅僧、居士的言论,可发现儒家对禅宗语言观的影响渗透主要有这样几个方面:

其一,"文以载道"(周敦颐《通书·文辞第二十八》,《全宋文》卷一〇七四),"言以足志"[1]。虽然在这方面禅僧和居士总是闪烁其词,但从大量的禅籍序跋中,多少能看到"自言而达其意者"的"吾儒世间法"的影子,甚至有的士大夫直接将禅师的著述称为"载道之文"[2]。公案阐释大师圆悟克勤说过"言语只是载道之器"的话,

---

[1] 《春秋左传正义·襄公二十五年》:"仲尼曰:'《志》有之:言以足志,文以足言。不言谁知其志?'"(《十三经注疏》本)
[2] 如南宋楼治《题北磵和尚语录后》曰:"北磵禅师以载道之文鸣于时,方壮岁,已为善知识,名公卿友而畏之。"见《北磵和尚语录》卷末,《禅宗集成》本第十五册。

同意"道本无言,因言显道"的观点,尽管这只是他"见道即忘言"的前提(见《碧岩录》卷二第十二则《洞山麻三斤》),但已与早期禅宗的经典教义"佛性之理,非关文字"、"圣道幽通,言诠之所不逮"、"以心传心,不立文字"等有很大的不同。即使是标榜祖师垂训的禅者,在论述言和意的关系时,其强调的重点和句式的转折也与早期禅师的论述刚好相反。早期禅师的典型句式是:佛教虽有文字,但佛性之理,非关文字。而宋代禅者的典型句式是:佛性之理,虽非关文字,但参禅学道,却离不开文字。简言之,前者是"虽不离文字,但不立文字";后者是"虽不立文字,但不离文字"。在宋代的禅籍和文集中,这种"不离文字"的论调随处可见:

  盖闻:言语道断,而未始无言;心法双亡,而率相传法。有得兔忘蹄之妙,无执指为月之迷。故宗师起而称扬,若尺棰取之不竭;学者从而领悟,如连环解之无穷。(《法演禅师语录》卷末附张景修序,《大正藏》第四十七卷)

  臣僧蕴闻窃以佛祖之道,虽非文字语言所及,而发扬流布,必有所假而后明。譬如以手指月,手之与月,初不相干。然知手之所指,则知月之所在。是以一大藏教,为世标准,于今赖之。(《大慧普觉禅师语录》卷首附僧蕴闻《进大慧禅师语录奏札》)

  钟鼓非乐之本,而器不可以去;论议非道之本,而言不可以亡。苟存器而忘本,乐之所以遁也;立言而忘本,道之所以丧也。然而去器无以闻九韶之乐,亡言无以显一贯之道。唯调器以中和,乐之成也;话言以大公,道之明矣。(释惠彬《丛林公论》卷首附释宗惠叙,《续藏经》第二编第十八套第五册)

  虽佛祖不传之妙,不可得而名言,初无字书,安有密语?临机直指,更不覆藏,彻见当人本来面目。故诸佛以一大事因缘出现于世，譬喻言词，说法开示，欲令众生悟佛知见，岂徒然哉！(《禅宗颂古联珠通集》卷首附释法应《禅宗颂古联珠旧集本序》)

　　禅本无觉，非觉无见也；道本无言，非言无传也。因言而觉，则此编之传足矣。(《剑关禅师语录》卷首附林希逸序，《禅宗集成》本第十六册)

　　人根有利钝，故机语有开敛。针砭药饵，膏肓顿起，纵横展拓，太虚不痕。虽古人用过，时无古今，死路活行，死棋活着，观照激发，如龙得水。故曰：言语载道之器，虽佛祖不得而废也。(《古尊宿语录》卷首附物初大观《重刻古尊宿语录序》)

　　虽然，道不可以言传，而非言亦无以求道。(《北硐和尚语录》卷末附刘震孙《题北硐和尚语录》)

总之，由于宋代出现了大量的禅宗典籍，语言文字如决堤开闸、悬河泻水，不可收拾，因此亟需要一种权威观点来为之申辩，于是，以儒家"文以载道"、"言以足志"之说为内核，以佛教"以声音言说而为佛事"之说为外壳的儒释综合言意观，就成了宋代"文字禅"最强有力的辩护士。

　　其二，"言之无文，行而不远"(见《春秋左传正义·襄公二十五年》)。宋代士大夫在整理和阐释禅宗灯录语录时，遇到的最令人头疼的事就是语言的粗鄙不堪。尽管他们欣赏禅语的质朴天然，但对其文繁语俚仍时常不能接受。早在杨亿修改润色《景德传灯录》时，就已不满道原的原作"辞条之纷纠，言筌之猥俗"，而提出"事资纪实，必由于善叙；言以行远，非可以无文"的编撰原则(《景德传灯录》卷首附杨亿《景德传灯录序》)。到了北宋中叶后，士大夫更进一步通过参禅学佛活动把这种观念输入禅门，如苏轼指出："释迦以文教，其译于中国，必托于儒之能言者，然后传远。故大乘诸经至《楞严》则委曲精尽，胜妙独出者，以房融笔授故也。"（《苏轼文集》卷六六《书柳子厚大鉴禅师碑后》）这种观点显然出自儒家"言之无文，行而不远"的说法，推崇《楞严经》的背后，隐藏着对文字的信赖和对丽词的偏爱。于是，在宋代不仅出现了一些以儒家语言观来整理唐代禅籍的实例，如楼炤《题善慧大士语录》云："绍兴壬戌，住宝林寺定光大师元湛携唐进士楼颖所撰《善慧大士录》以示予。端忧之暇，取而观之，病其文繁语俚，不足以行远，且岁月或舛焉，乃为刊正。"（《善慧大士语录》卷末附楼炤《题善慧大士语录》，《禅宗集成》本第十四册）而且出现了一批由禅僧撰写的专门记载禅林掌故文词的笔记，如惠洪的《林间录》、晓莹的《罗湖野录》《云卧纪谭》、道融的《丛林盛事》、圆悟的《枯崖漫录》等。从这些笔记津津乐道的对象以及其本身的文章风格来看，追求文字华美已成为宋代禅僧的自觉行为。江西诗派诗人谢逸（1068—1112）评惠洪的《林间录》云：

> 昔乐广善清言而不长于笔，请潘岳为表，先作三百语以述己之志。岳取而次比之，便成名笔。时人咸云："若广不假岳之笔，岳不假广之旨，无以成斯美也。"今觉范（惠洪）口之所谈，笔之所录，兼有二子之美，何哉？大抵文士有妙思者，未必有美才；有美才者，未必有妙思。惟体道之士，见亡执谢，定乱两融，心如明镜，遇物便了，故纵口而谈，信笔而书，无适而不真也。然则觉范所以兼二子之美者，得非体道而然耶？（《林间录》卷首附谢逸《洪觉范林间录序》）

可见，《林间录》的确以其文笔之美而得到士大夫的喝彩。《罗湖野录》也如此,尼妙总(1095—1170)称其"所载皆命世宗师与贤士大夫言行之粹美、机锋之酬酢,雄文可以辅宗教,明诲可以警后昆"(释晓莹《罗湖野录》卷末附妙总《罗湖野录跋》,《佛藏要籍选刊》第十一册),欣赏其语言的优美、机锋的警辟,着眼点也在其"雄文"有助于禅宗思想的传播。

其三,"虽无老成人,尚有典刑"(见《毛诗正义·大雅·荡》,《十三经注疏》本)。宋代"文字禅"在很大程度上是作为"口耳受授"之禅的对立面出现的。本来,"口耳受授"似乎更接近"以心传心"的精神,禅法的承传完成于师徒语默相对的一瞬间,不着任何迹象。然而,这种没有固定文字记录的"以心传心",也可能在"口耳受授"的过程中"以讹传讹"。因此,宋代那些热衷禅宗文献整理撰写的禅僧,便借用儒家崇尚典型的权威观念来作为禅宗"以心传心"的补充。祖师(老成人)的肉体生命形式会消亡,但他的语言可以通过文献记录的形式成为"典刑"而传之久远,这就是惠洪在几篇禅师语录序中一再征引的"虽无老成(人),尚有典刑"的含义之所在。古代禅师的言行作为一种"典刑",为后人提供了回忆和恢复早期禅宗原创性活力的可资凭借的有形文字和文献形式,从而避免了"枝词蔓说"、"钩章棘句"、"苟认意识"、"懒惰自放"、"险设诈隐"之类的弊病(见《石门文字禅》卷二三《洪州大宁宽和尚语录序》《临平妙湛慧禅师语录序》等)。这就是宋代灯录、语录、僧传、笔记流行的理论基础。惠洪在《题隆道人僧宝传》中指出:

> 禅宗学者自元丰以来,师法大坏,诸方以拨去文字为禅,以口耳受授为妙,耆年凋丧,晚辈蜩毛而起,服纨绮,饭精妙,施施然以处华屋为荣,高尻磐折王臣为能,以狙诈羁縻学者之貌而腹非之,上下交相欺诳。视其设心,虽侩牛履豨之徒所耻

为，而其人以为得计。于是佛祖之微言，宗师之规范，扫地而尽也。（同上卷二六）

惠洪撰写《禅林僧宝传》的目的，就是力图将前辈大师的"前言往行"通过史传记载化为一种文字上的"典刑"，以资后人借鉴[①]，从而医治各种违背祖师教导的禅病。正是出于同样的认识，黄庭坚从另一个角度为古代禅师言行的文字记录——语录作了有力的辩护：

> 佛以无文之印，密付摩诃迦叶，二十八传而至中夏，初无文字言说可传可说。真佛子者即付即受，必有符证印空同文。于其契会，虽达摩面壁九年，实为二祖铸印。若其根器不尔，虽亲见德山，棒似雨点；付与临济，天下雷行，此印陆沉，终不传也。今其徒所传文字典要，号为一四天下品，尽世间竹帛不能载也。盖亦如虫蚀木，宾主相当，偶成文尔。若以为不然者，今有具世间智、得文字通者，自可闭户无师，读书十年，刻菩提印而自佩之矣。故曰："神而明之，存乎其人。""苟非其人，道不虚行。"（《豫章黄先生文集》卷一六《福州西禅暹老语录序》）

这段话很有意思。在黄氏看来，若是钝根人，即使亲自见到德山、临济禅师，仍无法传菩提心印；若是利根人，即使无师传授，仍可通过闭户读书而自证心印。这显然是站在"具世间智、文字通者"的立场，即士大夫的立场，对早期农禅的单纯重视亲见口授的传宗方式表示怀疑，以为悟道不必非要离开文字，当视学者的"根器"如

[①] 如同上《题佛鉴僧宝传》谓欲以"先觉之前言往行"闻于后世，《题珣上人僧宝传》谓是录"皆丛林之前言往行"，《题英大师僧宝传》谓"多识前言往行者，日益之学也"。

何,即对禅道的潜在领悟能力如何。对于以文字笔砚为其主要生存方式的士大夫来说,完全可以通过解读禅宗的"文字典要"——即"典刑"而达到契会心印的效果,因此,读语录或许比遭棒喝更为有益。值得注意的是,黄庭坚引用的"神而明之"两句,正好出自儒家经典《易·系辞》,这充分说明儒家观念在助长宋代"文字禅"之风方面所起的作用。

其四,"有德者必有言"①,"言为心声"②。唐代禅宗大师普遍认为"心法无形","莫向文字中求心"(见《镇州临济慧照禅师语录》),对语言文字持一种虚无主义的态度,视一切言句为随说随扫的"戏论之粪"(见《古尊宿语录》卷二《大鉴下三世百丈大智禅师语之余》、卷三《黄檗断际禅师宛陵录》等)。"文字禅"的倡导者惠洪则用偷梁换柱的手法对此进行了改造:

> 心之妙,不可以语言传,而可以语言见。盖语言者,心之缘,道之标识也。标识审则心契,故学者每以语言为得道浅深之候。(《石门文字禅》卷二五《题让和尚传》)

表面看来,惠洪仍承认不可"以言传心",但却认为语言是心的显现。也就是说,语言尽管难以将自己独特的心理经验传递给他人,但至少可以将心理经验显现出来,作为心灵的桥梁和真如的标帜,作为得道深浅的征候。如果没有语言,谁能知道伟大的心灵真如与卑俗的邪思妄想之间的区别呢?岂不是连失语的痴儿和默然的高僧

---

① 《论语注疏·宪问》:"子曰:'有德者必有言,有言者不必有德。'"(《十三经注疏》本)
② 扬雄《扬子法言·问神》曰:"君子之言,幽必有验乎明,远必有验乎近,大必有验乎小,微必有验乎著。无验而言之谓妄。君子妄乎?不妄。言不能达其心,书不能达其言,难矣哉!故言,心声也;书,心画也。声画形,君子小人见矣。"(《四部丛刊》本)

也无法辨别了。在《冷斋夜话》中,惠洪更明确地使用了儒家的说法:"然句中眼者,世犹不能解。语言者,盖其德之候也。故曰:'有德者必有言。'"(《冷斋夜话》卷四《诗言其用不言其名》,《四库全书》本)惠洪的观点和苏轼的这段话如出一辙:"佛法浸远,真伪相半。寓言指物,大率相似。考其行事,观其临祸福死生之际,不容伪矣。而或者得戒神通,非我肉眼所能勘验,然真伪之候,见于言语。"(《苏轼文集》卷六六《题僧语录后》)鉴于惠洪对苏轼的高度推崇,我们有理由认为他的观点受苏轼影响。作为一个文学大师,苏轼基本上对语言持一种乐观主义的态度,他在送诗僧思聪时就明确表示,要通过观思聪之诗,"以为聪得道浅深之候"(同上卷一〇《送钱塘僧思聪归孤山叙》)。这样,惠洪调和儒释语言观后得出一种折衷的认识:"佛语心宗,法门旨趣……此中虽无地可以栖言语,然要不可以终去语言也。"(《石门文字禅》卷二五《题百丈常禅师所编大智广录》)"借言以显无言,然言中无言之趣,妙至幽玄……知大法非拘于语言,而借言以显发者也。"(同上《题云居弘觉禅师语录》)

儒家对禅宗的反馈还表现为以儒说禅,即用儒家经典中的言说方式来解释禅宗的言说方式。如陆游指出:"虑羲一画,发天地之秘;迦叶一笑,尽先佛之传。净名一默,曾点一唯,丁一牛刀,扁一车轮,临济一喝,德山一棒,妙喜一竹篦子,皆同此关棙。"(《渭南文集》卷一五《天童无用禅师语录序》)又如王槚云:"予闻孔圣曰:'参乎!吾道一以贯之。'曾子曰:'唯。'子出,门人问,曰:'夫子之道,忠恕而已矣。'又闻释迦在灵山拈花,迦叶微笑。世尊曰:'吾有正法眼藏,涅槃妙心,付嘱摩诃大迦叶。'二者用处不同,义则一也。由此观之,一贯之理,以心传心,千万载间,绵绵不绝,其道学宗派,盖自曾子一'唯'中来。佛法昭明,历几千劫,阐扬宗风,源源相继,其教外别传,盖自迦叶微笑中始。乌可歧而二哉?"(《五灯会元》卷首附王槠序）这其实是士大夫有意将禅宗语言同本土儒、道言说方式等同起来。不仅如此，禅师也自觉用儒家的言句来证明禅理，如惠洪借孔子"天下何思何虑"之句说明由"思之"到"无思"的参禅历程（见《石门文字禅》卷二六《题英大师僧宝传》）；甚至直接把儒家的经典章句当做参禅的话头，如晦堂祖心禅师以《论语》中"吾无隐乎尔"之句启悟黄庭坚（《五灯会元》卷一七《太史黄庭坚居士》）。

二、以教说禅：禅教合一，不离文字

宋代禅宗虽仍坚持着教外别传的原则，自觉与义学诸派划清界限，但也受到来自士大夫阵营的禅教相融思潮的强烈冲击。禅教相融一方面是宋代文化整合需求的必然产物，另一方面也是禅宗为自身健康发展而作出的话语选择。

禅宗发展到北宋后期，"不立文字"已失去其原有的革命性，而成为饱食终日、无所事事的寄生僧侣的遁词。不少禅师"以为斋戒持律不如无心，讲诵其书不如无言，崇饰塔庙不如无为"，正如苏轼所一针见血指出的那样："其中无心，其口无言，其身无为，则饱食而嬉而已。"（《苏轼文集》卷一二《盐官大悲阁记》）同时，"口耳受授"的传法方式也因其过分便于普及而使精深的禅流于俗滥，正如苏轼所大加挞伐的那样："近岁学者各宗其师，务从简便，得一句一偈，自谓了证。至使妇人孺子，抵掌嬉笑，争谈禅悦。高者为名，下者为利，余波末流，无所不至，而佛法微矣。"（同上卷六六《书楞伽经后》）禅的简易化，同时也是禅的庸俗化。此外，禅宗玄学化倾向也日益严重，游谈无根蔚成风气，导致不学无术之徒的以谈禅而欺世盗名，正如苏轼所嘲讽的那样："近世学者以玄相高，习其径庭，了其度数，问答纷然,应诺无穷。至于死生之际一大事因缘,鲜有不败绩者。"(同上《跋荆溪外集》)故弄玄虚,故作高深,而究其内在则空空如也。

在士大夫看来,医治这种禅病的良方之一就是研习佛经,正本清源,在佛经中寻求能解释禅学的经典教义。由于宋代士大夫学佛的目的是出于解决个人生死解脱问题以及文化整合的需要,而非仅为了宗教的传灯嗣法,因此其参禅活动充满一种理性的怀疑精神,无信仰盲从和门户偏见。他们不像禅师那样严守宗门、教门的分别,而主张禅学和义学相互融通,合二为一。苏轼指出:"玄学,义学,一也。世有达者,义学皆玄;如其不达,玄学皆义。"(同上)陈师道也认为:"南北不异,禅律相资。曲士拘文,起差别于耳目;至人达观,示平等于冤亲。"(《后山居士文集》卷一七《请兴化禅师疏》)相对而言,北宋后期禅门僧侣中的激进分子,已完全抛开文字经教的基础,以无知、无为、无言、无思相标榜,所以,佛教界所面临的首要任务是"扶奖义学,以救玄之弊"(《苏轼文集》卷六六《跋荆溪外集》)。正是基于这一点,晁说之(1059—1129)从根本上对禅宗"教外别传"、"不立文字"之说的合理性提出质疑,他指出:

或曰"教外别传",不知教无等等,何外之有?传授圆成,何外之有?韶国师者故自斥之。(或曰)"当绝语言",不知此方以何为佛事?或曰"不立文字",不知文字非真亦非妄,乃以何者为文字?尝求乎其人矣,前乎智者而导其教者,曰梁傅大士、北齐稠禅师;后来推极智者之教而尊之者,曰南山宣律师;其余达摩法门义同赞者,曰皎然禅师;晚则韶、寿二禅师;其密弘而取证者,(曰)永嘉禅师;虽异涂而不敢不赞者,曰贤首藏师;或叛去而窃用其意者,曰华严观师;有公而异同,而意自有所在,曰慈恩基师。唯是圭峰密弘用其言,而妄相排斥,

专以四禅八定次第之学,何异儿戏以侮耆德。(《嵩山文集》卷二〇《宋故明州延庆明智法师碑铭》,《四部丛刊续编》本)

晁说之虽是站在天台宗的立场反对"教外别传"的"四禅八定",但其思想却代表了当时士大夫对"不立文字"之说的普遍不满。在他看来,经教不仅是律宗、华严宗(贤首宗)、法相宗(慈恩宗)、天台宗立教的基础,而且也为达摩一系的禅宗所取证弘扬。他特别指出:"窃少闻大道于圆照禅师(云门宗慧林宗本),且有言曰:'他日勉读经教。'其后三十年,果得明智于四明,视彼暗证禅、魔禅、鬼定文字法师乘坏驴车者,无以正之,则不敢不自勉。"(同上)申明自己研读经教、崇奉义学正是来自禅宗大师的教导。

显然,士大夫鼓吹的禅教相融的主要着眼点在于以教救禅。为此,他们重新解释了达摩诸祖崇奉的《楞伽经》,从而偷梁换柱地修正了禅宗离经慢教的传统观念。前面我曾指出,禅宗初祖均视《楞伽经》为"心法",并不当做言教。而苏轼却视之为"如医之有《难经》,句句皆理,字字皆法",应当认真研读,"若出新意而弃旧学,以为无用,非愚无知,则狂而已"(同上《书楞伽经后》)。李纲更以达摩传《楞伽经》的事例,推导出诸祖不废经教的结论,"是知禅教相融,初无二门;心语相印,亦无二法,岂特《楞伽》四卷为然哉!"(《梁豀集》卷一三五《栖云院新修印心堂名序》)这种对《楞伽经》的重新解释,表明士大夫对离开语言文字而纯粹"以心传心"的可行性的怀疑。因此,宋代士大夫所主张的参禅过程,一般是由研习佛经入手,最后证之以禅家心印,或是先悟得"正法眼藏",然后返观佛经文字相印证。总之,参禅不再是一种师徒间的口耳受授,或一种静室中的焚香默坐,而主要是一种通过解读经典而获得的内在的心灵领悟,是一种在解破疑团之后获得的无上喜悦。

正因具有这种理性精神,宋代士大夫参禅由被动接受变为主动选择,这不仅体现为对禅门庸俗化的警惕和批判,而且体现为对某些适合宋代士人心理需要和文化需要的佛教经典的明显偏爱。除了唐代士大夫常阅读的《维摩》《金刚》二经外,《华严》《楞严》《圆觉》三经取代早期达摩时代的《楞伽》《法华》等经成为宋代居士参究的主要经典。

《华严经》本是华严宗的经典,但以其事理圆融受到宋代士大夫的特别爱好。王安石曾作《华严经解》(《苏轼文集》卷六六《跋王氏华严经解》);蒋之奇(字颖叔,1031—1104)亦撰《华严经解》三十篇(《罗湖野录》卷下);欧阳修晚年借《华严经》,读至八卷而终(《居士分灯录》卷下);周敦颐曾与常总禅师讨论华严理法界、事法界(同上);程颢亦曾观《华严合论》(同上);陈瓘(字莹中,1060—1124)早年即留心内典,特爱《华严经》,号华严居士(同上);张商英曾与克勤禅师剧谈《华严》旨要(《罗湖野录》卷上);陈师道因布施寺院而买《华严经》一部八十策(册),自称"将口诵而心追"(《后山居士文集》卷一七《华严证明疏》);吴则礼(?—1121)闲居时声称"大部《华严经》,字字要饱观"(《北湖集》卷一《闲居》,《四库全书》本);李纲最精通《易》与《华严》二经(《居士传》卷二九《李伯纪传》)。至于苏轼与黄庭坚,也非常熟悉华严学说。苏轼有阅读《华严法界观》的自供(参见《苏轼诗集》卷一三《和子由四首·送春》);黄庭坚用"行布"一词论诗论画,就是借用华严宗的术语[①]。华严构想圆融无碍的宇宙体系,禅则发明人

---

① 如《山谷诗集注》卷一六《次韵高子勉十首》其二云:"行布佺期近。"任渊注:"'行布'字本出释氏,而山谷论书画数用之。按释氏言华严之旨曰:'行布则教相施设,圆融乃理性即用。'"又如《豫章黄先生文集》卷二七《题明皇真妃图》云:"故人物虽有佳处,而行布无韵,此画之沉疴也。"按:释志磐《佛祖统纪》卷三上曰:"华严所说,有圆融、行布二门,行布谓行列布措。"(《大正藏》第四十九卷)

的主观心性，而这正是传统儒学所缺乏的，因此二者均成为构筑宋代道学的重要因素。华严通禅，儒释相融，也正与这个时代的文化整合观念相关。

更能体现宋代士大夫参禅特点的是《楞严》《圆觉》倍受推崇，在佛经中的地位不断上升，成为参禅学佛的基本教材。政和年间（1111—1117）进士郭印有诗云："《楞严》明根尘，《金刚》了色空；《圆觉》祛禅病，《维摩》现神通。四书皆等教，真可发愚蒙。"（郭印《云溪集》卷五《闲看佛书》，《四库全书》本）这就是北宋中叶以来士大夫以此四部佛经为启蒙教材的真实写照，而其中《楞严》《圆觉》尤为宋人所青睐。王安石归老钟山，对《楞严经》颇为偏爱，常对人说："今见此经者，见其所示，性觉妙明，本觉明妙。知根身器界生起，不出我心。"（见《林间录》卷下）苏辙自称曾"取《楞严经》翻覆熟读，乃知涅槃正路，从六根入"（苏辙《栾城集·后集》卷二一《书楞严经后》，上海古籍出版社排印本，1987年）；并告诫后学韩驹"熟读《楞严》《圆觉》等经，则自然词诣而理达"（见《云卧纪谭》卷上）。黄庭坚也很熟悉《楞严》《圆觉》二经，他不仅亲自手书《楞严经》（黄庭坚《豫章先生遗文》卷九《书自书楞严经后》，祝氏汉鹿斋补刊本），而且诗中也常用此二经中的典故词语。张商英著《护法论》，重点引证的也是《圆觉经》《楞严经》。到了南宋，大慧宗杲禅师《宗门武库》更重点提倡参究《楞严》《圆觉》。孝宗皇帝甚至亲自以禅学思想注解《圆觉经》，并以《御注圆觉经》赐径山传法（见《云卧纪谭》卷上）。

《楞严》《圆觉》二经的倍受推崇与宋代禅宗逐渐由农禅转化为士大夫禅分不开。换言之，这二部佛经具有特别适应宋代文化需要的特色。其一，这二部经均属中土伪书，从一定程度上体现了中国本土文化对印度佛经原典的消化、吸收、改造，其中有的思想和本民族文化有较深的联系,因而易引起士大夫的共鸣。其二,这二部经内容均较驳杂,如《圆觉经》既有华严思想,又通禅家之说;《楞严经》也包含佛教各宗思想,华严宗据以解缘起,天台宗引以说止观,禅宗援以证顿悟,密宗取以通显教。这种驳杂表现出一种圆通思想,和当时士大夫主张禅教合一的思想合拍。从更大的范围来看,二经的圆通性也符合时代的文化整合的思潮。其三,这二部经由于为中土作者所撰,与纯粹翻译的佛经原典在文笔上有很大不同,语法与修辞更富于文学性。尤其是《楞严经》,仅其文笔就足以引起士大夫的兴趣,正如苏轼所说:"《楞严》者,房融笔授,其文雅丽,于书生学佛者为宜。"(《苏轼文集》卷六六《跋柳闳楞严经后》)"大乘诸经至《楞严》,则委曲精尽,胜妙独出者,以房融笔授故也。"(同上《书柳子厚大鉴禅师碑后》)士大夫在接受佛理的同时,在文字上也获得一种享受。这和早期禅宗参究的《楞伽经》大为不同,"《楞伽》义趣幽眇,文字简古,读者或不能句"。对于不重视文字的禅师来说,其文笔的艰涩并不碍事,主要取其"一切佛语心"的精神,并付诸实践;而对于以翰墨为生涯的士大夫来说,文笔的优劣与佛经的取舍却有很大的关系。因此,在《楞严》大受青睐的宋代,《楞伽》却"寂寥于是,几废而仅存"(同上《书楞伽经后》)。从某种意义上说,《楞严经》不仅是参禅学佛的经典,而且是作文吟诗的教科书,士大夫从中可获得创作灵感、妙思奇想,甚至句法修辞。

研读佛经的结果,士大夫不仅从中得到关于生死解脱的哲理,而且学到一种博辩的说理艺术,如苏轼即"读释氏书,深悟实相,参之孔老,博辩无碍,浩然不见其涯也"(《栾城集·后集》卷二二《亡兄子瞻端明墓志铭》)。惠洪评价欧阳修和苏轼二人文章的区别说:

> 欧阳文忠公以文章宗一世,读其书,其病在理不通;以理

不通,故心多不能平,以是后世之卓绝颖脱者,皆目笑之。东坡盖五祖戒禅师之后身,以其理通,故其文涣然如水之质,漫衍浩荡,则其波亦自然而成文。盖非语言文字也,皆理故也。自非从般若中来,其何以臻此?(《石门文字禅》卷二七《跋东坡仇池录》)

以苏轼为戒禅师后身,自是妄诞之说,但认为苏轼诗文的理通,有得于佛教般若智慧,这也是事实。苏轼读的佛经较驳杂,但对其诗文语言艺术影响较大的当属《华严》《楞严》《维摩》《圆觉》等经,而其中文笔流畅、辞语赡博、事理圆融的《华严经》对苏轼诗文的说理艺术影响尤深。《华严经》提倡法界缘起,以为事理无碍,大小等殊,理有包容,相即相入,万事万物都是一真法界的体现,因此互相包含,互相反映,无穷无尽。以华严的法眼观照世界,宇宙、人生、艺术之间的界限也就消失了,万法平等,一切即一,一即一切,诗人因此而在大跨度的联想和多向推理中获得理性的自由。清人刘熙载特别注意到苏轼古诗与《华严》的关系,他指出:"滔滔汩汩说去,一转便见主意,《南华》《华严》最长于此。东坡古诗惯用其法。"(刘熙载《艺概》卷二《诗概》,上海古籍出版社排印本,1982年)这是很有眼光的。

总而言之,提倡研读佛经,是宋代禅宗走向"文字禅"的重要标志,也是宋代士大夫自觉将佛经文本纳入本土语言建设的重要标志。佛经文本中的词语、典故、句法、修辞作为全新的语言资源进入宋人的言说方式中,仅以诗坛为例,如苏轼"平生斟酌经传,贯穿子史,下至小说、杂记、佛经、道书、古诗、方言,莫不毕究"(王十朋《集注分类东坡先生诗》卷首序,《四部丛刊》本);黄庭坚、陈师道之诗"用事深密,杂以儒佛、虞初稗官之说,隽永鸿宝之书,牢笼渔猎,取诸左右"(《山谷诗集注》卷首附许尹《黄陈诗注序》)。严羽《沧浪诗话》提出"元祐体"的概念,谓指"苏、黄、陈诸公",并批评其"以文字为诗"(见严羽《沧浪诗话》之《诗体》《诗辩》,《历代诗话》本,中华书局,1981年)。而佛经文本的语言资源在诗坛"文字化"的过程中,发挥了不可忽视的作用。最值得注意的是,王安石著名的文字学著作《字说》就多用佛经语言解释字义。据陈善记载:

> 荆公《字说》多用佛经语,初作"空"字云:"工能穴土,则实者空矣。故'空'从穴从工。"后用佛语改云:"无土以为穴,则空无相;无工以穴之,则空无作。无相无作,则空名不立。"此语比旧为胜。《维摩经》云:"空即无相,无相即无作。无相无作,即心意识。"《法华经》云:"但念空无作。"《楞严经》云:"但除器方,空体无方。"荆公盖用此意。又如云"追所追者,止能追者,是而从之"、"搔手能搔所搔"、"牂柯以能入为柯,所入为牂"之类,此"能"、"所"二语,亦出佛经中。《圆觉经》曰:"其所证者,无得无失,无取无舍;其能证者,无作无止,无生无灭。于此证中,无能无所。"佛经谓"能"、"所"者,彼、此义也。(《扪虱新话》上集卷三《荆公字说多用佛经语》)

这充分说明佛经文本在观念和词汇方面对宋代语言文字的启示,特别是《字说》在王安石和新党当政期间曾被当做科举考试科目,足见其一时的影响。尽管《字说》因为各种政治的、学术的原因最终失传,但其在汉语史上自觉引进佛教语言的大胆尝试还是值得称道的。

需要指出的是,士大夫在吸收禅宗思想和语言资源的同时,也反过来参与了禅宗思想、文献的整理阐释工作。著名的例子如"拈

花微笑"的传说,历来禅师都不知典出何书,最终靠精研内典的王安石才得以发明:

> 王荆公问佛慧泉禅师云:"禅家所谓世尊拈花,出在何典?"泉云:"藏经亦不载。"公曰:"余顷在翰苑,偶见《大梵天王问佛决疑经》三卷,因阅之。经文所载甚详:梵王至灵山,以金色波罗花献佛,舍身为床座,请佛为众生说法。世尊登座,拈花示众,人天百万,悉皆罔措,独有金色头陀,破颜微笑。世尊云:'吾有正法眼藏,涅槃妙心,实相无相,分咐摩诃大迦叶。'此经多谈帝王事佛请问,所以秘藏,世无闻者。"(《人天眼目》卷五《宗门杂录·拈华》)

王安石以自己所见秘藏经典为依据,廓清了宗门人云亦云的传说,从而使禅宗的传法宗旨得到权威佛典的支持。这个例子充分说明了士大夫在文献占有和文献阅读上的优势,与此相对照,"以口耳受授为妙"的禅师们不仅显得浅薄无知,简直就是数典忘祖。这对于诚心向佛的禅师来说,无疑是相当尴尬的。因此,只有修正"教外别传"、"不立文字"的祖训,精通经教,才可能迎接来自士大夫阵营的挑战。事实上,那些"务为不可知"、"务为玄妙"、"务从简便"的禅师往往成为士大夫嘲笑的对象,而只有禅教皆习、宗说俱通的禅师才可能获得博学多才的士大夫的好感。例如,王安石曾问真净克文禅师(1025—1102):"诸经皆首标时处,独《圆觉》不然,何也?"克文回答说:"顿乘所演,直示众生,日用现前,不属古今。老僧即今与相公同入大光明藏,游戏三昧,互为主宾,非关时处。"安石又问:"'一切众生皆证圆觉',而圭峰易'证'为'具',谓译人之讹其义,是否?"克文答曰:"《圆觉》可易,则《维摩》亦可易也。

《维摩》曰:'亦不灭受而取证。''证'与'证'义有何异哉?盖众生现行无明三昧,即是如来根本大智。圭峰之说,但知其具耳。"安石折服(见《嘉泰普灯录》卷二三《荆公王安石居士》,《续藏经》第二编乙第十套第一册)。又如张商英寓居荆南,圆悟克勤禅师前往谒见,剧谈《华严》旨要曰:"《华严》现量境界,理事全真,初无假法,所以即一而万,了万为一,一复一,万复万,浩然莫穷。心、佛、众生,三无差别,卷舒自在,无碍圆融。此虽极则,终是无风币币之波。"商英很感兴趣。次日,商英又举事法界、理法界说禅,克勤曰:"不然,正是法界量里在,盖法界量未灭。若到事事无碍法界,法界量灭,始好说禅。'如何是佛?''干屎橛。''如何是佛?''麻三斤。'是故真净偈曰:'事事无碍,如意自在。手把猪头,口诵净戒。趁出淫坊,未还酒债。十字街头,解开布袋。'"商英叹曰:"美哉之论,岂易得闻乎?"正如晓莹评价所说:"夫圆悟融通宗教若此,故使达者心悦而诚服。非宗说俱通,安能尔耶?"(《罗湖野录》卷上)

正是从这个意义上说,士大夫禅教相融的观念推动了宗门研读佛经的热潮。一方面,不少禅师从观念上对佛教经典的态度大为改变,如云门宗慈受怀深禅师为佛经大唱赞歌:"佛从大悲心,流出十二部。琅函与玉轴,遍满河沙数。言言皆妙药,字字超今古。譬如优昙花,百劫难遭遇;又如大明灯,能破黑暗处;又如智慧力,能断无明树;又如璎珞珠,能使人丰富。"(《慈受怀深禅师广录》卷一,《禅宗集成》本第二十三册)另一方面,不少禅师从实践上以禅证教或以教说禅,如上文所举真净克文用禅宗"日用现前"的顿悟观念解释《圆觉经》的不标时处,克勤用宗门语"干屎橛"、"麻三斤"说华严法界。

禅宗内部主张禅教合一的思潮最集中地体现在惠洪的各种著述中。惠洪是真净克文的弟子,是"文字禅"的公开倡导者。在其诗文集《石门文字禅》中，惠洪屡次抨击"不立文字"之说所带来的流弊，强调研读佛经的重要性：

> 右《宗镜录》一百卷，智觉禅师所撰。切尝深观之，其出入驰骛于方等契经者六十本，参错通贯此方异域圣贤之论者三百家，领略天台、贤首，而深谈唯识，率折三宗之异义而要归于一源。故其横生疑难，则钩深赜远；剖发幽翳，则挥扫偏邪。其文光明玲珑，纵横放肆，所以开晓众生自心成佛之宗，而明告西来无传之的意也……熙宁中，圆照禅师始出之……于是衲子争传诵之。元祐间，宝觉禅师宴坐龙山，虽德腊俱高，犹手不释卷……因撮其要处为三卷，谓之《冥枢会要》，世盛传焉。后世无是二大老（指圆照、宝觉），丛林无所宗尚。旧学者日以慵惰，绝口不言；晚至者日以窒塞，游谈无根而已，何从知其书、讲味其义哉？脱有知之者，亦不以为意，不过以谓祖师教外别传、不立文字之法，岂当复刺首文字中耶？彼独不思达磨已前，马鸣、龙树亦祖师也，而造论则兼百本契经之义，泛观则传读龙宫之书。后达磨而兴者，观音、大寂、百丈、断际亦祖师也，然皆三藏精入，该练诸宗，今其语具在，可取而观之，何独达磨之言乎？（《石门文字禅》卷二五《题宗镜录》）

> 古之学者，非有大过人者，惟能博观约取，知宗而用妙耳。唐沙门道宣通兼三藏，而精于持律。持律，小乘之学也，而宣不许人呼以为大乘师。枣柏长者力弘佛乘，而未尝一语及单传心要。方是时，曹溪之说信于天下，非教乘之论所当杂。宣公甘以小乘自居，枣柏止以教乘自志，竟能为百世师者，知宗用妙而已。禅宗学者自元丰以来，师法大坏，诸方以拨去文字为禅，以口耳受授为妙。（同上卷二六《题隆道人僧宝传》）

在禅宗的传统习惯说法中,"文字"往往特指佛教三藏(经、律、论)的文字,所谓"诸方以拨去文字为禅",即指部分偏激的禅师完全抛开经教而习禅的状况。因此,要治疗"师法大坏"的禅病,首先就应该"三藏精入,该练诸宗"。惠洪推崇的永明延寿(智觉禅师)的《宗镜录》,是融通禅教的代表作;他称赏的圆照宗本与宝觉祖心,是典型的兼习禅教的大德;他崇拜的道宣和枣柏,是精通教乘的义学讲师。由此可见,惠洪所谓的"文字禅"在很大程度上是指"禅教合一"。

最能体现惠洪禅教合一观念的著作,是他那久为学术界所忽视的《智证传》。此书原为十卷,后合为一卷。《智证传》的体例是举一段佛经文字,然后用禅宗话头或文人作品为之作传;或是举一则公案文字,然后用佛经文字或文人作品为之作传;甚至举佛经、公案,而用儒典、史传为之作传。试举两条为例:

云居宏觉禅师。僧问:"如何是沙门所重?"宏觉曰:"心识不到处。"

传曰:洞上宗旨,语忌十成。不欲犯,犯则谓之触讳。如《五位》曰:"但能不触当今讳,也胜前朝断舌才。"宏觉盖洞山之高弟也,而所答之语如此,岂非触讳乎?曰:东坡最能为譬,尝曰:"以吾之所知,推至其所不知。婴儿生而导之言,稍长而教之书,口必至于忘声而后能言,手必至于忘笔而后能书,此吾之所知也。口不能忘声,则语言难于属文;手不能忘笔,则字画难于刻雕。及其相忘之至,则形容心术、酬酢万物之变,忽然而不自知也。"夫不犯讳忌十成者,法也。宏觉不忘法,何以能识宗?《金刚般若》曰:"一切贤圣皆以无为法而有差别。"觉以之。

《楞伽经》偈曰:"由自心执著,心似外境转。彼所见非有,是故说唯心。"

传曰:曹溪六祖隐晦时,号卢居士。尝客广州精舍,夜经行,闻两僧论风幡之义,一曰风动,一曰幡动。六祖前曰:"肯使流俗辄预高论否?正以风幡非动,仁者心动耳。"法空禅师深居五台山,每夜必闻有声,名曰"空禅"。法空患之。久而自悟曰:"皆我自心之境,安有外声哉?"以法遣之,自后遂绝。夫言"彼所见非有"者,以风幡相待,无有定属,以无定属,缘生则名无生,六祖所示见境既尔,则空禅所悟闻尘亦然。《首楞严》曰"见闻如幻翳,三界若空华。闻复翳根初,尘消觉圆净。净极光通达,寂照含虚空。却来观世间,犹如梦中事"者,讵不信夫!

总之,此书"离合宗教,引事比类,折衷五家宗旨,至发其所秘,犯其所忌"(《智证传》卷首附明释真可《重刻智证传引》),完全打通了儒释、禅教、禅宗五家之间的门墙。特别值得注意的是《智证传》的阐释方法和言说方式,与同时代的《碧岩录》等颂古评唱颇有不同。《碧岩录》在阐释方法上始终坚持着禅宗"不说破"的原则,在言说方式上始终保持着旁敲侧击、声东击西的机锋;而《智证传》则以理性主义的态度取代了神秘主义的倾向,尽量追求详明透辟的解释,尽可能从正面展开说理,变"不说破"为"说破"。惠洪的朋友许颛指出:"昔人有言,切忌说破。而此书挑刮示人,无复遗意。"正因如此,《智证传》受到当时力主"不立文字"、"教外别传"的禅师们的猛烈抨击,"罢参禅伯,以此书为文字教禅而见诋,新学后进,以此书漏泄已解而见憎"(同上卷末附许颛《智证传后序》)。

然而,尽管受到来自宗门的非难,惠洪仍始终坚持"文字教禅"

的立场,并以一种智力优越的姿态表示出对那些不学无术的禅僧的轻蔑。他坚信文字本身完全能传达义理,甚至书面文字对理解义理也构不成任何障碍,真正构成障碍的不是文字本身,而是阅读者自身的文化水平。他指出:

> 譬如世人同看文字,不识字者,但见纸墨,义理了不关思。而识字者,但见义理,不碍纸墨也。不识字者,五识现量也;而识字者,意识之境也。天台宗以五识名退残,谓是故也。故曰:"见所见不俱。"夫纸墨文字,所以传义理,义理得,则纸墨文字复安用哉!(同上)

在他看来,不是文字遮蔽了人们对事物的认识,而是文盲妨碍了人们对世界的理解。不识字的人只处于眼、耳、鼻、舌、身"五识"的低层次感觉水平,而识字的人则已达到"意识"的高层次思维水平。因此,书面文字对于文化程度不同的人来说就有不同的意义,不识字者见到的只是纸墨这样的具体物质,识字者则只见到抽象的义理,而完全忘记纸墨的存在。应该说,这种对文字意义的剖析是符合人们的阅读实际的。由此出发,惠洪一再痛斥"安用多知"的蒙昧主义观点,号召禅僧通过"博观而约取,厚积而薄施"的途径来达到无思无虑的悟道境界(《石门文字禅》卷二六《题英大师僧宝传》)。惠洪的观点显然背叛了农禅的传统教义,但更能代表以文字活动为生存方式的士大夫的思想,更符合整个宋代文化特有的理性精神。

基于对文字的信赖,惠洪不仅抛弃了禅宗祖师"不出文记"的传统,为《楞严》《法华》诸经造论[1],而且改变了禅宗僧侣不修僧史

---

[1] 参见《续藏经》目录《支那撰述大小乘释经部》著录德(惠)洪造论、正受会合《楞严经合论》十卷,惠洪造、张商英撰《法华经合论》七卷。

的局面,撰《禅林僧宝传》三十卷。在此之前,由于禅宗主张"不立文字",因此僧史著作都出自义学讲师之手。然而,正如我在前面所指出的那样,义学讲师的僧传如《高僧传》《续高僧传》《宋高僧传》等,均列《译经篇》为第一,《义解篇》为第二,将佛经原典的印度话语系统置于话语权力的中心,而对禅宗的事迹尤其是言说方式的特点多有忽视或篡改。惠洪在谈及他撰写《禅林僧宝传》的动机时指出:

> 禅者精于道,身世两忘,未尝从事于翰墨。故唐宋僧史,皆出于讲师之笔。道宣精于律,而文词非其所长,作禅者传,如户婚按检;赞宁博于学,然其识暗,以永明为"兴福",岩头为"施身",又聚众碣之文为传,故其书非一体。予甚悼惜之。顷尝经行诸方,见博大秀杰之衲能袒肩以荷大法者,必编次而藏之,盖有志于为史。(《石门文字禅》卷二六《题佛鉴僧宝传》)

他批评道宣"文词非其所长",大约是因为《续高僧传》采用的是初唐流行的四六文体,文词繁复,佶屈聱牙。他讥讽赞宁"识暗",大约是因为《宋高僧传》把禅宗大师永明延寿和岩头全豁分别列于《兴福篇》和《遗身篇》而非《习禅篇》之中,而且未给云门宗开山祖师文偃作传。因此,惠洪试图以一种宋代流行的古文文体来重修为道宣、赞宁所轻视的禅宗僧史。换言之,他撰述此书的目的,就是打破义学讲师对僧史的垄断,从义学讲师那里夺回禅宗应有的著书立说的话语权力。然而,这种向义学讲师的挑战本身,就意味着惠洪认同了义学著书立说的原则,放弃了禅学"未尝从事翰墨"的立场。事实上,《禅林僧宝传》所记录的八十一位禅门大德,大多数都兼习教典或经论,而对"藉教悟宗"的九峰通玄和"禅教合一"的永明延寿等禅师尤多赞美之词。正如美籍学者黄启江所说,惠洪的《僧宝传》体现了他的"禅教合一"观,也是其"文字禅"的表现之一①。

　　禅教相通的观念和经疏僧史的撰述,与其说是印度话语系统重新发挥影响,不如说是本土的士大夫话语系统起了更直接的作用。就这一点而言,惠洪较多地接受了苏轼的思想,即自觉抵制外来的印度佛教语言,如苏轼不满北方僧侣"留于名相,囿于因果"(《苏轼文集》卷一七《宸奎阁碑》),惠洪也为"不辨唐梵"的本土作者辩解,以为佛旨"非有竺梵震旦之异"(《石门文字禅》卷二五《题华严纲要》)。同时,在关于"言之无文,行而不远"、"言为德者之候"的提倡上,以及对近世禅宗饱食而嬉、游谈无根的流弊的批判上,惠洪很多言论与苏轼如出一辙,有时甚至就是苏轼的直接翻版。换言之,惠洪的"禅教合一"的思想背景是儒家的"世间法",而这一点正是他和那些拘泥于印度佛教名相因果的义学讲师的根本区别。正因如此,士大夫才一再将《禅林僧宝传》与司马迁的《史记》相提并论,称惠洪为"宗门之迁、固"(参见《禅林僧宝传》卷首附宋侯延庆《禅林僧宝传引》、明戴良《重刊禅林僧宝传序》)。

　　"文字禅"概念的提出,归根结底得到了佛教语言理论的支持。事实上,佛教对语言文字本身就持一种非常矛盾的态度:一方面认为实相本离文字,另一方面又承认不假文字,不能诠实相;一方面称"文字性空",不可凭依,另一方面又认为正因文字性空,所以具解脱相;一方面斥责专习教相、不修禅行之人为"文字人"、"文字法师",另一方面又视文字为五种般若(智慧)之一。这种矛盾的语

---

① 黄启江《北宋佛教史论稿》第312—358页《僧史家惠洪与其"禅教合一"观》,台北商务印书馆,1997年。

言观是佛教二谛思维的产物，禅宗对此也有极通达的理解。如达摩命门人各言所得，道副曰："如我所见，不执文字，不离文字，而为道用。"达摩曰："汝得吾皮。"(《景德传灯录》卷三《第二十八祖菩提达摩》)这个道副，就是《续高僧传》中的梁钟山定林寺释僧副[①]。宋人所津津乐道的"定林文字禅"[②]，大约就是指"不执文字，不离文字"。这种灵活的语言观表现出一种思想的宽容，为各种否定语言文字和肯定语言文字的禅行为提供了理论解释的可能。这样，不同文化背景下的禅门宗风的演变，都可以找到经典的支持。一般说来，唐代禅人的解释偏重于前一方面，即"不执文字"的一面，如大珠慧海从"文字纸墨性空"推衍出"不许诵经"的看法(《景德传灯录》卷二八《越州大珠慧海和尚语录》)。而宋代禅人的解释则偏重于后一方面，即"不离文字"的一面，如李纲从"言语解脱，文字相空"演绎出"于梦幻中即梦幻而作佛事，乃佛菩萨之旨"的结论，由此肯定"以声音言说为佛事"的合理性(《梁谿集》卷一三三《蕲州黄梅山真慧禅院法堂记》)。这种解释，正是宋代"文字禅"流布的理论基础。

三、以诗证禅：诗禅相融，句中有眼

尽管禅宗语录反复申说"才涉唇吻，便落意思，尽是死门，终非活路"(《五灯会元》卷一二《金山昙颖禅师》)，强调语言文字的局限

[①] 《续高僧传》卷一六《梁钟山定林寺释僧副传》云："有达摩禅师，善明观行，循扰岩穴，言问深博，遂从而出家。"则僧副为达摩弟子，当即道副。

[②] 如《石门文字禅》卷一五《余将经行他山有怀其人五首》之四："爱将夷甫雌黄口，解说定林文字禅。"又朱松《韦斋集》卷四《送黄彦武西上》："未忘大学斋盐味，时说定林文字禅。"(《四部丛刊续编》本)

性和更深刻的"道"的不可言说性,但是,禅宗从一开始就没有真正放弃语言文字,而且随着宋代社会文化水平的提高,文字化的倾向越来越明显。所以,黄庭坚诗中首次出现的"文字禅"三字[①],相当准确地概括了宋代禅文化的本质。

在诸多"文字"中,宋代禅师对诗歌文字特别青睐,有很多禅师的偈颂完全就是诗歌。事实上,诗的本质是一种呈现,而非诠释。诗化的文字不仅不会遮蔽佛理禅旨,反而因其形象直觉的特征而更接近本真的"道"。正是在这个意义上,惠洪常常把自己或他人的诗文(尤其是诗)称为"文字禅",如下面几处用例:

懒修枯骨观,爱学文字禅。江山助佳兴,时有题叶篇。(《石门文字禅》卷九《贤上人觅偈》)

应传画里风烟句,更学诗中文字禅。(同上卷一一《赠涌上人乃仁老子也》)

南州仁公以勃窣为精进,以哆和为简静,以临高眺远未忘情之语为文字禅。(同上卷二〇《懒庵铭并序》)

在这里,"文字禅"是指一种与"枯骨观"相对立的以文字为对象的参禅方法,由于它和江山助兴有关,显然是指一种登高望远、即景抒情的诗歌。"文字禅"的说法表现出惠洪试图弥合诗与禅冲突的苦心,"未忘情之语"是佛教视巧言绮语为业障、以贪情溺景为执障的观念的表述,而"文字禅"却以禅宗的智慧化解了这一冲突。正如画中可以有描写风烟的诗句一样,诗中也可以有文字表达的禅理,换言之,诗歌文字即是禅的一种表现。

---

① 《山谷诗集注》卷九《题伯时画松下渊明》:"远公香火社,遗民文字禅。"这是我见到的首次使用"文字禅"的例子。

当"文字禅"指禅僧和居士所作的诗歌时,"文字"二字的含义是连缀而成的文章,尤其是文采斐然的诗歌。苏轼的方外友辩才元净法师(1011—1091)《次韵参寥诗》云:"岩栖木食已蟠然,交旧何人慰眼前?素与昼公心印合,每思秦子意珠圆。当年步月来幽谷,拄杖穿云冒夕烟。台阁山林本无异,故应文字不离禅。"(见《苏轼文集》卷六八《书辩才次韵参寥诗》引)"昼公"是以唐诗僧皎然(清昼)来指代宋诗僧道潜(参寥),"秦子"指苏门学士诗人秦观。根据此诗上下文来看,"文字"特指诗歌,"文字未离禅"是特指作诗参禅本无区别,正如台阁与山林本无区别一样。惠洪的诗文集《石门文字禅》主要取义于此,其中既有谈禅说佛的诗偈,也有绮美多情的歌辞,而概称"文字禅"。

一般说来,从纯宗教的角度看,诗与禅是有冲突的,即使按照"不离文字"的说法,"文字"也应指经藏、语录、偈颂等等文本,而不包括文学作品。所以禅僧作诗多少有一种自责感。惠洪就常常感受到内心的矛盾和外界的压力,特别是对于自己诗文中的"未忘情之语"感到惭愧:

> 往时丛林老衲多以讲宗为心,呵衲子从事笔砚。予游方时省息众中,多习气,抉磨不去,时时作未忘情之语,随作随弃。(《石门文字禅》卷二六《题弼上人所蓄诗》)
>
> 予幻梦人间,游戏笔砚,登高临远,时时为未忘情之语,旋踵羞悔汗下。(同上《题言上人所蓄诗》)
>
> 予始非有意于工诗文,夙习洗濯不去,临高望远,未能忘情,时时戏为语言,随作随毁,不知好事者皆能录之。南州琦上人处见巨编,读之,面热汗下。(同上《题自诗》)
>
> 余少狂,为绮美不忘情之语。年大来,辄自鄙笑,因不复

作。(同上《题自诗与隆上人》)

"未忘情之语"其实就是世俗的诗文,尤其指诗,它发泄感情、表现感情,而非泯灭感情、消解感情,与禅僧追求的入定的境界是矛盾的。尽管如此,惠洪的诗却在丛林中颇受欢迎,从上引诸文的题目就可见出,友辈和后辈禅僧非常喜欢收录他的诗。而且,惠洪的自责中常隐藏着几分自豪,惭愧后常附带加一点辩护,对收蓄其诗的禅僧往往加以鼓励而非制止:"然佳言之好学,虽鄙语如予者,亦收之,世有加予数十等之人,其语言文字之妙,能录藏以增益其智识,又可知矣。"(同上《题言上人所蓄诗》)"然佳琦之好学,虽语言之陋如仆者,亦不肯遗,况工于诗者乎?"(同上《题自诗》)显然,惠洪骨子里仍认为诗是有益于学禅的,不仅收录诗可以增益知识,就是作诗也无损于参禅。他说:"予于文字未尝有意,遇事而作,多适然耳。譬如枯株无故蒸出菌芝,儿稚喜争攫取之,而枯株无所损益。"(同上《题珠上人所蓄诗卷》)正是在这种认识的基础上,惠洪最终调和了诗与禅的矛盾:"以临高眺远未忘情之语为文字禅。"(同上卷二〇《懒庵铭并序》)

事实上,"文字禅"不只是惠洪夫子自道,而且真实地概括了宋代诗僧世俗诗词的吟咏,苏轼所称赏的一帮"以笔砚作佛事"的吴越名僧,也主要是他旧时的诗友,或"能文善诗及歌辞",或"作诗清远如画工",或"行峻而通,文丽而清",或"语有璨、忍之通,而无岛、可之寒"(见《东坡志林》卷二《付僧惠诚游吴中代书十二》,中华书局排印本,1981年)。进一步而言,不仅禅僧之诗可称为"文字禅",士大夫之作也有同样的效用,如苏轼谈及读朋友李之仪诗时的感受:"暂借好诗消永夜,每逢佳处辄参禅。"(《苏轼诗集》卷三〇《夜直玉堂,携李之仪端叔诗百余首,读至夜半,书其后》)使人有参禅感觉的诗,非"文字禅"而何?可见,惠洪所谓狭义的"文字禅",就是指禅僧所作忘情或未忘情的诗歌以及居士所作含带佛理禅机的诗歌。因此,以"文字禅"作为诗的别称,与其说是表现了作诗者融合诗禅的意图,不如说是取决于读诗者的接受态度,即把诗(不管是否忘情之语)当做禅的文本来阅读。

这种把诗当做禅的文本来阅读的态度,在宋代禅宗队伍里普遍存在。佛经中的偈颂或早期禅宗的诗偈由于着意要用某种类比来表述意蕴,常常陷入概念化而变为论理诗、说教诗,这恰好违反了禅宗的本旨。宋代禅师发现,诗人的作品往往比许多偈颂更真正接近于"不说破"的言说原则,所以在宋代各种语录、灯录里,著名诗人的佳句被大量用来说禅,如李白的"柳色黄金嫩,梨花白雪香"、王维的"行到水穷处,坐看云起时"、王之涣的"欲穷千里目,更上一层楼"、钱起的"曲终人不见,江上数峰青"、贾岛的"秋风吹渭水,落叶满长安"、朱绛的"可怜无限伤春意,尽在停针不语时"、崔护的"人面不知何处去,桃花依旧笑春风"、杜牧的"深秋帘幕千家雨,落日楼台一笛风"、齐己的"一气不言含有象,万灵何处谢无私"、高骈的"依稀似曲才堪听,又被风吹别调中"等等,就散见于《建中靖国续灯录》《联灯会要》《嘉泰普灯录》《五灯会元》《古尊宿语录》等禅籍中(参见《禅语辞书类聚》第一册日本无著道忠《禅林句集辨苗》,日本花园大学内禅文化研究所印行),被禅师们用来暗示禅所追求的意蕴和"道体",或是神秘的悟道经验。甚至有的禅师就直接把诗人的名句嵌到自己的诗偈里,如《人天眼目》所载法眼宗《三界唯心》颂:

三界唯心万法澄,盘环钗钏同一金。映阶碧草自春色,隔叶黄鹂空好音。(《人天眼目》卷四《法眼宗·三界唯心》)

后两句完全是生吞活剥杜甫《蜀相》诗的颔联。这种引文镶嵌类似黄庭坚总结的"点铁成金"的诗法,杜甫的原诗在"三界唯心"的语境里具有新的暗示意义,意即离开了心识,碧草、黄鹂这样的外境是没有意义的。换言之,诗人的名句在禅的语境中由于上下文关系的变化,已失去其原来缘情言志的特质,而成为禅的象征。

由于宋代禅人把"文字禅"的含义从佛教经籍、祖师语录扩展到一切语言文字作品中,因此,就连诗词绮语这样常使唐代诗僧自责的"文字",也堂而皇之地登上了宋代禅院的法堂。北宋后期,不少禅门长老上堂说法都爱用一些诗句,例如:

  上堂:"夜来云雨散长空,月在森罗万象中。万象灵光无内外,当明一句若为通。"(《五灯会元》卷一四《云门灵运禅师》)
  上堂:"钟鼓喧喧报未闻,一声惊起梦中人。圆常静应无余事,谁道观音别有门?"(同上《芙蓉道楷禅师》)
  上堂:"瘦竹长松滴翠香,流风疏月度炎凉。不知谁住原西寺,每日钟声送夕阳。"(同上卷一六《云峰志璿禅师》)
  上堂:"云自何山起?风从甚涧生?好个入头处,官路少人行。"(同上《慧林怀深禅师》)
  上堂:"风萧萧兮木叶飞,鸿雁不来音信稀。还乡一曲无人吹,令余拍手空迟疑。"(同上卷一七《黄龙祖心禅师》)
  上堂:"常居物外度清时,牛上横将竹笛吹。一曲自幽山自绿,此情不与白云知。"(同上《兜率从悦禅师》)

这些文字几乎不用禅语,简直就是优美的抒情诗。以上这些长老包括曹洞、云门、临济的禅师,由此可见,以诗证禅乃是席卷北宋后期丛林的普遍现象。南宋初,这种现象更变本加厉,宗杲的弟子万庵道颜禅师指出："古人上堂，先提大法纲要，审问大众，学者出来请益，遂形问答。今人杜撰四句落韵诗，唤作钓话；一人突出众前，高吟古诗一联，唤作骂阵。俗恶俗恶，可悲可痛！"（《禅林宝训》卷三）法堂犹如文苑，参禅有若赛诗，禅宗不立文字的宗旨，至此丧失殆尽。但这正是宋代"文字禅"独特的景观。

契嵩禅师在为唐诗僧皎然辩护时揭示了禅僧作诗的动机："禅伯修文岂徒尔，诱引人心通佛理。"（《镡津文集》卷二〇《三高僧诗·雪之昼能清秀》）用美文吸引读者，在潜移默化中接受佛理，这条理由是宋代很多禅僧舞文弄墨的依据。甚至用"诗之余"——小词谈禅，也能受到宗门同侪的喝彩，如天宁则禅师曾作《满庭芳·牧牛词》：

咄！这牛儿，身强力健，几人能解牵骑？为贪原上，绿草嫩离离。只管寻芳逐翠，奔驰后不顾倾危。争知道，山遥水远，回首到家迟。　牧童今有智，长绳牢把，短杖高提。入泥入水，终是不生疲。直待心调步稳，青松下孤笛横吹。当归去，人牛不见，正是月明时。

牧水牯牛拽鼻绳是禅门调养心性的一个著名隐喻。释晓莹评价说："世以禅语为词，意句圆美，无出此右。或讥其徒以不正之声混伤宗教，然有乐于讴吟，则因而见道，亦不失为善巧方便、随机设化之一端耳。"（《罗湖野录》卷上）天宁则禅师以词说禅并追求意句圆美，为博得士大夫的乐于讴吟，而不惜遭受"以不正之声混伤宗教"之讥。这个例子充分说明，宋代禅师的随机设化，其对象已从村野朴质、粗俗率真的农夫田妇转移到言谈优雅、文采风流的文人学士。

宋代禅僧以诗证禅的种种行为，来自对语言文字本身的价值的

承认。惠洪推崇的诗僧景淳曾说过一段相当精彩的话:

> 诗之言为意之壳,如人间果实,厥状未坏者,外壳而内肉也。如铅中金、石中玉、水中盐、色中胶,皆不可见,意在其中。使天下人不知诗者,视至灰劫,但见其言,不见其意,斯为妙也。①

这段比喻相当深刻,现代语言学认为,语言是一种符号,是思维的外壳,而思维与存在有一致性。景淳之说和这种观点何其相似乃尔!不过,他的认识却源于佛教思想,佛教也认为语言是符号,文字相是一种玄虚的假相,"应物现形,如水中月",但又因真空与假有是统一的,所以它与那个惟一真实存在的实相也有某种一致性。文字与实相的关系,也就是诗中"言"与"意"的关系。

值得注意的是,"文字禅"的倡导者和实践者如黄庭坚、惠洪、克勤等人并不像传统的言意观那样强调"言外之意",而是相信"句中有眼";不是过多地"言外求妙",而是主张"言中辨的",认为"无言之趣"本身就栖居在"言中"。换言之,尽管语言还不是存在本身,但已可以称为存在的家园,无论是禅宗的正法眼藏,还是诗人的性灵妙思,都包裹在文字语句之中,无法剥离出来,禅家喻之为"水中盐味,色里胶青"(《景德传灯录》卷三〇傅大士《心王铭》),诗家喻之为"空中之音,相中之色,水中之月,镜中之象"(严羽《沧浪诗话·诗辩》,《历代诗话》本,中华书局,1981年)。这种关于语言与存在关系的认识,大大激发了宋代禅僧和诗人研究"句法"的兴趣。

---

① 桂林僧景淳《诗评·诗有三体》,张伯伟《全唐五代诗格校考》第479页,陕西人民教育出版社,1996年。

禅宗内部出现了讨论言句的热潮，云门三句、临济三玄三要、巴陵三句、洞山五位等等成为禅师争论的焦点，不拘一格的机锋被总结成有迹可循的"丛林活句"。本来，禅宗为了破除人们对任何正常思维逻辑的执著，因而故意使用无意义的语言，使人们在言语道断处返回自心，顿悟真如。而到了宋代，所谓"但参活句，莫参死句"已成为一条不成文的使用语言的规则，不少禅籍都表现出对"死句"、"活句"分析阐释的强烈兴趣，如《碧岩录》《林间录》《禅林僧宝传》《僧宝正续传》《大慧普觉禅师语录》《五灯会元》等，都有这类话题。试把宋初的《景德传灯录》和宋末的《五灯会元》相比较，就能见出这种热衷言句的变化。如关于云门文偃的弟子德山缘密禅师的记载，《五灯会元》有如下一段文字：

> 上堂："但参活句，莫参死句。活句下荐得，永劫无滞。'一尘一佛国，一叶一释迦'，是死句；'扬眉瞬目，举指竖拂'，是死句；'山河大地，更无讹讹'，是死句。"时有僧问："如何是活句？"师曰："波斯仰面看。"曰："恁么则不谬去也？"师便打。（《五灯会元》卷一五《德山缘密禅师》）

而这段文字却不见于《景德传灯录》卷二二《朗州德山缘密禅师》条。事实上，在整部《景德传灯录》中都无"死句活句"的说法，惠洪声称，曾于建中靖国初（1101）获得洞山守初禅师语录一编，其大略曰："语中有语，名为死句；语中无语，名为活句。未透其源者，落在第八魔界中。"（《林间录》卷上）洞山守初也是文偃的弟子，但同样《景德传灯录》未载其语。由此可见，"死句活句"来自北宋后期禅僧对文献的发掘，而这种发掘正是体现了他们的兴趣之所在。惠洪在《禅林僧宝传》中对"死句"与"活句"作了更具体的界定：

> 巴陵真得云门之旨。夫语中有语，名为死句；语中无语，名为活句。使问"提婆宗"，答曰："外道是。"问"吹毛剑"，答曰："利刃是。"问"祖教同异"，答曰："不同则鉴。"作死语，堕言句中。今观所答三语（指巴陵所答三语：僧问巴陵提婆宗，答曰："银碗里盛雪。"问吹毛剑，答曰："珊瑚枝枝撑着月。"问佛教祖意是同别，答曰："鸡寒上树，鸭寒下水。"），谓之语，则无理；谓之非语，则皆赴来机，活句也。（《禅林僧宝传》卷一二《荐福古禅师传赞》）

根据惠洪分析，"死句"是指对问题的正面答语，可以从字面上来理解其含义的句子；"活句"指本身无意义、不合理路的句子，通常是反语或隐语，不对问话正面回答。宋代禅师普遍认为，"活句"才具有"言语道断，心行处灭"的启悟功能，因此，"但参活句，莫参死句"已成为宋代文字禅的主流。

与此同时，诗坛也出现了讨论言句的热潮。自从黄庭坚借用禅家"句中有眼"的说法来评论杜诗后[1]，不少宋诗人都接过这个口号，力图从语言的选择与安排的角度来揭示诗歌韵味的奥秘。其结果是宋诗话中充斥着各种关于句法、命意、造语、下字、用事、压韵、属对、锻炼等等语言艺术问题的讨论[2]，以至于形成了宋代诗学独特的语言批评模式。

从某种意义上说，禅宗的"句中有眼"为宋诗人打开了一条从

---

[1] 《山谷诗集注》卷一六《赠高子勉四首》其四："拾遗句中有眼，彭泽意在无弦。"
[2] 可参见南宋魏庆之辑诗话总集《诗人玉屑》所列各种类目，上海古籍出版社排印本，1978年。

文字形式中求韵味的新思路。由此思路出发，宋诗人又借禅宗参究公案的方式，找到了一条"悟入"诗歌艺术真谛的途径。"悟入"作为参禅和作诗的共同要求，产生于宋代独特的社会语境，牵涉到语言与宋人特殊存在方式的关系。宋代的文官政治和科举制度，使得士大夫的功名兴趣由边疆马上转向翰墨书斋，而这种翰墨生涯一旦成为一种生存方式，就已从科举功名中抽象出来。不管是穷是达，宋代士大夫的生活内容都主要被笔砚活动所充塞，用诗人吴则礼戏谑的话来说，叫做"失身文字因果中，黄发犹还毛颖债"（《北湖集》卷二《寄韩子苍》）。正如早期农禅运水搬柴的日常实践行为中具有神通妙用一样，宋代士大夫禅舞文弄墨的日常笔砚活动也可以转化为宗教实践。既然失身于文字因果之中，那么只有通过对文字的参究才能真正顿悟解脱。文字对于宋代居士和禅僧来说，已具有形而上的准宗教的意义，所以居士们或禅僧们在读前人诗文和读祖师公案时的感受过程也就有了相似之处。明白这一点，就可以知道为什么苏轼在读李之仪诗时会感到一种参禅的喜悦，为什么李之仪会说"说禅作诗，本无差别"、"得句如得仙，悟笔如悟禅"了（参见《姑溪居士前集》卷二九《与李去言》、《姑溪居士后集》卷一《兼江祥瑛上人能诗又能书，为赋一首》，《丛书集成初编》本）。正是诗人和禅僧对文字形式中抽象精神的共同追求，以及诗家语和宗门语在表达形式上的相似性，使得诗与禅融合的可能性最终转化为现实性。

宋代是诗禅相融的时代，也是以禅喻诗的时代。禅悦之风为宋代士大夫建立了一个禅文化语义场，诗人、批评家和读者生活在同一个语义场中，传统的诗学术语在此语义场中必须改头换面才能适应对话的需要。同时，宋诗创作中禅宗的思想资源、语言材料及表达方式的不断渗入，特别是宋人受参禅启示而对诗歌文本的重新认识，使得很多传统的诗学术语在解释新的文学现象时都未免显得方枘圆凿。因此，宋代诗学需要有一套与此语义场和文学现象相对应的话语，于是大量的禅宗话头被引进诗学，形成了"以禅喻诗"的鲜明特色。如"反常合道"、"句中有眼"、"点铁成金"、"夺胎"、"换骨"、"识取关捩"、"待境而生"、"中的"、"饱参"、"参活句"、"不犯正位，切忌死语"、"云门三种语"、"活法"、"死蛇弄得活"、"悟入"、"透脱"、"三昧"、"向上一路"、"熟参"、"不涉理路，不落言诠"、"羚羊挂角，无迹可求"等[①]，在宋诗话中随处可见，这些禅宗话头，对于宋代批评家和读者来说，都具有传统诗学术语所无法传达的言外之意。我认为，禅宗话头引入诗学，不光是基于一种比喻，而是具有深刻的文化内涵。宋代士大夫生活在一个禅文化网络之中，参禅是他们自身存在的一种方式，他们从自身的存在中编织出语言，又将自己置于语言的陷阱之中。宋代诗学语言无法回避这一文化网络，因而也无法逃脱禅宗语言的陷阱。事实上，宋人也曾以仙喻诗，但终未能形成气候，只有"以禅喻诗"才"莫此亲切"，这固然因为诗与禅的本体有某种共通之处，也因为禅悦之风使宗门话头成为颇具社会性、能广泛交流的语言。

　　与此相联系，禅宗语言直接影响到宋诗的语言风格，即所谓"以俗为雅"。具体说来，就是在诗中使用俗字俚语。从汉魏六朝到隋唐五代，除了杜甫等少数人之外，一般诗人是不让俗字俚语入诗的。唐人刘禹锡之所以在重阳日作诗时不敢用俚俗的"糕"字，就是因为儒家六经无此字（见韦绚《刘宾客嘉话录》，《四库全书》本）。也就是说，"刘郎不敢题糕字"，乃是以儒家六经语言为标准。而在宋代，诗人已将禅宗典籍纳入自己的视野。禅宗典籍作为一种文献形式，已成为参禅士大夫的新经典，而禅宗典籍占主导地位的

[①] 参见拙文《宋代诗学术语的禅学语源》，《俗语言研究》第5期，日本花园大学内禅文化研究所印行，1998年。

乃是俗语言。与公案多举日用事相对应，禅门多用方俗语，正如我在前面说过的那样，这是以一种农禅话语系统来取代佛经教门的印度话语系统。虽然这种农禅话语系统因士大夫的话语（诗歌）的入侵而稍丧本色，但士大夫话语进入农禅话语系统时也不得不变形为通俗的诗偈。因此，当宋诗人阅读禅家公案时，首先引起他们注意的便是与儒家文言话语完全不同的白话口语。显然，这些白话口语为宋人超越汉魏六朝、隋唐五代不敢用"餻"字的诗人提供了最好的装备，同时，禅宗典籍的新经典地位也为诗人自由地拣择街谈市说、俗语方言提供了理论上的借口。特别是禅语与俗语在语言性质上有诸多共通处，因而诗人在使用时可达到相同的目的，诚如江西诗派诗人韩驹所说："古人作诗多用方言，今人作诗复用禅语，盖是厌陈旧而欲新好也。"（《诗人玉屑》卷六引《室中语》）韩驹所谓的"今人"，当指熙宁以后的诗人。由此可见，北宋后期禅语入诗和俗语入诗是同步的，而且禅语在某种程度上取代方言成为宋诗人追新求奇的语言材料。

第六章 ● 默照禅与看话禅：走向前语言状态

无论是语录灯录的编纂、颂古评唱的制作，还是佛典经论的疏解、世俗诗文的吟诵，都偏离了早期禅宗"直指人心，见性成佛"的原则。特别是克勤的《碧岩录》联系公案来评唱颂古，更进一步将"直下便是"的"证悟"变为"朝诵暮习"的"解悟"，即由通过体验禅境而达到明心见性变为通过文字理解而达到把握禅理。如果说这种"文字禅"在北宋后期社会文化高度繁荣的背景下尚有其合理性的话，那么，到了靖康之变后宋室南渡的动荡社会状况下，其忽视宗教实践的局限性便暴露无遗。

对于身经动乱、心罹百忧的士大夫和禅僧来说，迫切需要解决的是个人的生死解脱问题，需要回答的是人生的意义问题。禅宗所讲的自心觉悟，从佛教一般的善恶果报的伦理思想转变为存在论意义上的对人生状态的根本说明，这一点比任何时候都更适合苦难时代人们的需要。于是，宏智正觉（1091—1157）倡导的恢复早期达摩如来禅禅定方式的"默照禅",以及大慧宗杲(1089—1163)倡导的恢复早期慧能祖师禅直指见性方式的"看话禅",便应运而生。尽管"默照禅"与"看话禅"在修行方式上有很大差异,而且双方一直在展开论争并相互指责,但二者在强调禅的宗教实践性方面,在恢复人的本原性存在状态方面,在抵制禅的文字形式化方面,则颇多共同之处。

从语言观念来看,"默照禅"提倡无思无念乃至无言,是一种沉默的禅,一种语言虚无主义的禅;"看话禅"则力图通过参究"话头",穿破语言的铁壁,进入一种前思维、前语言的状态,是一种语言解构主义的禅。前者是要消解文字,后者是要超越文字,都是对"文字禅"的否定。值得注意的是,这种否定文字的思潮,恰巧与南宋初期战乱频仍、文教相对凋零的社会状况同步,在一定程度上反映了禅宗内部新的非文化非理性倾向。当然,当"默照禅"尤其是"看话禅"在宋元以后广泛流传时,它们已超越了孕育自己的时代,而成为中国禅宗非理性主义的旗帜。

一、"默照":无言的妙用

自达摩、弘忍以来,摄心静坐作为禅僧最基本的修行方式在禅门中一直存在。尽管慧能的南宗禅反对以坐禅为务,但只是从理论上反对将坐禅视为解脱的唯一手段,并未从实践上加以制止。在百丈怀海的《禅门规式》中,有"卧必斜枕床唇右胁吉祥睡者,以其坐禅既久,略偃息而已,具四威仪也"的字样(见《景德传灯录》卷六《洪州百丈山怀海禅师》),由此可见,在最激进的洪州禅系那里,坐禅的形式也一直未废弃。至于青原下的惟俨禅系,更有石霜庆诸的"枯木禅",入深山无人之境,结茅宴坐,其弟子有长坐不卧、屹若株杌者(见同上卷一五《潭州石霜山庆诸禅师》、《宋高僧传》卷一二《唐长沙石霜山庆诸传》)。不过,自慧能南宗祖师禅标举顿悟成佛以来,坐禅的修行方式便不再处于禅宗的主流地位,从而被各种禅籍所忽视,灯录语录只记公案话头,完全不提焚香默坐的禅经验。尤其到了宋代,禅宗在世俗化的道路上越走越远,所以,当天童正觉重新倡导摄心静坐的"默照禅"时,甚至给人一种离经叛道的异端邪说的感觉。

曹洞宗经过北宋中叶的衰微后,徽宗朝出了一位大德芙蓉道楷禅师,道楷行解超绝,"及楷出,为云门、临济而不至者,皆翻然舍而从之,故今为洞山者几十之三"(叶梦得《避暑录话》卷上)。自道楷之后,曹洞宗有复兴之势。道楷传丹霞子淳,子淳传天童正觉,曹洞宗声势更甚,几乎取代云门而与临济抗衡。天童正觉曾住持多处名刹,"道法寖盛于江淮,大被于吴越,经行所暨,都邑为倾,一时名胜之流争趋之,如不及也"(《宏智禅师广录》卷五附冯温舒《天童觉和尚小参语录序》,《大正藏》第四十八卷)。如同宋代不少禅僧一样,正觉也极有文学修养,他不仅作过为万松行秀评唱的著名的《颂古百则》,而且上堂说法也是出口成章,诗句优美,如:

上堂云:"渐渐西风敛气浮,远天野水一般秋。衲僧歇到兹时节,坐照寒光湛不流。诸禅德,祖师道:心随万境转,转处实能幽。且作么生是转处?还会么?解报山家六户晓,须知云树一声鸡。"(同上卷一)

完全是标准的"杜撰四句落韵诗"的"钓话"。从《宏智禅师广录》收录的文字来看,正觉在撰写拈古颂古、诗偈铭赞等诸种"文字"

方面的才能丝毫不亚于当时著名的诗僧。正是这一点，使他在"文字禅"风行的北宋后期就已声名大振。

然而，正觉真正有影响的禅法是他在南宋初开始倡导的"默照禅"。据记载，他于建炎末（1130）"应缘补处太白之麓，海隅斗绝，结屋安禅，会学去来，常有千数。师方导众以寂，兀如枯株，而屦满户外"（同上卷五冯温舒《天童觉和尚小参语录序》）。正觉的影响与禅僧和居士参禅心态的变化有一定的关系，正如退晦居士范宗尹对正觉所说："学佛者期于了生死，诚可谓一大事矣。士大夫间，乃有酣饫声色、驰骋势利，而口舌澜翻，说佛说祖，自以为有得，甚者至以为谭笑之资，此何理也？余之有意于此事，而不敢自欺。他时真实处，办得少许，方敢拈出，求师别识也。"（同上卷首附范宗尹《天童觉和尚语录序》）北宋居士虽具有"期于了生死"而学佛的愿望，但其中也有相当多的人是从文化整合需要的角度来看待佛禅的，把佛禅当做一种思想资源或语言资源，甚至就是社交场合的"谭笑之资"。而在经历了国破家残的社会巨变之后，南宋居士更需要一种安顿人生、解脱痛苦、调节心灵的禅法，来应付时代的苦难和幻灭。

显然，从纯宗教的角度来看，社交场合的说佛说祖对于个人的生死解脱是毫无帮助的，禅是一种纯粹的个体宗教体验，觉悟只能在个人的心念间而非语言的交流中实现。因此，真正需要得到生死解脱的士大夫，更容易接受一种宗教实践极强的禅法，如苏轼谪居黄州，就隔日前往安国寺，"焚香默坐，深自省察，则物我相忘，身心皆空，求罪垢所从生而不可得。一念清净，染污自落，表里翛然，无所附丽"（《苏轼文集》卷一二《黄州安国寺记》）。而"默照禅"正适应士大夫的这种向往"身心皆空"的境界的需要。宗杲一针见血地指出："往往士大夫为聪明利根所使者，多是厌恶闹处，乍被邪师辈指令静坐，却见省力，便以为是。"（《大慧普觉禅师语录》

卷二六《答陈少卿》）正觉正是抓住士大夫沉浮世事、厌恶官场的心理，推广他的"默照禅"。

所谓"默照禅"，其实就是一种摄心静坐的禅法，要求潜神内观，息虑静缘，彻见诸法本源，以至于悟道。用正觉的话来说，就是"默默忘言，昭昭现前。鉴时廓尔，体处灵然"（《宏智禅师广录》卷八《默照铭》）。正觉强调寂然静坐，在"不触事"、"不对缘"的与外境隔绝的情况下，进入一种无思虑的直觉状态，从而洞见所谓"廓然莹彻"的本心。正觉常把人的本心比作田地，他说："衲僧家，枯寒心念，休歇余缘，一味揩磨此一片田地，直是诛锄尽草莽，四至界畔，了无一毫许污染。灵而明，廓而莹，照彻体前，直得光滑净洁，着不得一尘。"（同上卷六）但在现实世界形形色色、纷纷扰扰的状况下，要使心灵完全进入不着一尘的境界，这显然十分艰难。为了达到这一目的，正觉设计出"揩磨"心灵之田地的方法，一是歇诸外缘，即不为外在因缘流转，因为"色见声求，取道未正"（同上卷八《净乐室铭》）；二是歇诸内缘，即休歇向外攀缘之思，因为"圆该家慧，不涉思惟"（同上）。也就是说，既要消除一切对外境的感性知觉，又要消除一切关于外境的理性思维，在无闻无见、无知无觉、无思无虑的默然静坐中完成心田的"揩磨"："妙存默处，功忘照中……默惟至言，照惟普应。应不堕功，言不涉听。"（同上《默照铭》）"不触事而知，不对缘而照。不触事而知，其知自微；不对缘而照，其照自妙。"（同上《坐禅箴》）只管闭目合眼，忘情灭思，心田自然会清白圆明，廓然莹彻。

从某种角度说，"默照禅"带有向早期传统禅学复归的色彩。它那静坐默究的禅法类似于达摩的"面壁而坐，终日默默"的"壁观禅"。北宗神秀也令大众住心观静，长坐不卧。初唐时禅师都说："欲得会道，必须坐禅习定。"到南宗的慧能才说："道由心悟，岂在坐也。"(参见《景德传灯录》卷五《第三十三祖慧能大师》)玄觉才提出:"行亦禅,坐亦禅,语默动静体安然。"(同上卷三〇《永嘉真觉大师证道歌》)从表面上看,"默照禅"似乎背离了南宗的精神,其重视坐禅和"揩磨"心田的方法,都与"时时勤拂拭"的北宗相似。但实际上正觉的"揩磨"只是休歇诸缘,并非拂拭心灵的尘埃。换言之,"默照"的过程是一种基于虚无意识的心灵超越,而非基于原罪意识的宗教救赎。正觉指出:

菩提无树镜非台,虚净光明不受埃。照处易分雪里粉,转时难辨墨中煤。(《宏智禅师广录》卷四)

也就是说,心田本来就虚净光明,无尘埃可着,再去拂拭,全是自寻烦恼。所以,"默照禅"既有别于动静语默皆是禅的南宗精神,也不同于制心、息乱、入定、安心的北宗禅法,在很大程度上是吸取老庄和华严思想的结果。

正觉援老庄入禅,主要表现在借用老庄对虚无道体的觉认来说明对空寂禅心的体验。如:

荐道士请。上堂云:"恍恍惚惚,其中有物,杳杳冥冥,其中有精。其中之精则无像,其中之物则无名。应繁兴而常寂,照空劫而独灵。悟之者刹刹见佛,证之者尘尘出经。门户开辟也,分而为三教;身心狭小也,局而为二乘。真境无涯兮妙观玄览,大方无外兮独立周行。诸人还会么?"良久云:"虚若谷神元不死,道先象帝自长生。"(同上卷一)

这一段对"空劫"前寂默禅心状态的描写,如"恍恍惚惚"等等,完全使用的是《老子》中的语言。又如"玄览"指"心居玄冥之处，览知万事"，"谷神"指"谷中央无谷也，无形无影"、"谷以之成，而不见其形"，也是《老子》中的术语，正觉借用来形容"默照"的方法和禅心的特性。这种以老庄说禅的例子，在正觉的言论中随处可见，如："二仪同根，万物一源。机活静枢之白，像成玄牝之门。""坐忘是非，默见离微。""自怜方外专默，谁与环中至游。""形仪淡如，胸腹空虚。懒不学佛，钝不知书。静应诸缘而无外，默容万象而有余。齐物而梦蝶，乐性而观鱼，渠正是我兮，我不是渠。""梦蝶境中闲有趣，露蝉胸次净无尘。""槁木之形，谷神之灵。"（同上卷九《禅人并化主写真求赞》）"我乐无穷，净常无终。湛存象外，智照环中。环中自虚，非有非无。密运灵机，妙转玄枢。"（同上卷八《净乐室铭》）其中如"玄牝之门"出自《老子》，"坐忘"出自《庄子·大宗师》，"齐物"、"梦蝶"、"槁木"、"环中"出自《庄子·齐物论》，"观鱼"出自《庄子·秋水》，"至游"出自《列子·仲尼》。正觉用这些术语或寓言来说明"默照禅"的特性集中表现在"静应诸缘"和"默容万象"上面。不论世界天翻地覆，不管时事是非曲直，皆以"静"来应付，以"默"来包容，泯灭物我界限，忘记主客立场，在澄明净洁、空虚寂默的境界中，感受到心灵的逍遥与解脱。

正觉继承了曹洞宗理事圆融的禅法，因此常援用华严学说说禅，这在他的颂古中已有充分的体现，如：

举《华严经》云："我今普见一切众生，具有如来智慧德相，但以妄想执著而不证得。"颂曰：

天盖地载，成团作块。周法界而无边，折邻虚而无内。及尽玄微，谁分向背？佛祖来偿口业债。问取南泉王老师，人人

只吃一茎菜。(同上卷二《泗州普照觉和尚颂古》)

这则颂古通过对南泉择蕨菜的公案的赞颂,表达了《华严经》中"小包大,一入一切"的无碍思想。在《禅人并化主写真求赞》中,正觉一再声称:"二仪同根,万物一体,莫向诸缘分彼此。""要将平等一如相,着在森罗万像头。"而他提倡的"默照"也以理事圆融、体用不二为其基本特征:"照中失默,便见侵凌。……默中失照,浑成剩法。默照理圆,莲开梦觉。"(同上卷八《默照铭》)他所谓的"悟之者刹刹见佛,证之者尘尘出经",也显然带有华严"一尘含万象"的观念。

以老庄和华严说禅是"默照禅"能受到士大夫欢迎的重要因素。士大夫参禅学佛,着重点在取其逃避现实的心灵超越,而非艰苦修行的宗教救赎。士大夫对于坐禅,也主要取其类似庄子的心斋坐忘的一面,而非戒定或止观的禅仪。唐代居士白居易就认为:"行禅与坐忘,同归无异路。"(《白氏长庆集》卷七《睡起宴坐》,《四部丛刊》本)宋代居士苏轼也谈及静室默坐:"我所居室,汝知之乎?沉寂湛然,无有喧争。嗒然其中,死灰槁木。"(《苏轼文集》卷一二《观妙堂记》)因此,正觉把"默照禅"和老庄思想联系起来,使士大夫从感情上和理念上都更容易接受。换言之,他采用了一种士大夫非常习惯的话语来介绍自己的禅法,因而取得了很好的效果。同样,正如我在前面指出的那样,宋代士大夫特别爱研读《华严经》,因此,正觉把默照与华严境界联系起来,也使士大夫对其禅法有更充分的理解和喜爱。总之,正觉关于"默照禅"的种种论述,从某种意义上来说,是给予古老的达摩禅以一种本土化和当代性的诠释,这种诠释在思想观念上和话语形式上都颇能投合士大夫的胃口。

就正觉的语言观来说,可以说是一种彻底的语言虚无主义。他不仅反对书面文字和口头语言,甚至反对一切代替语言文字的手段,如棒喝之类,认为"作道理,咬言句,胡棒乱喝,尽是业识流转。"(《宏智禅师广录》卷五)他把"默照"比作道家的"至游",而这种"至游"的状态是"去来迹绝,言诠句灭"(同上卷八《至游庵铭》),既无行动往来的迹象,也消除了任何语言文字。正觉所谓的"默默忘言",并非如庄子的"得意忘言",承认语言的工具性质,而是彻底的抛弃语言,以为"默唯至言",即沉默是唯一的语言。也就是说,在正觉的禅观里,"至游"即不游,"至言"即不言,静与默是至高无上的精神状态。他在为居室"净乐室"作铭文时写道:"取实之铭,无得而言。善哉摩诘,入不二门。"(同上《净乐室铭》)正是使用了《维摩经》中著名的一段话:"于是文殊师利问维摩诘:'我等各自说已,仁者当说,何等是菩萨入不二法门?'时维摩诘默然无言。文殊师利叹曰:'善哉善哉!乃至无有文字语言,是真入不二法门。'"

正觉的语言观受制于他的哲学本体论。正觉教人,"专明空劫前事"(周蔡《正觉宏智禅师塔铭》),以"空劫前事"为默照观想的对象。"劫"为梵文音译,表示时间极长的单位。佛教宇宙论将世界从无到有、又从有到无的每一次循环过程称为一"大劫";每一大劫又分作成、住、坏、空等"四劫"。"成劫"是世界的形成期,"住劫"是稳定期,"坏劫"是毁坏期,"空劫"是虚空期。"空劫"虽一无所有,"唯有虚空",但仍是时间中的存在。正觉专明"空劫前事",则是要参究没有时间空间的世界原始状态,即一种前宇宙状态,一种绝对的虚无。据他自己的悟道经验,只有在参透无时空的绝对虚无之后,才能真正得到生死解脱。他指出:"你但只管放教心地一切皆空,一切皆尽,个是本来时节。"(《宏智禅师广录》卷五)所谓"本来时节",就是指心处于"空劫前"的绝对空无的状态。显然,要使心"应繁兴而常寂,照空劫而独灵",必须停止一切思维活动,不仅需要"忘言",甚至不能"得意"。正觉形容默照后心灵达到的境界是:"一切因缘语言,到此着尘点不得。""超因缘,离能所,不可以有无言象拟议也。"(同上)这个境界不仅是"父母未生时",而且是宇宙未生时,显然是一个前思维、前语言的世界。

本来,正觉的禅是一种"无言禅",是静默观照或观照静默。然而,虽然他的心可以自由进入"空劫前"状态,而他作为一个人却始终无法进入前社会状态,因此也无法摆脱人类社会的交际工具语言,何况他一心想把自己的坐禅经验传授给他人,更无法保持真正的缄默。正如冯温舒所说:"师方导众以寂,兀如枯株,而屦满户外,不容终默。故当正座举扬,或随叩而酬以法要,或因理而毕其绪言。"(同上冯温舒《天童觉和尚小参语录序》)也就是说,他必须用语言来阐明无言的"默照"的妙处,尽管是迫不得已。事实上,正觉不仅无法回避语言,甚至也无法回避文字,从他留下来的那些文笔优美的颂古以及铭赞偈颂中,我们可以看到"文字禅"打下的深深烙印。

二、"看话":语言的解构

大慧宗杲无疑是整个南宋甚至整个后期禅宗最有影响的大师之一。和正觉有相似之处,宗杲也是在"公案禅"和"文字禅"的阴影下成长起来的一代宗师。他曾跟从临济宗黄龙派湛堂文准禅师(1061—1115)参学,辈分上为惠洪的师侄,后来又成为杨岐派圆悟克勤禅师的入室弟子,为临济宗的正统传人。对于"公案禅"和"文字禅",宗杲都深有了解,且有仿效之作,他曾辑湛堂文准语录、大宁宽和尚语录等请惠洪作序（见《大慧普觉禅师年谱》"政和五年乙未"、"七年丁酉"，参见《石门文字禅》卷二五《题准禅师语录》、卷二三《洪州大宁宽和尚语录序》）；又与东林士珪禅师各作《颂古》一百一十篇（见同上"绍兴三年癸丑"）；曾选择历代禅师百余人的机缘语，附加短评，以为《正法眼藏》（见同上"绍兴十六年丙寅"）；又记载宋代禅林故事和机缘语句一百二十一则，以为《宗门武库》（同上"绍兴二十三年癸酉"）。这些行为都可看出他所受当时丛林主流话语的影响。正如魏道儒先生所说："宗杲善作拈古、颂古、小参、普说，即善于'说禅'。在南宋初年，这是成名宗师的起码条件。"①

在参学诸方的过程中，宗杲吸收了不少禅宗流派的精髓，但也对当时的各种禅病深有认识。特别是经历了靖康之变后流离辗转的动荡生活，他更对那些违背自悟精神、逃避时代苦难的禅法深恶痛绝。在《大慧语录》中，到处都可见到他对各种"邪禅"言词激烈的大肆抨击：

> 今时学道人，不问僧俗，皆有二种大病。一种多学言句，于言句中作奇特想。一种不能见月亡指，于言句悟入，而闻说佛法禅道不在言句上，便尽拨弃。一向闭眉合眼，做死模样，谓之静坐观心默照。更以此邪见，诱引无识庸流曰："静得一日，便是一日工夫。"苦哉！殊不知尽是鬼家活计。去得此二种大病，始有参学分。（《大慧普觉禅师语录》卷二〇《示真如道人》）

邪见之上者，和会见闻觉知为自己，以现量境界为心地法

---

① 《中国禅宗通史》第432页，江苏古籍出版社，1993年。

门。下者弄业识,认门头户口,簸两片皮,谈玄说妙。甚者至于发狂,不勒字数,胡言汉语,指东画西。下下者以默照无言,空空寂寂,在鬼窟里着到,求究竟安乐。其余种种邪解,不在言而可知也。(同上卷二九《答李郎中》)

  近年以来,禅有多途。或以一问一答、末后多一句为禅者;或以古人入道因缘,聚头商榷云:这里是虚,那里是实,这语玄,那语妙,或代或别为禅者;或以眼见耳闻和会,在三界唯心、万法唯识上为禅者;或以无言无说,坐在黑山下鬼窟里,闭眉合眼,谓之威音王那畔父母未生时消息,亦谓之默而常照为禅者。如此等辈,不求妙悟,以悟为落在第二头,以悟为诳諕人,以悟为建立。自既不曾悟,亦不信有悟底。(同上卷三〇《答张舍人状元》)

  总括宗杲所批判的"邪禅",大概有三种:一种是"公案禅",即以克勤为代表的用玄言解释公案的代别拈颂等等;一种是"文字教禅",即以惠洪为代表的对佛教经藏教义的"见闻觉知";一种是"默照禅",即正觉提倡的静坐、观心、默照的禅法。前两种邪禅,把学者的注意力吸引到语言机辩和文字识见方面,而忽视了参禅最紧要的目的,即"如何敌得生死",从而使形式遮蔽了内容。后一种邪禅,虽以"期于了生死"为目的,但只是一再号召学者静坐寂默,兀如枯株,不仅断绝了对苦难时代的关心,也违背了禅宗在日用世事中行禅的精神,从而使手段代替了目的。

  宗杲最惊世骇俗的举动是烧毁其师克勤《碧岩录》的刻板。据说,宗杲因为初学者入室参禅出语不凡,感到可疑,于是细细地考问一番。初学者终于招供:"我《碧岩集》中记来,实非有悟。"宗杲惟恐后来的学者"不明根本,专尚语言,以图口捷",便一把火将

《碧岩录》刻板烧毁，以救禅病（见《碧岩录》卷末附元径山住持希陵《碧岩集后序》）。

值得注意的是，宗杲既反对专尚语言的"文字禅"，更痛恨拨去言句的"默照禅"。他把"默照禅"视为各种邪见中的"下下者"，在与僧徒、居士、友人的书信中，大肆挞伐，不遗余力，称之为"邪师"、"死模样"、"鬼家活计"、"鬼窟里"、"剃头外道"、"默照邪禅"、"杜撰长老"。在宗杲看来，"道与物至极处，不在言语上，不在默然处，言也载不得，默也载不得"（同上卷一七《普说》）。因此，专尚语言固然不能悟入，拨去言句也未必就能得道。言句本身并不应该消灭，关键是参学者不能执著于言句，以指为月，而应该见月亡指，从言句上悟入。

在批判文字禅和默照禅的过程中，宗杲创立了自己的新禅学"看话禅"。绍兴五年（1135），蔡子应郎中致书宗杲，讨论关于"看'狗子无佛性'一语"的效果问题（见《大慧普觉禅师年谱》），这是有关看话禅的最早记录。所谓"看话禅"，是要人就公案中的一句话头死死参究，因此大发疑情，力求透脱。对此，宗杲曾多次有过详细说明：

> 常以生不知来处，死不知去处，二事贴在鼻孔尖上，茶里饭里，静处闹处，念念孜孜，常似欠却人万百贯钱债，无所从出，心胸烦闷，回避无门，求生不得，求死不得。当恁么时，善恶路头，相次绝也。觉得如此时正好着力，只就这里看个话头。僧问赵州："狗子还有佛性也无？"州云："无。"看时不用抟量，不用注解，不用要得分晓，不用向开口处承当，不用向举起处作道理，不用堕在空寂处，不用将心等悟，不用向宗师说处领略，不用掉在无事甲里。但行住坐卧，时时提撕。狗子还

有佛性也无？无！提撕得熟，口议心思不及，方寸里七上八下，如咬生铁橛，没滋味时，切莫退志，得如此时，却是个好底消息。(《大慧普觉禅师语录》卷二一《示吕机宜》)

但将妄想颠倒底心，思量分别底心，好生恶死底心，知见解会底心，欣静厌闹底心，一时按下，只就按下处看个话头。僧问赵州："狗子还有佛性也无？"州云："无。"此一字子，乃是摧许多恶知恶觉底器仗也。不得作有无会，不得作道理会，不得向意根下思量卜度，不得向扬眉瞬目处垛根，不得向语路上作活计，不得飏在无事甲里，不得向举起处承当，不得向文字中引证。但向十二时中、四威仪内，时时提撕，时时举觉。"狗子还有佛性也无？"云："无。"不离日用。试如此作工夫看，月十日便自见得。(同上卷二五《答富枢密》)

肯回头转脑向自己脚跟下推穷，我这取富贵底，从何处来？即今受富贵底，异日却向何处去？既不知来处，又不知去处，便觉心头迷闷。正迷闷时，亦非他物，只就这里看个话头。僧问云门："如何是佛？"门云："干屎橛。"但举此话，忽然伎俩尽时，便悟也。切忌寻文字引证，胡乱抟量注解。纵然注解得分明，说得有下落，尽是鬼家活计。疑情不破，生死交加；疑情若破，则生死心绝矣。生死心绝，则佛见法见亡矣。佛见法见尚亡，况复更起众生烦恼见邪？……千疑万疑，只是一疑，话头上疑破，则千疑万疑一时破。(同上卷二八《答吕郎中》)

总括宗杲的说法，"看话禅"大概有这样一些特点：其一，参禅者必须具有"期于了生死"、推究人生本源性问题的决心；其二，参禅的对象是"话头"，即古德公案中的一句问答之话；其三，参禅者必须在行住坐卧的日常生活中时时提撕话头，不得放下；其四，参禅者在参话头时必须不断提起疑情，即咬住话头不断追寻人生的本源性问题；其五，参禅时必须抛弃一切伎俩，所谓九个"不用"，八个"不得"，既反对"作道理会"、"向文字中引证"的公案禅、文字禅，又反对"扬眉瞬目"的作势禅以及"堕在空寂处"、"掉在无事甲里"的默照禅，心思集中在所参话头上；其六，看话的目的是为了"破疑"、"悟入"，断绝生死心，达到彻底的解脱。

现在需要讨论的是，看话禅到底是通过什么途径达到觉悟？为什么能达到觉悟？话头在参禅过程中起了什么样的作用？

从禅学渊源上看，看话禅是由公案禅演变而来。话头与公案既有联系，又有区别，话头只是公案中的一部分，即答语部分，并非公案全部。据《大慧语录》统计，宗杲提出参究的话头只有六七个，即"庭前柏树子"、"麻三斤"、"干屎橛"、"狗子无佛性"、"一口吸尽西江水"、"东山水上行"、"露"字等[1]。其中使用频率最高的是"狗子无佛性"这句赵州话头。宗杲参究的话头有个共同的特点，即都是些答非所问的"活句"。在这一点上，他接受了当时丛林普遍流行的观点："夫参学者，须参活句，莫参死句。活句下荐得，永劫不忘；死句下荐得，自救不了。"（同上卷一四《普说》）然而，在对"活句"的理解上，他与所有的禅师都有所不同。在他

---

[1] "庭前柏树子"出自赵州从谂。僧问赵州："如何是祖师西来意？"州云："庭前柏树子。"

"麻三斤"出自洞山守初。僧问洞山："如何是佛？"山云："麻三斤。"

"干屎橛"出自云门文偃。僧问云门："如何是佛？"门云："干屎橛。"

"狗子无佛性"出自赵州从谂。僧问："狗子还有佛性也无？"州云："无。"

"一口吸尽西江水"出自马祖道一。庞蕴居士问马祖："不与万法为侣者是什么人？"祖云："待汝一口吸尽西江水，即向汝道。"

"东山水上行"出自云门文偃。僧问："如何是诸佛出身处？"门云："东山水上行。"

"露"出自云门文偃。僧问："杀父杀母，向佛前忏悔。杀佛杀祖，向甚么处忏悔？"门云："露。"

看来,"活句"的特点并不在于玄妙,而在于直接;"活句"并不是指无意义、不合理路的句子,而是指蕴藏着活生生的禅经验的"话头"。他特别指出:

> 所以此事决定不在言语上,若在言语上,一大藏教、诸子百家遍天遍地,岂是无言,更要达磨西来直指作么?毕竟甚么处是直指处?尔拟心早曲了也。如僧问赵州:"如何是祖师西来意?"州云:"庭前柏树子。"这个忒杀直!又僧问洞山:"如何是佛?"山云:"麻三斤。"又僧问云门:"如何是佛?"门云:"干屎橛。"这个忒杀直!尔拟将心凑泊,他转曲也。法本无曲,只为学者将曲心学,纵学得玄中又玄、妙中又妙,终不能敌他生死,只成学语之流。本是个无事人,却反被这些恶毒在心识中,作障作碍,不得自在。所以教中道:法不可见闻觉知。若行见闻觉知,是则见闻觉知,非求法也。(同上卷一三《普说》)

可以说,在宋代众多对公案的解释中,只有宗杲真正抓住了唐代禅宗"直下便是"的精神。这就是我在第二章第二节谈到的那种"存在即此在"的农禅精神。从"这个忒杀直"的赞叹里,我们可体会到宗杲对唐代禅宗直指人心、见性成佛的传统的强烈向往。显然,在宗杲的概念里,"活句"不等于"无义语",而是无须拟议的直观随意的语句,它的特点是所谓的"活杀自在"。换言之,这些活句并不是由于其非逻辑性,而是由于其直观随意而具有不可解释性。这种直观随意的语句是平常无事的"直心"的体现,任何求之过深的"这语玄、那语妙"的解释,都是变"直心"为"曲心",违背了禅宗直指人心的祖训。因此,宗杲反对任何对话头的注解评说,所谓"不得作有无会,不得作道理会,不得向意根下思量卜度",就是针对那些谈玄说妙、专逞机锋的说禅者以及或代或别、颂古评唱的解禅者而发。比如对于"庭前柏树子"这一话头，他就不满那些故弄玄虚的"下语"，他指出：

> 或问："如何是祖师西来意？""庭前柏树子。"即下语云："一枝南，一枝北。"或云："能为万象主，不逐四时凋。"已上尽在瞪目努眼提撕处，然后下合头语，以为奇特。（同上卷一四《普说》）

在宗杲看来，尽管这些下语满含机锋，貌似深奥，但已是扣合"柏树子"在作注解，以为"柏树子"真具有象征"祖师西来意"的作用：或是以"一枝南、一枝北"象征禅宗南北宗，或是以"能为万象主，不逐四时凋"象征自性具足。因此，这些表面玄妙的"下语"，其实是些"作道理会"的"合头语"，是些"向意根下思量卜度"的"死语"。这显然与赵州答话"忒杀直"的精神相去甚远。

当然，宗杲教人看的话头，的确也有其非逻辑、非理性的一面，特别是自相矛盾、二律背反的一面。如禅宗承认"一切众生皆有佛性"，而赵州却云"狗子无佛性"；佛本来是庄严神圣的，而洞山却答之以琐屑的"麻三斤"，云门却答之以污秽的"干屎橛"。前者是宗教化的认识，即佛教所谓"真谛"；后者是世俗化的认识，即佛教所谓"俗谛"。宗杲提出的"竹篦子话"，更强调这种真俗二谛的二律背反：

> 妙喜（宗杲）室中常问禅和子：唤作竹篦则触，不唤作竹篦则背；不得下语，不得无话，不得思量，不得卜度，不得拂袖便行，一切总不得。你便夺却竹篦，我且许你夺却，我唤作

拳头则触，不唤作拳头则背，你却如何夺？更饶你道个"请和尚放下着"，我且放下着。我唤作露柱则触，不唤作露柱则背，你又如何夺？我唤作山河大地则触，不唤作山河大地则背，你又如何夺？（同上卷一六《普说》）

宗杲以手持的竹篦为例，说明真俗二谛的不可调和性：如果唤它作竹篦，就是世俗的认识，即粘着于现实经验的认识，与禅宗万法皆空的观念相对立；如果不唤作竹篦，倒是佛教的认识，但又与现实生活经验相违背。这种二律背反的困惑始终存在于人的认识中，不管是夺却竹篦，还是放下拳头，"触背"的矛盾始终无法回避。在这一点上，宗杲更多地接受了临济宗黄龙派的禅法。晦堂祖心禅师设"触背关"，见学者必举手示之曰："唤作拳是触，不唤拳是背。"（《冷斋夜话》卷七《触背关》）宗杲的"竹篦子话"显然有得于此。事实上，不仅是竹篦、拳头这样的话头，而且一切公案中如"露柱"、"山河大地"之类的话头，都存在着"触背"的矛盾，也就是逻辑上的困惑，或曰"疑情"。而这种"疑情"，也与人生的种种诸如"从何处来、向何处去"之类的烦恼困惑相通。这就是所谓的"千疑万疑，只是一疑"。

看话的目的，就是要最终跳出这种困惑，破除这些疑情，"话头上疑破，则千疑万疑一时破"。那么，使用什么方法来破疑情呢？宗杲设计了一种独特的禅观，即把"话头"理路逻辑上的矛盾推向极限，达到逻辑思维无法把握的状态，觉得"没巴鼻"、"没滋味"、"没捞摸"、"没欛柄捉把"，无意义可寻，从而进入一种非理性的心理体验的精神状态，即消除一切思维的空白状态，"理路义路心意识都不行，如土木瓦石相似"（《大慧普觉禅师语录》卷二九《答王教授》）。在此"心无所之"的情况下，"忽然如睡梦觉，如莲花开，如披云见日，到恁么时自然成一片矣"（同上卷二八《答宗直阁》）。世界万物的差别全都消失，儒释相同，僧俗不辨，凡圣无别，你我不分，天地冥契，水波归一，"酥酪醍醐搅成一味，瓶盘钗钏熔成一金"（同上《答汪状元》）。宗杲对悟后境界的描写，使我们很容易联想到正觉所谓"默照理圆，莲开梦觉"或是"虚空体合，万象理圆"的默照境界（见《宏智禅师广录》卷八《默照铭》《至游庵铭》），即一种华严境界。这样，宗杲的"看话禅"与正觉的"默照禅"可谓殊途同归，最终也是回到精神的原始状态，即前思维、前语言状态。

由此可见，宗杲所参究的"话头"并没有任何意义指向，无论是从逻辑思维的分析出发，还是从象征隐喻的理解入手，都无法把握"话头"的真谛。"话头"作为参禅的对象，既非如"默照禅"那样完全废弃语言，也非如"文字禅"那样"于言句中作奇特想"，它既存在于语言之中，又超越于语言之外。所谓存在于语言之中，是指它附着于语言的直接的感性形式，如问答形式；所谓超越于语言之外，是指它超越语言的指义功能，不属于语言的意指（事实的世界）或意谓（思想）。也就是说，参禅的人必须认识到这一点："话头"虽然是一种语言形式，但不具备任何语言的表意功能。所以，宗杲一再强调，"此事决定不在言语上"（《大慧普觉禅师语录》卷一三《普说》），"此事决定离言说相，离心缘相，离文字相"（同上卷二八《答吕舍人》）。

总而言之，"看话"的过程就是一个解构的过程，不仅有所谓八个"不用"、九个"不得"，解构语言，解构思维，解构所有的参禅手段，而且有所谓"第一不得存心等悟，若存心等悟，则被所等之心障却道眼"的说法（同上卷三〇《答汤丞相》），甚至解构参禅的目的性。而无意义的"话头"对于参禅者的意义就在于，时时刻刻提醒参禅者消除任何"理路意路心意识",在"心无所之"的参禅过程中解构一切社会赋予人的意义和目的,恢复人的本真存在状态。这就是宗杲向往的"直指",真正的解脱。达到这一境界,便可于"日用四威仪中,随缘放旷,任性逍遥"(同上卷二七《答张提刑》),做一个真正自由自在的人。宗杲把人的本真存在状态称为"现量","现量是父母未生前威音那畔事","是自己无始时来本自具足"(同上卷二二《示曾机宜》),而这一状态与他指责默照禅所说的"坐在黑山下鬼窟里,闭眉合眼,谓之威音王那畔父母未生时消息"颇有相通之处。区别仅仅在于,看话禅的这种状态产生于"日用四威仪中",而非"黑山下鬼窟里";贯穿于日常的行住坐卧之中,而非只存在于静室的焚香默坐。

显然,宗杲为那些过分聪明的士大夫找到了一条较易接受的生死解脱之路。文字禅给士大夫提供丰富的佛教思想资源和语言资源,但未能真正帮助他们摆脱人生的烦恼;默照禅虽具有安顿心灵、解脱生死的作用,但其目的是通过兀如枯株的禁欲主义手段和默默忘言的蒙昧主义手段而实现的。二者都不能解决士大夫的人生问题。因此,对于以文字为生涯的士大夫来说,看话禅那种从语言形式出发而最终解构语言、在日常生活中得到超现实的精神自由、用非禁欲的形式实现宗教体验的做法,最符合他们的生存方式和解脱需要,且对他们的整个人生都最富启发性。事实上,在整个南宋,宗杲的影响已远远超出了禅学的范围,在理学和诗学中,都能找到看话禅的痕迹。

下编

葛藤闲话

引 言

自五代北宋禅宗语录开始流行、灯录开始出现后，禅宗语言就出现程式化的倾向。这种程式化对于禅宗思想方面的发展自然是不利的，但在促进禅宗独特的语言艺术的形成方面却起了很大作用。"宗门语"作为一种特殊的语言形态在各种禅籍中得到突出的强化，它吸收了唐宋时期的雅言俗话、方言官话、文言白话等各种成分，通过自由灵活的组合方式将这些成分构造成令人眼花缭乱的语言迷宫。

禅宗语言的研究价值不仅在于它提供了大量的唐宋俗语言资料，更在于它创造了一种不同于中国传统典籍包括佛教典籍的言说方式。敦煌文书中的变文、讲经文等文本，虽然也使用了大量的唐宋俗语言，但其叙述方式是按照日常经验的逻辑展开的，顺着时间、地点、人物、事件的次序一一道来。因此，只要解决了俗字、俗语的障碍，文本的意义也基本上不言而喻。禅宗典籍则不同，最有代表性的语录和灯录所采用的叙述方式主要是对话体,语言逻辑常常是跳跃的甚至混乱的。相对于敦煌文献的手抄本而言,它的文字讹误现象并不突出,但即使你弄清了每个字词的含义,仍可能对文本的意义一无所知。这些障碍不仅来自神秘的禅理佛法、模糊的语言环境,也来自超常的象征譬喻、奇特的句法修辞以及怪异的姿势动作。在貌似日常经验的描述中,可能就已包含着对禅经验的摹写;同时在极为荒诞的对话中,可能又表现了极为浅显的道理。禅师们迫于"不立文字,教外别传"的祖训的压力,不得不做出解构语言的姿态,以与义学各派划清界限。然而,正是因为他们煞费苦心地尝试用反常的言说方式来解构语言,反而极大地挖掘出语言的各种表意潜能。

早期的"宗门语"产生于祖师们活泼泼的宗教实践,就眼前景以口头语道出,或聪明幽默,或淳朴俚俗,或奇特怪诞,或是无言的作势棒喝、拈花指月,或是澜翻的大放厥词、看风使帆,往往不拘一格,无所依傍,最富有原创性。语言对于他们来说,并不只是用来讨论真理或叙述事实的符号,而且也是用以传达纯粹个人化的禅经验的工具。由于语言是思维的产物,是规范化、形式化的东西,而禅经验则是无限定、非规范化的形态,所以祖师说禅常常有意打破语言的规范,从而消解语言的叙说功能,凸显其隐喻功能。这是造成禅语晦涩的原因之一。同时,由于禅籍记载祖师言谈时,往往省略了说话的场景,这样,祖师有些本来很清楚明白的话,也就变成了令人不知所云的疯话。

当"宗门语"成为一种新的符号系统之后,它的原创性消退而递创性增强,逐渐具有某种约定俗成的宗教语言和行业语言的性质。它的意义往往不附着于语词本身,而在于语词给予的暗示,在于禅宗圈内人士相互之间的默契。在后出的禅宗典籍中,不少源于日常生活中的语言有了特定的宗教暗示意义。这类似于文学语言中成语典故的形成,在祖师那里本是"存在即此在"的日常用语,而在后代禅人那里则成了一种"典刑",这些语言在被禅师们反复使用、加工、转述的过程中,又融摄与沉淀了新的意蕴,因此成了一些表达力极强的符号。一方面,这些符号在简练的形式中包含着丰富的、多层次的内涵;另一方面,这些符号又因其涵义丰富而使人难以理解。

无论是祖师们反常合道的胡言汉语,还是禅徒们逢场作戏的点铁成金,都往往让一般禅籍读者感到不知所云。造成这种现象,不仅在于语言的障碍,更在于文化的隔膜,或是精神的隔膜。本来,文本的通畅与晦涩、平易与艰深,取决于作者与读者的文化对应关系,禅籍尤其如此。站在禅宗文化圈外,缺乏真切的禅经验,远离唐宋的禅宗语境,要想读懂禅籍确非易事。

我们已经无法再与唐宋禅师当面交谈,无法从他们的扬眉瞬目中领悟奥妙禅机,不过,面对这片禅语遗迹,通过"知识的考古"也许能部分恢复其深藏于历史的云山雾罩中的本来面目。本编拟从共时性的角度研究禅宗的语言形态,希望通过进一步论证存在方式与话语选择的关系以及宗教实践与修辞现象的关系,尽可能破译奇特怪诞的禅语密码,最终走出禅籍布下的语言迷宫。

第一章 ◦ 拈花指月：
禅语的象征性

传说当年佛祖释迦牟尼在灵山会上拈花示众，听众都默然无语，不知所措，唯有迦叶尊者破颜微笑。佛祖对他的心领神会格外赏识，便当众宣布："吾有正法眼藏，涅槃妙心，实相无相，微妙法门，不立文字，教外别传，付嘱摩诃迦叶。"（见《五灯会元》卷一《释迦牟尼佛》）所谓"正法眼藏"，就是佛家所指普照宇宙、包含万物的至高无上的真谛。于是，聪明的迦叶得到佛祖的真传，成了禅宗的开山祖师。这则传说毋宁说是一则寓言，它生动地展现了禅宗的宗教观：佛法的传承不在于语言的理解，而在于心灵的感悟。《云峰悦禅师语录》中有段对话揭示了禅师们对拈花微笑的意义的认识："上堂。僧问：'灵山拈花，意旨如何？'师云：'一言才出，驷马难追。'进云：'迦叶微笑，意旨如何？'师云：'口是祸门。'"（《古尊宿语录》卷四〇）一落言诠，便成谬误；若经道破，已非真实。宗门公案里之所以有那么多古怪的姿势动作，其实和拈花微笑的思路如出一辙，即用暗示象征来代替言说阐释。

　　佛经中还有一则非常著名的寓言,从另一个角度说明禅宗语言的象征性。《楞严经》卷二:"如人以手指月示人,彼人因指,当应看月,若复观指,以为月体,此人岂唯亡失月轮,亦亡其指。"这本来是强调语言的工具性质,听者应根据说者的指示去体会真理,而不应注意说者的语言,有如应根据指月者所指去看月,而不应去看其手指。禅宗却从这则寓言得到另外的启示,即把指月看做一种象征譬喻的示教方式。玄沙师备禅师认为,世尊道"吾有正法眼藏,付嘱大迦叶",犹如"话月";而曹溪(六祖慧能)竖拂子,犹如"指月"(见《五灯会元》卷七《玄沙师备禅师》)。也就是说,世尊用语言来讨论"正法眼藏",而慧能却用竖拂子来象征"正法眼藏"。在不少禅师的眼里,"话月"与"指月"正是"佛意"(教门)与"祖意"(宗门)的区别之所在。

一、动　作　语

　　在禅家的公案中,常常能看到各种各样的古怪动作,有面部的,有手部的,有足部的,有全身的,有静态的造型,也有动态的行为,有微妙的姿势变化,也有剧烈的打斗运动。这些动作最早是用来表现禅经验的,因为禅经验是一种纯粹个人化的体验,语言无法企及,而动作在某种程度上比语言更能表现人的体验。中国古人很早就认识到人体动作在表达内在情绪时的特有能力,"情动于中而形于言,言之不足故嗟叹之,嗟叹之不足故咏歌之,咏歌之不足,不知手之舞之,足之蹈之也"(《毛诗正义》卷一《毛诗序》,《十三经注疏》本)。当人的情绪用语言和歌唱都不能完全表达的时候,自然会形诸舞蹈,也就是说，舞蹈在某种程度上能弥补语言、歌唱之不足。事实上，在原始部落里，舞蹈就是一种最能表现人的生命存在方式且能进行信息交流的权威语言。禅宗的"不立文字"，解构语言，其目的就是想恢复人的本真存在状态，一种未受语言文字异化的原始状态，因此，具有舞蹈性质的姿势动作自然应运而生，成为禅师表现禅经验的最好媒介之一。语言的表意能力达到极限的时候，动作往往能发挥特殊的作用。相对于语言，动作具有直观性，在面对面的交谈中，使用动作有时可起到意想不到的效果。禅师们无言的动作使我们想起哑语，只不过哑语的无言是出于无奈，而动作的无言是出于自觉。舞蹈之所以能传达感情、表现生活，是因为它有一套所谓的"舞蹈语言"，由一系列动作"单词"组成具有表意功能的"语句"。哑语也是如此，用约定俗成的手势、表情构成一套符号系统。那么，与之形式类似的宗门舞蹈、宗门哑语又有没有自己的表意功能呢？

首先让我们来看看著名的"一指头禅"。俱胝和尚向天龙和尚问询佛法之事，"（天）龙竖一指示之，师（俱胝）当下大悟"。自此以后，"凡有学者参问，师唯举一指，无别提唱"。俱胝临终时对众禅徒说："吾得天龙一指头禅，一生用不尽。"（《五灯会元》卷四《金华俱胝和尚》）举一指的动作，就是一种象征，它暗示佛教万法归一的观念，即三祖僧璨《信心铭》所谓"一即一切，一切即一"（《景德传灯录》卷三〇《三祖僧璨大师信心铭》），或是万法皆归于一"空"，或是万法皆归于一"心"（三界唯心）。千差万别的世界因为有一以贯之的"空"或"心"而变得平等无碍，正如佛鉴慧懃颂古所说："顿悟天龙一指头，河沙佛祖便同俦。饶他鹙子悬河辩，百亿须弥一芥收。"（《禅宗颂古联珠通集》卷二三《金华俱胝和尚》）恒河沙数之多，同于佛祖之像；百亿须弥之大，收入一芥之微，这就是"竖一指头"的象征意义。

又如禅师们经常以男人之身而模仿女人拜见的动作,用以应机接物,示道启悟,其意义似亦有迹可循。试看下面两个例子:

> 师(南泉)与归宗、麻谷同去参礼南阳国师。师先于路上画一圆相,云:"道得即去。"归宗便于圆相中坐,麻谷作女人拜。师云:"恁么即不去也。"(《景德传灯录》卷八《池州南泉普愿禅师》)

> 槃以竹策敲师(雪峰)轿,师乃出轿相见。槃曰:"曾郎(雪峰俗姓曾)万福。"师遽展丈夫拜,槃作女人拜。师曰:"莫是女人么?"槃又设两拜,遂以竹策画地,右绕师轿三匝。师曰:"某甲三界内人,你三界外人。你前去,某甲后来。"(《五灯会元》卷七《雪峰义存禅师》)

第一个例子是南泉用圆相"勘辨"归宗、麻谷。南泉画圆相的意思就很难猜测,归宗和麻谷的举动更令人费解。但有一点可以肯定,三位禅师通过无言的动作不仅表达了自己的思想,而且达到了交流的目的。从南泉所说"恁么即不去也"这句话中,可知他已理解了归宗、麻谷动作的含义,只是他这句话模棱两可,晚唐五代的禅师已不知其意,玄觉云:"只如南泉恁么道,是肯底语,不肯语?"(《景德传灯录》卷八《池州南泉普愿禅师》注)不过,第二个例子中类似的动作有助于我们理解归宗和麻谷所表达的意义。雪峰义存与黄涅槃相见,槃学女人道"万福",雪峰作丈夫拜,槃作女人拜。雪峰开始不知其意,所以道"莫是女人么"。黄涅槃又拜两次,并且用竹鞭画地,绕着雪峰乘坐的轿子画了三圈。雪峰这才明白黄涅槃作女人拜、画圆圈的含义:"某甲三界内人,你三界外人。"这就是说,一个男人作丈夫拜,这是世俗三界内的规则,而一个男人作女人拜，则意味着超越了世俗的规则，即跳出三界外。绕轿子画地三圈，意思是轿中人乃是三界内人。三界是佛教术语，即欲界、色界、无色界，是生死流转的人间世界。黄涅槃不用语言、而用动作来表明自己超脱三界的禅学立场。由此可见，麻谷的作女人拜，大约有相似的象征意义，即超越三界，直入空界[①]。至于圆相，本来就意味着"无相三昧"（参见《景德传灯录》卷一《第十四祖龙树尊者》），归宗于圆相中坐，也就是立地成佛的意思。那么，南泉的"恁么即不去也"就可能有两种不同的解释：一是肯定语（肯底语），首肯归宗、麻谷的举动，以为既已悟得佛旨，便不必去参见南阳国师，如汾阳善昭颂古曰："国师欲见义多般，圆坐端居拜请看。不去同音闻便解，久经行阵夺旗旛。"（《禅宗颂古联珠通集》卷一一《南泉普愿禅师》）一是否定语（不肯语），南泉主张"平常心是道"，何须超出三界外，何须以成佛为务，只是此岸世界的现实生活本身便有佛性存在，由于归宗、麻谷都未理解南泉所画圆相的含义，所以"道不得即不去"。从雪峰自称"某甲三界内人"来看，南宗禅最正统的大师似乎都更倾向于在"三界内"修行，因此，南泉对麻谷的女人拜，也可能是持否定态度。

"扬眉动目"也是禅宗常用的动作语，主要用来暗示神秘的心灵觉悟。它那种无言的认可的方式，最能得拈花微笑的神髓，师徒眉目之间的顾盼，已化作"心有灵犀一点通"的默契。据《大珠慧海语录》，中唐禅门中有"托情势、指境势、语默势乃至扬眉动目等势"，并作为"通会于一念间"的符号而普遍流行（《景德传灯录》卷二八《越州大珠慧海和尚语》）。但有些大师很担心这一动作

[①] 《从容庵录》卷五第七十七则《仰山随分》谓"女人拜名女人三昧"，大约是指女人拜象征万法皆空的禅定（三昧）境界。参见本书上编第三章第五节《作势：示道启悟的动作》。

语演变为与心灵觉悟脱节的程式化的符号,成为外在的标签,石头希迁就慨叹"多见时辈只认扬眉动目,一语一默,蓦头印可,以为心要"(同上卷一四《潮州大颠和尚》),因此便有了他与潮州大颠和尚的一则公案:

> 石头曰:"何者是禅?"师(大颠)曰:"扬眉动目。"石头曰:"除却扬眉动目外,将尔本来面目呈看。"师曰:"请和尚除扬眉动目外鉴某甲。"(同上)

石头是要勘辨大颠和尚究竟对禅经验有无真切的体会。据大颠的回答,"扬眉动目"就是禅的显现,也是人的"本来面目"的显现。禅的目的就是恢复人的本真,而眉目的表情远比语言更能直接真实地显示人的内心世界,所谓"眼睛是心灵的窗户",因此,未经语言异化的"扬眉动目"以其直接显示人的本真状态而与禅心相通。大颠的答语说明他已领悟扬眉动目"通会于一念间"的真谛。正如大珠慧海评价"扬眉动目等势"的作用时所说:"无有性外事,用妙者,动寂俱妙;心真者,语默总真;会道者,行住坐卧是道。为迷自性,万惑兹生。"(同上卷二八《越州大珠慧海和尚语》)

有时候,禅僧双方交流,纯粹使用动作语,你来我往,一言不发,如同打哑谜。但在大师级的禅僧那里,这种沉默的交流竟能达到心心相印的效果,胜过有声语言。例如沩仰宗的开山祖师沩山灵祐和仰山慧寂之间的手势交谈:

> 沩山一日见师来,即以两手相交过,各拨三下,却竖一指。师亦以两手相交过,各拨三下,却向胸前仰一手,覆一手,以目瞻视。沩山休去。(《五灯会元》卷九《仰山慧寂禅师》)

双方的动作有如太极拳师交手,一招一式,令人眼花缭乱,而拳掌之间,自有无穷妙谛。根据沩仰宗的禅观,两手相交可能暗示对理事(体用)关系的认识,各拨三下可能暗示此认识的三个阶段,即禅门的"三关",竖一指可能暗示万法唯识,手向胸前是暗示佛在心中,而仰一手覆一手则可能暗示"事理不二,真佛如如"的道理①。由此可见,沩山的手势是以自己的参禅经验来勘辨仰山,仰山的手势则以自己对禅的理解特别是对理事关系的理解来应对这种勘辨。沩山"休去",表示印可,因为对方应机契合,无懈可击。

禅宗还有一些动作语借助各种器具来完成,其中最通行的是"拈槌竖拂"。鼓槌和拂子是佛教徒常用器具,禅师常借用来表达各种意义。所以禅门中流行一个话头:"古人拈槌竖拂意旨如何?"以竖拂子为例,它的作用类似于竖指,主要是象征佛法大意或禅门宗旨,如:

> 师问百丈:"汝以何法示人?"百丈竖起拂子。(同上卷六《江西道一禅师》)
>
> 师竖起拂子云:"这个是第几种法界?"(同上卷七《杭州盐官齐安禅师》)
>
> 僧问:"如何是祖师意?"师竖起拂子。(同上卷一〇《杭州天龙和尚》)

这已成为禅宗示法的重要传统之一,用玄沙师备的话来说:"曹溪竖拂子,还如指月。"(同上卷一八《福州玄沙师备禅师》)这种指月的象征手法,禅师们用得非常灵活,最典型的是日芳上座用拄杖(作

---

① 《景德传灯录》卷一一《袁州仰山慧寂禅师》:"祐(沩山)曰:'以思无思之妙,返思灵焰之无穷;思尽还源,性相常住,事理不二,真佛如如。'师(仰山)于言下顿悟。"

用同于拂子）回答著名的"云门三句"语：

> 僧问："如何是函盖乾坤句？"师竖起拄杖。僧曰："如何是截断众流句？"师横按拄杖。僧曰："如何是随波逐浪句？"师掷下拄杖。（《五灯会元》卷一五《日芳上座》）

"云门三句"本是用形象的语言来说明禅宗的三种境界："函盖乾坤"是合天盖地、普遍存在的佛性；"截断众流"是指斩断葛藤、超越常情的识解；"随波逐浪"是指一法不立、无可用心的禅机。日芳上座以竖起拄杖暗示万法归一，以横按拄杖暗示横截常情，以掷下拄杖暗示一法不立，非常生动地表达了对"云门三句"的理解。

当然，我们承认"竖一指头"、"作女人拜"、"扬眉动目"、"拈槌竖拂"等是有特定象征意义的动作语，但并不是说它们只能作以上的解释。正如禅宗的其他动作语一样，它们的意义常常会随着语境的改变而改变，内涵和外延在不同的禅师那里有可能扩大、缩小甚至转移。同时，它的意义也常常随着接受者自己的领悟而定，诚如圆悟克勤评价"翠岩眉毛"一则公案时所说："会（领悟）则途中受用，如龙得水，似虎靠山；不会（不领悟）则世谛流布，羝羊触藩，守株待兔。"（《碧岩录》卷一第八则《翠岩眉毛》）作为一种独特的表意符号，动作语比普通语言更具有随意性、多义性和不确定性，"有时将一茎草作丈六金身用，有时将丈六金身作一茎草用"（同上）。仿拟文学阐释学"诗无达诂"的说法，禅宗的动作语应该叫做"势无达诂"。因为按照禅宗的观点，任何语言（包括动作语）一旦有了固定的意义，那就是"死于句下"。

所谓"死于句下"，其实就是不懂得"指月"的意义，见指而忘月。俱胝和尚的"断指"公案是个最典型的例子。据《五灯会元》

记载,俱胝门下有个供过童子,每见人问事,也竖起指头回答。人们对俱胝说:"和尚,童子亦会佛法,凡有问皆如和尚竖指。"于是便有了下面这个血淋淋的故事:

> 师(俱胝)一日潜袖刀子,问童曰:"闻你会佛法,是否?"童曰:"是。"师曰:"如何是佛?"童竖起指头,师以刀断其指,童叫唤走出。师召童子,童回首。师曰:"如何是佛?"童举手不见指头,豁然大悟。(《五灯会元》卷四《金华俱胝和尚》)

俱胝自己以竖指头示学者,却斩断童子的指头,这岂非"只许州官放火,不许百姓点灯"?当然不是。这是因为童子不明白指头的象征意义,以为就是佛法之所在,与"迷人向文字中求"并无二致。要警醒童子的迷误,必须使他从对"指"的沉迷中走出来,正是在举手不见指的一瞬间,童子终于领悟了佛法的真谛,也就是"指月"的真谛:指象征佛法,但不等于佛法;指可以断,而佛法却永存;竖指之于佛法,只是权宜设施;见月可以亡指,登岸可以舍筏。顺便说,俱胝的行为用世俗眼光来看近乎残忍,而在佛门却是脱人于苦海的大慈大悲。

宗门动作语虽有表意功能,但不是像一般世俗的动作语以及哑语那样有约定俗成的意义(如翘拇指表示赞赏,竖小指表示藐视等),而是不拘一格,自由发挥,具有很强的随意性和创造性,并常因超出日常的行为习惯而显得荒诞古怪。所以要破译禅宗的动作语,不能按通常的思路去理解。试看下面这些例子:

> 问:"古人因星得悟,意作摩生?"师(龙光和尚)以手拨开眉。(《祖堂集》卷一二《龙回和尚》)

> 师（南泉普愿）因入菜园，见一僧，师乃将瓦子打之。其僧回顾，师乃翘足，僧无语。师便归方丈，僧随后入，问讯云："和尚适来掷瓦子打某甲，岂不是警觉某甲？"师云："翘足又作么生？"僧无对。（《景德传灯录》卷八《池州南泉普愿禅师》）
>
> 有一僧来参，师乃展手示之，僧近前，却退。师曰："父母俱丧，略不惨颜。"僧呵呵大笑。师曰："少间与阇梨举哀。"其僧打筋斗而出。师曰："苍天！苍天！"（同上卷一四《吉州性空禅师》）

在这里，拨眉、掷瓦、翘足、展手乃至在法堂上翻筋斗，都无约定俗成的意义，完全是禅师个人性的行为，有的动作或许是用来代替语言的，如龙光以手拨眉表示"悟"，而有的动作则纯粹是用来解构语言的，如南泉掷瓦、翘足本是劳动时即兴所为，并不打算表示什么意义，而僧的追问也就徒劳无益。至于法堂上打筋斗，则可能以翻转的动作表示出一种对佛教权威的颠覆。

沩山灵祐"踢倒净瓶"的故事更是代表了动作语对一切文本的颠覆。灵祐早年在百丈怀海处参习，当时有个头陀从湖南来到江西百丈山，言及湖南沩山是建立法会的极佳场所，要求怀海选择一名胜任的僧人去做开山住持。怀海心知灵祐堪当此任，但得知首座华林不服灵祐，争当沩山住持，于是百丈当众勘辨二人：

> 百丈云："若能对众下得一语出格，当与住持。"即指净瓶问云："不得唤作净瓶，汝唤作什么？"华林云："不可唤作木㮤也。"百丈不肯。乃问师（灵祐），师踢倒净瓶。百丈笑云："第一座输却山子也。"遂遣师往沩山。（《景德传灯录》卷九《潭州

沩山灵祐禅师》）

灵祐凭着"踢倒净瓶"的举动令人信服地获得沩山的住持权，为他以后创立沩仰宗迈出了关键的一步。那么，踢倒净瓶到底有什么意义呢？百丈怀海出的题目是"下得一语出格"，条件是指净瓶而"不得唤作净瓶"。华林的回答是从净瓶的反面作否定的解释，相当于佛教的"遮诠"（关于遮诠，后文将详细论述），按禅宗的观点来看，"语"仍未"出格"。而灵祐则干脆一言不发，一脚踢倒净瓶，连解释对象（文本）一并否定。这种举动中，既有"本来无一物"的认识和"不落言筌"的考虑，又有"非心非佛"的倾向以及"唯我独尊"的气概，它集中体现了禅宗推崇的呵佛骂祖的怀疑精神和自证自悟的独创精神，所谓"丈夫皆有冲天志，莫向如来行处行"（同上卷二九《同安禅师诗八首》）。这种举动惊世骇俗，出人意表，正是非常"出格"的动作"语"，因此得到百丈怀海的首肯。诚如黄龙慧南所说："已过关者，掉臂径去，安知有关吏？从吏问可否，此未透关者也。"（《禅林僧宝传》卷二二《黄龙南禅师》）灵祐与华林的高下之别正在于此。与此相类似的动作语还有北院通禅师的"掀倒禅床"、岩头全奯的"踢却水碗"、仰山慧寂的"掣将拂子去"等（参见《景德传灯录》卷一七《益州北院通禅师》、卷一六《鄂州岩头全奯禅师》。又见《五灯会元》卷九《仰山慧寂禅师》），它们并不暗含任何具体的意义，只显示出禅宗蔑视权威、解构语言的叛逆精神以及直截根源的证悟态度。

总而言之，禅师使用动作语的目的不仅在于借用舞蹈语言或哑语来表达个体的禅经验，而且在于有意识地用无声语言来颠覆有声语言，用一种极端的否定形式来颠覆佛教传统的言说方式。因此，与其把宗门动作语看做一种形象的符号系统，不如把它视为一种独特的解构行为。

二、棒 喝 语

棒击和吆喝是禅僧们在接引学人、应对禅机的常用手段，元代三教老人把它们看成是"公案"一词得名的主要来由："具眼为之勘辨，一呵一喝，要见实诣，如老吏据狱谳罪，底里悉见，情款不遗，一也"；"悲心为之接引，一棒一痕，要令证悟，如廷尉执法平反，出人于死，二也"（《碧岩录》卷首三教老人《碧岩集序》）。由此可见"棒"与"喝"在禅宗传法过程中的重要性。我在本书上编曾讨论过"棒喝"在截断言路方面的作用，但从临济义玄和后世禅师的解释来看，棒喝也可看做一种特殊的动作语，具有暗示象征的功能。

如前所说，禅门以"德山棒、临济喝"最为著名，而临济义玄实兼而有之，"至于化门，多行喝棒"（参见《祖堂集》卷一九《临济和尚》）。临济以遭棒喝而悟道，因此对棒喝的意义体会最深。他曾经解释"喝"的含义说：

> 有时一喝如金刚王宝剑，有时一喝如踞地金毛师子，有时一喝如探竿影草，有时一喝不作一喝用。（《镇州临济慧照禅师语录》）

这就是著名的"临济四喝"。"金刚王宝剑"喻斩断语言葛藤、逻辑理路；"踞地金毛师子"喻气大声宏，警醒迷误；"探竿影草"喻试探对方得法深浅①;"不作一喝用"指无任何含义,也就是一法不立之意。《人天眼目》评述"临济门庭"曰:"金刚王宝剑者,一刀挥尽一切情解;踞地师子者,发言吐气,威势振立,百兽恐悚,众魔脑裂;探竿者,探尔有师承无师承,有鼻孔无鼻孔;影草者,欺瞒做贼,看尔见也不见。"(《人天眼目》卷二《临济门庭》)可见,在对待不同的参学者时,或处于不同的语境里,"喝"也有不同的象征意义。对此"四喝",临济宗禅师多有颂古解释,如汾阳善昭云:

> 金刚宝剑最威雄,一喝能摧万仞峰。遍界乾坤皆失色,须弥倒卓半空中。
> 金毛踞地众威全,一喝能令丧胆魂。岳顶峰高人不见,猿啼白日又黄昏。
> 词锋探草辨当人,一喝须知伪与真。大海渊澄涵万象,休将牛迹比功深。
> 一喝当阳势自彰,诸方真有好商量。盈衢溢路歌谣者,古往今来不变常。(同上卷一《临济宗四喝》)

又如寂音尊者(惠洪)云:

> 金刚王剑,觌露堂堂。才涉唇吻,即犯锋芒。
> 踞地师子,本无窠臼。顾伫停机,即成渗漏。

---

① "探竿影草"有几种解释,日本无著道忠《葛藤语笺》引《正宗赞》注:"古语云:'探竿在手,影草随身。'止此明知二物。或曰:'探竿,探水深浅之竿;影草,下水深处之索也。'又曰:'探竿,索鱼之竿;影草,驱鱼之索也。'或曰:'探竿影草,一物,竿头插草以搅动水,则鱼怖而聚一处。'又曰:'作贼者,竿头缚草,内之屋里,伺验人之睡否有无。'"《禅语辞书类聚》第2册,第187页,日本京都花园大学内禅文化研究所印行。

> 探竿影草,不入阴界。一点不来,贼身自败。
>
> 有时一喝,不作喝用。佛法大有,只是牙痛。(同上)

又如智海普融云:

> 一喝金刚剑用时,寒光烁烁射坤维。语言拟议伤锋刃,遍界髑髅知不知?
>
> 一喝金毛轻踞地,檀林袭袭香风起。虽然爪距不曾施,万里妖狐皆远避。
>
> 一喝将为探竿草,南北东西无不到。短长轻重定锱铢,平地茫茫须靠倒。
>
> 一喝不作一喝用,三世古今无别共。落花三月睡初醒,碧眼黄头皆作梦。(同上)

据这些禅师的理解,"临济四喝"有时是针对使用语言者而发,以喝打断其"拟议";有时是针对识见不明者而发,以喝破除其"渗漏";有时是针对参禅有得者而发,以喝考验其"真伪";有时是针对不受人惑者而发,喝不再有别的意思。

后来的临济门徒根据义玄的精神把"喝"与"四宾主"、"四照用"等门庭设施联系起来,即所谓"一喝分宾主,照用一时行"(同上卷一《临济宗四照用慈明颂》)。也就是说,有的"喝"体现了"随处作主,立处皆真"的自信精神(主),而有的"喝"则不过是"依草附叶"、"向外傍家"的模仿沿袭(宾),有的"喝"中同时包含着禅家的观照(照)和作用(用)。《人天眼目》引古德云:

> 主一喝验宾,宾一喝验主,主再喝验宾,宾再喝验主,四

喝后无宾主也。到这里主家便夺却，更不容他。（同上《临济宗四照用》）

验主宾有两方面的含义：一是指住持僧（主）和行脚僧（宾）之间相互的勘辨，主验宾是否有悟道的慧根，宾验主是否有为师的资格；二是指双方勘辨对方是否做到了"随处作主，立地皆真"，是否具有自由、自信、自尊、自主的精神。

　　禅宗之"喝"有可能源于官府的喝道唱喏，并在此形式上糅进佛教"师子吼"的观念①。"喝"是指大声呵斥，也泛指大声呼叫，虽然有声，却没有概念的意义。但由于"喝"直接由口中发出，未经语言逻辑的异化，因此最能表现人的自然情感，也最能直接触动人的直觉本能。也就是说，"喝"有可能是唤醒蛰伏于内心深处的自然本性的最佳方式之一，最符合"直指人心，见性成佛"的宗旨。我们今天已无法知道"喝"究竟是一种什么样的声音，但可以肯定其声音有长短、轻重、缓急、喜怒、可否之分，并可以肯定音调不同的"喝"用于不同的僧徒和场合，正是这种区分，微妙地表达出禅师们超概念的禅经验，并有效地完成了禅师之间传教过程。

　　临济宗的"棒"的作用与"喝"大致相通，只不过有时是施与迷惑愚暗更严重的情况。《碧岩录》中有"八棒对十三"的话头（参见《碧岩录》卷二第十六则《镜清啐啄机》、卷七第六十四则《赵州头戴草鞋》），后来的禅籍作者坐实为"济宗八棒"，定其名目，并一一解释其含义。如清释性统编《五家宗旨纂要》卷上《济宗八棒》引三山来禅师语云：

---

① 佛教以"师子吼"比喻佛祖讲经，声震世界。《维摩诘所说经·佛国品》："演法无畏，犹师子吼。其所讲说，乃如雷震。"

一、触令支玄棒：如宗师置下一令，学人不知回避，触犯当头，支离玄旨，宗师便打，此是罚棒。

二、接机从正棒：如宗师应接学人，顺其来机，当打而打，谓之从正，此不在赏罚之类。

三、靠玄伤正棒：如学人来见宗师，专务奇特造作，倚靠玄妙，反伤正理，宗师直下便打，不肯放过，此亦是罚棒。

四、印顺宗旨棒：如学人相见，宗师拈示宗旨，彼能领会，答得相应，宗师便打，此是印证来机，名为赏棒。

五、取验虚实棒：如学人才到，宗师便打，或进有语句，宗师亦打，此是辨验学人虚实，看他有见无见，亦不在赏罚之类。

六、盲枷瞎棒：如宗师接待学人，不辨学人来机，一味乱打，眼里无珠，谓之盲瞎，此师家之过，不干学人事。

七、苦责愚痴棒：如学人于此事不曾分晓，其资质见地十分痴愚，不堪策进，宗师勉强打他，是谓苦责愚痴，亦不在赏罚之类。

八、扫除凡圣棒：如宗师接待往来，不落廉纤，不容拟议，将彼凡情圣解，一并扫除，道得也打，道不得也打，道得道不得也打，直令学人断却命根，不存枝叶，乃上上提持，八棒之中用得最妙者，此则名为正棒。(《五家宗旨纂要》卷上《临济宗·济宗八棒》)

三山来禅师的总结当然过于程式化，把生动活泼的棒打看成是官府似的按法令条款的赏罚，不过其细致分解棒打的多种含义和作用，证之以前人的公案语录，应该说还是颇有道理的。比如：

> 韶州乳源和尚，上堂云："西来的的意，不妨难道，大众莫

有道得者,出来试道看。"有一僧出才礼拜,师便打,云:"是什么时节出头来?"(《景德传灯录》卷八《韶州乳源和尚》)

这就是所谓"触令支玄棒"。该僧不知"西来的的意"(禅宗宗旨)是不可道的,欲强作解释,这就落入宗师布下的陷阱,触犯"不立文字"的祖训,支离不可解说的玄旨,所以该挨打。又如:

(僧)问:"大用现前不存轨则时如何?"师(大安禅师)云:"汝用得但用。"僧乃脱膊绕师三匝。师云:"向上事何不道取?"僧拟开口,师便打,云:"这野狐精出去。"(同上卷九《福州大安禅师》)

这就是所谓"靠玄伤正棒"。僧脱去上衣,绕大安三匝,欲以此来表示"大用现前,不存轨则"的自由精神。但僧的这种举动并非自然生发,有矫揉造作之嫌,反而有伤正理。禅宗视此类务为奇特玄妙之举为"野狐精",所以该吃棒。又如:

有僧自夹山来礼拜,师(高亭和尚)便打。僧云:"特来礼拜,师何打?"其僧再礼拜,师又打趁。僧回,举似夹山,夹山云:"汝会也无?"僧云:"不会。"夹山云:"赖汝不会,若会即夹山口瘂。"(同上卷一〇《汉南谷城县高亭和尚》)

这就是所谓"取验虚实棒"。僧刚礼拜就挨打,这是宗师辨验他的虚实,即考验他"会(领会)也不会"。由于僧"不会",再作礼拜,取验虚实之棒就变成了真正的打趁。所以夹山说:"幸好你不会,若是你会还被打趁,我也说不出原因了。"由此可见,高亭和尚的棒打还是有章可循的。又如：

> 师（临济义玄）问一尼："善来，恶来？"尼便喝。师拈棒曰："更道！更道！"尼又喝。师便打。(《五灯会元》卷一一《临济义玄禅师》)

这就是所谓"印顺宗旨棒"。这尼姑一喝破除善恶的情解，而且无拟议之嫌，可见已领会了宗师拈出的宗旨，临济之棒是印证来机，属于赏棒之列。

特别是三山来禅师总结的"扫除凡圣棒"，非常准确地抓住了"棒打"截断语言思路、扫除一切见解的真谛，最符合临济宗的精神。德山"道得也三十棒，道不得也三十棒"的蛮横无理，临济不分青红皂白劈头盖脸的一顿闷棒，都可以从"扫除凡圣"、"断却命根"、"不存枝叶"的禅理中得到合理的说明。

"棒"与"喝"既有区别，又有联系，表现形式不同，所起作用则一。临济义玄曾问洛浦（乐普）和尚："从上来一人行棒，一人行喝，阿那个亲？"洛浦云："总不亲。"临济曰："亲处作么生？"洛浦便喝，临济便打(《古尊宿语录》卷五《临济禅师语录之余》)。这里两位禅师的逻辑颇令人疑惑，既然行棒、行喝都不让人感到亲切，那么，为什么洛浦和临济表示"亲处"仍然用棒喝呢？这似乎自相矛盾。但两位禅师自有其独特的逻辑，即主宾双方未契禅机之时，棒就是真棒，打得人生痛；喝也是真喝，震得人耳聋，"总不亲"；而主宾一旦言语投机，棒喝就是"亲处"。洛浦与临济之间的喝打，就是后一种相互印可的表示。"亲"是双关语，既指主宾关系的融洽，又指接近契合禅理。

在实际的运用中，禅师们常常是棒喝齐施，棒数的多少、喝声

的先后,都有讲究。在禅学者看来,棒喝交驰相当于照用并行,其中大有深意。智昭曾评点《临济语录》中的一段公案:

> 时有僧出问佛法大意,师云:"汝试道看。"僧便喝,师亦喝。僧又喝,师便打。(智昭注:"先照后用。")问:"如何是佛法大意?"师便喝,复云:"汝道好喝么?"僧便喝,师亦喝,僧又喝,师便打。(智昭注:"先用后照。")僧入门,师便喝,僧亦喝,师便打,云:"好打!只有先锋,且无殿后。"(智昭注:"照用同时。")僧来参,师便喝,僧亦喝,师又喝,僧亦喝,师便打云:"好打!为伊作主不到头,无用处,主家须夺而用之。千人万人,到此出手不得,直须急着眼看始得。"(智昭注:"照用不同时。")(《人天眼目》卷一《四照用》)

这段话的内容很难理解,但有一点可以肯定,棒喝不仅仅是单纯的责打和呵斥,也不仅仅是为了截断言路思路,它还暗示着如何成为心灵的主人而对佛法大意进行观照和运用。

总之,"棒喝"具有广泛的用法和含义,它是住持僧(主)和游方僧(宾)之间复杂微妙的应对艺术,其实质是通过现实中主宾的应答来判定宗教意义上的主宾关系。它颠覆了常规的语言而建立了一种本宗派内部通行的交流方式和言说规则。

三、隐 喻

禅宗主张随机设化,方便接人,所以宗师常常就师徒双方共同的语言环境,临时以一些意味深长的动作和语句来象征禅理。这种方法最生动活泼而富独创性，较少程式化倾向，而其宗教性也相对较严肃，没有故弄玄虚或荒唐无聊的倾向。就学人而言，往往能通过这些具有隐喻性质的动作和语句恍然大悟，不同于痛吃棒喝而茫然无知。

著名的例子有德山宣鉴悟道的故事。德山到澧州见龙潭崇信禅师，刚到时颇不服气，在法堂上说："久向龙潭，及乎到来，潭又不见，龙又不现。"打算暂时栖身于此。后来：

> 一夕侍立次，潭（龙潭）曰："更深何不下去？"师（德山）珍重便出。却回曰："外面黑。"潭点纸烛度与师。师拟接，潭复吹灭。师于此大悟，便礼拜。（《五灯会元》卷七《德山宣鉴禅师》）

德山悟到的是什么呢？据我理解，很可能悟到的是不应只靠外在的光明，而应循由自己的本性去征服黑暗。佛的真理就在自己的心中，外在的灯可灭，而心灯不可灭，真是踏破铁鞋无觅处，得来全不费功夫。既然佛教的真理只有凭自己的亲身感受、领悟、体会才有可能获得，那么，悟道就不应该也不可能借重或依靠任何外在的经典、权威和偶像。所以德山悟后，有极端的呵佛骂祖、离经慢教的过激行为。

我们要追问的是，灭烛的举动为什么具有隐喻性质，以至于能令德山这样顽固的义学讲师突然开窍？原来在佛教教义中，灯烛之类的物象常常用来譬喻佛性。如《圆觉经》认为，妙觉性遍满法界，故使根性尘性无坏无杂，"如百千灯光照一室，其光遍满无坏无杂"。即以德山熟悉的《金刚经》为例，其中就有"燃灯佛"。而禅宗则自从慧能说过"一灯能除千年暗，一智能灭万年愚"以后，便以"传灯"作为传法的代名词。以德山的学识和悟性，自然能理解灭烛的象征意义,在烛光熄灭的一瞬间,他心中的佛性灯便被点燃,一切蒙昧愚暗顿时消失。后来宋代禅师的两首颂古有助于我们对此公案的理解:

  明暗相陵不足云,丝毫有解未为亲。纸灯忽灭眼睛出,打破大唐无一人。(白云守端)
  明暗相形事渺茫,谁知脑后迸神光。都来划断千差路,南北东西达本乡。(大洪守遂)(《禅宗颂古联珠通集》卷二三《德山宣鉴禅师》)

也就是说,义学的知解犹如纸烛,是外在的光明,只有灭却这外在的纸烛,才能见到自己的本性,即佛性。纸烛由明到暗,而佛性由暗到明,这就是"明暗相形"。而悟到佛性,才彻底洞见万法平等的真理。

沩山灵祐的觉悟也是通过类似的机缘,这就是著名的"寒炉拨火"的故事。沩山年轻时也曾研习过大小乘经律,后来参访百丈怀海禅师。有一天,沩山侍立百丈身旁,于是就有了下面一段公案:

  百丈问:"谁?"师曰:"灵祐。"百丈云:"汝拨炉中有火否?"师拨云:"无火。"百丈躬起,深拨,得少火,举以示之云:"此不是火?"师发悟礼谢,陈其所解。百丈曰:"此乃暂时歧路耳。经云:欲见佛性,当观时节因缘。时节既至,如迷忽悟,如忘忽忆,方省己物不从他得。故祖师云:悟了同未悟,无心亦无法。只是无虚妄凡圣等心,本来心法,元自备足。汝今既尔,善自护持。"(《景德传灯录》卷九《潭州沩山灵祐禅师》)

拨炉中炭火是日常生活中很普通的一件事，百丈却借机启发沩山，于是，很普通的举动成了最具感染力的教学，炉火中顿时闪烁着佛性的光辉。沩山悟到的是，参禅学佛，不能浅尝辄止，遇难而退，当深思苦求；同时也可能悟到，寻火如学佛，须返向自己心灵深处寻求，如百丈所说，"方省己物不从他得"。百丈把"寒炉拨火"看做沩山悟道的因缘，而这因缘的实现，靠的正是拨火所具备的隐喻性质。

以上两则公案的共同特点是，老师在日常生活中临时方便地随手作出某种有意味的举动，使学人"直下便会"，隐喻目的的实现，靠的是禅宗特有的"理事不二"、"体用无滞"的认识方式，即从"事"中见出"理"，从"用"中见出"体"。

禅籍中有很多"符号"（动作和语言）构成我们理解的障碍，要突破这些障碍，不仅要熟悉基本禅理，而且要了解一般的隐喻原则。试看下面一则例子：

> 僧问："如何是学人自己？"师云："吃粥了也未？"僧云："吃粥也。"师云："洗钵去。"其僧忽然省悟。（同上卷一〇《赵州东院从谂禅师》）

这则公案，后来云门文偃拈出来示众说："且道有指示？无指示？若道有指示，向他道什么？若道无指示，者（这）僧何得悟去？"（《云门匡真禅师广录》卷中）要回答云门的提问，需要从两方面来考虑：其一，这僧讨论的是什么禅理？"如何是学人自己"是个什么样的问题？其二，"吃粥"和"洗钵"可能会有什么样的喻义？作为"用"它们是怎样和禅理之"体"联系起来的？先看第一个问题，这僧问的是如何发现自己的本来面目、怎样找到自我，即怎样解脱生死之惑的问题。曾经有僧问石头希迁:"如何是解脱?"答曰:"谁缚汝?"又问:"如何是净土?"答曰:"谁垢汝?"又问:"如何是涅槃?"答曰:"谁将生死与汝?"(《景德传灯录》卷一四《南岳石头希迁大师》)石头的意思是,束缚与解脱、污染与清净都存在于心念之间,只要做到内心无念,一切外在的烦恼羁绊就自然消失了。赵州要回答的应当是同一个意思,但其回答方式却完全不同。由此来看第二个问题,粥是一种粘性的流质食品,洗钵就是要洗去粘性的物质,简言之,洗钵就是"解粘",而解粘就是解除执著。也就是说,学人要找回迷失的自我,就得通脱无碍,随缘任性。赵州回答的"吃粥"、"洗钵"是一种描述性的方式,但可以看作一种隐喻存在。

解除执著,是禅宗的一个重要思想。大珠慧海禅师曾指出,已得道的人和一般俗人的区别在于,前者是"饥来吃饭,困来即眠",后者是"吃饭时不肯吃,百种须索,睡时不肯睡,千般计较"(同上卷六《越州大珠慧海禅师》)。而参禅的目的,就是要去掉"百种须索"、"千般计较"。关于解除执著,禅师们还有一些另外的隐喻,也非常有意思,比如:

> 鄂州黄龙山诲机超慧禅师……初参岩头,问:"如何是祖师西来意?"头曰:"你还解救糍么?"师曰:"解。"头曰:"且救糍去。"后到玄泉,问:"如何是祖师西来意?"泉拈起一茎皂角曰:"会么?"师曰:"不会。"泉放下皂角,作洗衣势。师便礼拜曰:"信知佛法无别。"泉曰:"你见什么道理?"师曰:"某甲曾问岩头,头曰:'你还解救糍么?'救糍也只是解粘。和尚提起皂角,亦是解粘,所以道无别。"泉呵呵大笑,师遂有省。(《五灯会元》卷八《黄龙诲机禅师》)

在这则公案中，岩头教𢆯机去救糍，是象征的语言；玄泉放下皂角，作洗衣势，是象征的动作。其意义都是解粘，和赵州教僧洗粥钵去是一样的。因为糍就是糍糕，是一种粘着性很强的食品。禅宗用糍糕来比喻参禅拘泥执著之人，如《碧岩录》曰："有一般人参禅，如琉璃瓶里捣糍糕相似，更动转不得，抖擞不出。"（《碧岩录》卷一〇第九十八则《天平行脚》）救糍就是要去掉拘泥执著。因为衣服上有油腻饭粒之类粘糊糊的东西，而用皂角洗衣，也就是解粘之意。

禅宗的另一重要观念是"二道相因"的中道思想。《坛经·付嘱品》载慧能语曰："若有人问汝义，问有将无对，问无将有对，问凡以圣对，问圣以凡对。二道相因，生中道义。"禅师接引学人，常常是不住一边，即不沾滞于一端，所谓"不堕凡圣"。然而不偏不倚的"中道义"与儒家的"中庸"完全不同，它本身也是空无虚幻的，属于"无"的范畴，最终也是应否定的。传为达摩所作的《少室六门·悟性论》云："如来不在此岸，亦不在彼岸，不在中流。"（《少室六门》，《大正藏》第四十八卷）代表了禅宗的基本精神。明白了这一点，就可领悟不少公案中莫名其妙的语言和动作的象征意义。比如：

> 沩（沩山）一日指田问师（仰山）："这丘田那头高，这头低。"师曰："却是这头高，那头低。"沩曰："你若不信，向中间立，看两头。"师曰："不必立中间，亦莫住两头。"沩曰："若如是著水看，水能平物。"师曰："水亦无定，但高处高平，低处低平。"沩便休。（《五灯会元》卷九《仰山慧寂禅师》）

禅宗的修持境界有三关：初关、重关、牢关。一个彻底觉悟的人，这三关都须层层突破。从凡入圣是初关，从圣入凡是重关，凡圣俱不立是牢关。在这则公案中，沩山和仰山讨论的"这头"和"那头"，其实是暗示"凡"和"圣"的境界，"中间"是暗示凡圣俱不立。而仰山所谓"不必立中间，亦莫住两头"，就是隐喻三关齐破的境界。又如子湖利踪（神力禅师）的一段公案：

> 胜光因在子湖钁地次，胜光钁断一条蚯蚓。问云："某甲今日钁断一条蚯蚓，两头俱动，未审性命在那头？"师（子湖）提起钁头向蚯蚓左头打一下，右头打一下，中心空处打一下，掷却钁头便归。（《古尊宿语录》卷一二《衢州子湖山第一代神力禅师语录》）

子湖的举动就藏有深意。因为胜光追问"未审（蚯蚓）性命在那头"，这是有执著于一端的"边见"存在。子湖用钁头打蚯蚓的左头、右头和中心空处，然后丢掉钁头，其实是暗示他：两头和中间都应该抛弃，一并除却。子湖的举动比仰山的言说更直观生动而富有象征意义。

禅宗祖师们的譬喻也用得非常灵活，与佛经常用的譬喻相比，虽在气势场面上有所不及，但往往截断喻旨和喻依之间的表面联系，在幽微曲折方面更胜一筹。具体说来，佛经常用博喻，如天魔献舞，花雨弥空；禅师常用曲喻，如断藕连丝，草蛇灰线。佛经多用明喻，意义显豁，形象中含有逻辑的联系；禅师则多用暗喻，意义模糊，意象间全靠直觉的联想。佛经是"话月"，佛理之"月"总要出现在"话"面上；禅师则是"指月"，禅理之"月"隐藏于譬喻之"指"中。试看神山僧密与洞山良价的一则公案：

> 师（僧密）与洞山行次，忽见白兔走过，师曰："俊哉！"

洞曰:"作么生?"师曰:"大似白衣拜相。"洞曰:"老老大大,作这个说话!"师曰:"你作么生?"洞曰:"积代簪缨,暂时落魄。"(《五灯会元》卷五《神山僧密禅师》)

这里的譬喻是一种具有双关性质的复杂的曲喻。就表层意思来看,譬喻是针对白兔而发,僧密以"白衣"比拟白兔,以"拜相"赞赏白兔身影之"俊";洞山则在此比喻的基础上,以"簪缨"和"落魄"来坐实白衣的身份。这种譬喻方式,是一种扩展性的比喻,就是钱锺书先生所说的"雪山比象,不妨生长尾牙;满月同面,尽可妆成眉目",或同于"英国玄学诗派(Metaphysical Poets)之曲喻(Conceits)",与佛经(如《大般涅槃经》论"分喻"所云"面貌端正,如月盛满;白象鲜洁,犹如雪山。满月不可即同于面,雪山不可即是白象"或是《翻译名义集》所云"雪山比象,安责尾牙;满月况面,岂有眉目")的比喻方式颇有差异[①]。至于白兔和白衣拜相之间的关系,很容易使我们想起韩愈《毛颖传》中的那位以"衣褐之徒"(白衣)的身份而"封管城子"、"拜中书令"(拜相)的寓言人物毛颖(兔毫)。而毛颖的祖先明眎曾佐禹治东方土,也算得上"积代簪缨"。但僧密和洞山的兴趣显然不在于赞赏白兔,而是通过赞赏白兔来暗示某种禅理。这样,以上扩展性的比喻又有了更深层次的隐喻性质:白兔比拟白衣,白衣是平民百姓,由白衣而官拜宰相,比喻由凡入圣,由修而悟。这是僧密的意思,可是洞山却驳斥他这种说法。洞山所谓"积代簪缨,暂时落魄"的意思是:人人皆有佛性,好比仕宦世家,本来尊贵,只因迷忘自家宝藏,沦落微贱,虽然飘零万状,其尊贵的骨相还是存在的。换言之,佛性的"簪缨"

[①] 《谈艺录》第22页。

并不是外在的东西,并非一个"白衣"通过奋斗所能得到,而是本来就为暂时落魄的"白衣"所有。白衣拜相并非平步青云,值得惊羡,而只是找回本属于自己的尊贵。因此,学佛之人首先要知道自己的本心,觉悟自己的本性。这是先悟后修,与由修而悟的法门有别。这样,"白衣"作为喻依,就有了两重喻旨:一重喻白兔,一重喻参禅者。前者是明喻,后者是暗喻;前者是层层申发的扩展性曲喻,后者是语境距离甚远的牵强性曲喻。这则公案中洞山表达的思想,成了曹洞宗的宗旨之一。洞山的弟子曹山本寂作《五位君臣图颂》,第一位颂"正中偏"云:"白衣虽拜相,此事不为奇。积代簪缨者,休言落魄时。"(《人天眼目》卷三《曹山五位君臣图颂》)

在禅宗公案中,常常可遇到一些刁钻古怪的问题,但聪明的禅师总能用智慧的回答一一化解。这些回答就是些出人意表的譬喻。比如:

> 宣州陆亘大夫初问南泉曰:"古人瓶中养一鹅,鹅渐长大,出瓶不得。如今不得毁瓶,不得损鹅,和尚作么生出得?"南泉召曰:"大夫!"陆应诺。南泉曰:"出也。"陆从此开解。(《景德传灯录》卷一〇《陆亘大夫》)

陆亘提出的问题,其实是人类存在陷入困境的问题。这个极为深刻的譬喻,很容易使我们想起莎士比亚《哈姆雷特》中那句"生存还是死亡"(To be or not to be)的名言。从一个人赤身裸体地降生于这个世界时起,他就生活在由外部的社会秩序、伦理纲常和内在的知识理性、七情六欲等等复合构成的"瓶"中,而当他如鹅一样渐渐长大时,便愈来愈为此"瓶"所异化,丧失了自由,迷失了自我。然而,只要人生存于世界,此"瓶"的拘囿便无所不在。因此,人要走出此"瓶",便只有两种选择:一是毁掉生存的空间(毁瓶),一是消灭自己的肉体(损鹅)。但这两种选择都难以实行,生存的空间不可能毁掉,而以死亡为代价的解脱对于人的存在又毫无意义。那么,出路在哪里呢?按照禅宗的观点,人类存在之所以陷入困境,是因为被知见识解迷惑了自性,周围的一切束缚和桎梏,都是由于不认识存在的真实状态而后来加上去的。达摩祖师由西方来东土,旨在教人拨尘见性。但自性这一本体无形无相,是无法表现的,所以须用显体来暗示。南泉召唤陆亘,陆亘应诺,可见他知道自己是谁,而在应诺的一瞬间,他的自性起了作用,所以南泉当机指出:"出也。"即在意识到自我存在的一瞬间,便解脱了"瓶"的困扰。使我们感兴趣的是陆亘和南泉的言说方式,面对哈姆雷特式的存在困惑,他们并没有使用哲学式的沉重喟叹,而采用了诗歌式的幽默隐喻,把抽象说教化为一种自我暗示,从而有效地显现了难以言传的禅本体。

这种唤名应诺的自我暗示方式是禅师们常用的传教手段之一,在禅籍中能找出不少类似的例子:

于公又问:"如何是佛?"师(紫玉道通)唤"于頔",頔应诺。师云:"更莫别求。"(同上卷六《唐州紫玉山道通禅师》)

僧问:"四大五蕴,身中阿那个是本来佛性?"师乃呼僧名,僧应诺。师良久曰:"汝无佛性。"(同上卷七《京兆章敬寺怀晖禅师》)

僧问:"如何是西来意?"师(石霜性空)曰:"若人在千尺井中,不假寸绳,你若出得此人,即答汝西来意。"僧曰:"近日湖南畅和尚出世,亦为人东语西话。"师唤沙弥(即仰山慧寂):"拽出死尸着!"沙弥后举问耽源:"如何出得井中人?"耽源曰:

"咄，痴汉！谁在井中？"仰山后问沩山："如何出得井中人？"沩山乃呼："慧寂！"寂应诺。沩山曰："出也。"（同上卷九《潭州石霜性空禅师》）

这些自我暗示所依据的观念，是所谓"即心即佛"。正如慧超问法眼："如何是佛？"法眼云："汝是慧超。"（《碧岩录》卷一第七则《慧超问佛》）意思是佛性就在你心中，何须外求。从这些例子我们可以看出，禅门中有不少本来是临时方便的隐喻和暗示，逐渐随着师徒承传或是语录记载而流传开来，成为有相对固定意义的象征。

美国学者韦勒克和沃伦在谈及文学的"象征"与"意象"和"隐喻"之间的区别时指出："我们认为'象征'具有重复和持续的意义。一个'意象'可以被转换成一个隐喻一次，但如果它作为呈现与再现不断重复，那就便成了一个象征，甚至是一个象征（或者神话）系统的一部分。"① 禅宗常用的语言和动作的"意象"，与文学的表述方式很接近，也经由描述性的存在到隐喻性的存在，再经由不断地重复而变成为象征性的存在。

最典型的是"牧牛"这一意象的演变过程。比如，有一天，石巩慧藏正在厨房劳作，马祖道一问他："作什么？"答曰："牧牛。"马祖问："作么生牧？"答曰："一回入草去，便把鼻孔拽来。"马祖曰："子真牧牛。"（《景德传灯录》卷六《抚州石巩慧藏禅师》）在这里，石巩关于"牧牛"的回答是描述性的，但由于说话的场景在厨房，"牧牛"的问答就有了几分隐喻的性质。这种隐喻性质在福州大安禅师一段话中表现得更为明显："安在沩山三十来年，吃沩山饭，屙沩山屎，不学沩山禅，只看一头水牯牛。若落路入草，便牵出；若犯

---

① 韦勒克、沃伦《文学理论》第204页，刘象愚等译，生活·读书·新知三联书店，1984年。

人苗稼,即鞭挞调伏。既久,可怜生,受人言语,如今变作个露地白牛。常在面前,终日露迥迥地,趁亦不去也。"(同上卷九《福州大安禅师》)至此,"牧牛"已成为调养心性、修炼净心的著名隐喻。而到了宋元时期,禅门中有《十牛图颂》之类的文本出现(如《住鼎州梁山廓庵和尚十牛图颂》,日本《续藏经》第二编第十八套第五册),"牧牛"更成了象征系统的一部分,如胡文焕所说:"《十牛图》者,盖禅宗托喻于此,以修心证道者也。牧童即人也,牛即心也。"(同上《新刻禅宗十牛图序》)

又如前面所举胜光镬断蚯蚓的故事,本是普请场景中随机生发的隐喻,也成为禅门中常见的话头,即"蚯蚓断为两段,两头俱动,佛性在阿那头"的著名提问(参见《景德传灯录》卷一〇《湖南长沙景岑禅师》、卷一一《襄州延庆法端禅师》)。事实上,有很多类似的隐喻由于成了公案,便因后来禅师的不断重复而逐渐形成既有行话意味、又具典故特征的象征系统。

这种由描述、隐喻到象征的意象性质的发展过程,是禅宗言说语境变化的必然归宿。从普请的参问、主宾的应对,到公案的阅读、文本的阐释,原创性的触机流为层递性的葛藤,随机设化变为依样画葫芦,于是,禅宗语言也随着象征意义的日益固定而魅力日益衰减。

第二章 ● 绕路说禅：
　　　　禅语的隐晦性

　　阅读禅籍的时候，最令人头疼的是其意义的晦涩。这不仅和拈花指月的象征方式有关，而且因为有意曲隐其词的各种修辞手法。禅宗言意观有个基本思路，即佛教的"第一义"是不可言说的。在禅师们看来，"第一义"仿佛是能斩断一切愚情妄见的利刀，但这利刀却容不得任何语言的触及，一触及就"伤锋犯手"。为了避其锋芒，最好的办法当然是沉默，如果迫不得已要发言，就得避免正面回答，使用迂回包抄、侧面烘托的方法。特别是到了晚唐五代禅宗五家形成以后，隐晦的玄言逐渐成为宗门语的主要特色。沩仰宗视禅学为"玄学"，临济宗提倡"三玄三要"，曹洞宗有"不犯正位"之说，都有意绕路说禅，留下一大堆让人费解的疑案。

一、遮　诠

佛教对经典教义的诠释有两种方式：一种叫表诠，一种叫遮诠。顾名思义，表诠是一种显露的言说，遮诠是一种隐晦的言说。具体说来，表诠是指从事物的正面作肯定的解释，而遮诠是指从事物的反面作否定的解释。圭峰宗密《禅源诸诠集都序》论"遮诠表诠异者"指出："遮谓遣其所非，表谓显其所是。又遮者拣却诸余，表者直示当体。"他举例说："如说盐云不淡是遮，云咸是表；说水云不干是遮，云湿是表。"就佛经对"真妙理性"的解释而言，凡是说"不生不灭，不垢不净，无因无果，无相无为，非凡非圣，非性非相等"，皆是遮诠；凡是说"知见觉照，灵鉴光明，朗朗昭昭，惺惺寂寂等"，皆是表诠（《禅源诸诠集都序》卷下之一，《大正藏》第四十八卷）。

如果说教门诠释佛教教义还是遮表结合的话，那么宗门却主要采用遮诠。圭峰宗密分析了禅宗各派使用这两种诠释方法的情况后认为，"空宗之言但是遮诠，性宗之言有遮有表"（同上）。但实际上，以《坛经》为代表的"无念为宗，无相为体，无住为本"的南宗禅，无论是倾向于空宗还是性宗，都主要采用了一种遮诠的隐性方式。有僧问马祖道一："和尚为什么说即心即佛？"马祖回答说："为止小儿啼。"僧又问："啼止时如何？"马祖云："非心非佛。"（《景德传灯录》卷六《江西道一禅师》）也就是说，"即心即佛"是对付一般愚昧信徒而言，对待已领悟禅理的智者，就该说"非心非佛"。马祖的说法代表了中唐禅宗的主流观点，正如宗密所说："今时人皆谓遮言为深，表言为浅，故唯重非心非佛、无为无相，乃至一切不可得之言。"(《禅源诸诠集都序》卷下之一)这种重遮轻表的情况,随着晚唐五代禅学的玄学化以及呵佛骂祖的升温而愈演愈烈,一般禅徒动辄使用否定的反面的语言,故弄玄虚,以至于引起永明延寿禅师的忧虑:"如今实未亲证见性之人,但效依通情传意解,唯取言语中妙,以遮非泯绝之文,而为极则。以未见谛故,不居实地,一向托空,随言所转,近来尤甚,莫可遏之。"(《宗镜录》卷三四,《大正藏》第四十八卷)

那么,禅师们为何对"遮诠"情有独钟呢?因为在他们看来,"第一义"一经表诠诠释,便成语言垃圾,正如百丈怀海所言,"说得修行得佛,有修有证,是心是佛,即心即佛",都是"不了义语"、"不遮语",也就是"死语"(《古尊宿语录》卷一《百丈怀海禅师语录》)。但是"第一义"总得有方法表达才行,否则宗教的承传很难进行下去。其实,当禅师们在说"第一义"不可说之时,就已是在用遮诠说"第一义"。好比画月亮,用线条在白纸上画一个圆圈,这是表诠的画法;而在纸上涂些颜料或泼些水墨以作云彩,中间露一个白圆块,烘云托月,这用的就是遮诠。百丈怀海认为,只有使用遮诠,"不许修行得佛,无修无证,非心非佛",才是"了义语"、"遮语",才是"生(活)语"(同上)。

宗门语中最符合宗密定义的"遮诠"是从反面作否定的回答,即所谓"遣其所非"或"拣却诸余"。比如:

僧问:"如何是古佛心?"师曰:"终不道土木瓦砾是。"(《景德传灯录》卷一七《洪州泐潭延茂禅师》)

问:"如何是法?"师曰:"唐人译不出。"(《五灯会元》卷一五《雪峰象敦禅师》)

僧问:"如何是佛法大意?"师曰:"多少人摸索不着。"(同

上《彰法澄泗禅师》)

僧问:"如何是佛?"师曰:"木头雕不就。"(同上卷一六《云居了元禅师》)

这种回答的特点是,假设一种错误的定义并对之作出否定,从而以一种类似排除法的方式达到肯定正确的目的。比如,先假设出"古佛心是土木瓦砾"这个错误的定义,再用"终不道"否定它。同理,先假设"法唐人译得出"、"佛法大意多少人摸索得着"、"佛木头雕得就"这些错误的说法,然后用"译不出"、"摸索不着"、"雕不就"去否定它们。

还有一种较典型的遮诠是否定式的反问,即针对提问不作正面回答,而以否定的形式对提问本身提出反问。比如:

问:"如何是佛?"师曰:"如何不是佛?"(《景德传灯录》卷一三《如州风穴延沼禅师》)

问:"如何是西来意?"师云:"如何是不西来意?"(《祖堂集》卷一〇《安国和尚》)

僧问:"奔马争毬,谁是得者?"师曰:"谁是不得者?"(《五灯会元》卷六《新罗清院禅师》)

这种反问是更严格的排除法,排除了"如何不是佛"、"如何是不西来意"、"谁是不得者",自然就知道"如何是佛"、"如何是西来意"、"谁是得者"。这些反问就是烘托画上月亮的颜料或水墨,正因它们占满了周围的空间,才突出了"第一义"的白圆块。

事实上,只要不从问题的正面作出肯定的解释,无论是纯素任真的随意作答,还是暗设机巧的指东道西,或是故弄玄虚的羚羊挂角,都可以归入遮诠的范畴。因为这些回答或解释都有意无意采用了遮掩正题的方式,而这种遮掩显然是出于禅宗"不立文字"的考虑。正因如此,永明延寿才几乎将五代宋初的禅门机锋都视为"遮非泯绝之文"。

"文字禅"的倡导者惠洪也是"遮诠"的积极倡导者,他在赞颂禅宗初祖达摩的禅法时说:"护持佛乘,指示心体。但遮其非,不言其是。婴儿索物,意正语偏;哆啝之中,语意俱捐。"(《石门文字禅》卷一八《六世祖师画像赞·初祖》)这段话有几点值得注意:

其一,惠洪把"遮诠"视为达摩创立的禅宗正统的诠释方式。据《景德传灯录》卷三《第二十八祖菩提达摩》旁注引《别记》云:"师初居少林寺九年,为二祖说法……师只遮其非,不为说无念心体。"在传统的看法中,达摩的禅法是"不立文字,教外别传",而惠洪则强调达摩"但遮其非,不言其是"的一面,把"护持佛乘,指示心体"归结到阐释技巧的运用上来,从而曲折地表明了他的"心之妙不可以语言传(故不立文字),而可以语言见(故不离文字)"的一贯观点(同上卷二五《题让和尚传》)。

其二,宗密和延寿对"遮诠"的解释是"遣其所非"、"绝百非",惠洪却有意把它和"意正语偏"联系起来,这实际上是他对这一诠释方法的引申,即除了遣"非"以显"是"以外,也可以"偏"言以显"正"。显然,所谓"意正语偏"与曹洞宗的"五位偏正"之说颇有联系,与惠洪称赞的"不犯正位,语忌十成"的曹洞家风是相通的(见惠洪《林间录》卷上)。惠洪读过《宗镜录》(如《石门文字禅》卷二五有《题宗镜录》《题法惠写宗镜录》),应该了解延寿对"遮诠"的解释,但他之所以拈出"意正语偏"一词,实在是出于禅宗公案语言运用的事实以及阐释古德公案的需要。

其三,惠洪把"遮诠"和婴儿索物的"哆啝"之语联系起来,认为这是禅家的最高境界,即一种抛弃了语言和思想的无分别取舍的境界。"哆啝"是禅宗常用语,又作"哆哆和和",如南泉普愿禅师云:"不可指东指西赚人。你当哆哆和和时,作么不来问老僧,今时巧黠,始道我不会图什么。"(《古尊宿语录》卷一二《池州南泉普愿禅师语要》)石室善道和尚云:"汝不见小儿出胎时,可道我解看教不解看教。当恁么时,亦不知有佛性义、无佛性义。及至长大,便学种种知解出来,便道我能我解,不知是客尘烦恼。十六行中,婴儿行为最,哆哆和和时,喻学道之人离分别取舍心。故赞叹婴儿,可况喻取之。"(《景德传灯录》卷一四《潭州石室善道和尚》)万松行秀《从容庵录》解释说:"哆哆和和,婴儿言语不真貌。又《法华释籤》云:'多跢,学行之相;噅和,习语之声。'"(《从容庵录》卷一第八则《百丈野狐》)"哆哆和和"又作"婆婆和和",洞山良价赞《宝镜三昧》也提到语言使用应如婴儿的问题:"如世婴儿,五相完具。不去不来,不起不住。婆婆和和,有句无句。终不得物,语未正故。"(《人天眼目》卷三《曹洞宗·宝镜三昧》)

由此可见,"遮诠"不仅仅是一种诠释方式,而且体现了禅宗的整个宗教语言观。这样,禅宗公案中那些实在无法猜测其含义的对话,也可以用"哆啝之中,语意俱捐"的观点予以合理的解释。随便举几个例子:

> 僧问:"万法归一,一归何所?"师云:"老僧在青州作得一领布衫重七斤。"(《景德传灯录》卷一〇《赵州东院从谂禅师》)
>
> 问:"如何是诸佛师?"师云:"钉钉东东,骨低骨董。"……师坐次,有僧蓦然问:"请师道。"师云:"苏噜苏噜娑婆诃。"(《古尊宿语录》卷六《睦州和尚语录》)
>
> 问:"习学谓之闻,绝学谓之邻,过此二者,谓之真过。如

何是真过?"师曰:"禾山解打鼓。"曰:"如何是真谛?"师曰:"禾山解打鼓。"问:"即心即佛则不问,如何是非心非佛?"师曰:"禾山解打鼓。"曰:"如何是向上事?"师曰:"禾山解打鼓。"(《五灯会元》卷六《禾山无殷禅师》)

马大师不安。院主问:"和尚近日尊候如何?"大师云:"日面佛,月面佛。"(《碧岩录》卷一第三则《马祖日面佛月面佛》)

这些回答和问话之间有什么逻辑联系呢?是象征呢,还是隐喻呢?至少从表面上我们对它们所要表达的意义一无所知。祖师们仿佛在喃喃自语,毫不关心僧徒们在说些什么。例如禾山禅师,面对四个不同的提问,都只说"禾山解打鼓"一句莫名其妙的话,完全不管问话本身。特别是睦州和尚,干脆答之以叮叮咚咚、叽哩咕噜的象声词。这不就是婴儿索物似的哆哆和和之语吗?《碧岩录》对赵州、禾山、马祖这三则公案都作了评唱,但其评语总是躲躲闪闪,落不到实处,最终也没解释这三位祖师言句的究竟意义,只说了些"向上一路,千圣不传"、"虽难见却易会,虽易会却难见"之类搪塞的话(同上卷一第三则《马祖日面佛月面佛》、卷五第四十五则《赵州七斤布衫》)。其实,这些祖师的言句本身就没有什么意义,正如克勤指出的那样:"此语不涉理性,亦无议论处。"(同上卷五第四十四则《禾山解打鼓》)若定要寻绎这些话的意义,那也不过是暗示了一种"语意俱捐"的观点罢了。

有一则著名的公案叫做"洞山麻三斤":僧问洞山(守初禅师):"如何是佛?"洞山云:"麻三斤。"(《景德传灯录》卷二二《随州双泉师宽禅师》)佛与麻三斤之间究竟有什么关系呢?正因这则公案意义的晦涩,历来引起很多禅师和学者的猜测与解释。迄今为止,仍有学者试图通过考证追寻它的本义,如日本学者入矢义高就根据云门文偃"三斤麻,一匹布"的话头推测"麻三斤"是做一领袈裟的材料[1]。然而,克勤早在《碧岩录》中就对种种不懂禅理妄加解释的说法痛加驳斥,并阐述了应当如何抛弃是非分别之心的理解原则:

> 这个公案多少人错会,直是难咬嚼,无你下口处。何故?淡而无味。古人有多少答佛话,或云"殿里底",或云"三十二相",或云"杖林山下竹筋鞭"。及至洞山,却道"麻三斤",不妨截断古人舌头。人多作话会,道:"洞山是时在库下秤麻,有僧问,所以如此答。"有底道:"洞山问东答西。"有底道:"你是佛,更去问佛,所以洞山绕路答之。"死汉更有一般道:"只这麻三斤,便是佛。"且得没交涉。你若怎么去洞山句下寻讨,参到弥勒佛下生,也未梦见在。何故? 言语只是载道之器,殊不知古人意,只管去句中求,有什么巴鼻?不见古人道:"道本无言,因言显道。"见道即忘言,若到这里,还我第一机来始得。只这"麻三斤",一似长安大路一条相似,举足下足,无有不是。这个话与云门餬饼话是一般,不妨难会。你但打叠得情尘意想、计较得失是非一时净尽,自然会去。(《碧岩录》卷二第十二则《洞山麻三斤》)

按照克勤的说法,洞山的话"淡而无味",是没有具体意义的,它的作用是"截断古人舌头",把参禅从语言的桎梏中解救出来。它不能作为"话"来理解,因此任何一种解释"且得没交涉"。要真正理解这则公案,就得去除一切情尘意想、是非得失之心。换言之,洞山的话就如婴儿的呓语,只能用"语意俱捐"的婴儿之心才能领会。

---

[1] 入矢义高《禅语散论——"干屎橛"、"麻三斤"》,《俗语言研究》第2期,禅籍俗语言研究会编,日本京都花园大学内禅文化研究所,1995年6月。

如果这则公案发生在中唐或晚唐前期的普请场景中,我们也许可以把它看做"存在即此在"式的一种回答,如有的禅师解释的那样,洞山当时正在库中称麻,有僧问佛,所以随口答之。但由于这则公案的语境已不可考,而且产生于各种玄言盛行的时代,我们也许不得不同意克勤的解说。

二、隐　语

永明延寿禅师指出:"佛法世法一一皆有名体。"他以水为例解释说,"水"是物之"名","湿"是物之"体",而"澄之即清,混之即浊,堰之即止,决之即流,而能灌溉万物,洗涤群秽"是水的"功能义用"。也就是说,水这一物体,可以从"名"(名称)、"体"(本质)、"用"(功能)三个方面来认识。延寿认为:"空宗相宗,为对初学及浅机,恐随言生执,故但标名而遮其非,唯广义用而引其意;性宗为对久学及上根,令忘言认体,故一言直示。"(《宗镜录》卷三四)这里的"标名而遮其非"可以理解为对标名的遮掩,即不从正面标举事物的名称,而从事物"义用"的角度去展示事物的意义。在禅籍语言的实际使用中,除了延寿这样的有义学倾向的禅师主张直接言"体"外(顺便说,延寿也是表诠的提倡者),绝大多数的禅师采用的是"言其用不言其名"或"言其用不言其体"的方式。

这种言说方式可称作"隐语",不述本意、不称本名而用他辞暗示。"隐语"是中国本土一种很古老的言说传统,又称"廋词"。刘勰《文心雕龙·谐隐》曰:"昔楚庄、齐威性好隐语,至东方曼倩尤巧辞述。"《汉书·东方朔传》载东方朔所说隐语:"夫口无毛者,狗窦也;声謷謷者,鸟哺鷇也;尻益高者,鹤俛啄也。"这种隐语类似谜语,其功能主要在于一种文词上的戏谑,而其形式则是典型的"言其用不言其名"。禅师们却借用这种形式,把它改造为"绕路说禅"的方式之一。隐语在佛经文本中极少见,在禅籍中却极为常见,可谓地道的本土话语。试看下面几则例子:

> 问:"如何是古佛心?"师曰:"白牛露地卧清溪。"(《景德传灯录》卷二四《石门山绍远禅师》)
> 问:"如何是佛?"师曰:"丙丁童子来求火。"(同上卷一七《安州白兆山志圆禅师》)
> 问:"祖意教意是同是别?"师曰:"牛马同群放。"(《五灯会元》卷一三《灵泉归仁禅师》)
> 问:"如何是提婆宗?"师曰:"银碗里盛雪。"(同上卷一五《巴陵颢鉴禅师》)

第一个例子中的"白牛露地"出自福州大安禅师关于调养心性的著名譬喻"露地白牛"(见《景德传灯录》卷九《福州大安禅师》),在此已成为"古佛心"的隐语,它以养心之"义用"取代了心之"名体"。第二个例子中的"丙丁童子来求火"的意思正如玄则禅师所说:"丙丁是火而更求火,亦似玄则将佛问佛。"(同上卷二五《金陵报恩玄则禅师》)按中国五行观念,丙丁属火,所以丙丁童子就是火神的代名词。禅宗认为人人自身都有佛性,不假外求,因此"丙丁童子来求火"就是将佛问佛的隐语。第三个例子中"牛马同群放"的含义可参见另一则公案,僧问白云子祥禅师:"祖意教意是同是别?"答曰:"不别。"(《五灯会元》卷一五《白云子祥禅师》)显然,"牛马同群放"的意思就是"不别",只不过后者是表诠,而前者是隐语或广义的遮诠。第四个例子中的"提婆宗"本为西天第十五祖提婆尊者,禅宗视之为外道宗。马祖云:"凡有言句,是提婆宗。"(见《碧岩录》卷二第十三则《巴陵银碗里雪》)但若依禅宗万法平等、凡圣本同的观念,外道与正宗、有句与无句本无差别。而"银碗里盛雪"出自洞山良价的《宝镜三昧》:"银碗盛雪,明月藏鹭。类之弗齐,混则知处。"(《人天眼目》卷三《曹洞宗·宝镜三昧》)正是混同无别的隐语。

曹洞宗的"五位君臣"就是使用隐语的典型。曹山本寂解释洞山良价的"五位君臣"的禅法说:"以君臣偏正言者,不欲犯中。故臣称君,不敢斥言也。"(《抚州曹山元证禅师语录》)"斥言"是指名而言。"不敢斥言"本是中国传统文化特有的"避讳"现象之一,曹山借用来比喻禅宗语言对"第一义"的避讳,即谈禅不得正面直接说道理,不得出现"佛性"、"真如"、"实相"、"根尘"、"修证"、"圆成"等佛教术语。曹洞宗的禅理主张即色即空,理事圆融,但在言说这一道理时,他们总要使用其他语词代替,比如用"君"或"正位"代指"空"、"理",用"臣"或"偏位"代指"色"、"事",并由此构造出一个由隐语组成的说理系统。在这套系统中,空色、理事的关系转换为"五位君臣"的关系,即"君位"、"臣位"、"君视臣"、"臣向君"、"君臣合";或是对应为"五位功勋"的关系,即"正中偏"、"偏中正"、"正中来"、"兼中至"、"兼中到";或是对应为"五位王子",即"诞生王子"、"朝生王子"、"末生王子"、"化生王子"、"内生王子"。《人天眼目》载石霜庆诸出题、洞山良价(悟本)作颂的《五位王子颂》,全部用隐语解说佛性的修证:

诞生(内绍嫡生。又云:正位,根本智,储君太子也。)
天然贵胤本非功(不假修证,本自圆成),德合乾坤育势隆(本自尊贵中来)。始末一期无杂种(本无杂念),分宫六宅不他宗（六根唯以一机轴）。上和下睦阴阳顺（前后一际），共气连枝器量同（始终无二）。欲识诞生王子父（须知向上更有一人在），鹤腾霄汉出银笼（千圣不传）。

朝生（庶生。宰相之子，已落偏位，涉大功勋。亦云外绍臣种。）

苦学论情世不群（有修有证），出来凡事已超伦（虽有修有证，本自尊贵中来）。诗成五字三冬雪（染污不得），笔落分毫四海云（不守住）。万卷积功彰圣代（大功修证），一心忠孝辅明君（知有向上人，始得奉重）。盐梅不是生知得（修证还同），金榜何劳显至勋（不假修证，不待功勋）？

末生（有修有证。群臣位。）

久栖岩岳用功夫（有修有证），草榻柴扉守志孤（直是不待功勋，一尘不染）。十载见闻心自委（方全肯重），一身冬夏衣缧无（赤洒洒，干剥剥）。澄凝愁看三秋思（一尘不染），清苦高名上哲图（学者可以为王尊贵之事）。业就巍科酬极志（本业成就），比来臣相不当途（虽然如是，功勋不犯）。

化生（借位明功。将军位。）

傍分帝化为传持（分佛列祖），万里山河布政威（正令当行）。红影日轮凝下界（从尊贵中来），碧油风冷暑炎时（正布威时，谁敢犯令）。高低岂废尊卑奉（知有底如解奉重），五袴苏途远近知（为甦涂炭也）。妙印手持烟塞静（谁敢当头），当阳那肯露纤机（终始功勋不犯）？

内生（亦为内绍。根本同出，诞生同。）

九重深密复何宣（无言无说，正令当行）？挂弊由来显妙传（曲为今时）。只奉一人天地贵（奉重内生王子父），从他诸道自分权（虽然言一用，要在一机轴）。紫罗帐合君臣隔（入他无异相,体知同一国),黄阁帘垂禁制全(天下音成,正令当行)。为汝方隅官属恋(正是幼生子),遂将黄叶止啼钱(不免权此问)。(《人天眼目》卷三《五位王子颂》)

这五首七言律诗,从题目到内容,句句都是隐语,若非智昭括号中的注释,我们很难揣测其意。表面看来,这些诗是在歌颂出身不同、身份不同的人各自的生活,有天生尊贵的储君,有积代勋阀的公子,有苦读及第的进士,有威震山河的将军,有权尊九重的帝王,而实际上是代指根性不同的参禅者各自的修行方法和所达到的境界。其实,智昭的注释本身也使用了一些隐语,如"功勋"、"正令"、"幼生子"等等,只是这些隐语已成为禅宗的行业语言,一般禅师不待解释已知其意。

自禅宗五家形成后,宗门隐语的使用越来越广泛,且不仅仅限于曹洞宗一家。如著名的"云门三句"就是由隐语组成,"函盖乾坤"代指至大无外、万法平等的境界,"截断众流"代指斩断语言葛藤、打破常情识解的境界,"随波逐浪"代指随机应变、不拘故常的应接方式。至于其他机锋应接以及颂古评唱,更是大量采用隐语。

司马光曾指责北宋中叶以临济和云门为代表的禅风说:"今之言禅者,好为隐语以相迷,大言以相胜,使学者伥伥然益入于迷妄。"(见岳珂《桯史》卷八《解禅偈》,中华书局排印本,1981年)以佛教词语而论,称知见解会为"鹘臭布衫",称大悟禅旨为"打破漆桶",称言说谤法为"不惜眉毛",称为世差遣为"穿却鼻孔"。就是一般性的语词,也有意避免用其本名,如称杂物为"骨董",称手杖为"木上座"等,甚至出现了以隐语自欺欺人的现象,如苏轼指出:"僧谓酒'般若汤',谓鱼'水梭花',谓鸡'钻篱菜',竟无所益,但自欺而已。"(《苏轼文集》卷七二《僧自欺》)这些隐语不仅成了诗人舞文弄墨的好材料，如江西诗派饶节诗云："我已定交木上座，君犹求旧管城公。"(《倚松老人诗集》卷二《次韵答吕居仁》，清宣统庚戌刊《江西诗派》本) 谢逸诗云："曲肱但作吉祥卧，浇舌惟无般若汤。"(谢逸《溪堂集》卷五《闻幼槃弟归喜而有作二首》其二，《豫章丛书》本) 而且也启发诗人对曲隐其词的美学效果有了自觉的追求，如苏轼的朋友赵令畤说："予诗中有'青州从事'对'白水真人'，公（东坡）极称之，云：'二物皆不道破为妙。'"(赵令畤《侯鲭录》卷一，《知不足斋丛书》本) 按，"青州从事"和"白水真人"分别是酒和钱的隐语。苏轼所谓"不道破为妙"，也是禅宗使用语言的基本原则。

惠洪是北宋后期融通禅宗诸家言说方式的重要人物，也是将禅宗言说方式转化为诗歌表达技巧的重要人物。他不仅把石头希迁《参同契》中的"明暗之意"和曹洞宗的"五位偏正"、临济宗的"句中玄"、云门宗的"三句"联系起来（见《石门文字禅》卷二五《题清凉注参同契》），而且把禅宗"言其用不言其名"的方式移植到诗论中去："用事琢句，妙在言其用不言其名耳。此法唯荆公、东坡、山谷三老知之。荆公曰：'含风鸭绿鳞鳞起，弄日鹅黄袅袅垂。'此言水、柳之用，而不言水、柳之名也。"(《冷斋夜话》卷四《诗言其用不言其名》) 以事物的功能作用来代替事物的名称，避免直接描写，使语义显得迂曲。比如王安石的诗，用"鸭绿"代水，"鹅黄"代柳，不仅有"不道破之妙"，而且深具视觉效果。

宋人论诗还有"言用勿言体"的说法，这也是从禅宗那里借鉴而来的。《漫叟诗话》记陈本明论诗云："前辈谓作诗，当言用勿言体，则意深矣。若言冷则云'可咽不可漱'，言静则云'不闻人声闻履声'之类。"(胡仔《苕溪渔隐丛话·前集》卷三七引，人民文学出版社排印本，1981年) 所举两例都是苏轼的诗句，分别描写泉水之冷和寺院之静（见《苏轼诗集》卷二三《栖贤三峡桥》、卷一〇《宿海会寺》）。所谓"体"，指抽象的本体或性质；所谓"用"，指具体的作用或表现。"言体"者，容易造成浮泛空洞和直说乏味；"言用"者，既具体生动而又迂曲深婉。以苏诗为例，"冷"和"静"是"体"，如果直接道出，了无余蕴，而云"可咽不可漱"、"不闻人声闻履声"，则不仅化空洞为落实，而且避免了正面直说。

必须指出，"体"和"用"是禅宗颇爱使用的一对概念，如《坛经·定慧品》："灯是光之体，光是灯之用"，"真如即是念之体，念即是真如之用"。中国禅从楞伽师时代起便十分重视体用相即之说，到了马祖道一的洪州禅，更由对"体"的回归转向对"用"的自觉。在语言运用上主张"偏正回互"的曹洞宗，恰巧强调"混然体用"（参见洞山良价《玄中铭并序》，载《筠州洞山悟本禅师语录》）。禅宗公案中常见的以具象语言回答诸如"如何是佛法大意"一类的抽象问题，正是坚持了"言用勿言体"的诠释原则。

三、玄　言

从晚唐时期起，禅宗语言出现了玄虚化、神秘化的倾向。沩山灵祐把"禅学"称为"玄学"，以与"义学"相对举，如他询问仰山慧寂："子既称善知识，争辨得诸方来者，知有不知有？有师承无师承？是义学是玄学？子试说看。"（《景德传灯录》卷一一《袁州仰山慧寂禅师》）而玄学与义学的区别，主要体现在语言风格的差异上。正如汾阳善昭所说："夫参玄大士，与义学不同，顿开一性之门，直出万机之路。……了万法于一言，截众流于四海。"（《汾阳无德禅师语录》卷下）也就是说，玄学没有义学那么多繁琐的注疏和解说，而是以"一言"截断理路,使人"顿了万法"。而这"一言",往往包含着极其玄妙深奥的意义,从字面上完全无法理解,所以也称作"玄言"。

禅宗以"玄"代"禅",有可能受到魏晋玄学的影响。《老子》曰:"玄而又玄,众妙之门。"就禅宗而言,"众妙之门"就是"心",不管是唤作"理"还是"道"、"佛"。"心"是很玄妙的,一般语言难以企及,"言之玄也,言不可及;旨之妙也,旨不可归"(《汾阳无德禅师语录》卷上),因此需要用玄言表示玄旨。值得注意的是,禅宗的"玄言"虽与魏晋玄学的"玄言"有相通之处,同样精微玄妙,但其表现形式仍有很大的不同,最突出的区别是,魏晋的玄言具有较强的哲学思辨色彩,所谓"辨名析理",而禅宗的玄言却有意颠覆任何形式的思辨,所谓"顿开直出";魏晋的玄言探讨的是形而上的无限的存在,而禅宗的玄言却重视活生生的有限的此在。

以睦州陈尊宿为例,《景德传灯录》记载:"时有学人叩激,(睦州)随问遽答,词语峻险,既非循辙,故浅机之流,往往嗤之,唯玄学性敏者钦伏,由是诸方归慕。"(《景德传灯录》卷一二《睦州龙兴寺陈尊宿》)既然睦州的不遵循通常言说规则的"峻险"之语为"玄学性敏者"所喜爱,可见其"词语"正是宗门所说的"玄言"。试看下面例子:

> 问:"如何是向上一路?"师云:"你问将来,我与你道。"进云:"便请道。"师云:"抖擞多年穿破衲,褴氇一半逐云飞。"问:"请师讲经。"师云:"买帽相头。"进云:"谢师慈悲。"师云:"拈头作尾,拈尾作头,还我第三段来。"
>
> 问:"如何是超佛越祖之谈?"师蓦拈拄杖示众云:"我唤作拄杖,你唤作什么?"僧无语。师再将拄杖示之云:"超佛越祖

之谈,是你问么?"僧无语。(《古尊宿语录》卷六《睦州和尚语录》)

倘若睦州和尚使用了否定、矛盾或不合理的话,那么我们还可找到其思辨的痕迹。然而,他的答话与提问是如此毫不相关,简直是问东答西,这就完全令人茫然不解。显然,"玄言"是无法从语义层面去解释的,甚至也无法从思辨的层面去深究。但睦州的确说的是极平常极普通的语言,"槛毵一半逐云飞"、"买帽相头"、"我唤作拄杖",这些都是运载着生活经验的大实话,它们的玄妙只是相对于提问才显示出来。

赵州从谂也被宗门视为一个玄言大师,《景德传灯录》称他的"玄言布于天下,时谓赵州门风"。那么赵州的"玄言"又有什么风格呢?试以几则被《碧岩录》评唱的著名公案为例:

问:"承闻和尚亲见南泉,是否?"师云:"镇州出大萝卜头。"
师示众云:"至道无难,唯嫌拣择。才有言语,是拣择,是明白?老僧却不在明白里,是你还护惜也无?"问:"和尚既不在明白里,又护惜个什么?"师云:"我亦不知。"学云:"和尚既不知,为什么道不在明白里?"师云:"问事即得,礼拜了退。"
问:"如何是赵州?"师云:"东门、西门、南门、北门。"(《古尊宿语录》卷一三《赵州真际禅师语录并行状卷上》)
问:"初生孩子还具六识也无?"师云:"急流水上打毬子。"
问:"久向赵州石桥,到来只见掠彴子?"师云:"阇黎只见掠彴子,不见赵州石桥。"云:"如何是石桥?"师云:"过来!过来!"又云:"度驴度马。"(同上卷一四《赵州真际禅师语录之余》)

第一则"镇州出大萝卜头"这句话,与问话毫不相干,所以克勤称之为"无味之谈,塞断人口"(《碧岩录》卷三第三十则《赵州大萝卜头》)。但就这句话本身而言,描述的却是事实。第二则"至道无难"等句出自三祖僧璨《信心铭》:"至道无难,唯嫌拣择。但莫憎爱,洞然明白。"(《景德传灯录》卷三〇)有了言语,是拣择呢,还是明白呢?既然自己的"心"不在明白中,还有必要护惜吗?赵州从谂把自己的困惑讲述给众人,并且承认"我亦不知",目的是让众人去参悟。所以克勤认为"此是大手宗师,不与你论玄论妙,论机论境,一向以本分事接人"(《碧岩录》卷一第二则《赵州至道无难》)。第三则僧问"如何是赵州",问的是赵州的禅法,即赵州门风,而赵州从谂却就"赵州"字面据实回答,赵州城有东西南北四门。表面看来,问答相接,但实际上问的是形而上的问题,答的却是形而下的事物,二者风马牛不相及。第四则所谓"六识"是佛教教门的概念,指眼识、耳识、鼻识、舌识、身识、意识,即由色、声、香、味、触、法六境而生的见、闻、嗅、味、觉、知六种认识作用。禅宗认为"初生孩儿虽具六识,眼能见,耳能闻,然未曾分别六尘好恶、长短、是非、得失"(同上卷八第八十则《赵州初生孩子》),也就是说,婴儿无分别取舍之心。赵州从谂答之以"急水上打毬子",意思是念念不停流,暗示无拘无碍、快活自在的境界。这种境界就是婴儿无功用的境界。第五则"掠彴"(《碧岩录》作"略彴")指独木桥,其僧故意借贬石桥而"减赵州威光"。从谂称赵州石桥"度驴度马",也只是如实描述,但暗含普度众生之意,将其僧也网罗在内,以不动声色的嘲讽回敬了其僧的贬损。这是典型的"斗机锋",但语言"平实安稳","更不伤锋犯手"(同上卷六第五十二则《赵州渡驴渡马》)。由此可见,赵州的"玄言"在很大程度上是平常语言,并不有意追求玄妙。事实上,赵州对玄虚化的禅风颇为不满,有僧问:

"如何是玄中玄？"他回答说："说什么玄中玄、七中七、八中八？"又有问"玄中玄"的僧人自称"玄来久矣"，赵州说："赖遇老僧，洎合玄杀这厮生。"（《古尊宿语录》卷一三《赵州真际禅师语录并行状卷上》）而赵州的言句之所以被称为"玄言"，乃是由于日趋玄虚化的禅宗各派的误读。

有意识提倡玄言的是临济义玄，他曾经说过"一句语须具三玄门，一玄门须具三要"的话，后成为临济宗的重要门庭设施，即所谓"三玄三要"。什么是"三玄三要"呢？义玄说得含糊笼统，但其大概意思是在言句中要蕴藏玄妙的禅理，话中有话，言外有旨。后来的禅师们对此有种种猜测和争论。汾阳善昭特别重视"三玄三要"，把它看成是禅语玄言运用的典范。他作颂解释说：

　　三玄三要事难分，得意忘言道易亲。一句明明该万象，重阳九日菊花新。（同上卷一〇《汾阳昭禅师语录》）

意思是说，"三玄三要"的具体所指难于辨别，关键是要悟解句中蕴藏的玄旨，由"得意忘言"而契合妙道。这玄妙的一句语中该备万象，包含着生命的原创力。"重阳"是双关语，暗指《周易》中的乾卦，用以譬喻"君子以自强不息"的精神。对此，汾阳另有说明："汝还会三玄底时节么？直须会取古人意旨，然后自心明去，更得变通自在，受用无穷，唤作自受用身佛，不从他教，便识得自家活计。"（同上）古人寓禅于言，所以句藏三玄；后人忘言得意，所以别求玄解。也就是说，玄言是不能从字面上去理解的。但什么是包含了"三玄三要"的句子呢？这种句子在语言形式上究竟有什么特征呢？临济义玄、汾阳善昭并没有明确的解说。不过，汾阳有答僧问的"三句"，似乎可当做这种句子的范本：

> 问:"如何是学人着力处?"师曰:"嘉州打大像。"曰:"如何是学人转身处?"师曰:"陕府灌铁牛。"曰:"如何是学人亲切处?"师曰:"西河弄师子。"乃曰:"若人会得此三句,已辨三玄。更有三要语在,切须荐取,不是等闲。"(同上)

汾阳所答三句,都是当时人们熟悉的歇后语,"嘉州打大像"意谓"空开大口"或是"天生自然","陕府灌铁牛"意谓"千人万人共见","西河弄师子"意谓"咬人太急"[①]。但依此歇后语的意义仍无法把问与答联系起来。我怀疑汾阳改造了歇后语的意义,"嘉州打大像"指海通和尚开凿嘉州(今四川乐山)大佛之事,历尽艰辛始成,正可暗示"学人着力处";"陕府灌铁牛"指陕州(今河南陕县)黄河中大禹所铸铁牛之事,铁牛横身阻黄河水势,正可暗喻"学人转身处";"西河弄师子"本为唐代舞曲,但"西河"即汾州(今山西汾阳),"弄师子"即佛教所谓"作师子吼",得大自在,正可暗喻"学人亲切(悟道)处"。

荐福承古禅师依据汾阳善昭之颂给"三玄"拟出名目。他认为,"三玄三要事难分"一句是"总颂三玄","得意忘言道易亲"一句是"玄(或作意)中玄","一句明明该万象"一句是"体中玄","重阳九日菊花新"一句是"句中玄"。那么,又该怎样来认识或区别"体中玄"、"句中玄"、"玄中玄"在禅师对答语句中的表现呢?承古举例说:如僧问赵州:"如何是学人自己?"赵州对曰:"山河大地。"这类语句就是"体中玄"。如僧问云门:"如何是超佛越祖之谈?"云门答曰:"餬饼。"这类语句就是"句中玄"。如外道问佛:"不问有言,不问无言。"佛良久(默然),外道曰:"世尊大慈大悲,开我迷云,

---

① 参见《禅语辞书类聚》第二册《宗门方语》《禅林方语》等,日本京都花园大学内禅文化研究所印行。

令我得入。"这类语句就是"玄中玄"。按照承古的阐释,"体中玄"是问答相对衔接、意义相对直露的玄言,是所谓"合头语",因此易被"见解所缠,不得脱洒"。"句中玄"是问答脱节、意义隐晦的玄言,它是对"体中玄"的超越,有意问东答西,表现出一种"总无佛法知见"的潇洒。"玄中玄"是不作回答、不涉言句的玄言,或沉默,或棒喝,它又是对"句中玄"的超越,是彻底的觉悟,不仅摆脱知见见解,而且透过生死之念,"不坐在脱洒路上,始得平稳,脚踏实地"。承古最后总结说:"三世诸佛所有言句教法,出自体中玄;三世祖师所有言句并教法,出自句中玄;十方三世佛之与祖所有心法,出自玄中玄。"(以上所引语均见《禅林僧宝传》卷一二《荐福古禅师传》)

如果承古的说法成立的话,那么,禅宗祖师所有的难于理解的话头,都出自"句中玄",而佛教义学的文本,都出自"体中玄"。但事实上,承古所举"体中玄"的例子,如马祖、赵州等人的公案,也属于禅宗祖师的言句。显然,承古的结论难以自圆其说。更合理的解释应是,早期禅师的言句多为"体中玄",晚唐以后禅师的言句多为"句中玄"。关于禅宗言句由显到隐、由直到曲、由实到虚、由拙到巧的变化,禅师们多有评论,如云居道膺指出:"古人纯素任真,有所问诘,木头碌砖随意答之,实无巧妙。"(《石门文字禅》卷二五《题云居弘觉禅师语录》)大慧宗杲指出:"祖师西来,直指人心,见性成佛。于今诸方多是曲指人心,说性成佛。"(《大慧普觉禅师宗门武库》,《大正藏》第四十七卷)永觉元贤指出:"六祖以前,多是有义句;六祖以后,多是无义句。"(《永觉元贤禅师广录》卷二九《永觉寱言》,《续藏经》第二编第三十套第四册)思想上的原创性逐渐消失后,便不得不在语言上花样翻新,这是禅宗演化过程中的普遍倾向。因此,从使用语言的态度来看,禅宗的"玄言"又可分为随意为之和有意设置两种。晚唐后五家七派的种种言句旨诀就是有意设置的玄言。

既然禅宗提倡"直指人心，见性成佛"，那么为什么又有意设置玄言呢？雪峰义存上堂说了这样几句话："我若东道西道，汝则寻言逐句。我若羚羊挂角，汝向什么处扪摸？"（《景德传灯录》卷一六《福州雪峰义存禅师》）这大概就是晚唐后不少宗师使用玄言的理由，为了防止学人从言句上理解，故意说些不着边际的话头。另据惠洪分析，汾阳善昭提倡"三玄三要"，是因为一般和尚"喜行平易坦途"，禅宗日益非宗教化，所以有意用"壁立万仞"的"祖宗门风"来救此禅病。而禅宗的"三玄三要"，有如孔门中的《易·系辞》，是最精微玄秘的禅法（惠洪《临济宗旨》，《禅宗集成》第一册）。换言之，禅师们故意使用玄言有两个目的，一是颠覆合头语、有义句，去除学人的知见见解；二是颠覆平常语、方便句，恢复参禅神秘玄虚的宗教性，以免在"平常心是道"的幌子下变得过分平易浅薄。

圆悟克勤把颂古阐释公案的方式称作"绕路说禅"，其实就是用"羚羊挂角，无迹可求"的玄言来解释禅理。以雪窦重显的颂古为例，从字面上看，往往和公案文本毫无关联的迹象。如公案"香林久坐成劳"的原始文本是：

僧问香林："如何是祖师西来意？"林云："坐久成劳。"

雪窦的颂古是：

一个两个千万个，脱却笼头卸角驮。左转右转随后来，紫胡要打刘铁磨。（公案和颂古均见《碧岩录》卷二第十七则《香

林久坐成劳》)

本来,香林以"久坐成劳"回答僧问就令人感到困惑,这和"祖师西来意"有什么逻辑联系呢?如果久坐是指达摩祖师面壁九年的话,那么岂不是说他的坐禅除了白费力气外徒劳无益吗?雪窦的颂古更加晦涩,他的"左转右转"不知绕到什么地方去了,"脱却笼头"似乎在比喻宗教解脱,但和"坐久成劳"怎么搭得上边呢?这就是典型的颠覆有义句的玄言,"言无味,句无味,无味之谈,塞断人口","无你计较作道理处"(克勤评语,见同上)。

而黄龙慧南的"黄龙三关",就是为了恢复禅的宗教性而设置的玄言问答。慧南常用三个问题来考问参禅者,以勘辨他们对佛法的领悟程度。这三个问题是:"人人尽有生缘处,那个是上座生缘处?""我手何似佛手?""我脚何似驴脚?"这里的"生缘"指家乡、出生地,也双关决定人生及其命运的诸因素;"我手"与"佛手"的比较,涉及人生与诸佛的关系;"我脚"与"驴脚"的比较,涉及人身与畜生(异类)的关系。这三个问题中包含着玄妙的禅理,很难回答,"三十余年,示此三问,往往学者多不凑机"(《建中靖国续灯录》卷七《黄龙慧南禅师》,又见《五灯会元》卷一七《黄龙慧南禅师》)。比如第一个问题,看来最简单,但慧南的高足真净克文曾有提示:

人人尽有生缘处,那个是上座生缘处?便道:某是某州人。是何言欤?且莫错会好!(《嘉泰普灯录》卷二五《宝峰克文禅师》)

可见,如果按问题的通常语义去理解和回答,便不像话,便是错误

领会。那么,正确的回答应该是怎样的呢?慧南自己作三关颂,给了一个答案:

> 生缘有语人皆识,水母何曾离得虾。但得日头东畔出,谁能更吃赵州茶?
>
> 我手何似佛手?禅人直下荐取。不动干戈道出,当处超佛越祖。
>
> 我脚驴脚并行,步步踏着无生。会得云收月皎,方知此道纵横。(《五灯会元》卷一七《黄龙慧南禅师》)①

第一颂的意思是,参悟"生缘",在于理解人生的命运由各种因果链条(因缘)决定,就像水母依赖虾才能生存一样;还需理解人生的短暂无常,生死之速,当太阳又从东方升起的时候,再也看不到当年吃赵州茶的人了。第二颂的意思是,我手与佛手本无区别,所谓凡圣无二,参禅者只要直下顿悟本心,并以不立文字的方式表达出来,就会超佛越祖。第三颂的意思是,我脚与驴脚并行,意味着我与畜类在"无生"性空上一致,这就是南泉普愿所说的"向异类行",即人应像畜类一样无思虑、离言语。只要懂得这个道理,心灵的迷雾就会驱散,就可在世间自由纵横。总之,慧南的"黄龙三关"试图以一种看似荒诞的形式警醒学人,使其对生死解脱等基本问题"直下荐取",并要求学人以"不动干戈"的玄言作出回答。

事实上,有些得道的禅师们对此三关的答语,比慧南之颂更符合"不动干戈"的言说原则。例如:

---

① 《人天眼目》卷二《临济宗·黄龙三关》载此三颂,"生缘有语人皆识"一句作"生缘有路人皆委"。

问:"我手何似佛手?"师曰:"金鍮难辨。"曰:"我脚何似驴脚?"师曰:"黄龙路险。"曰:"人人有个生缘,如何是和尚生缘?"师曰:"把定要津,不通凡圣。"(《五灯会元》卷一二《泐潭景祥禅师》)

龙问:"如何是汝生缘处?"师曰:"早晨吃白粥,如今又觉饥。"问:"我手何似佛手?"师曰:"月下弄琵琶。"问:"我脚何似驴脚?"师曰:"鹭鸶立雪非同色。"(同上卷一七《隆庆庆闲禅师》)

这些答语看似不着边际,答非所问,然而正是不拘执于言句意义,才真正理解了生死解脱的真谛。当然,这些话在我们看来,其表达的禅理已不是含蓄,而是晦涩了。

四、行 话

禅籍语言的晦涩还在于使用了大量的行话。所谓"行话",是指禅宗同行内部约定俗成的行业语言。其实,行话也是一种宗门的隐语。只不过这些隐语具有严格规定的意义,在宗门同行中,已是众所周知、不言而喻的表意符号,它们的晦涩只是相对于局外之人才表现出来。

禅宗的行话有的出自祖师的话头,有的出自唐宋时期的口语,通过行脚僧的遍参诸方而得以传播,通过灯录语录的编辑阅读而得以流布。有的话头最早出现时或者是一般描述性语词,或者是一般隐喻性语词,但在后代禅者的反复使用中变成了行话。例如,"羚羊挂角"一词,最早出自云居道膺禅师对众说法时的一个比喻:

"如好猎狗,只解寻得有踪迹底。忽遇羚羊挂角,莫道迹,气亦不识。"僧问:"羚羊挂角时如何?"道膺回答说:"六六三十六。"(《景德传灯录》卷一七《洪州云居山道膺禅师》)有僧以道膺此语去问赵州:"羚羊挂角时如何?"赵州答:"九九八十一。"(《古尊宿语录》卷一四《赵州真际禅师语录之余》)于是,这个话头便在禅门中流传开来,由比喻而变成了行话,用来代指空灵玄妙、不露痕迹的语言。如前举雪峰义存说:"我若东道西道,汝则寻言逐句;我若羚羊挂角,汝向什么处扪摸?"(《景德传灯录》卷一六《福州雪峰义存禅师》)后来又有许多禅师反复使用,成了参禅者常常讨论的话头,如下面诸例:

问:"羚羊挂角时如何?"师曰:"恁么来又恁么去。"(同上卷二二《舒州白水如新禅师》)

问:"羚羊挂角时如何?"师曰:"你向什么处觅?"曰:"挂角后如何?"师曰:"走。"(同上卷二三《潭州谷山和尚》)

宋代诗论家严羽《沧浪诗话》以禅说诗,也借用"羚羊挂角,无迹可求"这句宗门行话来形容唐诗空灵的意境。

宗门行话的形成,与禅宗的农禅语境有关,也与禅宗的传教悟道方式有关。

比如"系驴橛",本是拴驴子的木桩,使驴不得自在行走,禅宗用以比喻泥滞言句,不得自由。如船子和尚称夹山善会的答话是"一句合头语,万劫系驴橛"(同上卷一四《华亭船子德诚禅师》),临济义玄骂"菩提涅槃如系驴橛"(《镇州临济慧照禅师语录》)。《碧岩录》用得较多,如梁武帝问达摩:"如何是圣谛第一义?"评曰:"是甚系驴橛?"如麻谷绕章敬禅床三匝,振锡一下,章敬云:"是是。"

评曰:"是什么语话?系驴橛子。"又曰:"若是皮下有血底汉,自然不向言句中作解会,不向系驴橛上作道理。"又曰:"此个也不说是,也不说不是,是与不是都是系驴橛。"(《碧岩录》卷一第一则《圣谛第一义》、卷四第三十一则《麻谷持锡绕床》)显然,"系驴橛"这句宗门行话由生产劳动用语转化而来。而其流行的原因,显然与禅宗队伍的农民成分分不开。

又如"把茅盖头"一语,字面意思是一把茅草盖在头上,而实际上意指禅师住持寺院。这是唐宋时期农禅居住环境的曲折反映。自四祖道信、五祖弘忍以来,禅师一般只寄名于合法寺院,本人大多离寺别居,或住岩洞,或住茅庐,普通禅僧中无度牒、无寺籍的更占多数。特别是百丈怀海,公然"别立禅居",自创"规式",更从律寺中独立出来。禅师得道之后,往往择山筑庵而居,所谓"孤峰顶上,盘结草庵",乃是禅门中极普遍的现象。如石头希迁"于唐天宝初,荐之衡山南寺。寺之东有石,状如台,乃结庵其上,时号石头和尚"(《景德传灯录》卷一四《南岳石头希迁大师》)。其庵即草庵,石头和尚作有《草庵歌》(见同上卷三〇《石头和尚草庵歌》),可见禅师生活之一斑。又如道场山如讷禅师"自翠微(无学禅师)受诀,乃止于道场山,薙草卓庵,学徒四至,遂成禅苑,广阐法化"(同上卷一五《湖州道场山如讷禅师》)。最初这种草庵十分简陋,多系茅草覆盖为顶,所以"把茅盖头"就引申为住持寺院的意思,成为宗门的行话。如下面几个例子:

沩山问众:"还识这阿师(指德山宣鉴)也无?"众曰:"不识。"沩曰:"是伊将来有把茅盖头骂佛骂祖去在。"(同上《朗州德山宣鉴禅师》)

云居问:"如何是祖师西来意?"师曰:"阇梨向后有把茅盖

头,或有人问阇梨,且作么生向伊道?"(同上《筠州洞山良价禅师》)

师问:"如何是祖师意?"洞山曰:"阇梨他后有一把茅盖头,忽有人问阇梨,如何祗对?"(同上卷一七《洪州云居山道膺禅师》)

这些"把茅盖头"都是住持寺院、为人宗师之意。

有些行话为禅师应接学人或主客问答时所使用,专指修行或应接等宗教行为,其词源义产生于宗门特殊的禅学观念和传教方式,即参禅应机的语境,只限于宗门内部交流,属于行业术语。如下面这些词语:

一机一境——一机指对学者的语言三昧,即机锋,或指扬眉瞬目;一境指拈槌竖拂。[1]

投机——有二义:一指大悟,即学者机投合于老师机,属于慧通类;一指老师机投合于学者机,属于动作类[2]。泛指契合了禅机,领悟了禅法。

一转语——指转拨机锋的一语[3],也指点拨人觉悟的一语。

放身命处——指修行所追求的涅槃境界[4]。

末后一句——指最后开示的极则一句,即说法中最具终极意义的句子[5]。

合头语——指合理路、堕理趣的言句[6]。

---

[1] 参见《禅语辞书类聚》第二册无著道忠《葛藤语笺》第157页,日本京都花园大学内禅文化研究所印行。
[2] 参见同上第34、51页。
[3] 参见同上第140页。
[4] 参见同上第159—160页。
[5] 参见同上第179页。
[6] 参见同上第135页。

有的行话来源于通俗的比喻，但在禅师们的反复使用中，逐渐成为禅宗的行业用语，与一般口语和俗谚区别开来。这类词，可看做特殊的宗门隐语。这类行话最为生动活泼，灵活自由。试以下列诸词为例：

"向上关捩子"，指通向彻底觉悟的机关或关键。"向上"就是所谓"向上一路"，是宗门的极处，即对第一义的领悟。"关捩子"本是一种木制机关，唐苏鹗《杜阳杂编》卷中："（韩志和）善雕木作鸾鹤鸦鹊之状……以关捩置于腹内，发之则凌云奋飞。"（苏鹗《杜阳杂编》卷中，《丛书集成初编》本）宗门以之比喻启发禅悟的触机或关键。如黄檗希运说："夫出家人须有从上来事分，且如四祖下牛头融大师横说竖说，犹未知向上关捩子。"（《景德传灯录》卷九《洪州黄檗山希运禅师》）

"伤锋犯手"，指语言直接表露，触犯主旨。禅宗认为"第一义"不可言传，使用语言者，要像善舞剑的高手，向虚处过招；否则，落到实处，剑锋遭损，手亦受伤。古德公案的意义也不可言传，因此作颂古也须绕路说禅，如克勤评雪窦颂古："雪窦颂此公案，一似善舞太阿剑相似，向虚空中盘礴，自然不犯锋芒；若是无这般手段，才拈着便见伤锋犯手。"（《碧岩录》卷一第一则《圣谛第一义》）又曰："雪窦颂得极巧，不伤锋犯手。"（同上第七则《慧超问佛》）

"葛藤"，指说话噜苏，言语纠缠不清；又泛指言说、禅语。葛和藤都缠树而生，因此借喻语言对意义的缠绕。葛藤喻言句本自《楞伽经》卷一："丛树葛藤句，非丛树葛藤句。"① 禅宗直接简称为"葛藤"，泛指一般的言说或特指枝蔓的言说。如睦州和尚对僧曰："来来，我共你葛藤！"（《古尊宿语录》卷六《睦州和尚语录》）这是

---

① 《佛藏要籍选刊》第五册影印《楞伽经》此句作"鬱树藤句，非鬱树藤句"。此据其校语。

"我与你说"的意思。又如道融《丛林盛事》记载:"富郑公(富弼)因张比部隐之以势位凌衲子,公乃与之书曰:'禅家者流,凡见说事枝蔓不径捷者,谓之葛藤。'"这是特指说话噜苏。

"放一线道",也作"开一线道",本意为放一条活路,比喻在不立文字的前提下,略开方便法门,用语言暗示启发学者。也就是说,原则上本来不应使用语言,但在接引学者、交流禅法时,不妨为随机应变的言句留一条路。如广利容禅师示众说:"若来到广利门下,须道得第一句,即开一线道,与兄弟商量。"(《景德传灯录》卷二〇《处州广利容禅师》)大愚守芝禅师说得更生动:"若向言中取则,句里明机,也似迷头认影;若也举唱宗乘,大似一场寐语。虽然如是,官不容针,私通车马,放一线道,有个葛藤处。"(《五灯会元》卷一二《大愚守芝禅师》)

"老婆心切",也简称"老婆"或"老婆心",指禅师接引学人时,以慈悲为怀,多用言句施设,急切希望学人觉悟。禅家本来提倡不立文字,直指人心,但许多禅师为了启发根机迟钝的学人,仍不得不频繁使用言句解说和动作棒喝等手段,这与心肠慈软、教子心切、说话噜苏的老妇人有类似之处,所以称"老婆心切"。日本无著道忠曰:"老婆,性丁宁,慈爱子孙,其心亲切。故云深慈比老婆心。"①如临济义玄的一段公案:"师云:'某甲三度问佛法的的大意,三度被打,不知某甲有过无过?'大愚云:'黄檗与么老婆心切,为汝得彻困,更来这里问有过无过!'师于言下大悟。"(《古尊宿语录》卷五《临济禅师行录》)又如克勤评雪窦颂古:"雪窦老婆心切,要破尔疑情,更引个死汉。"(《碧岩录》卷二第十二则《洞山麻三斤》)

"无孔铁锤",指冥顽不化的禅者,或指浑沌无知的状态,其眼

---

① 《禅语辞书类聚》第二册无著道忠《葛藤语笺》第163页。

耳之类感官如无孔铁锤一样麻木不仁。如法眼文益所说："诸上座且道，遮两个人于佛法中还有进趣也未？上座，实是不得，并无少许进趣，古人唤作无孔铁锤，生盲生聋无异。"（《景德传灯录》卷二八《大法眼文益禅师语》）又如玄沙师备云："设有人举唱，尽大地人失却性命，如无孔铁锤相似，一时亡锋结舌去。"（同上卷一八《福州玄沙师备禅师》）克勤《碧岩录》最爱使用这个词，如评雪窦颂古"闻见觉知非一一"句云："森罗万象，无有一法，七花八裂，眼耳鼻舌身意，一时是个无孔铁锤。"（《碧岩录》卷四第四十则《陆亘天地同根》）

"咬猪狗手脚"，又作"咬猪狗手段"，取老虎咬猪咬狗之义，比喻以破除妄见、截断情识的激烈手段接引学人的杰出禅师。如岩头全奯上堂云："若论战也，个个须是咬猪狗手段。若未透未明，亦须得七八分方可入作。"（《人天眼目》卷六《宗门杂录》）又云门文偃上堂云："兄弟一等是蹋破草鞋，抛却师长、父母行脚，直须着些子精彩始得实。若有个入头处，遇着咬猪狗脚手，不惜性命，入泥入水相为，有可咬嚼，眨上眉毛，高挂钵囊，拗折拄杖，十年二十年，办取彻头，莫愁不成办。"（《景德传灯录》卷一九《韶州云门文偃禅师》）

"铁酸馅"，指意味深长、难以悟透的禅理。酸馅为宋代的一种美味食品，而铁酸馅却难以嚼破，所以以此比喻咬嚼不透的禅理。法演禅师谈自己的游方经历说："某甲十有余年，海上参寻，见数人尊宿，自为了当。及到浮山（法远）会里，直是开口不得。后到白云（守端）门下，咬破一个铁酸馅，直得百味具足。"（《五灯会元》卷一九《五祖法演禅师》）又如克勤于"慧超问佛"公案下著语云："依模脱出铁酸馅，就身打劫。"（《碧岩录》卷一第七则《慧超问佛》）

值得注意的是，佛教本有禁止盗窃和杀生的戒律，而禅宗的行话中却常常能见到称赞盗贼和歌颂杀戮的语词，仿佛充满暴力倾向。这种行业语词的生成，既与禅宗有意用语言的暴力颠覆佛经话语系统的心态有关，同时也因宗门语正好形成于晚唐五代动乱血腥的时代。正如这一时代的唐传奇多以剑侠为题材一样，将军、剑客、盗贼这样的人物，刀剑、弓箭、钳锤这样的兵器，也成为禅宗行话中的重要词语。试看下面诸例：

"吹毛剑"，指斩断一切常情识见的极端手段。《聂隐娘传》云："宝剑一口长一二尺许，锋利，吹毛可断。"（《说郛》卷一一五《甘泽谣》载《聂隐娘传》）《碧岩录》云："剑刃上吹毛，试之，其毛自断，乃利剑，谓之吹毛也。"（《碧岩录》卷一〇第百则《巴陵吹毛剑》）克勤解释雪窦颂"巴陵吹毛剑"公案中"要平不平，大巧若拙"两句云："古有侠客路见不平，以强凌弱，即飞剑取强者头。所以宗师家眉藏宝剑，袖挂金锤，以断不平之事。"（同上）

"杀人刀，活人剑"，指宗师接引学人的手段。宗师棒喝或机锋具有斩断学者一切情识的功用，也具有使人顿悟自性的功用。如同刀剑这样的武器，可以置人于死地，也可以救人出险境。禅宗爱说"有杀有活"，杀是破，活是立。如夹山善会说："石霜虽有杀人刀，且无活人剑。"（《景德传灯录》卷一六《鄂州岩头全奯禅师》）克勤认为："杀人刀，活人剑，乃上古之风规，今时之枢要。"（《碧岩录》卷二第十二则《洞山麻三斤》）

"杀人不眨眼"，指宗师机锋峻烈，言语道断，铁石心肠，不放一线，有如悍匪杀人不眨眼。《碧岩录》云："有杀人不眨眼底手脚，方可立地成佛；有立地成佛底人，自然杀人不眨眼，方有自由自在分。"（同上卷一第四则《德山挟复问答》）

"白拈贼"，指在接引学人、交流禅机时手段奇特、不落痕迹的禅师。"白拈贼"本指徒手盗窃他人物品而不留痕迹的盗贼，因为禅门强调不立语言文字，祛除一切执著，所以借此语来指临济义玄这一类以不落痕迹的棒喝或玄言来接引学人的禅师。如《景德传灯录》载义玄与僧棒喝相见，后来雪峰拈古云："临济大似白拈贼。"（《景德传灯录》卷一二《镇州临济义玄禅师》）又《碧岩录》称赵州和尚云："这老汉大似个白拈贼相似，你才开口，便换却你眼睛。"（《碧岩录》卷三第三十则《赵州大萝卜头》）

这一类行话还可举出许多，如"一刀两断"、"斩头截臂"、"单刀直入"、"脑后一锤"等，它们构成了禅宗语言特有的粗野激烈的风格，这一方面受制于宗门语产生的社会土壤，另一方面也与禅家勇猛精进的求法态度有关，即为追求佛法的真理不惜丧身失命。

第三章 ◦ 反常合道：
禅语的乖谬性

禅的目的是追寻本体论意义上的"悟"，而不是认识论意义上的"知"。这种禅悟，在本质上是与逻辑主义不相容的。禅宗认为，一旦从知见解会的层面去认识禅理，禅的整体性、体验性就消失殆尽。就个体的体验而言，禅宗是不需要语言的，只要心灵得到解脱，获得自由，洞见佛性，何必多作表白。但作为一种宗教，禅宗必须传宗续派，要指示悟道门径，传达悟道经验，不得不借助于语言。

然而，日常语言总有一种逻辑规则，宗师一旦"指东道西"，学者就会"寻言逐句"，追随语言的逻辑轨迹去理解佛性。而这恰恰是禅宗的大忌，称为"死于句下"，因为真正的佛性是不可以语言迹象求的。那么，要破除人们对语言逻辑的执著，只有用背离常规的言句来夸大语言的荒谬性和虚幻性，使人们从对语言的信赖中醒悟过来，意识到语言不过是一种人为的东西，与真实的佛性本体毫无关系。这样，我们在禅宗公案中，不仅可以看到各种意义晦涩的玄言隐语，而且可以发现大量的怪诞荒唐的胡话反话。必须注意的是，这些胡话反话不是哆哆和和的婴儿呓语，也不是纯素任真的随意作答，而是一种有意对语言逻辑或日常经验的颠覆和破坏，具有人为的修辞色彩。

一、活　句

禅宗的基本语言观是"不立文字"，以一切经典理论为"魔说"、"戏论"、"粗言"、"死语"，视语言为纠缠禅理的葛藤，视逻辑为遮蔽本性的理障。早在中晚唐，有的禅师为了破除人们对语言逻辑的执著，就故意使用一些无意义的言句，使人们在言语道断处返回自心，顿悟真如。后来更经洞山守初禅师的提倡，成为五代两宋禅宗普遍遵循的一条不成文的言说规则："语中有语，名为死句；语中无语，名为活句。"（见《林间录》卷上引洞山守初语录、《禅林僧宝传》卷一二《荐福古禅师传赞》）

按照"活句"的定义，它是指一种有语言的形式而无语言的指义功能的句子，宗门或称之为"无义语"，如夹山善会声称"老僧二十年说无义语"（《五灯会元》卷五《夹山善会禅师》），其实就是洞山守初所说的活句。"无义语"三字本出自《维摩经·香积佛品》："是无义语，是无义语报。"与所谓"妄语"、"两舌"、"恶口"等同属于邪行恶报，是佛教经典所反对的言句。僧肇注曰："华饰美言，苟悦人意，名无义语。"这大抵是义学的观点，要求言句具有意义，反对言之无物。但依照禅宗的看法，语言文字本身是不能传递佛教第一义的，"有义语"反而堕入名相因果、情识知见的泥坑。夹山善会禅师的悟道经验生动地说明了禅宗对待"有义语"和"无义语"

的态度。

善会早年出家,"听习经论,该练三学",住持润州鹤林寺,一日上堂说法,正巧被道吾宗智禅师遇见,于是便有了下面一段故事:

> 道吾后到京口,遇夹山上堂。僧问:"如何是法身?"山曰:"法身无相。"曰:"如何是法眼?"山曰:"法眼无瑕。"道吾不觉失笑。山便下座,请问道吾:"某甲适来祗对这僧话必有不是,致令上座失笑。望上座不吝慈悲!"吾曰:"和尚一等是出世未有师在。"山曰:"某甲甚处不是,望为说破。"吾曰:"某甲终不说,请和尚却往华亭船子处去。"山曰:"此人如何?"吾曰:"此人上无片瓦,下无卓锥。和尚若去,须易服而往。"山乃散众束装,直造华亭。船子才见,便问:"大德住甚么寺?"山曰:"寺即不住,住即不似。"师曰:"不似,似个甚么?"山曰:"不是目前法。"师曰:"甚处学得来?"山曰:"非耳目之所到。"师曰:"一句合头语,万劫系驴橛。"师又问:"垂丝千尺,意在深潭。离钩三寸,子何不道?"山拟开口,被师一桡打落水中。山才上船,师又曰:"道!道!"山拟开口,师又打,山豁然大悟,乃点头三下。(《五灯会元》卷五《船子德诚禅师》)

道吾之所以笑夹山,就是因为夹山死死扣住问题直接回答,如问法身,就答法身;问法眼,就答法眼,这完全是义学讲师的解答问题的方式。尽管夹山见船子时的回答显出些机巧,但"寺即不住,住即不似"仍是扣住"住甚么寺"的问话而答,其余两句也大抵如此,因此船子称他的回答为"合头语",即合乎理路的答语,并嘲笑他执著于理路,如驴系于木桩,万劫不脱。船子将夹山打落水中,其意义相当于用棒喝警醒学人的迷误,打断学人的思路。

夹山善会自从悟道之后,在语言的使用方面发生了根本的变化。首先他彻底颠覆了自己以前听习经论的修行方式,对那种遵从经教的成佛之路的合理性提出怀疑,把"金粟之苗裔(佛徒),舍利之真身(佛骨),罔象之玄谈(佛理)",都看做"野狐之窟宅(外道异端)"。他认为,真正的追求真理的禅师,应该抛弃一切外在的偶像崇拜和经典崇拜,"见性不留佛,悟道不存师",所以,他声称:"寻常老僧道:目睹瞿昙,犹如黄叶,一大藏教是老僧坐具,祖师言旨是破草鞋,宁可赤脚不着最好。"把佛祖的言教看成是止小儿啼的黄叶、僧人的坐具和草鞋,是无关悟道的东西。他指出:"有祖以来,时人错会,相承至今,以佛祖言句为人师范。若或如此,却成狂人。"既然佛祖言句都是让人迷狂的"魔说",那么还有什么语言文字能助人觉悟呢?因此,善会住持夹山二十年,"未曾举着宗门中事",不言佛教,也不言禅理,他自己声称"老僧二十年说无义语",可以说真正从"系驴橛"上解脱出来。让我们看看什么是夹山善会的"无义语":

> 问:"如何是道?"师曰:"太阳溢目,万里不挂片云。"
> 问:"祖意教意是同是别?"师曰:"风吹荷叶满池青,十里行人较一程。"
> 问:"如何是实际之理?"师曰:"石上无根树,山含不动云。"
> 问:"如何是相似句?"师曰:"荷叶团团团似镜,菱角尖尖尖似锥。"(同上)

虽然这些句子还算不上怪诞奇特,但毕竟和"法身无相"、"法眼无瑕"之类的回答不可同日而语,问答之间,至少从字面上看毫无逻辑关系。

夹山的"无义语"是呵佛骂祖、离经慢教的观念的产物,由于这种观念在晚唐五代成为普遍思潮,因此,在夹山的同时代或稍后,禅家爱说无义语,蔚成风气,尤以临济和云门两家最为突出。例如临济门下诸禅师:

> 问:"祖意教意是同是别?"师曰:"王尚书、李仆射。"曰:"意旨如何?"师曰:"牛头南,马头北。"问:"如何是祖师西来意?"师曰:"五男二女。"(《五灯会元》卷一一《南院慧颙禅师》)
> 问:"真性不随缘,如何得证悟?"师曰:"猪肉案上滴乳香。"问:"如何是清净法身?"师曰:"金沙滩头马郎妇。"(同上《风穴延沼禅师》)
> 问:"如何是祖师西来意?"师曰:"风吹日炙。"问:"从上诸圣,向甚么处行履?"师曰:"牵犁拽耙。"问:"古人拈槌竖拂意旨如何?"师曰:"孤峰无宿客。"(同上《首山省念禅师》)

又如云门门下诸禅师:

> 问:"如何是佛?"师曰:"十字路头。"曰:"如何是法?"师曰:"三家村里。"曰:"佛之与法,是一是二?"师曰:"露柱渡三江,犹怀感恨长。"(同上卷一五《林溪竞脱禅师》)
> 问:"如何是祖师西来意?"师曰:"三年逢一闰。"曰:"合谈何事?"师曰:"九日是重阳。"(同上《天睦慧满禅师》)
> 问:"如何是和尚家风?"师曰:"裂半作三。"曰:"学人未晓。"师曰:"鼻孔针筒。"(同上《金陵天宝和尚》)

"祖意教意是同是别"、"如何是清净法身"、"如何是佛"、"如何是祖师西来意"、"如何是和尚家风"等都是晚唐五代时期禅林常用的"问头",而回答这类问题时,答案可能有千百个,唯有一个不成答案,那就是死死扣住问题的合乎逻辑的直接回答和解释。因为只要是老老实实的回答,就很容易使人注意言辞的意义,不知不觉陷入妄情俗念,唯有古怪离奇、不着边际的答话,才能使人警觉到语言的虚妄性质。

惠洪《林间录》卷上也记载了夹山善会因道吾指示而见船子和尚的故事。惠洪在讲述这个故事后叹曰:"嗟乎!于今丛林,师受弟子,例皆禁绝悟解,推去玄妙,唯要直问直答,无则始终言无,有则始终言有,毫末差误,谓之狂解。使船子闻之,岂止万劫系驴橛而已哉!"事实上,惠洪的感叹似乎多余,至少从现在留下的禅籍来看,宋代禅师传授禅法很少直问直答,"语中无语"的活句反而很普遍。以惠洪同时代的几位临济、云门、曹洞的禅师为例:

问:"二祖立雪齐腰意旨如何?"师曰:"三年逢一闰。"曰:"为什么付法传衣?"师曰:"村酒足人酤。"(《五灯会元》卷一六《蒋山法泉禅师》)

僧问:"牛头未见四祖时如何?"师曰:"京三下四。"曰:"见后如何?"师曰:"灰头土面。"(同上卷一七《泐潭善清禅师》)

问:"如何是清净法身?"师曰:"家无小使,不成君子。"问:"将心觅心,如何觅得?"师曰:"波斯学汉语。"(同上卷一九《云盖智本禅师》)

问:"如何是曹洞家风?"师曰:"绳床风雨烂,方丈草来侵。"问:"如何是直截根源?"师曰:"足下已生草,举步落危坡。"(同上卷一四《芙蓉道楷禅师》)

至少从外表形式上,这些北宋后期的禅师在使用语言方面和晚唐五代前辈宗师并无二致,同样是答非所问,同样是语中无语。

事实上,自"文字禅"风行之后,不少禅师对无意义的言句本身产生了迷恋,以至于忘记了"活句"所具有的截断理路、直契真如的作用,把"活句"当做一种纯粹无聊的语言游戏或修辞技巧,从而使"活句"自身也形成一种套路,落入窠臼,成为矫揉造作、故弄玄虚的新的"死句"。南宋圆悟禅师《枯崖漫录》记载了这样一个荒唐的故事:

> 金华元首座,刚峭简严,丛林目为饱参。见等庵于白云,始了大事。僧问:"如何是佛?"曰:"即心是佛。"问:"如何是道?"曰:"平常心是道。"问:"如何是祖师西来意?"曰:"赵州道底。"闻者皆笑。后有僧问:"如何是佛?"曰:"南斗七,北斗八。"问:"如何是道?"曰:"猛火煎麻油。"问:"如何是祖师西来意?"曰:"龟毛长数丈。"传者皆喜。嘻!若如此辨勘答话,不惟埋没己灵,抑亦辜负前辈。(释圆悟《枯崖漫录》卷上,《续藏经》第二编乙第二十一套第一册)

金华元首座本来是个老实的禅师,凡有僧问,他都据实回答。"即心是佛"、"平常心是道"都是洪州禅系的基本观点,而赵州和尚也的确以"庭前柏树子"回答过"如何是祖师西来意"的问题,元首座的回答从禅理上来说完全正确。然而,他之所以遭到众人嘲笑,正在于直问直答,正在于其言句的正确合理。元首座在此风气影响下也学精了,青出于蓝,变本加厉,不仅答非所问,而且答语故意违背生活常识。按常识本应是南斗六星,北斗七星,他却说"南斗七,北斗八";本应是温火煎麻油,他却说"猛火煎麻油";本应是乌龟无毛,他却说"龟毛长数丈"。这当然再无"合头语"之嫌,但未免刁钻古怪,仍然没有理解"直指人心,见性成佛"的真谛,成为另一种埋没性灵的套话,也是"万劫系驴橛",因为这三句答语都出自古德公案①,已无原创性可言。

在宋代及以后的相当长一段时期,"但参活句,莫参死句"都被宗门奉为金科玉律,成为宗师传道启悟的基本手段,甚至对诗歌创作发生了影响,如南宋诗人曾几主张:"学诗如参禅,慎勿参死句。"(《前贤小集拾遗》卷四曾几《读吕居仁旧诗有怀其人作诗寄之》,《南宋群贤小集》本)严羽也提倡:"须参活句,勿参死句。"(《沧浪诗话·诗法》)直到清代吴乔还强调:"诗贵活句,贱死句。"(吴乔《围炉诗话》卷一,《清诗话续编》本,上海古籍出版社,1983年)但对于宗门而言,这种对理性语言的长期有意识颠覆也使无理性语言渐渐有了自己的规则,解构本身成了结构,无义语本身有了意义,禅宗仍然未逃脱语言的牢笼。这引起了一些坚持心性觉悟的禅师的忧虑,如明代永觉元贤禅师就对一般宗师纠缠于"有义句"、"无义句"的区别深感不满:

> 问:"宗师云:'参禅须是参无义句,不可参有义句。从有义句入者,多落半途;从无义句入者,始可到家。'是否?"(元贤)曰:"参禅不管有义句、无义句,贵我不在义路上着倒而已。如'灵光独露,迥脱根尘',此百丈有义句也。汝能识得这独露的否?汝才要识得,早落根尘了也。如'光明寂照遍河沙',此

---

① 如《云门匡真禅师广录》卷上:"问:'如何转动即得不落阶级?'师云:'南斗七,北斗八。'"《古尊宿语录》卷六《睦州和尚语录》:"问:'如何是禅?'师曰:'猛火着油煎。'"《五灯会元》卷一二《凉峰洞渊禅师》:"曰:'佛与道相去几何?'师曰:'龟毛长一丈,兔角长八尺。'"

张拙有义句也。汝能识得遍河沙的否？汝才要识得，早被云遮了也。大都六祖以前，多是有义句，六祖以后，多是无义句。方便各异，实无优劣。学人参看，须是深求其实……若不深求其实，唯在文字中领略，则虽无义句如'麻三斤'、'干屎橛'等，皆有义可通，今《四家颂古注》《少林秘要》诸书是也，岂能透向上之关捩哉！"(《永觉元贤禅师广录》卷二九《永觉寱言》)

元贤一针见血地指出，不管是有义语还是无义语，都不能按言句文词的意义去理解，否则都会遮蔽自性，落入根尘，参禅（此指看话禅）的惟一出路在于"不在义路上着倒"，即不拘泥于任何言句的意义。

二、格 外 句

在前面所举金华元首座刁钻古怪的答语中，我们可发现"活句"的一种极端形式，这就是不仅无意义可言，无理路可通，而且有意乖违现实生活的经验，颠倒通常的事理。这是将"无义语"推向荒谬的产物，比如，以"南斗六，北斗七"来回答诸如"如何是佛"这样的问题，可以说是风马牛不相及，但答话本身陈述了一个事实[①]；而"南斗七，北斗八"不仅与"如何是佛"的问话牛头不对马嘴，而且本身就是一派胡言。

禅宗把这种胡言称为"格外句"，或者叫做"格外谈"、"出格词"、"颠倒语"。"格外"就是超出日常规格之外。如前面曾举一则公案，百丈怀海对华林和灵祐说："若能对众下得一语出格，当与住持

[①] 如《五灯会元》卷一一《叶县归省禅师》中就有"南斗六，北斗七"的答语。

(沩山）。"灵祐一脚踢翻净瓶，最终获胜（《景德传灯录》卷九《沩山灵祐禅师》）。那是"出格"的动作语。至于"出格"的言句，则是"生杀之机互换，自在自由，处处通透"（《玄沙师备禅师广录》卷中，《禅宗集成》第二十三册），不能以常情常理要求。《碧岩录》中有两则公案在克勤看来就是"格外句"的典型：一则是"智门莲花荷叶"，僧问智门："莲花未出水时如何？"智门云："莲花。"僧云："出水后如何？"智门云："荷叶。"这两句回答次序错乱，刚好颠倒了事理。克勤称此回答"不妨奇特，诸方皆谓之颠倒语"，并指出："或若辨得格外句，举一明三。"（《碧岩录》卷三第二十一则《智门莲花荷叶》）另一则是"雪峰鳖鼻蛇"，雪峰示众云："南山有一条鳖鼻蛇。汝等诸人切须好看。"长着鳖鼻的蛇，这当然稀奇古怪。克勤于句下著语曰："见怪不怪，其怪自坏。大小大怪事，不妨令人疑着。"据克勤解释，雪峰这句话就是不为学人"说行说解"，使人不能以"情识测度"，"到这里也，须是会格外句始得"（同上第二十二则《雪峰鳖鼻蛇》）。

也许举两则近似的例子可以更好地看出"格外句"和一般"活句"的区别。第一则是：

> 问："如何是佛法大意？"师曰："洞庭湖里浪滔天。"（《五灯会元》卷一二《石霜楚圆禅师》）

这算是"活句"。第二则是：

> 问："如何是佛法大意？"师曰："虚空驾铁船，岳顶浪滔天。"（《景德传灯录》卷一七《泐潭神党禅师》）

这算是"格外句"。相对于"如何是佛法大意"的提问来说，"洞庭湖里浪滔天"当然是答非所问的"无义语",但这种回答可以理解为一种隐喻,因它本身是真实的陈述,或者可以理解为"存在即此在"的方便话头。然而"岳顶浪滔天"则匪夷所思,若非颠覆约定俗成的名词概念("岳"和"浪"),定是乖违了生活的基本常识。通过比较,我们可以看出"活句"与"格外句"的大致区别:前者是无意义的言句,后者是反常识的言句。

北宋大沩祖珉禅师上堂云:"'雨下阶头湿,晴干水不流。鸟巢沧海底,鱼跃石山头。'众中大有商量,前头两句是平实语,后头两句是格外谈。"(《五灯会元》卷一八《大沩祖珉禅师》)前头两句是现实经验世界的真实描写,而后两句则是完全不可能发生的事。正如钱锺书先生所说:"'格外谈'颇类似西方古修辞学所谓'不可能事物喻'(adynata, impossibilia)。"[①]在禅籍中,这种"格外谈"随处可见,例如:

> 僧问:"如何是道?"师云:"山上有鲤鱼,水底有蓬尘。"(《景德传灯录》卷四《杭州径山道钦禅师》)
>
> 僧问:"如何是佛法大意?"师曰:"华表柱头木鹤飞。"(同上卷一二《越州清化全付禅师》)
>
> 问:"如何是佛?"师曰:"嘶风木马缘无绊,背角泥牛痛下鞭。"(同上卷一三《汝州风穴延沼禅师》)
>
> 僧问:"如何是佛法大意?"师曰:"黄河无滴水,华岳总平沉。"(同上卷一五《陕府天福和尚》)
>
> 问:"如何是道?"师曰:"石牛频吐三春雾,木马嘶声满道途。"(同上卷一六《抚州黄山月轮禅师》)

---

① 《钱锺书散文·中国诗与中国画》,浙江文艺出版社,1997年。

问：“如何是西来意？”师曰：“木马走似烟，石人趁不及。”（同上卷二二《福州林阳志端禅师》）

僧问：“如何是佛法大意？”师曰：“井中红焰，日里浮沤。”（同上卷二四《灌州罗汉和尚》）

全曰：“居士作么生？”士（庞蕴居士）又掌曰：“眼见如盲，口说如哑。”（《五灯会元》卷三《庞蕴居士》）

问：“如何是自己？”师曰：“望南看北斗。”（同上卷九《芭蕉慧清禅师》）

师曰：“大众鹤望，请师一言。”山（夹山）曰：“路逢死蛇莫打杀，无底篮子盛将归。”（同上卷一三《杭州佛日禅师》）

曰：“二时将何奉献？”师曰：“野老共炊无米饭，溪边大会不来人。”（同上《灵泉归仁禅师》）

问：“如何是祖师西来意？”师曰：“鱼跃无源水，莺啼枯木花。”（同上卷一四《广德义禅师》）

问：“如何是祖师西来意？”师曰：“红炉焰上碧波流。”（同上《紫陵微禅师》）

僧问：“如何是祖师西来意？”师曰：“一寸龟毛重七斤。”（同上卷一五《南台勤禅师》）

僧问：“如何是佛法大意？”师曰：“铁牛生石卵。”（同上卷一六《资寿院捷禅师》）

问：“如何是佛法大意？”师曰：“蛇头生角。”（同上卷一九《虎丘绍隆禅师》）

问：“如何是佛？”师曰：“无柴猛火烧。”（同上卷二〇《道场明辩禅师》）

问：“如何是论顿不留朕迹？”师云：“日午打三更，石人侧耳听。”（《古尊宿语录》卷二三《汝州叶县广教省禅师语录》）

问:"只如师意作么生?"师云:"张公吃酒李公醉。"(《云门匡真禅师广录》卷中)

显然,禅师们并不满足于只说一些无意义的话头,而更醉心于矛盾百出的荒谬语句。不仅在回答僧人提问时故意瞎扯,而且在上堂说法或制作偈颂时也一派胡言。比如芭蕉慧清禅师上堂,拈拄杖示众说:

你有拄杖子,我与你拄杖子。你无拄杖子,我夺却你拄杖子。(《五灯会元》卷九《芭蕉慧清禅师》)

既然手中无拄杖子,又怎么会夺手中的拄杖子呢?又如龙门清远禅师上堂示众说:

一叶落,天下春,无路寻思笑杀人。下是天,上是地,此言不入时流意。南作北,东作西。动而止,喜而悲。蛇头蝎尾一试之,猛虎口里活雀儿。是何言?归堂去。(同上卷一九《龙门清远禅师》)

颠倒春秋,翻转天地,错乱南北东西,混淆动静悲喜,"是何言?"是颠三倒四的疯癫话。又如天衣义怀禅师室中问僧:

无手人能行拳,无舌人解言语。忽然无手人打无舌人,无舌人道个甚么?(同上卷一六《天衣义怀禅师》)

无手人竟能打拳,无舌人竟能说话,这岂非天方夜谭!又如芙蓉道楷禅师上堂说法,开口便道:

> 昼入祇陀之苑，皓月当天；夜登灵鹫之山，太阳溢目。乌鸦似雪，孤雁成群。铁狗吠而凌霄，泥牛斗而入海。（同上卷一四《芙蓉道楷禅师》）

这些话或者是肆意颠倒昼与夜的定义，或是任意混淆黑与白的区别，或是故意造成孤与群的概念冲突，或是随意抹杀有生物（狗、牛）与无生物（铁、泥）的界限。

显然，以上所举禅师们的"格外句"，其作用已不光是在解构意义，更是在反抗理性。换言之，这些"格外句"是在用语言的暴力来破坏人类认识现象世界的所得到的经验和理性，从而体现出超越此岸世界的经验和理性的绝对自由。在禅宗看来，此岸世界的现象都是假象，因此关于这些现象的经验和理性也值得怀疑。灵泉归仁与疏山匡仁师徒间的一段问答可证明这一点：

> 洛京灵泉归仁禅师初问疏山："枯木生花，始与他合。是这边句，是那边句？"山曰："亦是这边句。"师曰："如何是那边句？"山曰："石牛吐出三春雾，灵雀不栖无影林。"（同上卷一三《灵泉归仁禅师》）

禅宗常用"这边"代指尘俗世界，用"那边"暗示超越尘俗的禅悟境界。"枯木生花"之所以是"这边句"，是因为这种现象虽然罕见，但毕竟是可能发生之事，符合人类的理性认识。而"石牛吐出三春雾，灵雀不栖无影林"，完全超出人的理性认识，难以想象，不可思议，所以是"那边句"。

禅师们这种毫无理性的"格外句"，其哲学观点和修辞方式来源于佛教经论，而其传教功能和语言风格却有较大的变化。禅宗吸收的佛教经论的矛盾语词主要有以下几种类型，下面试分别而言之。

其一，喻"希有"或"不可思议"。如《维摩诘经·佛道品》："火中生莲花，是可谓希有。"又如《大般涅槃经·如来性品》："又解脱者名为希有。譬如水中生于莲花，非为希有；火中生者，是乃希有。"（《大般涅槃经》卷五，《佛藏要籍选刊》第五册）禅宗"格外句"如"山上有鲤鱼，海底有蓬尘"、"鸟巢沧海底，鱼跃石山头"、"井中红焰，日里浮沤"等等，由此类型引申而来，更加荒谬而不可思议。

其二，喻"无"这一概念。如《大般涅槃经·憍陈如品》："世间四种名之为无：一者未出之法，名之为无，如瓶未出泥时，名为无瓶；二者已灭之法，名之为无，如瓶坏已，名为无瓶；三者异相互无，名之为无，如牛中无马，马中无牛；四者毕竟无故，名之为无，如龟毛兔角。"（同上卷三九）又如《成实论》卷三："兔角、龟毛、蛇足、盐香、风色等，是名无。"（《成实论》卷二，《佛藏要籍选刊》第八册）禅宗"格外句"如"龟毛长一丈，兔角长一尺"、"一寸龟毛重七斤"、"铁牛生石卵"、"蛇头生角"等，由此类引申而来，踵事增华，变本加厉。

其三，喻"法无去来、无动转"的物不迁思想。如僧肇《物不迁论》曰："旋岚偃岳而常静，江河竞注而不流，野马飘鼓而不动，日月历天而不周。"（僧肇《肇论·物不迁论》，《佛藏要籍选刊》第十一册）禅宗"格外句"如"空手把锄头，步行骑水牛。人从桥上过，桥流水不流"、"清风偃草而不摇，皓月普天而非照"等就属于此类（见《景德传灯录》卷二七《婺州善慧大士》傅大士偈、《筠州洞山悟本禅师语录·玄中铭序》）。

日本学者铃木大拙指出，"神秘主义者都喜欢运用矛盾的话去说明他们的看法"，而"在使用矛盾法方面，禅比其他神秘主义者的说法,更为大胆具体"。因为禅"将它的矛盾言辞带到我们一切日常生活中的细节上来,它毫不犹豫地明白否定我们所有最熟习的事实和经验"①。与佛教经论的矛盾言辞相比,禅宗的"格外句"有这样一些特点:

首先是它的大胆夸张。比如佛经只说"火中生莲花",以喻"希有",禅师们更夸大这种水与火的冲突,在红炉的火焰上竟然流着碧波,而在碧波荡漾的井中竟然燃烧着火焰,令人震惊。铁狗能吠已不可思议,而其吠声竟然能上达云霄。山顶有浪已非真实,而这浪居然是滔天巨浪。

其次是它的生动具体。禅师们在叙说不可能发生的事时,往往绘声绘色,把虚妄的假象描绘得栩栩如生。木马不仅能一溜烟似的奔走,而且可留下满路马嘶声;如佛经只说"龟毛兔角",禅师更坐实以为凿空,将错而遽认真,从长度上、重量上予以具体化:龟毛不仅有,而且"长一丈"、"重七斤"。换言之,"龟毛兔角"类似一种哲学的隐喻,而"龟毛长一丈"等句子则接近于文学的描写。

再次是它的通俗泼辣。禅宗的"格外句"具有较浓烈的本土色彩,除去借鉴佛经"火里莲花"、"龟毛兔角"等明白易懂的词语外,它更多地吸收了本土大量的通俗说法。如"张公吃酒李公醉"、"野老共炊无米饭,溪边大会不来人"、"路逢死蛇莫打杀,无底篮子盛将归"、"无柴猛火烧"、"空手把锄头,步行骑水牛"等等,都是中国民间通俗的词语组合。特别是"黄河无滴水,华岳总平沉"、"望南看北斗"、"日午打三更,石人侧耳听"等句子,很容易使我们想起敦煌曲子词里的那首著名的《菩萨蛮》:"枕前发尽千般愿:要休且待青山烂,水面上秤锤浮,直待黄河彻底枯。白日参辰现,北斗回

---

① 铃木大拙《禅与生活》第95—96页,刘大悲译,光明日报出版社,1988年。

南面。休即未能休，且待三更见日头。"[1]其语词意象都是中国平民熟悉的东西。

我们要追问的是，禅宗的"格外句"主要有什么样的宗教功能？禅师们为什么要用这些矛盾的话来违背人类认识的基本逻辑理智？也许天衣义怀的一段名言可以解释这种做法："驱耕夫之牛，令他苗稼丰登；夺饥人之食，令他永绝饥渴。"（《五灯会元》卷一六《天衣义怀禅师》）这段名言本身也是一个悖论：怎么赶走了农夫的牛，反而会让他丰收呢？怎么夺去了饥饿者的食品，反而会让他不知饥渴呢？按照天衣义怀的看法，人类的理性是一种外在的工具，人们依赖它如同耕夫依赖于牛，因此只有驱赶走这理性的工具，人们才能放弃任何依赖，找回自我。同时人类的理性也使认识永不满足，它如同饥饿者的食物，可救一时之需，但只要它存在，就永远会刺激新的饥渴和欲望，因此只有拿走理性的食品，人们才会彻底断绝知见的欲望，返归本真。老庄曾用人类理性所能理解的方式提出过"绝圣弃智"的口号，而禅宗则试图用疯狂的语言粗暴地践踏人类所依赖的理性来做到这一点。不过，这种做法显然事与愿违，因为"格外句"与一般的"无义句"，特别是哆哆和和的"婴儿语"相比较，明显带有人为的、思辨的痕迹。

三、反　语

禅门中另一有特色的语言现象是，当学人从正面提出一个问题时，禅师故意从反面作出回答，答与问之间恰恰形成极尖锐的矛盾。这种语言现象可以称为"反语"，即一种问答背反的言句。"反语"

---

[1] 任二北《敦煌歌辞总编》，上海古籍出版社，1981年。

和"格外句"有类似之处,也超越了日常生活经验和基本语言逻辑,呈现出一种强烈的荒谬感。所不同的是,"反语"本身并不是胡言,它的矛盾不合理产生于问答的上下文之间。例如:

>僧问:"如何是修善行人?"师曰:"捻枪带甲。"云:"如何是作恶行人?"师曰:"修禅入定。"(《景德传灯录》卷四《嵩岳破灶堕和尚》)

本来佛教戒杀戮,反对捻枪带甲;重行善,提倡修禅入定。而这里破灶堕和尚故意用作恶来回答修善,用修善来回答作恶,正好颠倒了善恶标准。又如下面这则公案:

>问:"如何是清净法身?"师曰:"屎里蛆儿,头出头没。"(《五灯会元》卷六《濠州思明禅师》)

既然是清净法身,怎么会像屎里蛆儿一样污秽呢?这显然颠倒了干净和肮脏的概念。类似的例子,在禅宗典籍中还可找出不少,例如:

>问:"古镜未磨时如何?"师曰:"照破天地。"曰:"磨后如何?"师曰:"黑似漆。"(《景德传灯录》卷二四《抚州龙济绍修禅师》)
>
>僧问:"风恬浪静时如何?"师曰:"吹倒南墙。"(同上卷七《法海行周禅师》)
>
>问:"如何是无缝塔?"师曰:"八花九裂。"(同上卷一一《南院慧颙禅师》)
>
>问:"如何是大善知识?"师曰:"杀人不眨眼。"(同上《凤

穴延沼禅师》）

问："如何是金刚不坏身？"师曰："百杂碎。"曰："意旨如何？"师曰："终是一堆灰。"（同上《叶县归省禅师》）

问："如何是清净法身？"师曰："厕坑头筹子。"（同上）

问："如何是戒定慧？"师曰："破家具。"（同上）

问："如何是和尚四无量心？"师曰："杀人放火。"（同上）

问："如何是清净法身？"师曰："灰头土面。"（同上《神鼎洪諲禅师》）

问："红轮未出时如何？"师曰："照烛分明。"曰："出后如何？"师曰："捞天摸地。"（同上卷一二《太子道一禅师》）

问："如何是大善知识？"师曰："屠牛剥羊。"（同上《蒋山赞元禅师》）

问："如何是大善知识？"师曰："持刀按剑。"（同上《白鹿显端禅师》）

问："如何是佛？"师曰："干屎橛。"（同上卷一五《云门文偃禅师》）

天衣一日室中问师："即心即佛时如何？"师曰："杀人放火有什么难？"名遂籍甚。（《指月录》卷二五《圆照宗本禅师》）

未磨的古镜，镜面粗糙，怎么反而能照见天地？磨后的古镜光滑莹洁，怎么反而如漆一般黑？既然风平浪静，怎么反而会吹倒墙？塔既然无缝，为什么又八花九裂？既然是修行的大善人，为什么会杀人不眨眼？既然是金刚不坏身，怎么会成百杂碎，最终成一堆灰？法身既然清净，怎么会灰头土面？太阳未出，怎么能照耀分明？太阳出来之后，怎么反而会黑天瞎地？即心即佛的自性认知，怎么会是杀人放火？这些悖谬的回答，当然是一种故意的反话。

这些"反语"使我们想起西方修辞学中一个古老的概念——"反讽"(irony)。反讽的基本性质是假相与真实之间的矛盾以及对这矛盾的无所知。反讽者装着无知,口非而心是,说的是假相,意思暗指真相①。但对于禅师来说,"反语"不仅是个修辞学的问题,而且包含着伟大的真理和智慧。换言之,"反语"是禅宗特有的宗教观念在修辞学上的体现。

首先,"反语"与禅宗"二道相因"的思维方式有关。这种思维方式要求不执著于世间万法的任何一端。据《坛经》记载,六祖慧能早就指出:"说一切法,莫离自性。忽有人问汝法,出语尽双,皆取对法,来去相因。"又云:"若有人问汝义,问有将无对,问无将有对,问凡以圣对,问圣以凡对。二道相因,生中道义。"(《坛经·付嘱品》)对此,慧能共总结出三十六对法,试列举如下:

1. 天与地对;
2. 日与月对;
3. 明与暗对;
4. 阴与阳对;
5. 水与火对;(以上外境无情五对)
6. 语与法对;
7. 有与无对;
8. 有色与无色对;
9. 有相与无相对;
10. 有漏与无漏对;
11. 色与空对;

---

① 参见赵毅衡《新批评——一种独特的形式主义文论》第179页,中国社会科学出版社,1986年。

12. 动与静对；

13. 清与浊对；

14. 凡与圣对；

15. 僧与俗对；

16. 老与少对；

17. 大与小对;(以上法相语言十二对)

18. 长与短对；

19. 邪与正对；

20. 痴与慧对；

21. 愚与智对；

22. 乱与定对；

23. 慈与毒对；

24. 戒与非对；

25. 直与曲对；

26. 实与虚对；

27. 险与平对；

28. 烦恼与菩提对；

29. 常与无常对；

30. 悲与害对；

31. 喜与瞋对；

32. 舍与悭对；

33. 进与退对；

34. 生与灭对；

35. 法身与色身对；

36. 化身与报身对。(以上自性起用十九对)

慧能认为，如果善于运用这三十六对法，"即道贯一切经法，出入即离两边"（同上）。

就前面所举禅僧问答各例来看，基本上符合慧能的"三十六对法"原则：如"古镜"条、"红轮"条是问暗以明对，问明以暗对；"风恬浪静"条是问静以动对；"无缝塔"条是问合以分对；"大善知识"条、"四无量心"条、"即心即佛"条是问慈以毒对，或问戒以非对；"金刚不坏身"条是问生以灭对，或问实以虚对；"清净法身"条是问清以浊对；"戒定慧"条是问圣以凡对。由此可见，禅宗的"反语"是"二道相因"的中道思想的产物。

其次，"反语"也与佛教的二谛思想有关。佛教把世俗的道理称为俗谛，把佛家的道理称为真谛。认识俗谛的眼光叫做世眼，认识真谛的眼光叫做法眼。既然有俗谛与真谛、世眼与法眼的区别，那么，按我们日常生活经验逻辑看来是矛盾背反的言句，用法眼看来就可能是真谛。正如黄庭坚评陶渊明诗的"拙"与"放"时所说：

若以法眼观，无俗不真；若以世眼观，无真不俗。（《豫章黄先生文集》卷二六《题意可诗后》）

也就是说，法眼与世眼的看法往往正好相反。惠洪曾经以此评论诗画："诗者，妙观逸想之所寓也，岂可限以绳墨哉！如王维作画雪中芭蕉，自法眼观之，知其神情寄寓于物，俗论则讥以为不知寒暑。"（《冷斋夜话》卷四《诗忌》）例如，禅宗常把"心"（自性）比作"古镜"，把知识智慧的开发比作"磨古镜"。按照世俗的观点，古镜磨莹之后，摆脱蒙昧，照亮世界；而按照禅宗的观点，知识智慧的开发过程恰好是遮蔽自性的过程，因此古镜磨莹之后，世界反而一片黑暗。

其三，禅宗吸收了华严宗万法平等的观点，用克勤的话来说："心、佛、众生，三无差别，卷舒自在，无碍圆融。"(《罗湖野录》卷上）参禅的要义就是应去掉是非分别之心，正邪不二，凡圣等一。既然"心佛众生，菩提烦恼，名异体一"，那么修善与作恶、清净与污秽、神圣与凡俗之间也就没有界限了。修善行人不妨捻枪带甲，作恶行人不妨参禅入定，清净法身可以是屎里蛆儿，金刚不坏身可以是百杂碎。禅师们之所以故意用背反的话回答问题，其用意正在于暗示矛盾对立的双方是人为制造的概念，本来毫无差别。换言之，他们有意识地用荒谬的回答来暗示语言世界的本来荒谬，因为一体的真如是通过语言的命名才出现诸多矛盾的。

其四，某些"反语"也和禅宗"一即一切，一切即一"的观念有关。永嘉玄觉《证道歌》云："一性圆通一切性，一法遍含一切法。一月普现一切水，一切水月一月摄。"(《景德传灯录》卷三〇）也就是说，"佛性"或"佛法"可以蕴涵于世间的一切事物中。庄子曾说，"道无所不在"，"在蝼蚁"，"在稊稗"，"在瓦砾"，甚至"在屎溺"(见《庄子集释·知北游》)。禅宗的认识与此类似，如南阳慧忠国师的一则公案：

> 僧问："阿那个是佛心？"师曰："墙壁瓦砾是。"僧曰："与经大相违也。《涅槃》云：'离墙壁无情之物，故名佛性。'今云'是佛心'。未审心之与性，为别不别？"师曰："迷即别，悟即不别。"(《景德传灯录》卷二八《南阳慧忠国师语》)

这就是著名的"无情有性"说。所以，当云门以"干屎橛"来回答"如何是佛"的问题时，既可能是对佛的神圣性的嘲讽，即呵佛骂祖，又可能是"心佛众生，三无差别"的象征；既可能是"道在屎溺"的一种翻版,也可能是"无情有性"的一种隐喻。当然,这种隐喻本身也"与经大相违也",体现了禅宗教外别传的一贯作风。

禅宗有"反常合道"的说法①,意思是超乎常理,合于大道。禅师们的种种"反语"就是"反常合道"的典型。这些言句力图在看似悖谬矛盾的陈述中表现一种"形而上的真实",如"清净法身"而"灰头土面"就包含着万法平等的真理,"风恬浪静"而"吹倒南墙"就包含着动静不二的真理,佛是"干屎橛"就包含着凡圣等一的真理。所以,禅宗的"反语"可看做正话反说,似非而是,或是反言以显正,是一种佯谬,而非真正的悖谬。

---

① 《宋高僧传》卷九《唐均州武当山慧忠传》:"论顿也不留朕迹,语渐也返(反)常合道。"《古尊宿语录》卷二三《汝州叶县广教省禅师语录》:"问:'如何是论顿不留朕迹?'师云:'日午打三更,石人侧耳听。'云:'如何是语渐返常合道?'师云:'问处分明,觌面相呈。'"同上卷二六《舒州法华山举和尚语要》:"上堂云:'语渐也,返常合道;论顿也,不留朕迹。直饶论其顿,返其常,是抑而为之。'"

第四章 ● 打诨通禅：
禅语的游戏性

　　禅宗有一个重要的宗教解脱法门，叫做"游戏三昧"。游戏三昧本为佛教语，游戏意为自在无碍，三昧是梵语的译音，意为正定，即排除一切杂念，使心神平静。游戏三昧意谓自在无碍而心中不失正定。禅宗以解脱束缚为三昧，所以游戏三昧也指达到超脱自在、无拘无束的境界。《坛经·顿渐品》："普见化身，不离自性，即得自在神通，游戏三昧，是名见性。"游戏三昧是南宗尤其是洪州禅的重要传统，如南泉普愿禅师"扣大寂（马祖道一）之室，顿然忘筌，得游戏三昧"（《景德传灯录》卷八《池州南泉普愿禅师》）。从马祖和南泉的言论来看，游戏三昧应该指"平常心是道"的思想，即所谓"无造作，无是非，无取舍，无断常，无凡无圣"，"行住坐卧，应机接物，尽是道"（同上卷二八《江西大寂道一禅师语》）。这种思想发展到北宋时期，逐渐成为一种游戏人生的态度，真净克文禅师对此有形象的解说："事事无碍，如意自在。手把猪头，口诵净戒。

趁出淫坊，未还酒债。十字街头，解开布袋。"（《罗湖野录》卷下）只要对生活采取随意游戏的态度，哪怕是在声色场中照样能获得宗教解脱。

这种游戏三昧表现在言说方式上，就是一种轻松自在、随心所欲的戏谑态度。正如长灵和尚所说："有问有答，须是其人，若是其人，唤作游戏三昧，逢场设施，无可不可。"（《长灵和尚语录》，《禅宗集成》第十四册）因此，禅宗语言具有了不同于义学经论的诙谐幽默的风格特点：一方面，禅宗师徒问答往往类似于唐宋参军戏、杂剧的插科打诨；另一方面，禅籍中出现了类似文字游戏的俳谐作品。

一、打　诨

苏轼评论黄庭坚书法时说过这样一句话："以真实相出游戏法。"（《苏轼文集》卷六九《跋鲁直为王晋卿小书尔雅》）大意是说黄庭坚的人生态度和艺术风格正好相反，因为他承认真如"心"的惟一真实，以"治心养气"为终身追求目标，应是立身谨慎的"谨笃人"，但他的书法却充满奇崛诙诡的游戏意味。这句话也可以用来评论禅宗语言。

表面看来，"真实相"与"游戏法"是冲突的，然而用禅宗的观点完全可以得到合理的解释。"真实相"就是佛家所谓"实相"，指宇宙万物的真相，世界的本体。就禅宗而言，宇宙全体为一"心"，即所谓"真如"。"真实相"是一种超语言的实体，因此如果执著于语言的指义性质，试图通过语言概念去追寻"真实相"的涵义，无异于南辕北辙。所以禅师常用不合理路的句子来回答初学者的提问，让人明白语言概念是无意义的,从而破除迷执。初学者的提问是严肃的,而禅师的回答是戏谑的,这种戏谑正是为了突出语言的游戏性质,暗示"佛法大意"非语言所可及。就学者而言,"真实相"并不能通过真实(认真)的态度,而只能通过游戏(不拘著)的态度才能领悟。

元无名氏《汉钟离度脱蓝采和》杂剧第一折【点绛唇】曲有"打诨通禅"一语,是说杂剧的打诨可通禅语,反过来,我们也可以说"禅语通诨"。

打诨,源于魏晋以来的参军戏。据王季思先生考证,参军戏角色有二:一是参军,绿衣秉简装假官;一是苍鹘,手执搕瓜装假仆。演出时,参军先发为种种痴呆可笑的形状、举动或语言,这叫做"打猛诨入"(入场),苍鹘以搕瓜(皮制瓜形棒槌)击而责问之,参军乃答以出乎寻常意想之外的解释,这叫做"打猛诨出"(出场,即退场)(王季思《玉轮轩曲论·打诨参禅与江西诗派》,中华书局,1980年)。唐代参军戏、宋元杂剧都继承了这种打诨的传统,即使演出时的角色变了,而打诨的形式仍保留下来。

晚唐五代禅宗出现了行脚天下、遍参诸方的风气,游方的禅僧混迹于民间,对流行于乡村市廛的参军戏难免耳濡目染,如马祖门下的邓隐峰禅师就自称"竿木随身,逢场作戏"(《五灯会元》卷三《江西马祖道一禅师》)。到了宋代,随着市民阶层的扩大,新兴的杂剧开始流行,打诨更成为僧俗普遍喜爱的言说方式。当禅宗的"游戏三昧"观念与戏剧的打诨形式相碰撞之后,便转化为禅语使用上的"游戏三昧"。

有关唐参军戏、宋杂剧剧本的原始资料已很难见到,不过,据王季思先生分析:"戏言而近庄,反言以显正,斯实参军打诨之主要内容与方式。"(《玉轮轩曲论·打诨参禅与江西诗派》)禅语的"游戏三昧"与之类似，归纳五花八门的机锋问答，大抵也不出"戏言而近庄"、"反言以显正"两大类。"反言以显正"我在前一章已作了详细论述，当禅师以"屎里蛆儿"去回答"清净法身"时，这就是"反言以显正"，这里面有一种由荒诞引起的滑稽感，颇似参军出乎寻常意料之外的解释。在此，让我们再看看"戏言而近庄"的禅语。

在禅宗参禅应机的传教活动中，宗师和学人有如参军和苍鹘的角色，其机锋和棒喝颇有几分戏剧的谐趣。如临济宗首山省念禅师和参学僧之间的一段对话：

> 问："如何是古佛心？"师曰："镇州萝卜重三斤。"问："虚心以何为体？"师曰："老僧在汝脚底。"僧曰："和尚为什么在学人脚底？"师曰："知汝是个瞎汉。"（《景德传灯录》卷一三《汝州首山省念禅师》）

这段对话中的首山省念，就像装疯卖傻的参军。学人问的是"古佛心"这样庄严的宗教性话题，得到的却是毫不相干的世俗性解释。"古佛心"怎么会是"镇州萝卜"？简直是开玩笑。学人问的是"虚心"的本体论问题，得到的却是喜剧性的回答。老僧怎么会在学人脚底？简直是作贱自己。直到学人因再次刨根究底地询问而被首山骂为"瞎汉"时，我们才明白首山傻话的意义。他已经两次暗示学人抓住眼前脚下的"此在"，或是暗示"心"之第一义不可说，而学人毫不领会，硬要打破沙锅问到底，这不是毫无灵性的"瞎汉"又是什么？由此可知，首山的前两次回答是想触发学人的禅机，有似参军戏的"打猛诨入"；最后一次回答就是禅宗所说的"下一转语"，相当于参军戏的"打猛诨出"，使学人最终猛醒，参透禅机。

南泉普愿以"平常心是道"为背景的"游戏三昧"，也具有打诨的幽默感。比如有僧问:"空中有一珠,如何取得?"南泉答曰:"斫竹布梯空中取。"僧又问:"空中如何布梯?"南泉反问:"汝拟作么生取?"僧不能答(同上卷八《池州南泉普愿禅师》)。僧的提问本来就刁钻古怪,珠怎么能悬浮空中呢?南泉顺势以假为真,既然空中有珠,当然可以搭梯子去取了。僧明知空中是无法布梯的,所以南泉反问他打算用什么办法取珠,把棘手的问题抛回给他。这是典型的斗机锋,取得胜利的是装傻的南泉。从形式上看,这段对话有点像现代的相声艺术,南泉憨厚的语言中透出机智,但从功能上看,南泉的目的是想引发僧人的禅机,使其从佛理的角度去悬想,因为空中取珠的问题很可能是关于如何领悟无迹可求的第一义的一种隐喻。又如,南泉上堂示众说:"王老师(南泉俗姓王)要卖身,阿谁要买?"一僧站出来说:"某甲买。"南泉问道:"他不作贵价,不作贱价,汝作么生买?"僧答不上来(同上)。南泉当众自称要"卖身",这无异于一句疯话,相当于"打猛诨入",令人摸不着头脑。当僧人回答、南泉再次反问之时,我们才恍然理解他的用意,即"不作贵价,不作贱价",保持一种"平常心",便可真正随处作主,决不会卖身作奴。这一反问就是"打猛诨出",诨趣中蕴藏着深刻的禅机。南泉临终时留下的一段公案也可看做"游戏三昧":

> 师将顺世,第一座问:"和尚百年后向甚么处去?"师云:"山下作一头水牯牛去。"僧云:"某甲随和尚去还得也无?"师云:"汝若随我,即须衔取一茎草来。"(同上)

一般和尚修行,是为了来世投胎不会当牛做马,任人奴役宰割,而南泉则宁愿来世做一头水牯牛,这种言论不仅惊世骇俗,而且简直就是"参军式"的犯傻,或一种黑色幽默。然而,南泉的戏言里却包含着极严肃的禅观,即所谓"向异类中行",意思是只有像水牯牛那样无思虑,离言语,才能"会道"。

南泉的弟子赵州从谂发扬光大了"平常心是道"的禅观,与此对应的是其语言的游戏性也更为突出。有一次,赵州与僧文远讨论义理,约定"斗劣不斗胜,胜者输果子"。文远请赵州先立义。赵州曰:"我是一头驴。"文远曰:"我是驴胃。"赵州曰:"我是驴粪。"文远曰:"我是粪中虫。"赵州问:"你在彼中作甚么?"文远曰:"我在彼中过夏。"赵州曰:"把将果子来。"① "斗劣"的结果是文远输了,因为"过夏"是指僧人的"结夏"(即自夏历四月十五日起静居寺院,不出门行动),文远既在驴粪中过夏,无异于仍旧承认自己是僧人,而僧人与驴粪相比,当然是"胜者"。这种"斗劣不斗胜"的斗机锋,其实就是比赛"作劣语",很容易使我们想起《世说新语·排调》中的"作了语"、"作危语"②。只不过这是禅门的斗机锋,其中包含着深刻的禅理,和文人的谈谐戏谑有所不同。赵州所谓"我是一头驴"与其师南泉"作一头水牯牛"类似,表示了"向异类中行"的禅观;而"我是驴粪"的说法,更进一步发展了这种禅观,因为驴虽然无思虑,离语言,但还有欲望,而驴粪则完全是无生命的东西,与枯木死灰差不多,可隐喻入定的禅境。

赵州的语言游戏有两种形式为后来禅门问答所常用。一种是循环法,例如下面这则公案:

---

① 《五灯会元》卷四《赵州从谂禅师》。《古尊宿语录》卷一四《赵州真际禅师语录之余》也载此事,"输果子"作"输餬饼"。
② 《世说新语·排调》:"桓南郡(桓玄)与殷荆州(殷仲堪)语次,因共作了语。顾恺之曰:'火烧平原无遗燎。'桓曰:'白布缠棺竖旒旐。'殷曰:'投鱼深渊放飞鸟。'次复作危语。桓曰:'矛头淅米剑头炊。'殷曰:'百岁老翁攀枯枝。'顾曰:'井上辘轳卧婴儿。'殷有一参军在坐云:'盲人骑瞎马,夜半临深池。'殷曰:'咄咄逼人。'仲堪眇目故也。""作了语"是指比赛说了结的话,说到尽头的话;"作危语"是指比赛说危险的话。

> 问:"柏树子还有佛性也无?"师曰:"有。"曰:"几时成佛?"师曰:"待虚空落地时。"曰:"虚空几时落地?"师曰:"待柏树子成佛时。"(《五灯会元》卷四《赵州从谂禅师》)

柏树子成佛的前提是虚空落地,而虚空落地的前提是柏树子成佛,二者互为前提,形成循环。这样,僧人的追问将永远没有结果,除非他放弃逻辑的思索,否则永远走不出循环的怪圈。而这种循环也可算是一种语言游戏,它本身不表达任何意义,却具有某种智慧的幽默。

另一种是重复法,赵州用得极多,例如:

> 问:"如何是祖师西来意?"师曰:"庭前柏树子。"曰:"和尚莫将境示人?"师曰:"我不将境示人。"曰:"如何是祖师西来意?"师曰:"庭前柏树子。"(同上)
>
> 问:"如何是佛?"师曰:"殿里底。"曰:"殿里者岂不是泥龛塑像?"师曰:"是。"曰:"如何是佛?"师曰:"殿里底。"(同上)
>
> 师问新到:"曾到此间么?"曰:"曾到。"师曰:"吃茶去。"又问僧,僧曰:"不曾到。"师曰:"吃茶去。"后院主问曰:"为什么曾到也云吃茶去,不曾到也云吃茶去?"师召院主,主应喏。师曰:"吃茶去。"(同上)
>
> 问:"毫厘有差时如何?"师云:"天地悬隔。"云:"毫厘无差时如何?"师云:"天地悬隔。"(《古尊宿语录》卷一三《赵州真际禅师语录》)

这里有两种重复方式。前两则是对同样的问题重复回答,其基本结构是:
问:如何是A?
答:B。

问：B不是C吗？

答：是。

又问：如何是A？

答：B。

有趣的是，学人第一次提问得到一个不满意的回答，然后对此答案质疑，赵州也同意这种质疑的观点。当学人再次同样提问时，以为答案会有所改变，但得到的仍是同样的回答。后两则是对不同问题的同样回答，其基本结构是：

问：A如何？

答：B。

问：C如何？

答：B。

（问：为什么A是B，C也是B？答：B。）

不管学人从正反双方提出问题，赵州都只是执拗地重复回答，这就很像那个装痴呆、犯傻冒的参军。这些回答当然没有逻辑，而且总是让我们的期待落空，但却很有几分逗乐的谐趣。更重要的是，这些重复的戏言暗示了一种禅宗的"无差别境界"，即执著地追问A、B、C的区别到底有什么意义呢？

与赵州同时或稍后的禅师，特别是法眼文益禅师，继承并发展了循环法和重复法，以至于铃木大拙称他为"一个善于运用重复法的伟大禅师"[①]。这些句法包括循环肯定（如文益答"毫厘有差，天地悬隔"）、循环否定（如岩头答"不是本常理"）、重复问题（如文益答"曹源一滴水"）、异问同答（如道怤答"无"）等，本书上编第三章第二节已有例示，兹不赘述。这些循环法和重复法超越了日常

---

① 《禅与生活》第104页。

语言的习惯用法,因而具有某种戏剧化的插科打诨的色彩。

事实上,禅宗的游戏法也给宋代士大夫的诗歌语言艺术以不少启发,其中以苏轼的创作最为突出。正如南宋陈岩肖所说:"东坡谪居齐安(黄州)时,以文笔游戏三昧。"(陈岩肖《庚溪诗话》卷下,《历代诗话续编》本,中华书局,1983年)其实,"游戏三昧"的创作态度贯穿于苏轼的各个时期,因为在他看来,艺术创作是游戏人生的一种最佳方式,诗文书画能使他真正达到超越世俗、无拘无碍的自由境界。当这种态度和禅宗打诨的言说方式结合起来时,便形成了苏轼诗歌特有的"借禅以为诨"的语言风格。试看苏轼《闻辩才法师复归上天竺以诗戏问》一诗:

> 道人出山去,山色如死灰。白云不解笑,青松有余哀。忽闻道人归,鸟语山容开。神光出宝髻,法雨洗浮埃。想见南北山,花发前后台。寄声问道人:"借禅以为诨,何所闻而去,何所见而回?"道人笑不答,此意安在哉?昔年本不住,今者亦无来。此语竟非是,且食白杨梅。(《苏轼诗集》卷一六)

这首诗通篇立意在一"以诗戏问"之"戏"字上或"借禅以为诨"之"诨"字上。诗的前半段写辩才的去而复归,渲染上天竺寺因辩才离去而悲哀,因辩才回来而欢乐。后半段却宣扬昔与今、去与来本无差别,无须悲喜。"何所闻而去"两句用的是嵇康和钟会之间对话的典故,相当于禅家的公案[①];而结句"且食白杨梅"则完全是禅宗问

[①] 《世说新语·简傲》:"钟士季(钟会)精有才理,先不识嵇康。钟要于时贤隽之士俱往寻康。康方大树下锻,向子期为佐鼓排,康扬槌不辍,傍若无人。移时,不交一言。钟起去,康曰:'何所闻而来,何所见而去?'钟曰:'闻所闻而来,见所见而去。'"

答机锋的惯技,很容易使我们想起前举赵州从谂"吃茶去"的公案。正如不管僧"曾到"、"不曾到",赵州和尚都说"吃茶去"一样,苏轼也不管辩才和尚过去、现在是否曾住上天竺,都只是说"且食白杨梅"。由此可见,禅语本身具有一种"戏"和"诙"的功能。

二、俳 体

当禅宗的"游戏三昧"观念由宗教渗入艺术创作之时,也就从本体论的意义上为文字游戏提供了辩护的理由。不仅是绮语口业的诗文,甚至是"戏人"、"玩人"的俳谐文学,都可以纳入"游戏三昧"的保护伞。只要最终效果是摆脱了世俗功名的羁绊,得到愉悦和放松,或表达了禅机佛理,都可被看做"作大佛事"①。特别是在宋代"文字禅"风行之后,不少禅师受到士大夫"以文字为诗"的创作倾向的影响,也开始尝试用俳谐文学来传教示法。

北宋末年,惠洪的同门师兄庐山慧日文雅禅师曾模仿唐人"本草"类游戏文字②,戏作《禅本草》一篇,其词曰:

> 禅,味甘,性凉,安心脏,祛邪气,辟壅滞,通血脉,清神益志,驻颜色,除热恼,去秽恶,善解诸毒,能调众病。药

---

① 如惠洪《石门文字禅》卷一九《东坡画应身弥勒赞序》:"东坡居士,游戏翰墨,作大佛事,如春形容藻饰万象。"
② 唐人所作"本草"如侯味虚著《百官本草》,题御史曰:"大热,有毒。"又朱书云:"大热,有毒,主除邪佞,杜奸回,报冤滞,止淫滥,尤攻贪浊,无大小皆搏之。瓛尉簿为之相,畏还使,恶爆直,忌按权豪。出于雍洛州诸县,其外州出者,尤可用。日炙干硬者为良。服之,长精神,减姿媚。久服,令人冷峭。"又贯言忠撰《监察本草》。均见《太平广记》卷二五五,中华书局排印本,1981年。又张说撰有《钱本草》,见《全唐文》卷二二六。

生人间，但有大小、皮肉、骨髓、精粗之异，获其精者为良。故凡圣尊卑悉能疗之。余者多于丛林中吟风咏月。世有徒辈多采声壳为药食者，误人性命。幽通密显，非证者莫识。不假修炼，炮制一服，脱其苦恼，如缚发解，其功若神，令人长寿。故佛祖以此药疗一切众生病，号大医王，若世明灯，破诸执暗。所虑迷乱，幽蔽不信，病在膏肓，妄染神鬼，流浪生死者，不可救焉。伤哉！（《罗湖野录》卷下）

这篇文章的体裁和叙述口吻都模仿药学著作《本草经》，用"本草"（中草药）的治病功能来双关禅的宗教功能，充满谐趣。其中所谓"于丛林中吟风咏月"，委婉地批评了禅门中的诗僧，以为好吟咏非禅之精者。佛号大医王是佛经的说法，而文雅禅师将其与本草联系起来，显然是受到文人俳体文章的影响。"号大医王"的佛经话语转变为"本草"这样更使中国平民百姓感到亲切的本土话语，并采用了一种俳谐的形式，真可谓寓教于乐、寓庄于谐。惠洪的另一位师兄湛堂文准禅师著《炮炙论》，以辅佐文雅的《禅本草》，其词曰：

人欲延年长生，绝诸病者，先熟览《禅本草》。若不观《禅本草》，则不知药之温良，不辨药之真假，而又不谙何州何县所出者最良。既不能穷其本末，岂悟药之体性耶？近世有一种不读《禅本草》者，却将杜漏蓝作绵州附子，往往见面孔相似，便以为是。苦哉！苦哉！不唯自误，兼误他人，故使后之学医者，一人传虚，万人传实，扰扰逐其末，而不知安乐返本之源，日月浸久，横病生焉。渐攻四肢，而害圆明常乐之体。自旦及暮，不能安席，遂至膏肓，枉丧身命者多矣。良由初学粗心，师授莽卤，不观《禅本草》之过也。若克依此书，明药之体性，又须解如法炮制。盖炮制之法，先须选其精纯者，以法流水净洗，去人我叶，除无明根；秉八还刀，向三平等砧碎剉；用性空真火微焙之；入四无量臼，举八金刚杵，杵八万四千下；以大悲千手眼筛筛之，然后成尘尘三昧。炼十波罗蜜为圆，不拘时候。煎一念相应汤，下前三三圆、后三三圆。除八风二见外，别无所忌。此药功验，不可尽言，服者方知此药深远之力，非世间方书所载。后之学医上流，试取《禅本草》观之，然后依此炮制，合而服之，其功力盖不浅也。（同上）

中草药需要炮制，即制作加工，才能发挥更好的药性。文准用"炮制"来双关"禅"需要有"教"配合，才能更好地发挥解脱烦恼的宗教功能。其中"无明"、"八还"、"三平等"、"性空"、"四无量"、"八金刚"、"八万四千"、"大悲千手眼"、"尘尘三昧"、"十波罗蜜"、"一念相应"、"八风"、"二见"等等，都是佛教经藏中的名相术语。由此可见，文准在这篇俳体文字中，表达了一种"禅教合一"的思想，这和惠洪提倡的"文字禅"是一致的。

使我们感兴趣的是当时一些禅师对这两篇文字游戏的欣赏态度，大慧宗杲（妙喜老师）指出："湛堂读诸葛孔明《出师表》，而知作文关楗，遂著《罗汉疏》《水磨记》《炮炙论》。"（同上）宗杲的弟子晓莹更予以高度评价，首先为《禅本草》辩护说："世称韩昌黎《毛颖传》以文章为滑稽，若《禅本草》，宁免并按者欤？先佛号大医王，而修多罗藏得非方书乎？况《禅本草》从藏中流出，议病且审，使药且亲，其有服食，获证大安乐地也必矣。由是观之，雅岂徒然哉！"然后又称赞《炮炙论》说："若夫《炮炙论》，文从字顺，详譬曲喻，而与《禅本草》相为表里，非具起膏肓必死之手，何能及此哉！"（同上）从晓莹的评价来看，他已经注意到这两篇文章与韩愈

《毛颖传》之类的游戏文字的关系,而"文从字顺"的评论也正好用的是韩愈创造的词语。需要指出的是,韩愈作《毛颖传》,曾遭到友人张籍的批评,斥之为"驳杂无实之说",以为"是戏人也,是玩人也,非示人以文之道也"(《全唐文》卷六八四张籍《上韩昌黎第二书》,中华书局影印本,1983年)。但这种"以文为滑稽"的作品在禅宗这里却不仅有人仿效,而且受到青睐。由此可见,禅宗的"游戏三昧"从理论上为士大夫的文字游戏提供了依据,而士大夫传统的俳谐文学则从实践上为禅宗的文字游戏树立了范本。

除了以上两篇寓庄于谐的作品外,禅门还出现了一些无关宏旨的纯粹游戏之作。比如苏州定慧超信禅师作《贻老僧》诗曰:

> 俗腊知多少,庞眉拥毳袍。看经嫌字小,问事爱声高。暴日终无厌,登阶渐觉劳。自言曾少壮,游岳两三遭。(《罗湖野录》卷下)

"俗腊"指老僧出家前的年岁和出家后的年岁。这首诗其实是调侃老僧之作,与禅旨无关。诚如晓莹所说:"(超)信为明眼宗匠,此乃其游戏耳。"晓莹之所以欣赏它,纯粹是因为文字描写方面的原因:"然品题形貌之衰惫,摸写情思之好尚,抑可谓曲尽其妙矣。"(同上)

最妙的是南宋绍兴间南闽修仰书记为泐潭草堂和尚所作《题净发图》,文章采用了骈文的形式,体类俳优,而用事切当。其词曰:

> 垢污蓬首,笑志公堕声闻之乡;特地洗头,嗟庵主入雪峰之彀。为当时之游戏,属后世之品量。谁知透石门关,别有弃繻手段;饮泐潭水,总是突雾爪牙。更不效从前来两家,直要用顶颔上一着。锋芒才动,心手相应。一搯一抬,谁管藏头白、

海头黑；或擒或纵，说甚胡须赤、赤须胡。曾无犯手伤锋，不用扬眉瞬目。一新光彩，迥绝廉纤。休寻头上七宝冠，好看顶后万里相。一时胜集，七日良期。不须到佛殿阶前，彼处无草；普请向大智堂里，此间有人。(《云卧纪谭》卷上)

这篇骈文为题画而作，全用宗门的典故成语来双关净发（剃头）的过程。"志公"指南朝梁金陵宝志禅师，他少年出家，在道林寺修习禅定。后来"居止无定，饮食无时，发长数寸，徒跣，执锡杖"。梁武帝称志公"语其佛理，则声闻以上"（《景德传灯录》卷二七《金陵宝志禅师》）。"声闻"指由诵经听法而悟道者，禅宗以声闻为小乘，所以这里嘲笑志公"堕声闻之乡"。"特地洗头"两句用的是雪峰义存的一则公案："有一僧在山下卓庵多年（即庵主），不剃头。畜一长柄杓，溪边舀水。时有僧问：'如何是祖师西来意？'（庵）主曰：'溪深杓柄长。'师（雪峰）闻得，乃曰：'也甚奇怪。'一日，将剃刀同侍者去访，才相见便举前话，问：'是庵主语否？'主曰：'是。'师曰：'若道得，即不剃你头。'主便洗头，胡跪师前，师即与剃却。"（《五灯会元》卷七《雪峰义存禅师》）"石门"是禅宗著名的丛林，而"门"与"关"相应，"石门关"代指禅关。"弃繻"用《汉书·终军传》中终军入关弃繻而去的故事。繻是古代出入关津的凭证，书帛裂而分之，出关时取以合符，才能复出。此借以喻参透禅关须有果决的气概。"渤潭"也是禅宗的圣地之一，而"潭"与"水"相应，"渤潭水"代指法水。禅宗常以狮子猛虎比喻得道的禅师，所以戏称为"爪牙"。"突兀"即突兀，此谓凸出锐利貌。"从前来两家"指净发出家为僧前所仿效的儒家和道教。"顶颠上一着"指剃头，双关参禅的向上一路，如《碧岩录》云："顶门上一着，梦见也未？"（《碧岩录》卷二第十三则《巴陵银碗里雪》）"一搦一抬"，形容手执剃刀的动作，双关禅门中的应机接人，如《碧岩录》云："展啐啄之机，用杀活之剑，直饶怎么，更须知建化门中，一手抬，一手搦，犹较些子。"（同上第十六则《镜清啐啄机》）"藏头白、海头黑"语出西堂智藏禅师的一则公案："僧问马祖：'请和尚离四句，绝百非，直指某甲西来意。'祖云：'我今日无心情，汝去问取智藏。'其僧乃来问师（智藏）。师云：'汝何不问和尚（指马祖）？'僧云：'和尚令某甲来问上座。'师以手摩头云：'今日头痛，汝去问海师兄（百丈怀海）。'其僧又去问海。海云：'我到这里却不会。'僧乃举似马祖。祖云：'藏头黑，海头白。'"（《景德传灯录》卷七《虔州西堂智藏禅师》）而头黑头白又和净发有关。"或擒或纵"，指剃头的过程，双关参禅应机的方法。"擒纵"也是禅门常用语，如《碧岩录》云："擒纵非他，卷舒在我。"（《碧岩录》卷三第二十二则《雪峰鳖鼻蛇》）"胡须赤、赤须胡"是唐宋俗语"将谓胡须赤，更有赤须胡"的略称，意思是强中更有强中手。此语禅籍中极为常见，如百丈怀海和黄檗希运师徒间的一则有趣的公案："至晚参，师（百丈）举前因缘次，黄檗便问：'古人错对一转语，落在野狐身，今人转转不错是如何？'师云：'近前来向汝道。'黄檗近前打师一掌。师云：'将谓胡须赤，更有赤须胡。'"（《古尊宿语录》卷一《百丈怀海禅师语录》）百丈本来想让黄檗近前来，好打他一掌，没想到黄檗先下手为强，所以百丈有此语。同样"胡须"也和净发相关。"犯手伤锋"和"扬眉瞬目"都是宗门行话，以之描写剃发过程中的细节，惟妙惟肖。佛教有七宝的名目，说法不一，"七宝冠"泛指多种珍宝装饰之冠。"万里相"用《汉书·班超传》的典故："生燕颔虎颈，飞而食肉，此万里侯相也。"这两句的意思是，头上不用戴冠，光头更好看相。"不须到佛殿阶前"两句，用的是丹霞天然禅师的一则公案。丹霞得马祖指示，前往南岳参见石头希迁，石头命其着槽厂去。丹霞入行者房执役凡三年。

"忽一日，石头告众曰：'来日划佛殿前草。'至来日，大众诸童行各备锹钁划草，独师（丹霞）以盆盛水净头，于和尚前胡跪。石头见而笑之，便与剃发。"（《景德传灯录》卷一四《邓州丹霞山天然禅师》）"普请向大智堂里"两句，指的是百丈怀海订的《禅门规式》，百丈死后敕谥大智禅师。《禅门规式》云："行普请法，上下均力也。"（同上卷六《洪州百丈山怀海禅师》）这篇文章骈偶工整，用典精当，而其创作倾向，却在于以文为戏，以文字的双关隐喻造成谐谑的效果。

禅宗的以文为戏显然受到唐宋以来士大夫俳体文学的影响。早在初唐，张说就有《钱本草》的俳体文问世，自韩愈作《毛颖传》后，文人仿作更蔚成风气，仅苏轼撰或托名苏轼撰的俳体文就有《杜处士传》（中药杜仲）、《万石君罗文传》（歙砚）、《江瑶柱传》（江珧贝）、《黄甘陆吉传》（黄柑绿桔）、《叶嘉传》（武夷茶）、《温陶君传》（面条）等（见《苏轼文集》卷一三）。文雅和文准禅师与苏轼同时而稍后，其《禅本草》和《炮炙论》应当是同一风气的产物。而苏轼爱用禅语作诗为戏，语涉双关谐隐，也很受禅门中人的喜爱，《题净发图》之类文字与之如出一辙。据惠洪《冷斋夜话》记载：苏轼由海南北归时，路过虔州，邀请刘安世（器之）同参玉版和尚。"器之每倦山行，闻见玉版，欣然从之。至廉泉寺，烧笋而食。器之觉笋味胜，问此笋何名。东坡曰：'即玉版也。此老师善说法，要能令人得禅悦之味。'于是器之乃悟其戏，为大笑，东坡亦作偈。"（《冷斋夜话》卷七《东坡戏作偈语》）这首偈是一首五言律诗：

丛林真百丈，法嗣有横枝。不怕石头路，来参玉版师。聊凭柏树子，与问箨龙儿。瓦砾犹能说，此君那不知。（《苏轼诗集》卷四五《器之好谈禅，不喜游山。山中笋出，戏语器之，

可同参玉版长老，作此诗》）

这首诗通篇用禅语双关，极尽谐隐之能事。如"丛林"双关丛聚的竹林和禅宗的寺院，《大智度论》卷三："僧伽，秦言众，多比丘一处和合，是名僧伽；譬如大树丛聚，是名为林。""百丈"双关树木之高大和禅宗著名圣地洪州百丈山。"横枝"，据苏轼自注："玉版，横枝竹笋也。"据王注次公曰："禅宇谓之法嗣，而禅家旁出，谓之横枝。"（同上）意思是非嫡传的法嗣。"石头路"双关游山之路和石头希迁的门庭。邓隐峰辞马祖，马祖问："什么处去？"邓答曰："石头去。"马祖说："石头路滑。"（《景德传灯录》卷六《江西道一禅师》）可见"石头路"是难行之路。"玉版师"以禅宗长老隐喻竹笋，"玉版"是竹笋的别名。"柏树子"出自赵州和尚的著名公案，僧问赵州："如何是祖师西来意？"答曰："庭前柏树子。"（《五灯会元》卷四《赵州从谂禅师》）"箨龙儿"是笋子的别称。"瓦砾犹能说"用南阳慧忠国师"无情说法"的典故，僧问："阿那个是佛心？"慧忠答曰："墙壁瓦砾是。"又问："无情既有心性，还解说法否？"答曰："他炽然常说，无有间歇。"（《景德传灯录》卷二八《南阳慧忠国师语》）"此君"是竹子的代称，典出《世说新语·任诞》："王子猷尝暂寄人空宅住，便令种竹。或问：'暂住，何烦尔？'王啸咏良久，直指竹曰：'何可一日无此君？'"苏轼的意思是，既然柏树子可参祖师西来意，瓦砾无情犹能说法，何况已经人格化的"箨龙儿"和"此君"这样的有情之物，当然可视为玉版禅师。清人查慎行注苏诗曰："此诗尽用禅家语形容，可谓善于游戏者也。"（《苏诗补注》卷四五，清乾隆辛巳香雨斋刻本）

禅宗尽管轻视语言文字，但对待游戏文字的态度却比古板的理学家宽容得多。因为根据禅宗的观点来推论，俳谐文学至少有两种功能：其一，所谓善巧方便，随机设化，利用俳谐文学"辞浅会俗"的社会性，起到更好地宣传佛理的效果；其二，所谓逢场作戏，无可不可，利用俳谐文学"皆悦笑也"的游戏性[①]，起到缓和紧张、消弥分裂的作用，即"游戏三昧"的作用。

[①] 《文心雕龙·谐隐》："谐之言皆也；辞浅会俗，皆悦笑也。"

第五章 老婆心切：
　　　　　禅语的通俗性

　　佛教在中国的流布蔓延，促成了通俗文学的发展，如唐代寺院中盛行的宣传宗教的俗讲及"转"出的变文，就以其韵散结合、文白夹杂的形式，开辟出中国白话小说和说唱文学的广阔天地。但与俗讲、变文相比较，唐宋禅僧语录不仅更彻底地消除了文言成分，而且较大地淡化了语言的说教成分。可以说，禅宗语录在同时代各类文献中，俗语言色彩最为浓厚，也最具本土平民特色。

　　禅籍俗语言风格的形成，有这样几个原因：其一，禅宗队伍主要成分是农民，在与贵族僧侣的话语权力争夺中，他们力图以一种本土的农禅话语系统来取代外来的佛经话语系统；其二，洪州禅"平常心是道"的禅观，将印度佛教的宗教精神进一步世俗化，与参禅多行日用事相对应，宗门也多用日常的方俗语；其三，禅宗队伍尤其是唐代禅宗队伍文化程度普遍较低，宗师为了更生动形象地传教示道、应机接人，有意采用鄙俚朴质的方俗语；其四，禅宗主张

"不立文字",其重要含义之一是反对执著于书面的文字,而不完全排斥口头语言,并有意为口头语言"放一线道";其五,禅籍的经典著作是语录,即关于祖师口头语言的记录,其语言风格具有原始口语的真实性,而它的经典性又直接影响到其他禅籍的语言。

禅籍俗语言包括口语、谚语、歇后语、白话诗等等,大多是唐宋时期活生生的语言,反映了该时期人们使用语言的实际状况,对于研究中古汉语的语法、词汇、修辞都有极重要的参考价值。

一、口　语

无论是在语录流行之前或是之后,"口耳受授"都是禅宗的主要传灯方式。因此,唐宋口语是构成禅宗语言的最主要的成分。禅宗语录是关于祖师实际口授语言的记录,通常由虔诚的门徒于众中听讲时悄悄记下来。如云门文偃的对机室中录,"皆香林、明教以纸为衣,随所闻随即书之"(《林间录》卷上)。这些语录虽然后来经过加工整理,但其原始的语言风格还是得到较好的保存。当祖师语录成为一种新经典之后,其以口语为主的语言风格也成为后来禅籍仿效的典范,尽管有不少禅籍是出自书面创作并供案头阅读的。这有如明代文人的拟话本之于宋元说话艺人的话本,书面的死文字被口头的活语言所征服。

唐宋禅宗语录是同时代最口语化的文献之一,试以云门文偃的一段语录为例:

> 兄弟一等是蹋破草鞋,抛却师长父母行脚,直须着些子精彩始得实。若有个入头处,遇着一个咬猪狗手脚,不惜性命,

入泥入水相为，有可咬嚼，眨上眉毛，高挂钵囊，拗折拄杖，十年二十年，办取彻头，莫愁不成办，直是今生未得彻头，来生亦不失人身，向此个门中，亦乃省力，不虚孤负平生，亦不孤负师长父母、十方施主。直须在意，莫空游州猎县，横担拄杖，一千里二千里走趁，遮边经冬，那边过夏。好山好水堪取性，多斋供易得衣钵。苦屈！图他一粒米，失却半年粮。如此行脚有什么利益？信心檀越，把菜粒米，作么生消得？直须自看，（无人替代，）时不待人，忽然一日眼光落地，前头将何抵拟？莫一似落汤螃蟹，手脚忙乱，无你掠虚说大话处。莫将等闲空过时光，一失人身，万劫不复。不是小事，莫据目前。①

这段话全是由纯净的口语组成，在禅宗语录中极有代表性。下面试以唐宋其他禅籍作对照，简略诠释这段话中口语词汇的大致词义②：

"一等"，犹言一种、一类，如寒山诗："世有一等愚，茫茫恰似驴。"③

"着些子精彩"，意思是专作一事，振作一点精神，如招庆道匡禅师曰："今既上来，各着精彩，招庆一时抛与诸人，好么？"（《景德传灯录》卷二一《泉州招庆道匡禅师》）"精彩"与"精神"的意思差不多，如黄檗希运禅师曰："汝等既称行脚，亦须着些精神好。"（同上卷九《洪州黄檗希运禅师》）

"入头"，意思是悟入、领悟，睦州陈尊宿曰："汝等诸人未得

---

① 《景德传灯录》卷一九《韶州云门文偃禅师》。又见《古尊宿语录》卷一五《云门匡真禅师广录》卷上、《五灯会元》卷一五《云门文偃禅师》，文字略异。
② 以下词义解释参考了于谷《禅宗语言和文献》一书而另作补正，所有禅籍语例均为重新补充。
③ 《全唐诗》卷八〇六。按："一等"有一种、一类和一样、一般二义，"兄弟一等"意思是我们这类人。《禅宗语言和文献》第21页释为"一样"，似不妥。

个入头,须得个入头;若得个入头,已后不得辜负老僧。"(同上卷一二《睦州龙兴寺陈尊宿》)

"手脚",本意是手段,如岩头全奯禅师上堂云:"若论战也,个个须是咬猪狗手段。"(《人天眼目》卷六《宗门杂录岩头三句》)再如《碧岩录》有"驱耕夫之牛、夺饥人之食底手脚"一句(《碧岩录》卷一第三则《马祖日面佛月面佛》),又有"古人有驱耕夫之牛、夺饥人之食底手段"一句(同上第八则《翠岩眉毛》),可见"手脚"与"手段"义同。这里指"有××手段的人"①。

"入泥入水",意思是不惜遭到文字污染,而以言句启发学人。泥水是污秽之物,禅宗以喻言句②。如清平令遵禅师举初见翠微无学语句谓众曰:"先师入泥入水为我,自是我不识好恶。"(《景德传灯录》卷一五《鄂州清平山令遵禅师》)

"咬嚼",意思是体味、理解、琢磨、参究③,如《碧岩录》曰:"如今人问着,便向言句下咬嚼,眉毛上作活计。"(《碧岩录》卷一第八则《翠岩眉毛》)又曰:"这个公案多少人错会,直是难咬嚼,无你下口处。"(同上卷二第十二则《洞山麻三斤》)

"眨上眉毛",有拟议、思索之义,即《碧岩录》所谓向"眉毛上作活计"。如三角总印禅师上堂曰:"若论此事(指参禅大事),眨上眉毛,早已蹉过也。"(《景德传灯录》卷七《潭州三角山总印禅师》)④

"彻头"⑤,意思是彻底觉悟。

"成办",犹言办成、成功,如汾州无业国师曰:"兄弟只为贪欲

---

① 《禅宗语言和文献》第21页释"手脚"为"角色",似不确。
② 日本无著道忠《葛藤语笺》释"入泥入水"曰:"泥水者,污秽之处,比方便言句接人,不坐本分向上地。"见《禅语辞书类聚》第二册。
③ 《禅宗语言和文献》第21页释"咬嚼"为"求教、请益",似不确。
④ 《禅宗语言与文献》第21页释"眨上眉毛"为"振作精神,参究",似无据。
⑤ 《云门匡真禅师广录》卷上"彻头"作"出头"。

成性，二十五有向脚跟下系着，无成办之期。"(《景德传灯录》卷二八《汾州大达无业国师语》)

"直是"，意谓即使。如百灵和尚曰："直是妙德空生，也叹居士不及。"(同上卷八《百灵和尚》)

"直须"，意谓必须。如风穴延沼禅师上堂谓众曰："夫参学眼目，临机直须大用见前，莫自拘于小节。"(同上卷一三《汝州风穴延沼禅师》)

"作么生"，意谓如何、怎么。如僧问南阳慧忠国师："清净法身作么生得？"答曰："不着佛求耳。"(同上卷五《西京光宅寺慧忠禅师》)禅籍中有大量的诸如"意旨作么生"、"毕竟作么生"、"意作么生"、"更作么生"之类句子，不胜枚举。

"消得"，意谓可以消受。如洞山良价垂语口："直道本来无一物，犹未消得他钵袋子。"(同上卷一五《筠州洞山良价禅师》)

"自看"，意思是自己留意。如盘山宝积禅师曰："禅德且须自看，无人替代。"(同上卷七《幽州盘山宝积禅师》)

"抵拟"，意谓应付。如有人举问："一僧若来时，如何抵拟他？"(同上卷二七《诸方杂举征拈代别语》)

"一似"，意思是像××一样。赵州从谂曰："一似猎狗，专欲吃物。"(同上卷二八《赵州从谂和尚语》)

"掠虚"，意思是觅得虚妄、未落实处。"掠"意为取。云门文偃常用"掠虚"一词，如云："虽然如此，汝亦须实到这个田地始得。若未，切不得掠虚。"又云："向这里识取，若不见，亦莫掠虚。"又云："你还会么？若不会，且莫掠虚。然虽据实，实是谛见也未？"(同上卷一九《韶州云门文偃禅师》)由此可见，"掠虚"是"据实"的反义词[1]。

---

[1] 于谷《禅宗语言和文献》(江西人民出版社，1995年)第21页释"掠虚"作"虚妄，妄言"，似不确。

这段话还有多处唐宋口语的语法现象，在禅宗语录中也很有代表性。下面试以其他禅籍语例作参证，略析这段话中的口语语法：

"却"，助词。如"抛却师长父母"、"失却半年粮"，"却"字跟在动词之后，表示动作的实现或完成。如《碧岩录》云："我当时若见，一棒打杀，与狗子吃却。"（《碧岩录》卷二第十六则《镜清啐啄机》）据统计，《景德传灯录》中有"哑却"、"埋没却"、"移却"、"围却"、"隐却"、"掩却"、"污却"、"枉却"等100个由动词与"却"的词条①。

"着"，助词。如"遇着一个咬猪狗手脚"，"着"跟在动词之后，表示动作的实现或延续。如《碧岩录》云："通这一路，莫漫大众好，踏着龙头。"（《碧岩录》卷一第七则《慧超问佛》）

"取"，助词。如"办取彻头"，"取"作为助词，表示祈使语气。禅籍中常见的有"会取"、"荐取"、"唤取"、"记取"、"识取"、"看取"、"拟取"、"救取"、"行取"、"收取"、"借取"、"惜取"、"认取"、"觅取"、"问取"、"听取"、"道取"等。如有僧问赵州："如何是不合头？"答云："前句辨取。"（《古尊宿语录》卷一三《赵州真际禅师语录》）意思是请辨前句。

"生"，后缀。"作么生"的"生"是疑问词"作么"的后缀。"生"是唐宋口语里非常活跃的一个后缀，仅以《景德传灯录》为例，"生"作疑问代词后缀的就有"作么生"、"怎么生"、"谁家生"、"怎生"等，如僧问奉国清海禅师："放过即东道西说，不放过怎生道？"（《景德传灯录》卷二三《襄州奉国清海禅师》）"生"作副词后缀的有"好生"、"甚生"等，如洞山问归晓禅师："如何是凤山境？"答曰："好生看取。"（同上《襄州延庆归晓大师》）"生"作形

---

① 参见《景德传灯录索引》上册第290页，日本京都花园大学内禅文化研究所印行。

容词后缀的现象更普遍,有"太早生"、"太远生"、"太香生"、"太高生"、"太小生"、"太僧生"、"太俗生"、"太速生"、"太迟生"、"太钝生"、"太驱驱生"、"太寂寞生"、"太深远生"、"太尊贵生"、"太切切生"、"太鄙吝生"、"太褴褛生"、"太赢瘦生"等,如制空禅师曰:"日出太早生。"智藏禅师答曰:"正是时。"(同上卷七《虔州西堂智藏禅师》)

"遮(这)边经冬,那边过夏",指示代词"这"和"那"配对。如邓隐峰与石头划草,对石头说:"和尚只划得这个,不划得那个。"(同上卷八《五台邓隐峰禅师》)又如仰山与沩山一道开田,问道:"这头得怎么低,那头得怎么高?"(同上卷一一《袁州仰山慧寂禅师》)又如灵泉归仁禅师问疏山:"枯木生花,始与他合,是这边句,是那边句?"(《五灯会元》卷一三《灵泉归仁禅师》)

"直须着些子精彩始得","直须始得"是固定的口语句型,意思是必须怎么样做才行。如石巩慧藏禅师拽西堂智藏鼻孔说:"直须怎么捉虚空始得。"(《景德传灯录》卷六《抚州石巩慧藏禅师》)又如石霜庆诸禅师示众说:"直须向万里无寸草处去始得。"(同上卷一五《潭州石霜山庆诸禅师》)

禅籍中的口语词汇异常丰富,仅以无著道忠《葛藤语笺》所载禅语虚词为例,就有以下上百条:

一字词:阿、那(语首)、那(语尾)、怎、什、甚、厮、这、遮、者、忒、煞、恁、道、尽、个、子、生、样、着、的、底、了、兜、恰、好、做、作、拟、薯、漫、合、屎、死、赊。

二字词:可煞、可瞰、忒煞、忒瞰、太煞、太杀、不合、不敢、待要、赢得、以至、无端、打起、那个、这个、者个、要且、大好、大抵、大小、都大、恰好、好生、怎生、什么、甚么、恁么、与么、溜么、溜地、㑳么、依前、遮些、者些、打底、这底、些儿、打头、只么、只管、但管、匹似、则个、都卢、团栾、知道、轩知、情知、耐耐、等闲、酌然、灼然、果然、冷地、特地、取次、相次、蓦劄、阿堵、平白、脱体、怪底、样子、真诚、索性、分外、见在、端的、机前、觑体、头底、头抵、到头、过头、埋头、勿量、没兴、且置、火急、死急、抵死、伎死、闻早、闻健、便了、到了、合下。

三字词：勿交涉、无交涉、没可把、在那里、暗地里、譬如间、匹似间、间不彻、大小大、可怜生、作么生、做么生、似么生、那希罕。

作为口语词汇，禅籍中这些虚词具有这样一些特点：

其一，同音异字。因语录以记音为主，书写形式相对随意，可以同音更代，如"这"可书写为"者"、"遮"，"酌然"可书写为"灼然"。

其二，近音更代。如"太"可书写为"忒"，"煞"可书写为"䬳"（音晒）。

其三，方音更代。如"滔么"、"只么"、"恁么"、"与么"意义相同，都是如此、这么的意思，其读音书写不同，可能与各自的方言有关系。

禅籍的其他词语口语色彩也很浓厚，称谓词如"作家"、"作者"、"老婆"、"浑家"、"侬家"、"阿谁"、"阿爷"、"措大"、"师波"、"主人公"、"大丈夫"、"老冻脓"、"好大哥"、"老臊胡"、"风颠汉"、"担板汉"等，名词如"巴鼻"、"鼻孔"、"赤脚"、"毒手"、"露柱"、"漆突"、"生涯"、"骨董"、"络索"、"胡饼"、"大虫"、"鬼眼睛"、"大光钱"等，动词如"提撕"、"抖擞"、"凑泊"、"承当"、"理会"、"杜撰"、"折合"、"吃交"、"收杀"、"差排"、"做大"、"着忙"、"靠倒"、"搦住"等，形容词如"生狞"、"卓朔"、"伶俐"、"鹘突"、"麻迷"、"脱空"、"卤莽"、"漏逗"、"浑仑"等。其特点是直接来自生活，泼辣生动，绘声绘色，不仅通俗易懂，而且具有很强的描摹功能。

二、俗　谚

许多禅师无论上堂说法、应机接人，还是著书立说、吟诗作偈，都喜欢使用俗谚。这也与禅宗的基本宗教观念和生存方式有关：其一，禅宗主张"不立文字"，主要是反对书面文字以及名相概念，对口头语言以及非教理的熟语俗谚不妨"放一线道"；其二，禅宗于机锋酬酢之际，反对拟议，提倡随机应变，而熟语俗谚稔习于口，自可信手拈来，不费思索；其三，禅宗主张"平常心是道"，寓禅于日用事之中，谚语作为中国民间的日用语，正与这种参禅方式对应；其四，禅师为了方便学人，有意使用通俗易懂的谚语譬喻禅理，以收到更好的传教效果；其五，禅宗的语言风格建立在农禅话语系统之上，并由语录灯录的传播而积淀为一种传统，所以尽管宋代出现文字禅的倾向，但书面文字仍保留了农禅通俗的特点。

禅籍中谚语极为丰富多彩，生动活泼，充满智慧，往往无意中三言两语，说出精辟的见解，益人神智。比如《坛经》中著名的"如人饮水，冷暖自知"这句谚语，其中蕴藏的深刻道理决不亚于"道可道，非常道；名可名，非常名"以及"书不尽言，言不尽意"这样的哲学名言，它最形象地描述了禅经验的直觉性、个体性和不可喻性。水的温度可以用语言描述，但饮水人的感觉语言却无法传达，这一人人皆知的日常生活经验显然比长篇大论更能确切说明禅的性质。

就形式而言，禅籍的俗谚可分为谚语和歇后语两种。谚语是民间长期流传的常言熟语,字面具有完整的意义,如"如人饮水,冷暖自知";歇后语是一种特殊的谚语,其特点是从字面上省去挑明意思的后半部分(字、词或句),如"徐六担板,只见一边"是唐宋谚语,但只说"徐六担板",省去"只见一边",就是歇后语。先看看一般的谚语:

"官不容针,私通车马",意思是官法严明,不容丝毫含糊,但以私下人情却大可通融,可开后门。禅师用这句谚语,意思是说,按宗门"不立文字"的原则,本不能使用任何语言,但在接引学人、交流禅法时,不妨稍微通融,允许略开方便之门,以语言暗示启发学者。例如:

> 镜清问:"清虚之理毕竟无身时如何?"师曰:"理即如此,事作么生?"曰:"如理如事。"师曰:"谩曹山一人即得,争奈诸圣眼何?"曰:"若无诸圣眼,争鉴得个不恁么?"师曰:"官不容针,私通车马。"(《景德传灯录》卷一七《抚州曹山本寂禅师》)
>
> 有行者问:"某甲遇贼来时,若杀,即违佛教;不杀,又违王救,未审师意如何?"师曰:"官不容针,私通车马。"(同上卷二二《韶州双峰山竟钦和尚》)
>
> 沩山问仰山:"石火莫及,电光罔通,从上诸圣,以何为人?"仰云:"和尚意作么生?"沩云:"但有言说,都无实义。"仰云:"不然。"沩云:"子又作么生?"仰云:"官不容针,私通车马。"(《五灯会元》卷一一《临济义玄禅师》)

这句俗谚在唐宋时期广为流行,在敦煌变文和宋词里都能看到它的踪迹,但它出现在禅宗公案中,已具有特殊的意义。这类由唐宋俗谚转化而来的宗门语还可举出很多:

看楼打楼——或作相楼打楼，楼即耧，也叫耧犁，播种的农具，用人力或畜力牵引，开沟下种，同时完成。这条谚语出自农业耕作经验，意为根据耧犁开沟情况来下种，引申为见机行事，禅籍特指语言使用上的随机应变。例如："问：'古人拈起拄杖，意旨如何？'师（智门光祚）云：'看楼打楼。'进云：'放下拄杖，意旨如何？'师云：'百杂碎。'"（《古尊宿语录》卷三九《智门祚禅师语录》）

相席打令——意思与看楼打楼相近。本谓主人视席上宾客多少、贵贱而行令，引申为随机应变。例如，克勤云："雪窦相席打令，动弦别曲，一句一句判将去。"（《碧岩录》卷四第三十九则《云门花药栏》）

看风使帆——意思与看楼打楼相近。例如，克勤云："世尊会看风使帆，应病与药。"（同上卷七第六十五则《外道良马鞭影》）

泥多佛大，水长船高——比喻随所凭借而增长。例如，克勤云："前箭犹轻后箭深，只这个多少人摸索不着。水长船高，泥多佛大。"（同上卷三第二十九则《大隋随他去也》）

一字入公门，九牛车不出——本意谓一张状子送进衙门，便身遭讼累，无从摆脱。禅宗用以譬喻一落言诠，便成滞累，即所谓"才涉唇吻，便落意思，尽是死门，终非活路"（《五灯会元》卷一二《金山昙颖禅师》）。"公门"即衙门，"车"，方言，意为用运输工具拖、运。例如："问：'无为无事人，犹是金锁难，未审过在什么处？'师（黄龙慧南）曰：'一字入公门，九牛车不出。'"（同上卷一七《黄龙慧南禅师》）[1]

一人传虚，万人传实——意为以讹传讹。例如："问：'如何是西来意？'师（护国守澄）曰：'一人传虚，万人传实。'"（《景德传灯

---

[1] 《建中靖国续灯录》卷七《惠南禅师》作"九牛拔不出"，《联灯会要》卷一三《慧南禅师》作"九牛拽不出"。

录》卷二○《随城山护国守澄禅师》)

美食不中饱人吃——意思是对于已饱之人，再精美的食品也是多余的。禅宗用来比喻自心是佛，本身具足，不必向外寻求。例如："师（俱胝）将顺世，谓众曰：'吾得天龙一指头禅，一生用不尽。'言讫示灭。长庆代众云：'美食不中饱人吃。'"（同上卷一一《婺州金华山俱胝和尚》)

鹞子过新罗——意为转瞬即逝，禅宗指禅机迅疾，不容拟议，稍有迟疑，即已远逝。鹞子，或指纸鸢（风筝）；新罗，隋唐五代时国名，地在今朝鲜半岛，代指极远处。例如，克勤云："所以云门道：如击石火，似闪电光。这个些子不落心机、意识、情想，等尔开口堪作什么？计较生时，鹞子过新罗。"（《碧岩录》卷一第一则《圣谛第一义》)

寸丝不挂——原指鱼类不受钓丝的挂碍，禅宗用以比喻丝毫不为尘俗所累。例如，《景德传灯录》："陆（亘）异日又谓师曰：'弟子亦薄会佛法。'师（南泉）便问：'大夫十二时中作么生？'陆云：'寸丝不挂。'师云：'犹是阶下汉。'"（《景德传灯录》卷八《池州南泉普愿禅师》)

杀人须见血，为人须为彻——也作"为人须为彻，杀人须见血"。本义谓救助人要救助彻底，禅宗比喻禅师救人于苦海的慈悲手段。例如，克勤云："也好杀人须见血，为人须为彻，瞒却多少人来。"又云："到这里须是如此始得，何故？为人须为彻，杀人须见血。"（《碧岩录》卷四第三十一则《麻谷持锡绕床》)

骑驴觅驴——也作"骑牛觅牛"，比喻忘其本有而到处寻求。此语最早见于梁宝志和尚《大乘赞》："解即心即佛，真似骑驴觅驴。"（《景德传灯录》卷二九《志公和尚大乘赞十首》之四）禅宗以喻不知自性，向外寻求。例如："问：'如何是正真道？'师（白龙道希）

曰：'骑驴觅驴。'"（同上卷二一《福州白龙道希禅师》）又如："师（大安禅师）即造于百丈，礼而问曰：'学人欲求识佛，何者即是？'百丈曰：'大似骑牛觅牛。'"（同上卷九《福州大安禅师》）

图他一斗米，失却半年粮——"一斗米"或作"一粒米"（见前引《云门匡真禅师语录》）。意思是因小失大，类似现代俗谚"捡了芝麻丢西瓜"。例如："僧问：'如何是触目菩提？'师（福清玄讷）曰：'阇梨失却半年粮。'曰：'为什么失却半年粮？'师曰：'只为图他一斗米。'"（同上卷一九《泉州福清玄讷禅师》）

路逢剑客须呈剑，不是诗人莫说诗——"说诗"或作"献诗"。本意是见内行知音才显露真本领，禅宗常用于应接时的宾主问答。例如："问：'如何是曹溪的的意？'师（睦州陈尊宿）曰：'老僧爱嗔不爱喜。'曰：'为什么如是？'师曰：'路逢剑客须呈剑，不是诗人莫说诗。'"（《五灯会元》卷四《睦州陈尊宿》）

歇后语是中国古代特有的修辞形式，引用成语或前人成句，字面上只用前面部分，而本意实在于后面部分，叫歇后，也叫透字。如唐彦谦《长陵》诗："耳闻英主提三尺，眼见愚民盗一抔。"（《全唐诗》卷）"三尺"指剑，用《史记·高祖本纪》"吾以布衣提三尺剑"语；"一抔"指土，用《史记·张释之传》"假令愚民取长陵一抔土"语。这是古代诗人作诗时常用的惯技，以至于晚唐诗人郑綮被人称为"歇后郑五"（《旧唐书·郑綮传》，中华书局排印本，1975年）。

而唐宋禅籍中的歇后语更多地是由民间俗谚演变而来，有的是直接将现成谚语的后面部分省去，如省略"官不容针，私通车马"的后一句，变成"官不容针"这样的歇后语。例如：

一日，明（石霜楚圆）上堂，师（杨岐方会）出问："幽鸟语喃喃，辞云入乱峰时如何？"明曰："我行荒草里，汝又入深

村。"师曰:"官不容针,更借一问。"明便喝。(《五灯会元》卷一九《杨岐方会禅师》)

这里"官不容针"的意思显然是方会要求楚圆稍微通融,以言句指点,即本意在于"私通车马"。有的歇后语则类似于给出谜面,而省略了谜底,谜面一般是描述性的词句,谜底一般是说明性的词句,省略的部分正是意义之所在。如"贼过后张弓"是谜面,"为时已晚"是谜底。例如:

师(赵州从谂)作火头,一日闭却门,烧满屋烟,叫云:"救火救火!"时大众俱到,师云:"道得即开门。"众皆无对。南泉将锁于窗间,过与师,师便开门。又到黄檗,黄檗见来,便闭方丈门。师乃把火于法堂内,叫云:"救火救火!"黄檗开门捉住云:"道!道!"师云:"贼过后张弓。"(《景德传灯录》卷一〇《赵州东院从谂禅师》)

赵州的举动近乎恶作剧,他以一种令人惊骇的方式赚开了黄檗的方丈门,黄檗捉住他时,为时已晚,已落入他的圈套。在这种奇特的斗机锋的回合中,黄檗输了一步,所以是"贼过后张弓"。禅籍中有歇后语性质的俗谚极多,下面试举若干例子:

蚊子上铁牛——无你下嘴处。或作"蚊子咬铁牛"。禅宗取其不容拟议之义。本为俗谚"蚊子上铁牛,无你下嘴处",例如:"云岩(昙晟)却问师(沩山灵祐):'百丈大人相如何?'师云:'巍巍堂堂,炜炜煌煌,声前非声,色后非色,蚊子上铁牛,无汝下嘴处。'"(同上卷九《潭州沩山灵祐禅师》)通常省略后半句而成歇后语,例如:"问:'如何是西来意?'师曰:'蚊子上铁牛。'"(同上卷二一《泉州

招庆道匡禅师》)

徐六担板——只见一边。禅宗以喻执著于一端的边见。这句歇后语由谚语"徐六担板,只见一边"省略其后一句而成。在禅籍中,这句歇后语和完整的谚语都可找出用例,前者如:"问:'丹霄独步时如何?'师(雪窦重显)云:'脚下踏索。'进云:'天下横行去也。'师云:'徐六担板。'"(《明觉禅师语录》卷一)后者如:"上堂,举南泉和尚道:'我十八上便解作活计。'赵州和尚道:'我十八上便解破家散宅。'师(华藏宗演)云:'南泉、赵州也是徐六担板,只见一边。华藏也无活计可作,亦无家宅可破,逢人突出老拳,要伊直下便到。'"(《五灯会元》卷二〇《华藏宗演禅师》)

抱桥柱澡洗——放手不得。禅宗以喻死守教条,执著文字。例如:"上堂:'老卢(指六祖慧能,俗姓卢)不识字,顿明佛意,佛意离文墨故。白兆不识书,圆悟宗乘,宗乘非言诠故。如此老婆心,分明入泥水。今时人犹尚抱桥柱澡洗,把缆放船。'良久曰:'争(怎)怪得老僧!'"(同上卷一七《东林常总禅师》)

担枷过状——自求解脱。或作担枷陈状,即戴着枷锁告状,本为"雪屈一场"的歇后,禅宗以指自求解脱。例如:"新到僧参,师(陈尊宿)云:'汝是新到否?'云:'是。'师云:'且放下葛藤,会么?'云:'不会。'师云:'担枷陈状,自领出去。'"(《景德传灯录》卷一二《睦州龙兴寺陈尊宿》)

哑子吃苦瓜——说不得。禅宗以喻无法言说的体验。例如:"问:'如何是教外别传一句?'师(雪窦重显)云:'看看腊月尽。'学云:'恁么则流芳去也。'师云:'哑子吃苦瓜。'"(《明觉禅师语录》卷一)

蛇入竹筒——曲心犹在。禅籍借以喻邪见尚未彻底根除。例如:"讲徒云:说通宗不通,如日被云笼;宗通说不通,如蛇入竹筒;宗通说亦通,如日处虚空;宗说俱不通,如犬吠茅丛。"(《从容庵录》

卷一第十二则《地藏种田》)

勾贼破家——自犯说。例如:《碧岩录》举仰山问三圣:"汝名什么?"克勤著语曰:"名实相夺,勾贼破家。"(《碧岩录》卷七第六十八则《仰山汝名什么》)意思是仰山问三圣名,违背了禅宗不讨论名相的原则。

贼入空室——一无所得。例如:"问:'古人得个什么便休去?'师(龙牙居遁)曰:'如贼入空室。'"(《景德传灯录》卷一七《湖南龙牙山居遁禅师》)

平地起骨堆——无事生事。例如:"问:'诸方尽落筌蹄,请师出窍道。'师云:'十八女儿不系裙。'云:'与么则平地起骨堆?'师云:'自领出去。'"(《古尊宿语录》卷三十八《襄州洞山第二代初禅师语录》)

值得注意的是,禅籍中的谚语和歇后语具有极浓的口语色彩,即大多没有固定的书写形式,并在不同的时代和地域不断滋生繁衍出新的词语,由此而形成大量的同源异体的俗谚。如由"骑驴觅驴"衍生出"骑牛觅牛",由"徐六担板,只见一边"演变为"徐六担板",再衍生出"担板汉"、"担板禅和",由"蚊子上铁牛"衍生出"鸦啄铁牛"、"胡孙咬生铁","哑子吃苦瓜"衍生出"哑子吃蜜"、"哑子做梦","平地起骨堆"衍生出"平地起波澜","鹞子过新罗"衍生出"箭过新罗"等。此外,如"看楼打楼"和"相席打令"、"看风使帆"等,"抱桥柱澡洗"和"抱桩打拍浮"等,也应是同源词语在不同地域场合的变异。禅籍俗谚的口语色彩还表现在同一词语中个别字因方言造成的读音不同,如"九牛车不出"的"车"字,有的禅籍作"拽",有的作"拔",有的作"曳",显然,"车"字就是方言。

禅籍中大部分谚语来自当时民间流行的俗语,但也有的是禅师们自己临时方便随口创造的,后来因禅籍的传抄印行而反馈于民间。比如"泥牛入海无消息"这句谚语最早就见于龙山和尚的一则公案:

> 洞山又问:"和尚见个什么道理,便住此山?"师(龙山和尚)云:"我见两个泥牛斗入海,直至如今无消息。"(《景德传灯录》卷八《潭州龙山和尚》)

"泥牛斗入海"本来与"木马嘶风"之类一样,都是"格外句",或"不可能事物喻",但因被人们反复引用而成为一条著名的谚语,并出现于诗词作品中,如元代尹廷高《送无外僧弟归奉庐墓》诗、当代诗人郭沫若《满江红》词都整句借用"泥牛入海无消息"一语。还有人们常用的"百尺竿头,更进一步"的谚语,也是出自禅籍:

> 师示一偈曰:"百丈竿头不动人,虽然得入未为真。百丈竿头须进步,十方世界是全身。"(同上卷一〇《湖南长沙景岑禅师》)①

"百丈竿头"(或作百尺竿头)本比喻修道达到很高的境界,后来人们借"百尺竿头,更进一步"来比喻不满足已有的成就,要争取更大的进步。

大部分禅籍俗谚至今仍活跃在现代汉语里,或是至今读来仍觉通俗易懂,生动活泼,如"泥里洗土块"、"拆东篱补西障"等,不需注释也知其意义。不过,也有部分俗谚在唐宋时期为人熟知,但因时过境迁,久已失传,现在读来便颇觉晦涩难解,并由此造成对

---

① 《五灯会元》卷二〇《天童净全禅师》上堂举长沙此偈作:"百尺竿头坐底人,虽然得入未为真。百尺竿头须进步,十方世界现全身。"

公案内容的茫然无知。如赵州从谂禅师问投子大同和尚："死中得活时如何？"投子曰："不许夜行，投明须到。"赵州曰："我早侯白，伊更侯黑。"（《景德传灯录》卷一五《舒州投子山大同禅师》）根据禅宗的观念，我们可以懂得这段公案的前面部分。禅宗称进入涅槃境界为"大死一回"，从涅槃境界里转身为"绝后再苏"，也叫做"死中得活"。赵州将这个意思问投子，是有心来考验他的。其实，死而复苏的体验只可自知，不必去考验人。投子很精明，便回答赵州："不许夜行，投明须到。"意思是说赵州还未到涅槃境界，须再走一番。换句话说，赵州问的是从圣入凡时如何，投子却告诉他要从凡入圣。然而，赵州最后所说"我早侯白，伊更侯黑"两句是什么意思呢？不仅令现在的读者索解不得，在南宋所编禅籍里就多有误解，甚至写成"猴白猴黑"①。其实，赵州这两句话是唐宋时期的俗谚，北宋文学家秦观在《二侯说》中曾详细记载这一谚语的出处：

闽有侯白，善阴中人以数，乡里甚憎而畏之，莫敢与较。一日，遇女子侯黑于路，据井旁，佯若有所失。白怪而问焉。黑曰："不幸堕珥于井，其直百金。有能取之，当分半以谢，夫子独无意乎？"白良久计曰："彼女子亡珥，得珥固可绐而勿与。"因许之。脱衣井旁，缒而下。黑度白已至水，则尽取其衣，亟去，莫知所涂。故今闽人呼相卖曰："我已侯白，伊更侯黑。"（《淮海集》卷二五《二侯说》，《四部丛刊》本）

根据这个故事，可知"我已侯白，伊更侯黑"这句闽谚的意思是：

---

① 如南宋赜藏主集《古尊宿语录》卷一八《云门匡真禅师广录》卷下："师问乾峰：'请师答话。'峰云：'到老僧也未？'师云：'与么则学人在迟也。'峰云：'与么那？与么那？'师云：'将谓猴白，更有猴黑。'"

"我原是想去赚他的,想不到结果却被他赚了。"赵州用此谚语的意思是:"我原是想去勘辨他的,想不到却反而被他勘辨了。"所以《宗门方语》《禅林方语》都解"侯白侯黑"为"将谓胡须赤,更有赤须胡"、"递相(舞)弄"之类①。

三、白 话 诗

禅籍中的偈颂类文字,构成禅语通俗性的另一景观。前面曾说过,偈颂最早见于佛经,是由印度佛经原典中的"伽陀"(诗颂)翻译而来。翻译之初,译者为了传播经典时便于口头宣讲,同时也限于自身的文化水平,于是有意采用了一种接近口语的文字。偈颂具有通俗易懂、便于记诵的特点,因此比佛教经藏的其他任何部分都易于为普通民众所接受。禅宗的偈颂脱胎于佛经偈颂,虽具有诗的形式和韵律,并出现一部分追求辞藻和意境的作品,但从整体上看,那些保留着佛典偈颂通俗语言风格的禅偈,仍被视为真正具有"禅家本色"。换言之,禅偈的基本形态是白话诗。

王梵志和寒山、拾得的诗,对禅偈的语言风格产生了较大的影响。王梵志的诗最早大量借鉴佛经偈颂的形式,大约是为了更好地向下层劳动人民宣传佛教思想。他有意识地以偈为诗,取偈颂的通俗性来改造诗的表达方式。他的诗大胆泼辣,通俗易懂,很容易为民众所接受。如敦煌写本《佛书》(伯3021)一则:

经云:"此身危脆,等秋露朝悬。命若浮云,须臾散灭。"故王梵志诗云:"此身如馆舍,命似寄宿客。客去馆舍空,知是谁

---

① 参见《禅语辞书类聚》第一册第18页、45页、67页。

家宅?"又云:"人是无常身。"

王梵志的诗显然是佛经文字更通俗易懂的形象化的表述。后来禅师们向大众说法,常常引用王梵志诗,如南泉普愿禅师的嗣孙玄朗上人,"或遇高才上智者,则论六度迷津,三明启道,此灭彼生,无荣绝辱也。或有愚士昧学之流,欲其开悟,别吟以王梵志诗"(范摅《云溪友议》卷下《蜀僧喻》,《四部丛刊续编》本)。又如无住禅师"寻常教戒诸学道者,恐着言说,时时引稻田中螃蟹问众人,不会,又引王梵志诗:'慧心近空心,非关髑髅孔。对面说不识,饶你母姓董。'"(《历代法宝记》,伯2125、斯0516)可见,王梵志诗在文化素养较差的"愚士昧学"农禅僧众中很有市场。王梵志当然不能算禅僧,但他的诗对禅偈的语言风格影响很大,例如京兆重云智晖禅师临终之时,作偈一首云:

我有一间舍,父母为修盖。住来八十年,近来觉损坏。早拟移住处,事涉有憎爱。待他摧毁时,彼此无相碍。(《景德传灯录》卷二〇《京兆重云智晖禅师》)

"一间舍"喻指自己的身体形骸,"损坏"喻指身体各器官的疾病,"摧毁"喻指死亡。这里的比喻很可能来自前引王梵志"此身如馆舍"的诗句,然而比喻更形象贴切,生动具体,而且多了几分跟命运开玩笑的诙谐幽默。人生无常的宿命论的感慨,化为禅宗无憎爱、无相碍的超脱。不过,就语言风格而言,这首偈和王梵志诗如出一辙。

事实上,王梵志的诗不仅在愚士昧学中很受欢迎,也得到颇有文化修养的士大夫和文章僧的青睐。他有两首白话诗经苏轼和黄庭坚的称引,在宋代士大夫禅的圈子里非常有名。一首是:

> 梵志翻着袜,人皆道是错。乍可刺你眼,不可隐我脚。

这首诗最早见于黄庭坚的品题①,黄氏引申为背世俗之习惯而特立独行的处世原则。南宋陈善进一步把"梵志翻着袜法"引申为"作文"的方法(《扪虱新话》下集卷一《作文观文之法》)。在宋元的禅籍如《从容庵录》《松源语录》《竹庵语录》里,都可见到这首诗的踪迹②。甚至"梵志翻着袜"成了"宁可刺你眼,莫碍我脚"的歇后语③。另一首是:

> 城外土馒头,馅草在城里。一人吃一个,莫嫌没滋味。

黄庭坚喜欢这首诗,但觉得不太合乎逻辑,认为:"既是馅草,何缘更知滋味?"所以苏轼把后两句改为:"预先以酒浇,且图有滋味。"(见《冷斋夜话》卷一〇《读传灯录》)后来,圆悟克勤认为苏轼的改作仍未尽惬意,于是又足成四韵八句诗:"城外土馒头,馅草在城里。着群哭相送,入在土皮里。次第作馅草,相送无穷已。以兹警世人,莫开眼瞌睡。"(《云卧纪谭》卷上)而范成大的"纵有千年铁门限,终须一个土馒头"(《范石湖集》卷二八《重九日行营寿藏之地》,上海古籍出版社排印本,1981年),显然就是点化王梵志的诗句。这些例子都说明宋代居士和禅僧对王梵志白话诗的兴趣。

寒山、拾得似乎比王梵志更自觉地借鉴偈颂这种新文体,力

---

① 《豫章黄先生文集》卷三〇《书梵志翻着袜诗》:"'梵志翻着袜,人皆道是错。乍可刺你眼,不可隐我脚。'一切众生颠倒,类皆如此,乃知梵志是大修行人也。昔茅容季伟,田家子尔,杀鸡饭其母,而以草具饭郭林宗。林宗起拜之,因劝使就学,遂为四海名士。此翻着袜法也。今人以珍馔奉客,以草具奉其亲,涉世之事,合义则与己,不合义则称亲,万世同流,皆季伟之罪人。"
② 参见日本无著道忠撰《禅林方语》,《禅语辞书类聚》第一册第82页。
③ 参见《禅语辞书类聚》第一册第17、27页。

求浅俗自然，不避俚俗粗朴。他们明知自己的诗在士大夫眼中不登大雅之堂，但仍为有意提倡一种新风格而感到自豪。如寒山有一首诗云：

> 有个王秀才，笑我诗多失。云不识蜂腰，仍不会鹤膝。平侧不解压，凡言取次出。我笑你作诗，如盲徒咏日。（《全唐诗》卷八〇六）

"蜂腰"、"鹤膝"是诗歌声律"八病"中的两种，"平侧"就是平仄，诗歌声律"四声"可分为平声和仄声（包括上、去、入三声）两种。"凡言"是指不拘声律的日常语言，也就是白话。这种不管"蜂腰"、"鹤膝"、"平侧"等"四声八病"，只取"凡言"的作诗态度，显然与正统的士大夫诗歌大相径庭。但他们却不会因为"王秀才"们的嘲笑而改弦易辙，而是公开申明"诗偈总一般"、"有偈有千万"（同上，拾得诗），承认自己的诗和偈颂的渊源关系。以偈颂接近口语白话的风格作诗，嘲笑世态人情，阐扬禅思佛理，是寒山、拾得从王梵志那里承继而来的新传统。试看寒山的两首诗：

> 东家一老婆，富来三五年。昔日贫于我，今笑我无钱。渠笑我在后，我笑渠在前。相笑倘不止，东边复西边。
> 世有一等愚，茫茫恰似驴。还解人言语，贪淫状若猪。险巇难可测，实语即成虚。谁能共伊语，令教莫此居。（同上）

用一种讽刺的口吻描述世俗生活，并从中引出佛教说理，易读易懂，机警深刻，其通俗无典、粗俚不训的风格与正统古典诗歌大异其趣。寒山、拾得之诗和王梵志诗一样，对禅僧的偈颂有重要影响，特别是晚唐曹洞宗大师曹山本寂"注《对寒山子诗》，流行寓内"（《宋高僧传》卷一三《梁抚州曹山本寂传》），寒山诗更几乎成为禅宗的新经典。到了宋代，禅门中出现了一股"寒山子热"。宋代禅师对寒山的白话禅理诗的兴趣主要表现在以下几方面：

其一，作为参禅悟道的工具。如天钵重元禅师"初游讲肆，颇达宗教，尝宴坐古室，忽闻空中有人告师：'学上乘者，无滞于此。'惊骇出视，杳无人迹。翌日客至，出《寒山集》，师一览之，即慕参玄"（《五灯会元》卷一六《天钵重元禅师》）。天钵重元是云门宗天衣义怀禅师的法嗣，他以参《寒山集》入道，后来得到天衣义怀的印可。

其二，作为阐明禅理的格言。如永明延寿《宗镜录》中引用寒山诗近十处，共八首，用以配合讲解禅理。例如：

> 运用施为，念念而未离法界；行住坐卧，步步而常在其中。若不信之人，对面千里。如寒山诗云："可贵天然物，独一无伴侣。促之在方寸，延之一切处。汝若不信受，相逢不相遇。"如明达之者，寓目关怀，悉能先觉。（《宗镜录》卷九）

这里就是援引寒山诗说明"一心法门"的禅理。《碧岩录》中雪窦的颂古和克勤的评唱，也常引寒山诗。比如克勤评唱雪窦颂古"拟不拟，止不止，个个无裈长者子"云：

> 若向事上觑则易，若向意根下寻，卒摸索不着。这个如铁橛子相似，摆拨不得，插嘴不得。你若拟议，欲会而不会，止而不止，乱呈懵袋，正是个个无裈长者子。寒山诗道："六极常婴苦，九维徒自论。有才遗草泽，无势闭蓬门。日上岩犹暗，

烟消谷尚昏。其中长者子，个个总无裩。"(《碧岩录》卷五第五十则《云门尘尘三昧》)

雪窦颂古暗用寒山诗句，克勤特引寒山诗讲明其中的禅意。

其三，作为上堂示众的法语。如临济宗风穴延沼禅师上堂即举寒山诗："梵志死去来，魂识见阎老。读尽百王书，未免受搥拷。一称南无佛，皆以成佛道。"(《五灯会元》卷一一《风穴延沼禅师》)特别是寒山的"吾心似秋月"一诗，因为与禅宗"直指人心，见性成佛"的宗旨一致，所以常被禅师们借用来说法。如洞山梵言禅师：

上堂："'吾心似秋月，碧潭清皎洁。无物堪比伦，教我如何说?'寒山子劳而无功，更有个拾得道：'不识这个意，修行徒苦辛。'恁么说话，自救不了。"(同上卷一七《洞山梵言禅师》)

此外如灵隐惠淳、保福本权等禅师，上堂说法也举寒山此诗（参见《碧岩录》卷一六《灵隐惠淳禅师》、卷一七《保福本权禅师》)。

其四，作为诗偈模拟的对象。颂古的创制者汾阳善昭也是今存最早的《拟寒山诗》的作者，《汾阳无德禅师语录》卷下收其《拟寒山诗》十首（见《大正藏》第四十七卷第624—625页）[①]。另一位颂古作者雪窦重显也有《拟寒山送僧》诗传世（见同上《明觉禅师语录》卷五）。此外，如北宋末的长灵守卓禅师（1065—1123）有《拟寒山诗》四首（见《续藏经》第二编第二十五套第二册《长灵守卓禅师语录》)，南北宋之交的慧林慈受怀深禅师（1077—1132）有《拟寒山诗》一百四十八首（见《四部丛刊》本影印瞿氏铁琴铜剑楼

[①] 《大正藏》将这八十句诗通排为一首，误，当为十首五言八句之诗组成，因为寒山诗中无八十句一首的长诗，而最多五言八句之诗。

藏高丽刊本《寒山诗集》附录《慈受深和尚拟寒山诗》），宋元之交的横川行珙禅师（1222—1289）有拟寒山之作二十首（见《续藏经》第二编第二十八套第二册《横川行珙禅师语录》卷下《偈颂》），元叟行端禅师（1251—1341）曾拟寒山子诗百余篇，今尚存四十一首（见同上第二编第二十九套第一册《元叟行端禅师语录》卷六《拟寒山子诗四十一首》）。

就这些寒山诗拟作者的本意来看，无非是欣赏其"丁宁苦口，警悟世人种种过失"（《慈受深和尚拟寒山诗》自序），或是欣赏其"做诗无题目，发本有天真"（《横川行珙禅师语录》卷下《偈颂》自跋），内容无非是警世箴言或山居乐道。但在模拟的过程中，寒山诗那种通俗朴素的语言风格也被禅师们继承下来，成为禅门白话诗的传统。在这些拟寒山诗中，除了天真自然的表现方法外，还使用了不少唐宋俗语词。例如，汾阳善昭的《拟寒山诗》中，有诸如"好是住汾阳"、"拍手笑呵呵"、"从头那路长"、"须知一点真"、"长年只么闲"、"将谓是神仙"等句子，其中"好是"、"笑呵呵"、"须知"、"只么"、"将谓"都是俗语词。慈受怀深的拟作最肖似寒山的警世诗，兹举二首如下：

可怜一等人，不善又不恶。一边说参禅，一边取娱乐。贵得生死间，都不受寂寞。此云痴种子，要觅扬州鹤。

池中一土墩，鱼日绕墩转。人观咫尺间，鱼谓千里远。正如躁进人，分寸变眉面。要在张三前，还落李四便。

寒山诗有个最大的特点，就是善于把一些古书中的典故，用最通俗的形式重新阐述一遍，比如有一首诗："赫赫谁甗肆？其酒甚浓厚。可怜高幡帜，极目平升斗。何意讶不售，其家多猛狗。童子欲来沽，狗咬便是走。"（《全唐诗》卷八〇六）这其实就是把《韩非子》中的一则寓言改写成白话。《韩非子·外储说右上》云："宋人有酤酒者，升概甚平，遇客甚谨，为酒甚美，悬帜甚高着，然不售，酒酸。怪其故，问其所知长者杨倩。倩曰：'汝狗猛耶？'曰：'狗猛。则酒何故而不售？'曰：'人畏焉。或令孺子怀钱挈壶瓮而往酤，而狗迓而龁之。此酒所以酸而不售也。'"（《韩非子》卷一三《外储说右上第三十四》，《百子全书》本，浙江人民出版社影印本，1984年）慈受怀深的拟作也是如此，如第一首诗讽刺贪婪的妄想，诗的原型出自南朝梁《殷芸小说》："有客相从，各言所志：或愿为扬州刺史，或愿多赀财，或愿骑鹤上升。其一人曰：'腰缠十万贯，骑鹤上扬州。'"（《殷芸小说》，《丛书集成初编》本）怀深用更为通俗的说教表达出劝诫的内容。第二首诗讽刺目光短浅的人，暗用《关尹子》之说："以盆为沼，以石为岛，鱼环游之，不知其几千万里不穷乎。"（《关尹子》，《百子全书》本）其诗意无非是黄庭坚诗"争名朝市鱼千里"更浅切的说明（参见张邦基《墨庄漫录》卷三，《稗海》本）。怀深改写典故，使用了一些唐宋俗语，如"一等人"、"都不受"、"张三"、"李四"等等，对于一般禅众读者来说，口吻就显得很亲切。

同样，寒山诗也受到宋代不少好为禅悦的士大夫的喝彩。王安石曾作《拟寒山拾得》二十首，有意突出其白话诗的特点，试录二首以见一斑：

> 我曾为牛马，见草豆欢喜。又曾为女人，欢喜见男子。我若真是我，只合长如此。若好恶不定，应知为物使。堂堂大丈夫，莫认物为己。
>
> 傀儡只一机，种种没根栽。被我入棚中，昨日亲看来。方知棚外人，扰扰一场呆。终日受伊谩，更被索钱财。（《临川先生文集》卷三，《四部丛刊》本）

前一首阐明反观自性、不依外物的禅理,后一首阐明人生如梦、万法皆空的禅理,形象生动,语言浅易,而寓意深刻,说理透辟,模仿寒山诗惟妙惟肖。苏轼诗集中也有八首为人所忽略的拟寒山之作,其《次韵定慧钦长老见寄八首》诗引云:"苏州定慧长老守钦,使其徒卓契顺来惠州,问予安否,且寄《拟寒山十颂》。语有璨、忍之通,而诗无岛、可之寒。吾甚嘉之,为和八首。"守钦所作既然是《拟寒山十颂》,苏轼的和作当然也应是同样的体裁,试看第八首:

> 净名毗耶中,妙喜恒沙外。初无来往相,二土同一在。云何定慧师,尚欠行脚债。请判维摩凭,一到东坡界。(《苏轼诗集》卷三九)

这首诗用了《维摩诘经》中的故事,"净名"是维摩诘的意译。王注引《维摩经》云:"佛言有国名妙喜,佛号无动,是维摩诘于彼国没而来生此。"这首诗以"净名"代指东坡居士,即苏轼自己,以"妙喜"指代守钦长老,虽因用典而不如王安石诗通俗易懂,但毕竟说明寒山体的白话诗通过禅僧与士大夫的交往,受到士大夫诗人的关注。

除了拟寒山诗的传统外,宗门的偈颂也大抵采用白话的风格。这因为很多偈颂在创作之初是口头文本,而非案头文本;是口耳的受授,而非书面的传播;是听者的记录,而非作者的书写。试以谷隐蕴聪禅师的两首偈颂为例:

岁旦示众

一句为君宣,今朝是大年。桃符已入土,遍地撺金钱。俗情多失位,山僧独欣然。直饶不怎么,冢上别锄田。

> 冬日示众
> 一句为君说,诸法及时节。冬月是冬寒,夏热(月)是夏热。甚处不周旋,何劳苦施设。施设不施设,言词尽须决。更拟问如何,舡底用镔铁。(《古尊宿语录》卷九《石门山慈照禅师凤岩集》)

根据禅宗语录编纂的方式以及这两首偈颂的语气,我们可以看出这是用于上堂示众的法语,其形式为"宣说",所以有"直饶不恁么"、"甚处不周旋"之类的口头俗语。

即使有的偈颂是纯粹的文字作品,但也自觉地继承了白话诗的传统,因为这一传统是禅宗宗教性的标志,是一种"有意味的形式"(significant form),是所谓禅宗的"当行本色"。如白云守端颂"慧超问佛"公案云:

> 一文大光钱,买得个油糍。吃向肚里了,当下不闻饥。(见《碧岩录》卷一第七则《慧超问佛》)

克勤认为这首颂语言"太拙",实际上最具禅家特色。又如天童昙华禅师作诗举似大众:

> 蜻蜓许是好蜻蜓,飞来飞去不曾停。被我捉来摘却两边翼,恰似一枚大铁钉。(《五灯会元》卷二〇《天童昙华禅师》)

自然活泼,平易浅近,颇有幽默感。按照禅宗对语言的看法,这种白话直接从"清净性中流出,不觉形言"(《横川行珙禅师语录》卷下《偈颂》自跋),受文字的干扰最少,因而可以免除"不立文字"的责难。

第六章 ● 点铁成金：
禅语的递创性

达摩西来，直指人心；慧能南下，顿悟成佛。祖师禅的精神是重自性、反传统，提倡禅思想、禅经验的原创性。然而，思想上的原创性相对容易做到，而语言上的原创性却很难实施。因为任何一种语言系统都有巨大的稳固性，禅语也不例外。禅僧生活在特定的语言环境中，要表达任何禅思想或禅经验，都不得不运用约定俗成的语言，即广义的"陈言"。因为从理论上讲，从未有人使用过的自创语言是无法进行交流的。正如江西诗派诗人韩驹批评那些标新立异的作品时所说："目前景物，自古及今，不知凡经几人道。今人下笔，要不蹈袭，故有终篇无一字可解者。盖欲新而反不可晓耳。"（魏庆之《诗人玉屑》卷八引《陵阳先生室中语》）同样，祖师使用过的语言，如果想完全避免，几乎也不可能。佛法大意，自古及今，不知凡经几人道。后来的禅师若想表达自己的新思想，不得不在祖师原有的言句上打主意。所以，超佛越祖之谈，往往是针对佛经原典或祖师话头的花样翻新。也就是说，禅宗思想上的原创性，体现在语言上只能是对"陈言"沿袭的创造，即一种递创性。这种递创性最典型的表现就是所谓的"翻案法"，即用否定语势颠覆前人的言句。

与翻案法相类似，禅家还有一种点化法，即特指宗师用一两句话或一两个字改动参禅学人的原话，使内容顿见精彩，由俗境进入禅境。这实际上是宗师翻学人之案，禅家将此叫做"点铁成金"。

禅籍中还有另一种形式的"点铁成金"，即把非宗教性的"妄言绮语"用来阐释禅理，或上堂说法时咏名篇一首，或应机接人时吟警句一联，或制作偈颂时嵌诗词一句。文学语言在宗教的语境里具有全新的意义，抒情言志、写景咏物的"妄言绮语"充满佛理禅机。黄庭坚指出："古之能为文章者，真能陶冶万物，虽取古人之陈言入于翰墨，如灵丹一粒，点铁成金也。"（《豫章黄先生文集》卷一九《答洪驹父书》）对于善于说禅的禅师来说也是如此，那些古人的名章隽语如同奇妙的灵丹，恰如其分地使用，也往往能使愚顽的"铁"变成智慧的"金"。

一、翻　案　法

禅宗否定外在的权威，突出本心的地位，以"起疑情"为参禅的基本条件，以唱反调为顿悟自性的重要标志，"即心即佛"可翻作"非心非佛"，"万法皆空"可翻作"万法唯识"。禅家称修道的进境有斩关破壁、转凡入圣之说，都含有翻案的精神，所谓"转身一路"（临济宗十三种句之一），所谓"百丈竿头须进步"，无非都是这个意思。

六祖慧能不仅是南宗禅的开山祖师,也是禅宗"翻案法"的创始人。《坛经》中所载慧能作偈与神秀、卧轮之偈唱反调的形式,后来成为禅师们仿效的典型。清人梁章钜指出:

> 诗文一诀,有翻进一层法。禅家之书亦有之,即所谓机锋也。神秀偈云:"身是菩提树,心如明镜台。时时勤拂拭,莫使惹尘埃。"六祖翻之云:"菩提本无树,明镜亦非台。本来无一物,何处惹尘埃?"卧轮偈云:"卧轮有伎俩,能断百思想。对境心不起,菩提日日长。"六祖翻之云:"惠能没伎俩,不断百思想。对境心数起,菩提作么长?"庞居士偈云:"有男不婚,有女不嫁。大家团圞头,共说无生话。"后有杨无为翻之云:"男大须婚,女大当嫁。讨甚闲工夫,更说无生话。"海印复翻之云:"我无男婚,亦无女嫁。困来便打眠,管甚无生话。"后之主席者,多举此案相示。尤西堂《艮斋杂说》有三首云:"树边难着树,台上莫安台。本来不是物,一任惹尘埃。""问君何伎俩,有想还无想?心起心自灭,菩提长不长?""木男须婚,石女须嫁。夜半泥牛吼,解说无生话。"(梁章钜《浪迹丛谈》卷一〇《禅语翻进一层》,中华书局排印本,1981年)

神秀的偈用"菩提树"、"明镜台"比喻佛性真如,他认为,人的身心本来有真如佛性,但很易受到外界各种诱惑的污染,因此人必须借助自己的毅力节制欲望,收心敛性,通过禅定来净化心灵,从而大彻大悟。神秀的偈形象地表现了佛教对于世界的理解和对于修行方式的理解,表达了佛教"戒"、"定"、"慧"的完整观念。而慧能的偈语却否定了"戒"、"定"的必要,因为人性本空,尘埃、污染无处可着,所以就无所谓拂拭不拂拭,只要直指本心,便能顿悟成佛。同样，卧轮禅师的偈也是主张通过排除外境干扰、断绝一切思想的"戒"、"定"方式来增长"菩提"，而慧能却偏偏主张面对外境不断思想，在日常的世俗性生活中证悟"菩提"。当然，慧能翻卧轮之偈可能出于后来禅徒的伪造，但其思想却符合南宗禅的革新精神。

从语言形式的角度看，慧能的两首翻案之偈都是对原偈的反仿，就神秀和卧轮之偈的原句采用否定语势，如以"菩提本无树"应对"身似菩提树"，以"明镜亦非台"应对"心如明镜台"，以"何处有尘埃"反问"莫使惹尘埃"，以"无伎俩"翻转"有伎俩"，以"不断百思想"翻转"能断百思想"，以"对境心数起"翻转"对境心不起"，都属于否定语势。这种否定语势成为禅宗偈颂中翻案法的主要模式之一，为后来诸多禅师、居士所仿效。就梁章钜所举几个例子而言，北宋人杨无为（杨杰）用"须婚"、"须嫁"的肯定句翻转唐人庞居士（庞蕴）"不婚"、"不嫁"的否定句，又用"讨甚闲工夫（即无闲工夫），更说无生话"的否定句来翻转庞居士"共说无生话"；而北宋海印禅师（超信）之偈前半部分用"无男婚"、"无女嫁"的否定句既颠覆了"有男"、"有女"，也翻转了"须婚"、"须嫁"，后半部分用"管甚（即不管）无生话"的否定句翻转了"共说无生话"。至于清人尤西堂（尤侗）的偈语，更用"木男"、"石女"、"泥牛"等"格外句"（不可能事物喻）彻底颠覆了前面三首偈的意义。

杨杰字次公，号无为子，是苏轼的朋友，禅宗灯录把他列为云门宗雪窦重显的法孙（见《五灯会元》卷一六《侍郎杨杰居士》）。苏轼曾称赞他"高怀却有云门兴，好句真传雪窦风"（《苏轼诗集》卷三二《再和并答杨次公》）。雪窦禅师有《春日示众》诗二首，其一云：

门外春将半，闲华处处开。山童不用折，幽鸟自衔来。

（《明觉禅师语录》卷六）

其二云：

　　　门外春将半，闲华处处开。山童曾折后，幽鸟不衔来。

（《明觉禅师语录》卷六）

这两首示众诗提供了翻案的典型。第二首用"曾折后"翻"不用折"，又用"不衔来"翻"自衔来"，句子的肯定与否定的关系刚好颠倒过来。杨杰翻庞居士偈的方式，与此如出一辙。可见，"好句真传雪窦风"，很可能包括翻案法在内。

海印属临济宗禅师（见《五灯会元》卷一二《定慧超信禅师》），而临济与云门一样，以呵佛骂祖著称，自然也有翻案的传统。比如，与海印同属汾阳善昭一系的本权禅师，就有类似的翻案举动：

　　　上堂，举寒山偈曰："'吾心似秋月，碧潭清皎洁。无物堪比伦，教我如何说？'老僧即不然。'吾心似灯笼，点火内外红。有物堪比伦，来朝日出东。'"传者以为笑。死心和尚见之叹曰："权兄提唱若此，诚不负先师所付嘱也。"（《续传灯录》卷二二《漳州保福本权禅师》）

本权这首偈的前两句是仿拟寒山诗，可看做异向的语势。而第三句以"有物堪比伦"反仿"无物堪比伦"，就是典型的否定语势。"传者"可能因为这首偈像打油诗而感到好笑，但实际上这并不是轻薄的文字游戏，而是体现了本权自己对禅经验的独特理解，所以得到死心和尚的赞扬。有的学者推测本权这种以诗对诗的形式是受了曹山本寂《对寒山子诗》的影响[①]，恐怕求之过深。因为本权偈语对寒山诗的翻案，其形式正如慧能翻神秀、卧轮之偈。《对寒山子诗》的原貌已无法窥见，而慧能之偈不仅具载于《坛经》等最通行的禅籍，而且是最权威的范本，作为临济宗的门徒，本权似不必去仿效曹洞宗的《对寒山子诗》。顺便说，本权和死心都是黄庭坚的同门师兄，属于临济宗黄龙派。

宋末元初的江西诗派诗人方回认为，禅宗颂古和诗家翻案法都出自慧能的偈语。他在《名僧诗话序》中指出：

> 北宗以树以镜为譬，而曰"时时勤拂拭，不使惹尘埃"；南宗谓"本来无一物，自不惹尘埃"，高矣。后之善为诗者，皆祖此意，谓为翻案法。（《桐江集》卷一，《宛委别藏》本）

又在《碧岩集序》中重申：

> 自《四十二章经》入中国，始知有佛；自达摩至六祖传衣，始有言句。曰"本来无一物"为南宗，曰"时时勤拂拭"为北宗。于是有禅宗颂古行世。其徒有翻案法，呵佛骂祖，无所不为。间有深得吾诗家活法者。（《碧岩录》卷首附）

这种说法是基本可信的，诗家的"翻案法"与禅家的"翻案法"不仅有语言形式和思维方式上的相似性，而且还有事实上的亲缘关系和影响实例。

以苏轼和黄庭坚为例，就他们和禅门居士、和尚的关系（比如

[①] 见张伯伟《禅与诗学》第87、246页。

苏轼之于杨杰、黄庭坚之于本权)而言,应该非常熟悉禅宗偈颂的"翻案法"。正因如此,我们在苏、黄的作品中,能很容易地找到类似的翻案诗偈,究其渊源,也是出自慧能的路子。苏轼曾作过一篇《代黄檗答子由颂》,其序云:"子由问黄檗长老疾云:'五蕴皆非四大空,身心河岳尽圆融。病根何处容他住?日夜还将药石攻。'不知黄檗如何答?东坡代老僧云。"苏轼是怎样代答的呢?其颂云:

有病宜须药石攻,寒时火烛热时风。病根既是无容处,药石还同四大空。(《苏轼文集》卷二〇)

这首颂虽然带有游戏的成分,但使用的却是典型的禅家翻案法。苏轼的弟弟苏辙(子由)之偈,主张以药石来治病,使病无处生根。苏轼则顺着"五蕴皆非四大空"的般若空观推论,认为既然如此,病根和药石也都属空无,因此药石治病也该否定。这实际上是翻子由之案。黄庭坚也有类似的尝试,如《戏效禅月作远公咏》诗并序云:

远法师居庐山下,持律精苦,过中不受蜜汤,而作诗换酒饮陶彭泽;送客无贵贱,不过虎溪,而与陆道士行过虎溪数百步,大笑而别。故禅月作诗云:"爱陶长官醉兀兀,送陆道士行迟迟。买酒过溪皆破戒,斯何人斯师如斯?"故效之。
邀陶渊明把酒碗,送陆修静过虎溪。胸次九流清似镜,人间万事醉如泥。(《山谷诗集注》卷一七)

远法师是指东晋高僧慧远,他与陶渊明、陆修静交往的故事,出于后人附会,宋陈舜俞《庐山记》记载了这一传说。禅月是五代著名诗僧贯休，号禅月大师。黄庭坚这首诗名为效禅月之作，实际上是翻禅月之案。禅月把买酒、过溪都看做破戒之事，认为慧远为了两个高士破戒也值得。但买酒、过溪之事在黄庭坚看来，不仅并未破戒，而恰恰是禅的真谛之所在，即心性修养不妨亦真亦俗。

正如方回所指出的那样，"翻案法"是禅宗颂古所爱采用的重要方式。如临济宗风穴延沼禅师有颂曰："五白猫儿爪距狞，养来堂上绝虫行。分明上树安身法，切忌遗言许外甥。"其七世法孙惠洪以颂发明曰：

> 五白猫儿无缝罅，等闲抛出令人怕。翻身跳踯百千般，冷地看他成话霸。如今也解弄些些，从渠欢喜从渠骂。却笑树头老舅翁，只能上树不能下。（《罗湖野录》卷上）

惠洪的颂最后两句就是翻案。风穴所颂五白猫儿的"上树安身法"，比喻避开外境污染，调养心性。而惠洪则翻进一层，认为"上树安身"尚有拘碍，要达到"能上能下"的境界方是真正解脱。在《禅宗颂古联珠通集》中，我们可以看到不少这样的情况，即同一公案，同一话题，禅僧居士各抒新见，由肯定到否定，由否定到肯定，再到否定之否定，大家翻来覆去。正题反做、旧话翻新，成为禅僧居士的颂古表现个性、不拘成说的特有方式之一。

二、点　化　法

如果说"翻案法"主要是针对权威观点提出挑战的话，那么"点化法"主要是指对"凡言"的提升或对"陈言"的翻新。从宗教功能来看,"翻案法"的作用是呵佛骂祖,颠覆主流话语,表现新思想;"点化法"的作用是老婆心切,去除学人邪见,阐明正法眼藏。从语言形式来看,"翻案法"通常采用否定语势,或反仿原作的格式,如慧能翻神秀偈,或仅以原作观点为翻案对象,另起格式,如惠洪翻风穴颂;"点化法"则往往是就原作改动或置换一两处词句,有否定语势,也有异向语势,甚至有仅仅改变程度的同向语势。

禅门学者在初参禅理时,往往苦于佛经教义的繁复,困于义理,不得觉悟,所以要求宗师以一两句精当的言句予以点拨。在禅籍中常能看到这样的说法:

> 环丹一颗,点铁成金;妙理一言,点凡成圣。请师点。(《祖堂集》卷一三《招庆和尚》)
>
> 还丹一粒,点铁成金;至理一言,点凡成圣。请师一点。(《景德传灯录》卷一八《杭州龙华寺灵照禅师》)
>
> 还丹一粒,点铁成金;至理一言,转凡成圣。学人上来,请师一点。(《五灯会元》卷七《翠岩令参禅师》)

道教炼丹术炼成九转的还丹,可使点铁石成黄金,禅宗用来比喻学人经过宗师的一言点化而开悟。那么,宗师到底是怎样以"至理一言,点凡成圣"的呢?这当然有多种方法,如动作语、棒喝语、隐语等等,都可达到目的。但最明白易懂的就是针对学人提出的言句,直接进行改造;或是以一则话头、一首偈颂为例,略加修改作为示范。试看《祖堂集》中的两个例子:

> 师(雪峰义存)共双峰行脚游天台,过石桥,双峰造偈:"学道修行力未充,莫将此身险中行。自从过得石桥后,即此浮

生是再生。"师和:"学道修行力未充,须将此身险中行。自从过得石桥后,即此浮生不再生。"(《祖堂集》卷七《雪峰和尚》)

洞山问(龙牙居遁):"阇梨名什么?"对云:"玄机。""作么生是玄底机?"又无对。洞山放三日,无对。师因此造偈:"学道蒙师指却闲,无中有路隐人间。时人尽讲千经论,一句临时下口难。"洞山改末后语云:"一句教伊下口难。"(同上卷八《龙牙和尚》)

改动点窜两三字以示学者,乃是禅师最常用的以偈颂传教的方法。以上第一则公案,两位禅师就过险峻的天然石桥一事讨论禅理,双峰之偈主张修道须循序渐进,不要冒险;涉险过关,有如大死一回获得重生。雪峰则认为修道须有不畏艰险的精神,透过险关,进入涅槃之境,何须再生。雪峰之偈通过点化双峰之偈的两个字,表明了禅宗勇猛精进的无畏精神,这就是点铁成金、点凡成圣。雪峰改"莫"为"须",改"是"为"不",用的是否定语势。而在第二则公案中,洞山改龙牙的"临时"为"教伊",则更多地是从语言的准确程度来考虑的。这种改动点窜,犹如学生做作业,老师亲自批改,使之知道错误和不足,具有教学示范作用。

有时,"点铁成金"是通过师徒间的诗偈对答来实现的,例如南泉普愿以偈回答其弟子长沙景岑之偈:

(长沙景岑)久依南泉,有《投机偈》曰:"今日还乡入大门,南泉亲道遍乾坤。法法分明皆祖父,回头惭愧好儿孙。"泉答曰:"今日投机事莫论,南泉不道遍乾坤。还乡尽是儿孙事,祖父从来不出门。"(《五灯会元》卷四《长沙景岑禅师》)[1]

---

[1] 《景德传灯录》卷一〇《湖南长沙景岑禅师》亦载此事,而误作南泉作《投机偈》,景岑答。

景岑禅师以七言偈投南泉，南泉也以七言偈作答，文字稍作变动，立意也有区别。景岑偈以"还乡"喻证悟自性，以"祖父"喻宗师之道，以入门的"儿孙"喻参禅者自己，大意是说自己能悟自性，找到还乡之路，全靠南泉的教导。南泉偈却说，证悟自性是参禅者自己的事，与宗师无关。换言之，景岑以为自己已经得到南泉的禅法（即"投机"），但南泉却以偈点拨他，真正的"投机"是参禅者无所依傍的自信。显然，南泉所阐发的禅理比景岑更高明。从形式上看，南泉之偈是仿照景岑之偈而作，主要的意象语言都取自景岑，因此可看做"至理一言，点凡成圣"的例子。

作为去除邪见、阐明真理的手段，"点铁成金"的示范也发生在对他人或古人偈颂的改动点窜上。据释道融《丛林盛事》记述，绍兴年间，有一士人到焦山风月亭，题诗一首曰：

> 风来松顶清难立，月到波心淡欲沉。会得松风元物外，始知江月似吾心。

这首诗显然受到般若空观的影响，视松风为"物外"的虚无，以江月为"吾心"的幻影。后来月庵果禅师行脚到此，读了这首诗后说："诗好则好，只是无眼目。"于是改后两句为："会得松风非物外，始知江月即吾心。"改动后的诗，表达了"唯识无境"的教义："松风"不在"物外"，与"江月"一样，乃是"吾心"的产物。果禅师的改动就禅理而言，变"万法皆空"的空宗为"万法唯识"的有宗；就诗意而言，变超然物外的情调为"万物皆着我之色彩"，抒情意味更浓。所以道融认为：

> 做功夫眼开底人，见处自是别。况月庵平昔不曾习诗，而

能点化如此，岂非龙王得一滴水能兴云起雾者耶！兄弟家行脚，当辨衣单下本分事，不在攻外学。久久眼开，自然点出佛眼睛，况世间文字乎？（《丛林盛事》卷上）

也就是说，果禅师修行颇有功夫，见解不同一般，所以能以"佛眼睛"点化诗的"眼目"。语言上的"点铁成金"的效果，来自修行上的"磨杵成针"的功夫。

在禅籍中，这种点窜改字的作风随处可见，它受到诗歌修辞改字的启发，又反过来影响诗人点化前人诗句。黄庭坚有一首《睡鸭》诗：

山鸡照影空自爱，孤鸾舞镜不作双。天下真成长会合，两凫相倚睡秋江。

整首诗脱胎于南朝陈徐陵《鸳鸯赋》中的四句："山鸡映水那相得，孤鸾照镜不成双。天下真成长会合，无胜比翼两鸳鸯。"任渊注这首诗曰："山谷（黄庭坚）非蹈袭者，以徐语弱，故为点窜，以示学者尔。至其末语，用意尤深，非徐所及。政如临淮王用郭汾阳部曲，一经号令，气色益精明云。"（《山谷诗集注》卷七）虽然黄庭坚的点窜没有采用否定语势，但实际上也是将徐陵的赋翻进一层，象征爱情的鸳鸯换作象征江湖之志的两凫，诗的境界由艳变清，由俗变雅，相当于禅宗的"转凡入圣"。根据任渊的注释，黄诗点窜的目的是"以示学者"，使之知道如何利用前人诗句的旧材料，经自己构思的改造，翻出新境界。这和禅宗点化法那种老婆心切的态度也是相通的。

三、借　用　法

众所周知，唐宋时期诗歌极为普及，社会各阶层人士莫不会诗。就禅籍记载而言，禅师们不仅擅长吟唱如诗的偈颂，而且在上堂说法或应机接物之时，也多用韵语偶句。特别是著名诗人的名篇警句流播于王公、妾妇、牛童、马走之口，所以往往被禅师借用来方便说法。

这些被借用来谈禅的诗句，绝大部分是写景的诗句，主要由意象语言而非论说语言组成。这是因为不少禅师发现，由意象性语言组成的诗歌甚至可能比一些偈颂更接近于禅宗的言说宗旨。尽管唐以后的禅偈逐步诗化，但禅偈作用仍是为了示法启悟，着眼点在宗教，因此免不了要着意用某种类比来表述意蕴，从而使意象变为概念的对应物，成为说理的符号。以神秀、慧能那两首颇具形象性的偈而言，"菩提树"、"明镜台"这两个意象，其实是象征着两个概念的符号，完全可以由"松风"、"江月"之类的意象替代。换言之，偈颂中的意象，多属于哲学话语，与诗歌中的文学话语有很大的区别。诗歌语言也许可以看做象征，但它的意象是不可置换的，意蕴也是不可分解的。由于禅宗一再强调的是禅思想的经验性而非思辨性，禅语言的描述性而非说明性，因此，聪明的禅师宁愿借用诗人的丽句来展现幽微的禅境。

如果说唐代禅师引用诗句还是偶一为之的话，那么，宋代禅师对诗人名句中蕴藏的禅意有了更明确的认识，从而在借用方面显得更为自觉。南北宋之际象耳袁觉禅师的一段话很有代表性：

> 东坡云:"我持此石归,袖中有东海。"山谷云:"惠崇烟雨芦雁,坐我潇湘洞庭。欲唤扁舟归去,傍人谓是丹青。"此禅髓也。(《五灯会元》卷一九《象耳袁觉禅师》)[①]

东坡的原诗为咏石,山谷的原诗为题画,本来与禅宗题材无关。但东坡诗似亦包含"一月普现一切水,一切水月一月摄"的禅理,山谷诗似以亦真亦幻的描写包含即色即空的道理。当然,所谓"禅髓"之说,与其说是东坡、山谷诗本身有禅意,不如说是袁觉禅师将其当做禅的文本来参究,"作者之用心未必然,读者之用心何必不然"。正如袁觉禅师一样,宋代很多禅师不仅不排斥诗人的"文字",而且把那些最富文学色彩的诗句视为禅的精髓之所在。换言之,宋代禅师心目中的"禅髓"是文学话语,而非哲学话语。这就是禅师借用诗句说法的根本原因。

禅籍中的借用诗句例似首见于《景德传灯录》卷二五《洪州观音从显禅师》:

> 时有僧问:"居士默然,文殊深赞,此意如何?"师曰:"汝问我答。"曰:"恁么人出头来,又作么生?"师曰:"行到水穷处,坐看云起时。"

"行到水穷处"两句诗出自唐诗人王维的《终南别业》,本来描写的是兴来独往、游山玩水的过程。但这一联名句不仅表现出禅宗式的任运随缘的无心行为,而且暗寓着随遇皆道、触处可悟的参禅方式,暗寓着始于追根穷源的寻思、终于心行路绝的默照的悟道过程。同

[①] 东坡诗见于《苏轼诗集》卷三一《文登蓬莱阁下石壁千丈为还海浪所战时有碎裂》,山谷诗见于《山谷诗集注》卷七《题郑防画夹五首》之一。

时,第一句用"处"字把行到水源的时间过程空间化了,第二句用"时"字把诗人与云之间的空间关系时间化了。这样,时间就是空间的存在,空间的存在都是时间,瞬间变为永恒。由于意味深长的禅趣是通过形象表现出来的,不离感性又超越感性,因而格外空灵蕴藉,令人涵泳不尽。可以说,"行到水穷处,坐看云起时"之中就有"禅髓",所以在禅门中一再被人引用。例如:

> 问:"如何是缘生义?"师曰:"金刚铸铁券。"曰:"学人不会。"师曰:"闹市里牌。"曰:"恁么则行到水穷处,坐看云起时。"师曰:"列下。"(《五灯会元》卷一五《雪窦重显禅师》)
>
> 上堂:"至道无难,唯嫌拣择。但莫憎爱,洞然明白。祖师恁么说话,瞎却天下人眼。识是非、别缁素底衲僧,到这里如何辨明?未能行到水穷处,难解坐看云起时。"(同上卷一七《黄龙惟清禅师》)
>
> 问:"向上一路,千圣不传,未审如何是向上一路?"师曰:"行到水穷处,坐看云起时。"(同上《泐潭文准禅师》)

几乎成了口头禅。而这些借用在不同的语境里显然表达了不同的意思。

大约从北宋中叶开始,借用名篇警句来说法渐成风气。下面仅以《五灯会元》所载为例,看看禅师们借用诗文词赋名句的几种情况,并一一指明这些名句的出处。

第一种是用于上堂说法,往往是说到关键处,戛然而止,改用名句作结。例如:

> 上堂:"日月绕须弥,人间分昼夜。南阎浮提人,只被明暗色空留碍。且道不落明暗一句作么生道?"良久曰:"柳色黄金

嫩,梨花白雪香。参!"(同上卷一五《天圣守道禅师》)("柳色黄金嫩"两句是唐诗人李白《宫中行乐词八首》之二中的名句,见瞿蜕园、朱金城《李白集校注》卷五,上海古籍出版社排印本,1980年)

上堂:"诸佛出世,广演三乘。达磨西来,密传大事。上根之人,言下顿超。中下之流,须当渐次发明心地。或一言唱道,或三句敷扬,或善巧应机,遂成多义。撮其枢要,总是空花。一句穷源,沉埋祖道。敢问诸人,作么生是依时及节底句?"良久曰:"微云淡河汉,疏雨滴梧桐。参!"(《五灯会元》卷一六《善权慧泰禅师》)("微云淡河汉"两句是唐诗人孟浩然的名句,见宋尤袤《全唐诗话》卷一《孟浩然》,《历代诗话》本)

上堂:"胡来胡现,汉来汉现。忽然胡汉俱来时,如何祗准?"良久曰:"落霞与孤鹜齐飞,秋水共长天一色。参!"(《五灯会元》卷一六《延庆可复禅师》)("落霞与孤鹜齐飞"两句出自唐王勃《秋日登洪府滕王阁饯别序》,《全唐文》卷一八一)

上堂:"枯桑知天风,海水知天寒。金色头陀,见处不真。鸡足山中,与他看守衣钵。"(《五灯会元》卷一六《天衣义怀禅师》)("枯桑知天风"两句出自《文选》乐府古辞《饮马长城窟行》,见《文选》卷二七《乐府上·乐府三首·饮马长城窟行》,李善注,中华书局影印本,1981年)

上堂,画一圆相,以手拓起曰:"诸仁者还见么?团团离海峤,渐渐出云衢。诸人若也未见,莫道南明长老措大相,却于宝华王座上念中秋月诗。若也见得,此夜一轮满,清光何处无?"(《五灯会元》卷一六《蒋山法泉禅师》)(这是五代南唐诗僧咏月诗,"团团离海峤,渐渐出云衢"是前两句,"此夜一轮满,清光何处无"是后两句。《瀛奎律髓》卷二二作五代诗僧贯

休诗，参见《全唐诗》卷八五一，文字略异）

师因雪下，上堂召大众曰："还有过得此色者么？"良久曰："文殊笑，普贤嗔，眼里无筋一世贫。相逢尽道休官去，林下何曾见一人？"（《五灯会元》卷一六《蒋山法泉禅师》）（"相逢尽道休官去"两句是唐诗僧灵澈讽刺士大夫假意归隐而心恋魏阙的名句，见《全唐诗话》卷三《韦丹》）

上堂："觌面相呈，更无余事。若也如此，岂不俊哉！山僧盖不得已曲为诸人，若向衲僧面前，一点也着不得。诸禅德，且道衲僧面前说个甚么即得？"良久曰："深秋帘幕千家雨，落日楼台一笛风。"（《五灯会元》卷一六《崇德智澄禅师》）（"深秋帘幕千家雨"两句是唐诗人杜牧《题宣州开元寺水阁阁下宛溪夹溪居人》诗中的名句，见《全唐诗》卷五二二）

上堂："日可冷，月可热，中魔不能坏真说。作么生是真说？初三十一，中九下七，若信不及，云岩与汝道破：万人齐指处，一雁落寒空。"（《五灯会元》卷一八《云岩天游禅师》）（"万人齐指处"两句是唐诗人张祜《观徐州李司空猎》诗中的名句，见《全唐诗》卷五一〇）

病起，上堂，举马大师日面佛、月面佛。后来东山演和尚颂曰："丫鬟女子画蛾眉，鸾镜台前语似痴。自说玉颜难比并，却来架上着罗衣。"师曰："东山老翁满口赞叹，则故是点检将来，未免有乡情在。云岩又且不然：打杀黄莺儿，莫教枝上啼。几回惊妾梦，不得到辽西。"（《五灯会元》卷一八《云岩天游禅师》）（"打杀黄莺儿"四句是唐诗人金昌绪的《春怨》诗，见《全唐诗话》卷一《金昌绪》）

上堂："乾坤之内，宇宙之间，中有一宝，秘在形山。大众，眼在鼻上，脚在肚下，且道宝在甚么处？"良久云："人面不知何处去,桃花依旧笑春风。"(《五灯会元》卷一九《白云守端禅师》)("人面不知何处去"两句见于唐诗人崔护《题城南》诗,见唐孟棨《本事诗·情感第一》,"不知"作"只今"。《历代诗话续编》本)

上堂:"古者道:将此深心奉尘刹,是则名为报佛恩。圆通则不然:时挑野菜和根煮,旋斫生柴带叶烧。"(《五灯会元》卷一九《白云守端禅师》)("时挑野菜和根煮"两句是唐诗人杜荀鹤《山中寡妇》诗中的名句,见《全唐诗》卷六九二)

上堂:"有句无句,超宗越格。如藤倚树,银山铁壁。及至树倒藤枯,多少人失却鼻孔。直饶收拾得来,已是千里万里。只如未有恁么消息时如何?还透得么?风暖鸟声碎,日高花影重。"(《五灯会元》卷一九《昭觉克勤禅师》)("风暖鸟声碎"两句是杜荀鹤《春宫怨》诗中的名句,见《全唐诗》卷六九一。又卷六七三作周朴诗)

上堂。举狗子无佛性话,乃曰:"二八佳人刺绣迟,紫荆花下啭黄鹂。可怜无限伤春意,尽在停针不语时。"(《五灯会元》卷一九《中竺中仁禅师》)(这四句是唐诗人朱绛的《春女怨》诗,见《全唐诗话》卷二《朱绛》)

上堂:"一叶落,天下秋,欲穷千里目,更上一层楼。一尘起,大地收,嘉州打大像,陕府灌铁牛。明眼汉合作么生?"(《五灯会元》卷二〇《龙翔士珪禅师》)("欲穷千里目"两句是唐诗人王之涣《登鹳雀楼》中的句子,见《全唐诗》卷二五三)

上堂:"见见之时,见非是见。见犹离见,见不能及。落花有意随流水,流水无情恋落花。诸可还者,自然非汝。不汝还者,非汝而谁?长恨春归无觅处,不知转入此中来。"(《五灯会元》卷二〇《龙翔士珪禅师》)("长恨春归无觅处"两句出自唐

诗人白居易的《大林寺桃花》，见《全唐诗》卷四三九）

上堂，拈起拄杖曰："识得这个，一生参学事毕。古人怎么道，华藏则不然。识得这个，更须买草鞋行脚。何也？到江吴地尽，隔岸越山多。"（《五灯会元》卷二〇《华藏宗演禅师》）（"到江吴地尽"两句是唐诗僧处默《题圣果寺》诗中的名句，见《全唐诗话》卷六《僧处默》。《全唐诗》卷八四九题作《圣果寺》）

上堂："万古长空，一朝风月。不可以一朝风月昧却万古长空，不可以万古长空不明一朝风月。且如何是一朝风月？人皆畏炎热，我爱夏日长。薰风自南来，殿阁生微凉。会与不会，切忌承当。"（《五灯会元》卷二〇《中际善能禅师》）（"人皆畏炎热"四句是唐诗人柳公权和唐文宗的夏日联句，前两句为唐文宗作，后两句为柳公权作，见《全唐诗话》卷三《柳公权》）

上堂，举正堂辩和尚室中问学者："蚯蚓为甚么化为百合？"师曰："客舍并州已十霜，归心日夜忆咸阳。无端更度桑干水，却望并州是故乡。"（《五灯会元》卷二〇《隐静彦岑禅师》）（"客舍并州已十霜"四句是唐诗人刘皂的《旅次朔方》诗，见《全唐诗》卷四七二。案：一作贾岛诗）

上堂："万象之中独露身，如何说个独露底道理？"竖起拂子曰："到江吴地尽，隔岸越山多。"（《五灯会元》卷二〇《大洪祖灯禅师》）

上堂："俱胝一指头，一毛拔九牛。华岳连天碧，黄河彻底流。截却指，急回眸。青箬笠前无限事，绿蓑衣底一时休。"（同上《沩潭德淳禅师》）（"青箬笠前无限事"两句出自黄庭坚《浣溪沙》词，见《全宋词》第1册第398页，中华书局排印本，1980年）

> 上堂。举《金刚经》云："佛告须菩提，尔所国土中，所有众生若干种心，如来悉知。何以故？如来说，诸心皆为非心，是名为心。要会么？春风得意马蹄疾，一日看尽长安花。"（《五灯会元》卷二〇《法石慧空禅师》）（"春风得意马蹄疾"两句是唐诗人孟郊《登科后》中的名句，见《全唐诗》卷三七四）

这些诗句本为写景或抒情，在以上的借用中，都具有说理或象征的功能。如"尽在停针不语时"暗示禅经验只可意会、不可言传，"长恨春归无觅处"两句暗示自性的顿悟得于无意之间，"到江吴地尽"两句形容参禅行脚要做到永不满足，须知山外有山。

第二种是用于应机接物的问答，古人的现成诗句信手拈来，符合不容拟议的原则。倘若诗句借用恰当，可收到一以当十的效果。例如：

> 问："利人一句，请师垂示。"师曰："三脚虾蟆飞上天。"曰："前村深雪里，昨夜一枝开。"师曰："饥逢王膳不能飡。"（同上卷一二《翠岩可真禅师》）（"前村深雪里"两句，出自五代诗僧齐己的《早梅》诗。相传齐己原作为"前村深雪里，昨夜数枝开"，诗人郑谷改"数枝"为"一枝"，时人称郑谷为一字师，见宋陶岳《五代史补》卷三《齐己传》，《四库全书》本）

> 问："一棒一喝，犹是葛藤，瞬目扬眉，拖泥带水。如何是直截根源？"师曰："速。"曰："恁么则祖师正宗和尚把定？"师曰："野渡无人舟自横。"（《五灯会元》卷一五《开先善暹禅师》）（"野渡无人舟自横"是唐诗人韦应物《滁州西涧》诗中的名句，见《全唐诗》卷一九三）

僧问:"古镜未磨时如何?"师曰:"青青河畔草。"曰:"磨后如何?"师曰:"郁郁园中柳。"(《五灯会元》卷一六《智海本逸禅师》)("青青河畔草"两句出自《文选》杂诗《古诗十九首》,见《文选》卷二七《杂诗上·古诗十九首》)

师曰:"芭蕉高多少?"曰:"野火烧不尽,春风吹又生。"师曰:"这个是白公底,你底作么生?"曰:"且待别时。"(《五灯会元》卷一六《法云法秀禅师》)("野火烧不尽"两句是唐诗人白居易《赋得古原草送别》诗中的名句,见《全唐诗》卷四三六)

僧问:"携筇领众,祖令当行,坐断要津,师意如何?"师曰:"秋风吹渭水,落叶满长安。"(《五灯会元》卷一九《五祖法演禅师》)("秋风吹渭水"两句是唐诗人贾岛《忆江上吴处士》诗中的名句,见《全唐诗》卷五七二,"吹"作"生")

僧问:"如何是夺人不夺境?"师曰:"秋风吹渭水,落叶满长安。"(《五灯会元》卷一九《五祖法演禅师》)

曰:"如何是意句俱不到?"师曰:"君向潇湘我向秦。"(同上《开福道宁禅师》)("君向潇湘我向秦"是唐诗人郑谷《淮上与友人别》诗中的句子,见《全唐诗》卷六七五)

这些诗句都由意象性语言组成,语义空间具有巨大的弹性,在机锋交驰的论辩中,可以做到不涉理路、不落言诠,使对方能领悟到某种禅意,而又不至于执著于义理。

第三种是作偈颂时借用,把诗人名句镶嵌在自己的偈颂中,如灵丹一粒,点铁成金。例如:

尝有《颂大愚答佛话》曰:"锯解秤锤,出老杜诗:红稻啄残鹦鹉颗,碧梧栖老凤凰枝。"(《五灯会元》卷一二《怀玉用宣首座》)(诗见杜甫《秋兴八首》之八,"红稻"或作"香稻","啄残"或作"啄余","颗"或作"粒"。见仇兆鳌《杜诗详注》卷一七,第1497页,中华书局排印本,1979年)

师随声便喝,以手指胸曰:"佛亦是尘。"师复颂曰:"拨尘见佛,佛亦是尘。问了答了,直下翻身。劝君更尽一杯酒,西出阳关无故人。"(《五灯会元》卷二〇《智者真慈禅师》)("劝君更尽一杯酒"两句出自唐诗人王维《送元二使安西》,见《全唐诗》卷一二八)

翌晨,摄衣就座,大呼曰:"吾去矣,听吾一偈。"众闻奔视,师乃曰:"平生醉里颠蹶,醉里却有分别。今宵酒醒何处?杨柳岸晓风残月。"言讫寂然,撼之,已委蜕矣。(《五灯会元》卷一六《法明上座》)("今宵酒醒何处"两句出自宋词人柳永《雨霖铃》词,见《全宋词》第1册第21页)

这些诗句移进偈颂里,已与原典文本意义相脱离,因而成为新语境中具有隐喻性质的言句。换言之,读者在禅偈中读到这些诗句时,已有了一种新的期待视野,其意义也因此而向宗教领域转移。

第四种干脆把诗人名句当做一则话头或公案来参究,也就是直接把诗句当做禅的文本来讨论。例如:

僧问:"白云抱幽石时如何?"师曰:"非公境界。"(《五灯会元》卷一五《金陵天宝和尚》)("白云抱幽石"是南朝宋诗人谢灵运《过始宁墅》诗中的名句,见《文选》卷二六《行旅上》谢灵运《过始宁墅》)

僧问:"古者道:卷帘当白昼,移榻对青山。如何是卷帘当白昼?"师曰:"过净瓶来。"曰:"如何是移榻对青山?"师曰:

"却安旧处着。"(《五灯会元》卷一五《石霜节诚禅师》)("卷帘当白昼"两句是唐诗僧修睦《秋日闲居》中的名句,见《全唐诗》卷八四九)

上堂:"始见新岁倏忽,早是二月初一。天气和融,拟举个时节因缘与诸人商量,却被帝释梵王在门外柳眼中努出头来,先说偈言:'袅袅飏轻絮,且逐风来去。相次走绵毯,休言道我絮。'当时撞着阿修罗,把住云:'任你絮,忽逢西风吹渭水,落叶满长安一句作么生道?'于是帝释缩头入柳眼中。"(《五灯会元》卷一七《建隆昭庆禅师》)

问:"人皆畏炎热,我爱夏日长,薰风自南来,殿阁生微凉时如何?"师曰:"倒戈卸甲。"(同上卷二〇《天童昙华禅师》)

当学者问这些诗句意义如何时,很容易使我们想起那些关于佛法大意、祖师西来意如何的提问。显然,由于这些诗句具有佛理的隐喻义,因而引起了参学者探究的兴趣。

事实上,仅据《五灯会元》记载,宋代就有好几位禅师是因为古人诗句而顿悟自性的。例如,《碧岩录》的作者圆悟克勤就从小艳诗悟入:

会部使者解印还蜀,诣祖问道。祖曰:"提刑少年,曾读小艳诗否?有两句颇相近:'频呼小玉元无事,只要檀郎认得声。'"提刑应"喏喏"。祖曰:"且子细。"师适归侍立次,问曰:"闻和尚举小艳诗,提刑会否?"祖曰:"他只认得声。"师曰:"只要檀郎认得声。他既认得声,为什么却不是?"祖曰:"如何是祖师西来意?庭前柏树子。聻!"师忽有省,遽出,见鸡飞上栏杆,鼓翅而鸣。复自谓曰:"此岂不是声?"(同上卷

一九《昭觉克勤禅师》)

克勤的法嗣大慧宗杲同样是因其师所举的唐诗而于言下有省:

> 师至天宁,一日闻悟升堂,举:"僧问云门:'如何是诸佛出身处?'门曰:'东山水上行。'若是天宁即不然。忽有人问:'如何是诸佛出身处?'只向他道:'薰风自南来,殿阁生微凉。'"师于言下忽然前后际断,虽然动相不生,却坐在净裸裸处。(同上卷一九《径山宗杲禅师》)

还有克勤同门师弟龙门清远的法嗣道场明辩禅师也从一首唐诗得到启发:

> 至西京少林,闻僧举佛眼以古诗发明罽宾王斩师子尊者话,曰:"扬子江头杨柳春,杨花愁杀渡江人。一声羌笛离亭晚,君向潇湘我向秦。"师默有所契,即趋龙门,求入室。(同上卷二〇《道场明辩禅师》)

这充分说明诗句特有的暗示、象征、隐喻、联想等功能在禅悟中所起的作用。与其他宗教性的禅语相比较,诗句是关于现象世界和情感世界的描写,更多地作用于人的直觉经验,而非抽象理性。同时,诗歌语言除了言内义以外,另有言外义,或者言在此而意在彼,或者言有尽而意无穷。因此,一方面,诗句比任何语言都更能有效地激发人心对禅的理解和感悟,使人们在直觉层面获得禅的精髓;另一方面,诗句那种意义不确定性而具备的联想空间,提供了从各种宗教角度去理解的可能,使人得到种种哲理的启示。至于诗词曲赋的名章警句，流播于人口，吟咏之间，口吻调利，声音节奏已沉入筋骨，神理气韵已沉入心灵，成为一种深沉的无意识的内在体验。并且这些名章警句凝聚着人们日常生活的经验，与南宗禅从日用事、平常心中悟道的精神是一致的。当熟悉这些名句的禅师们把它们当做宗教文本来参究时，眼前猛然一亮，如电光石火，蛰伏于心中的本然的佛性灯立即被点燃，日用经验顿时转换为一种禅经验。

从文化史的角度看，禅师们好用古人诗句说法，与宋代诗学的空前发达分不开。纵观禅师使用诗句的情况，主要受到两种因素的影响：一种是自晚唐到北宋一直盛行的诗格类著作，多为诗僧所作，与禅门关系密切，其好摘句为例的倾向，与禅师借句说法多有一致之处。如前举"卷帘当白昼，移榻对青山"、"前村深雪里，昨夜一枝开"、"秋风吹渭水，落叶满长安"、"此夜一轮满，清光何处无"之类的句子，也屡见于齐己《风骚旨格》、虚中《流类手鉴》、徐寅《雅道机要》、神彧《诗格》等诗格类著作[1]。另一种是北宋中叶出现的诗话类著作，多为士大夫所作，其评诗也往往举诗人名句作比较，以论工拙。值得注意的是，前举禅师所借用诗句如"微云淡河汉，疏雨滴梧桐"、"红稻啄残鹦鹉粒，碧梧栖老凤凰枝"以及"打杀黄莺儿"一诗等，都是士大夫讨论的热门话题[2]。总之，我们能从很多现象上发现禅师引用名句和宋代诗学讨论名句之间的联系。

---

[1] 参见张伯伟《全唐五代诗格校考》第378、383、399、420、467页。
[2] 参见《诗人玉屑》卷三《错综句法》、卷五《诗要联属》、卷六《意脉贯通》《一字之工》。

第七章 ◦ 看风使帆：
　　　　禅语的随机性

　　禅宗语言风格极为丰富多彩，有的来自佛经文句，有的采用民间口语，有的借自文人诗句，或深奥，或浅易，或村朴，或风流。它以中国本土的农禅话语为骨干，在此基础上融合了印度佛经话语和本土的士大夫话语。从纵向的禅宗语言变迁史来看，早期（从达摩至慧能）仍主要使用佛经话语；中期（从马祖到云门）农禅话语渐占上风，并奠定了宗门语的基本风格；后期（汾阳、雪窦以后）士大夫话语大肆入侵，日趋典雅。从横向的禅宗语言的具体使用来看，则在各个时期都显示出多元性和随机性。禅宗宗师在向大众说法或接待学者的时候，往往根据听众的组成成分和文化水平选择不同的语言，即所谓"看风使帆，应病与药"（《碧岩录》卷七第六十五则《外道良马鞭影》）。对于佛学修养较高的智慧之人，不妨直接用禅语说理论道；对于文化层次低下的愚士昧学，不妨借鄙语俚谚比方譬喻；对于博学儒雅的文人儒士，不妨以清词丽句相引诱启发。总之，无论是禅宗典籍的总体语言，还是禅师语录的个体语言，我们都不难发现极粗鄙、极绮艳、极清丽的风格并存的现象。

一、鄙 语 粗 话

法眼宗清凉文益大师曾批评五代时期禅宗的歌颂作品"任情直吐，多类于野谈；率意便成，绝肖于俗语。自谓不拘粗犷，匪择秽孱，拟他出俗之辞，标归第一之义"（《宗门十规论·不关声律不达理道好作歌颂第九》）。只要稍微考察一下当时宗门语的情况，就可知道这段批评完全是实录。尽管我们知道禅宗的主要成分是农民，但在语录中看到那些高僧使用的鄙语粗话，仍感到有几分震惊。因为有些词句已不只是淳朴俚俗的野语俗谈，富有生活气息，而简直就是毫无教养、毫无顾忌的脏话。更令人惊讶的是，不少禅师以语言粗俗为荣，把不受任何文明条例约束的"任情直吐"，看做佛教最高真理"第一义"之所在。

这里所说的鄙语粗话，不是指一般的俗谚口语，而是特指"粗犷"的骂詈之话和"秽孱"的低俗之话两类。晚唐五代的禅宗大师，特别是临济和云门两派，大多有这样的鄙语粗话传世。先看骂詈之话，例如：

> 十地满心犹如客作儿，等妙二觉担枷锁汉，罗汉辟支犹如厕秽，菩提涅槃如系驴橛。（《古尊宿语录》卷四《镇州临济慧照禅师语录》）

> 道流，试不依物出来，我要共你商量，十年五岁，并无一

人,皆是依草附叶竹木精灵、野狐精魅,向一切粪块上乱咬。瞎汉,枉消他十方信施。(同上)

师云:"直饶你从雪峰,雪峰来也只是个担板汉。"云:"未审那边事如何?"师云:"你因甚夜来尿床?"云:"达后如何?"师云:"又是屙屎。"(同上卷一四《赵州真际禅师语录之余》)

大丈夫汉阿谁无分?独自承当尚犹不着,便不可受人欺瞒,取人处分。才见老和尚开口,便好把特石蓦口塞,便是屎上青蝇相似,斗咂将去,三个五个聚头商量,苦屈兄弟。(同上卷一五《云门匡真禅师广录上》)

上堂云:"道即道了也。"时有僧出礼拜,欲伸问次。师拈拄杖便打云:"识什么好恶?这一般打野榸汉,总似这个僧,争消得施主信施,恶业众生总在这里,觅什么干屎橛咬?"以拄杖一时趁下。(同上)

有一僧至,拟礼拜。师云:"野狐鬼,见什么了便礼拜?"僧云:"老秃奴,见什么了即便恁问?"师云:"苦哉苦哉!"(《景德传灯录》卷一四《仙天和尚》)

时有云涉座主问曰:"和尚什么年行道?"师曰:"座主近前来。"涉近前,师曰:"只如憍陈如是什么年行道?"涉茫然。师咄曰:"这尿床鬼!"(同上卷一六《太原海湖和尚》)

因有僧问大容云:"天赐六铢,披挂后,将何报答我皇恩?"大容云:"来披三事衲,归挂六铢衣。"师闻之,乃曰:"这老冻脓,作恁么语话!"(同上卷二四《连州宝华和尚》)

这里无佛无祖,达磨是老臊胡,释迦老子是干屎橛,文殊、普贤是担屎汉,等觉妙觉是破执凡夫,菩提涅槃是系驴橛,十二分教是鬼神簿、拭疮疣纸,四果三贤、初心十地是守古冢鬼,自救不了。(《五灯会元》卷七《德山宣鉴禅师》)

上堂:"十方诸佛是个烂木橛,三圣十贤是个茅溷头筹子。汝等诸人到这里来作么?"(同上卷一二《琅琊慧觉禅师》)

以上如"客作儿"、"担枷锁汉"、"厕秽"、"系驴橛"、"野狐精魅"、"瞎汉"、"担板汉"、"屎上青蝇"、"打野榸汉"、"野狐鬼"、"老秃奴"、"尿床鬼"、"老冻脓"、"老臊胡"、"干屎橛"、"担屎汉"、"破执凡夫"、"鬼神簿"、"拭疮疣纸"、"守古冢鬼"、"烂木橛"、"茅溷头筹子"都是骂人的话。在各种禅籍中,类似的骂人的专用名词还有一大批,例如:骂无本事的老和尚为"老古锥"、"老骨锥"、"老擂槌"、"老骨挝",骂下贱之人为"死马医"、"小厮儿",骂愚钝之人为"田库奴"、"特库儿"、"瞎屡生"、"秃屡生"、"钝屡生",骂鲁莽之人为"孟八郎",骂少机变的和尚为"伎死禅和",骂少见识的和尚为"少丛林"、"野盘僧",骂懵懂之人为"噇酒糟汉"、"饭袋子",骂四川和尚为"川嚞苴",骂广东和尚为"广南蛮"。此外还有一些由"死"、"屎"、"瞎"等字为前缀而随意组合的骂詈之词,如"死郎当"、"死功夫"、"屎光境"、"屎佛坑"、"瞎眼波斯"、"瞎臭婆"、"瞎驴"等等。

除去这些骂人的话以外,禅师们对佛祖也大不恭敬,因寺庙中佛像面有镀金,而戏称释迦牟尼为"黄面瞿昙"、"黄面老子"、"黄头老";因达摩是印度人,蓝眼睛,腋有臊臭,而戏称之为"碧眼胡僧"、"胡臊老"或"老臊胡";有时通称佛祖为"老胡"、"胡种族"或"黄头碧眼"。

在骂人的"粗犷"之语中,我们注意到如"屎"这样的污秽之词出现频率极高,其实,禅师们不光是在骂人时爱用"屎"一类的词,在一般正面谈禅说法时,也往往"匪择秽屡",不避低俗。在禅籍中随处可见这样的例子:

师示众云:"道流,佛法无用功处,只是平常无事,屙屎送尿,着衣吃饭,困来即卧。愚人笑我,智乃知焉。"(《古尊宿语录》卷四《镇州临济慧照禅师语录》)

有一般不识好恶,向教中取意度商量,成于句义,如把屎块子向口里含了,吐过与别人;犹如俗人打传口令相似,一生虚过也。(同上)

又问:"只如赵州意作么生?"僧云:"此亦是方便。"师云:"赵州被你一杓屎泼。"僧无语。(同上卷六《睦州和尚语录》)

上堂,良久云:"还有人道得么?道得底出来。"众无语。师拈拄杖云:"适来是个小屎坑,如今是个大屎坑。"(同上卷一五《云门匡真禅师广录上》)

上堂:"佛法不顺人情,诸方长老大开口尽道:'我会禅会道。'且道伊会也未?无端向屎坑里坐,瞒神鬼。似者般的,打杀千万个,与狗子吃,有什么过?又有一般禅和子,大开着眼,被伊狐魅,殊不自知,蓦头着屎浇,亦不厌恶。"(同上卷四二《宝峰云庵真净禅师住洞山语录》)

安在沩山三十来年,吃沩山饭,屙沩山尿,不学沩山禅。(《景德传灯录》卷九《福州大安禅师》)

除却着衣吃饭,阿屎送尿,更有什么事?无端起得许多妄想作什么?(同上卷一九《韶州云门文偃禅师》)

你还知个身本性与佛同时,本无欠少,有一大事在你尿囊里、粪堆头,光烁烁地,圆陀陀地,还信得及否?(同上卷三〇《魏府华严长老示众》)

问:"如何是清净法身?"师曰:"屎里蛆儿,头出头没。"(《五灯会元》卷六《濠州思明禅师》)

曰:"是甚么心行?"师曰:"一杓屎拦面泼,也不知臭。"

（同上卷七《保福从展禅师》）

在正统的儒家文化中，如此粗鄙低俗的语言从来不能登大雅之堂。而在禅门中，这些词句却不仅肆无忌惮地流行于法堂之上，而且冠冕堂皇地载入语录，成为具有经典意义的宗门语汇。

值得注意的是，使用这些粗鄙语言的人，有不少是博通经论、具有一定文化修养的禅门宗师。比如颂古的创制者汾阳善昭，接引学人，"每见必骂诟，或诋毁诸方，及有所训，皆流俗鄙事"（同上卷一二《石霜楚圆禅师》）。而《碧岩录》的作者圆悟克勤也时时在其著语、评唱中夹些"秽屑"之话，如下面这些例子：

> 看看雪峰向诸人面前放屙，咄！为什么屎臭也不知？（《碧岩录》卷一第五则《雪峰粟粒》）
>
> 我且问尔：十二时中行住坐卧，屙屎放尿，至于茅坑里虫子，市肆买卖，羊肉案头，还有超佛越祖底道理么？（同上卷八第七十七则《云门餬饼》）
>
> 天平曾参进山主来，为他到诸方参得些萝卜头禅在肚皮里，到处便轻开大口道："我会禅会道。"常云："莫道会佛法，觅个举话人也无。"屎臭气薰人，只管放轻薄。（同上卷一〇第九十八则《天平行脚》）

克勤是"文字禅"的推行者之一，从小艳诗入道，所作诗偈也很典雅，但他评唱公案颂古，仍有意使用一些"脏话"，这充分说明粗鄙已成为宗门语的标志之一。保持粗鄙，就是保持宗门语的本色，从更深层次说，它意味着保留禅宗的宗教传统，或者说保留禅宗的话语态势。

那么,什么是禅宗的话语态势呢?我认为主要包括这样几个方面:

其一,解构经典,颠覆权威,蔑视神圣。禅宗从诞生之日起,就以一种"不立文字,教外别传"的话语态势立异于正统的佛教义学,到了晚唐,更出现了一股离经慢教、呵佛骂祖之风。以污秽粗鄙、低贱卑下的侮辱性词语来称谓神圣的经典权威,如称释迦牟尼为"干屎橛"、罗汉辟支为"厕秽"、十二分教为"拭疮疣纸"等等,就是呵佛骂祖的体现。这种话语态势里潜藏着一种反文化、非文化的思潮。

其二,面向平民,贴近生活,标榜通俗。禅宗解构经典、颠覆权威的目的,是为了建立自己的话语系统,即为下层民众所喜闻乐见的言说方式。中晚唐一些最重要的禅宗大师,为了向文化层次低下的僧众传教,就有意采用一种俚俗甚至粗野的口语,这种风格经由语录的传播而积淀为一种禅门的传统。正如宋代一位禅师所说:"禅家语言不尚浮华,唯要朴实,直须似三家村里纳税汉及婴儿相似,始得相应。他又岂有许多般来此道?正要还淳返朴,不用聪明,不拘文字。今时人往往嗤笑禅家语言鄙野,所谓不笑不足以为道。"(《嘉泰普灯录》卷二五《本觉法真一禅师》)那些粗野的骂人之词,在类似"三家村里纳税汉"水平的僧众听来,反而有一种"嘤其鸣矣,求其友声"的亲切感。

其三,任情率意,自由无拘,大胆出格。在中国传统的儒家语言和其他行业语言中,都有种种避讳和禁忌,而禅宗语言却没有任何框框,自己是光头和尚,也不妨骂人是"老秃奴";自己挑粪浇菜,也不妨骂人是"担屎汉";自己是佛教徒,也不妨骂诸佛是"胡种族"。可以说,正因为禅宗语言具有某种革命性的话语态势,所以禅师们敢于冲破一切禁忌,"不拘粗犷,匪择秽屑"。佛经翻译尚注意使用雅言,如称秽物为"不净",而禅师则直截了当地称"屎"、"尿"、"茅厕"、"蛆儿"等等。

同时粗话鄙语也与禅宗的生存方式和宗教观念相关。就生存方式而言,禅宗的普请原则使每位宗师和禅徒一样必须参加农业劳动,垦荒种地,难免和粪土之类的秽物打交道。换言之,他们中的很多人其实就是"担屎汉",屎坑厕筹一类词语信手拈来骂人,也极为平常自然。就宗教观念而言,禅宗主张"平常心是道",屙屎送尿的日常生活行为也是禅之所在,所以言屎言尿而不觉其臭。禅宗又主张"万法平等"、凡圣等一,认为"尿囊"、"粪堆"里有佛性在,所以言屎言尿而不觉其脏。正是以上种种因素,造成了禅宗以粗鄙为荣的言说传统。

二、艳 词 绮 语

宋代城市经济的繁荣导致市民文化的发达,与此相关的是花街柳巷、瓦肆勾栏的盛行。淫词媟语,流传天下,"凡有井水饮处,即能歌柳(永)词"(叶梦得《避暑录话》卷下),就是明证。受此影响,禅师也常用艳诗艳词的形式来说法示道。

北宋真净克文曾这样描述过当时禅师的生活方式:"手把猪头,口诵净戒。趁出淫坊,未还酒债。"(《罗湖野录》卷上)这显然不同于早期禅宗"孤峰顶上,盘结草庵"的自耕自足,而是城镇游僧"十字街头,解开布袋"的浪荡无羁。比如,邢州开元寺有一和尚法明上座,依报本有兰禅师,"深得法忍。后归里事落魄,多嗜酒呼卢,每大醉,唱柳词数阕,日以为常,乡民侮之。召斋则拒,召饮则从"(《五灯会元》卷一六《法明上座》)。又如越州天衣如哲禅师,

"自退席寓平江之万寿,饮啖无择,人多侮之"(同上《天衣如哲禅师》)。同时,禅门中也出现了一种为市民式的纵欲主义辩护的理论:"佛法门中有纵有夺。纵也,四五百条花柳巷,二三千所管弦楼。夺也,天上天下,唯我独尊。"(《古尊宿语录》卷四二《宝峰云庵真净禅师住洞山语录》)也就是说,只要顿悟本心,明白"情与无情,同一无异"的道理,就可以出入花柳巷,逛逛管弦楼,狎妓风流一番也无妨。与此相对应,禅语里也出现了反映世俗享乐生活和情感生活的词句,如好柳词的法明上座在临终前还不忘把柳词名句"今宵酒醒何处,杨柳岸晓风残月"嵌进自己的示灭偈中(《五灯会元》卷一六《法明上座》),而天衣如哲的示法偈里也有"大地掀翻无觅处,笙歌一曲画楼中"这样的颓废句子(同上《天衣如哲禅师》)。

当然,宋代真正敢逛妓院的禅僧也极为罕见,但至少禅宗在理论上承认出入淫坊无碍佛法。因此,表现男女爱情的诗词不仅未遭禁止,反而频频被用来阐释禅理。如前举圆悟克勤因五祖法演举小艳诗而悟道,这首小艳诗的全文是:"一段风光画不成,洞房深处托深情。频呼小玉元无事,只要檀郎认得声。"(参见《禅语辞书类聚》第1册第346页)惠洪在他的一首诗偈里也化用过后两句:"了知无性灭无明,空慧须从戒定生。频呼小玉元无意,只要檀郎认得声。"[①]如果说惠洪的诗偈还有说理的成分的话,那么,克勤悟后所作那首呈交法演以求印可的诗偈,则和纯粹的艳诗毫无二致。偈曰:

> 金鸭香销锦绣帏,笙歌丛里醉扶归。少年一段风流事,只许佳人独自知。

[①] 《石门文字禅》卷一五《注十明论》。

法演阅罢这首偈，大加赞赏，称他"参得禅也"（《五灯会元》卷一九《昭觉克勤禅师》）。那么，这首偈到底参得什么禅呢？"金鸭香销"二句，表面上是写风流狎客寻花问柳的艳事，沉溺于男欢女爱，热衷于舞榭歌台，而实际上是譬喻禅客在纷繁的"色界"、"欲界"中求道。金鸭炉前，锦绣帏中，笙歌丛里，是男女欢会的场所，香艳已极，绮靡已极，但此间仍不妨有禅的神通妙用。有如禅家古德所说"优钵罗花火里开"，或是"华街柳巷乐天真"，只要悟得色即是空，便可做声色场中的解脱人。狎客寻芳有得，扶醉而归，正如禅客参禅有得，心下自省。但这种体验好比锦绣帏中男女欢会所体会到的快感，"少年一段风流事，只许佳人独自知"，这不仅是男女双方不愿人知的一段隐秘，而且那种微妙的感觉非当事人不能理解，无法用语言说与他人。禅宗主张"亲证"，认为禅悟"如人饮水，冷暖自知"，绝言诠，超思维，智与理冥，境与神会，是一种个体神秘的心理感受或领悟。显然，"只许佳人独自知"暗示的是禅家的个体一得之悟。

克勤用人生的真切感受来表达禅旨，不涉理路，不落言诠，而意味深长，当然值得称赞。不过，作为一个清心静虑的佛教徒，他哪里来的这种男女欢会的体验呢？如果只是局外人的揣摩，那么，以戒、定、慧为修行宗旨的出家人，允许这种"黄色"的揣摩吗？事实上，在宋代的禅籍中，我们能看到大量的与出家身份不符的淫词艳语，无论是上堂说法，还是作偈示众：

　　病起，上堂，举马大师日面佛、月面佛。后来东山演和尚（五祖法演）颂曰："丫鬟女子画蛾眉，鸾镜台前语似痴。自说玉颜难比并，却来架上着罗衣。"（同上卷一八《云岩天游禅师》）
　　良久曰："无限风流慵卖弄，免教人指好郎君。"（同上卷

一九《白云守端禅师》)

上堂:"遍界不曾藏,通身无影像。相逢莫讶太愚痴,旷劫至今无伎俩。无伎俩,少人知。大抵还他肌骨好,何须临镜画蛾眉。"(同上《开福道宁禅师》)

上堂,举俱胝竖指因缘,师曰:"佳人睡起懒梳头,把得金钗插便休。大抵还他肌骨好,不涂红粉也风流。"(同上卷二〇《报恩法演禅师》)

圆通禅师法秀,立身峻洁,不肯出世,作颂曰:"谁能一日三梳头,撮得髻根牢便休。大抵是他肌骨好,不搽红粉也风流。"(《苕溪渔隐丛话·前集》卷五七《缁黄杂记》引《侯鲭录》。参见《罗湖野录》卷上)

临安府净慈肯堂充禅师,余杭人,嗣颜万庵,风规肃整,望尊一时。颂"即心即佛"云:"美如西子离金阙,娇似杨妃下玉楼。终日与君花下醉,更嫌何处不风流。"(《枯崖漫录》)

这样留意于女性的脂粉肌肤、慵懒娇态,岂是出家人所应有的念头?然而,这些淫词艳语只不过是有关佛性的象征隐喻而已,有如中国古诗中美人香草的比兴传统,男女以况君臣。比如"不搽红粉也风流",无非是说本心即佛,不须外求。更何况禅宗本来就有"以欲止欲,如以楔出楔,以声止声"的说法(《宗镜录》卷二一)。其实,这些禅师并非如法明上座那样放荡不羁,而是相当遵守佛门戒律,如圆通法秀禅师曾严厉禁戒黄庭坚作艳词(参见《五灯会元》卷一七《太史黄庭坚居士》),肯堂彦充也是"风规肃整",但这并不妨碍他们以艳词绮语谈禅。又比如像真净克文这样的禅师,一方面骂过"无端向屎坑里坐"、"蓦头着屎浇,也不厌恶"的粗话,另一方面也一再标举"四五百条花柳巷,二三千所管弦楼"的风流韵事。

这充分说明禅语的多元性，宗师可以根据不同的场合、话题或对象，随机使用风格迥异的语言。只要禅者乐于讴吟，宗师不妨随机设化。

因男女艳情的诗词歌曲而悟道的故事也屡见于禅籍记载，除了克勤以小艳诗悟道外，还有楼子和尚听歌而悟的著名公案：

> 楼子和尚，不知何许人也，遗其名氏。一日偶经游街市间，于酒楼下整袜带次，闻楼上人唱曲云："你既无心我也休。"忽然大悟，因号楼子焉。（《五灯会元》卷六《楼子和尚》）

楼子和尚听到的这首曲子，显然是宋代流行的艳曲，即爱情歌曲，据词意估计，可能是女子失恋的怨词。但楼子和尚却从中得到一种佛理的伟大启示，"你"指构成世界的"万法"，"我"指自我心性，既然万法本空，我心何必执著。后来宋代禅师作楼子公案的颂古，基本上都是些香艳旖旎之词：

> 唱歌楼上语风流，你既无心我也休。打着奴奴心里事，平生恩爱冷啾啾。（慈受深）
> 你若无心我也休，鸳鸯帐里懒抬头。家童为问深深意，笑指纱窗月正秋。（宝华鉴）
> 因过花街卖酒楼，忽闻语唱惹离愁。利刀剪断红丝线，你若无心我也休。（㑔堂仁）（《禅宗颂古联珠通集》卷四〇《楼子和尚》公案颂古）

这种连儒家的道学先生看了也要皱眉的艳词丽句，出家人竟用来表现佛理禅机，"风流"、"恩爱"、"鸳鸯帐"、"离愁"、"红丝线"之类的词语以及其中缠绵悱恻的情感，不仅突破了佛教绮语口业的戒律，而且违犯了佛教贪恋爱欲的禁忌。这充分说明宋代社会市民文化的语境对禅宗话语强有力的影响。

楼子和尚的机缘是听曲,而临济宗杨岐派的普融知藏则由传奇故事"倩女离魂"而悟道。知藏是五祖法演的弟子,据《五灯会元》记载:

> 普融知藏,福州人也。至五祖,入室次,祖举倩女离魂话问之,有契。呈偈曰:"二女合为一媳妇,机轮截断难回互。从来往返绝踪由,行人莫问来时路。"(《五灯会元》卷一九《普融藏主》)

"倩女离魂"的故事最早见于是唐人陈玄祐小说《离魂记》。故事说衡州张镒有女儿名叫倩娘,和张镒的外甥王宙相恋。后来张镒以女儿另配他人,倩娘抑郁成疾。王宙被遣去四川,夜半,倩娘的魂赶到船上。五年后,两人归家,房中卧病在床的倩娘闻声出见,两女合为一体(见《太平广记》卷三五八《王宙》)。这个故事在宋金时期被编为杂剧、诸宫调,广为流传,家喻户晓。五祖法演用这个故事来启发学者,也如同用小艳诗启发学者一样,无非是想让学者从最熟悉的事例中去体会佛法,所谓"不失为善巧方便、随机设化之一端耳"(参见《罗湖野录》卷下)。

无独有偶,云门宗的慈受怀深也是从佛鉴禅师所举"倩女离魂"的话头悟入:

> 出住资福,屡满户外。……偶朝廷以资福为神霄宫,因弃往蒋山,留西庵陈请益。鉴曰:"资福知是般事便休。"师曰:"其实未稳,望和尚不外。"鉴举倩女离魂话,反复穷之,大豁疑碍。呈偈曰:"只是旧时行履处,等闲举着便请讹。夜来一阵狂

风起,吹落桃花知几多?"鉴拊几曰:"这底岂不是活祖师意?"(《五灯会元》卷一六《慧林怀深禅师》)

由此可见,"倩女离魂"这个动人的爱情故事,在宗门中已被当做一则类似古德公案的话头供人参究,并常常能取得很好的效果。当然,"倩女离魂"本身是文学传奇,但离魂的浪漫想象又基于一种形神分离的佛教观念,禅师自然可从中去体悟关于肉体与灵魂、自性与佛性的关系等诸多精微的禅理。

三、清 音 远 韵

禅门中超然物外的林下风流,形成禅语的另一种风格:清新淡泊,含蓄典雅。早在盛中唐时期,士大夫的人生理想就开始向禅门渗透,禅门的生存方式也开始引起士大夫的兴趣。一方面,山水的清音时时响在身在魏阙、心存江湖的官员的耳畔;另一方面,身居山林的禅和子也在普请参禅之余体会到天赐的自然美景。"悠然远山暮,独向白云归"(《全唐诗》卷一二六王维《归辋川作》),这是士大夫向往的隐逸生活;"时有白云来闭户,更无风月四山流"(《景德传灯录》卷四《舒州天柱山崇慧禅师》),这是禅僧们自豪的山居胜境。无论是出于引诱士大夫参禅的目的,还是出于表现山居乐道的理由,禅宗都不得不采用一种包含着山水逸韵的清丽语言。当然,山川风月本来就是禅僧们每日接触的事物,举山川风月作话头来说法谈禅,也如举屙屎送尿一样自然。不过,禅僧在谈一般日用事时,往往不避鄙俚粗俗,而在谈山川风月时,则注意使用韵文诗句或骈词俪句,显得典雅含蓄。

举例来说，禅门中机锋应对有一个常见的话题，即参学者问宗师，如何是此山之"境"，宗师随之作出回答，而这些答语往往非常优美：

问："如何是夹山境？"师曰："猿抱子归青嶂里，鸟衔花落碧岩前。"（《景德传灯录》卷一五《澧州夹山善会禅师》）

问："如何是凤栖境？"师曰："千峰连岳秀，万嶂不知春。"曰："如何是境中人？"师曰："孤岩倚石坐，不下白云心。"（同上卷一七《洪州同安常察禅师》）

问："如何是白马境？"师曰："三冬花木秀，九夏雪霜飞。"（同上卷二〇《兴元府青剉山和尚》）

问："如何是伏龙境？"师曰："山峻水流急，三春足异花。"（同上《延州延庆奉璘禅师》）

问："如何是开先境？"师曰："最好是一条，界破青山色。"（同上卷二一《庐山开先绍宗禅师》）

僧问："如何是龙华境？"师曰："翠竹摇风，寒松锁月。"（同上《杭州龙华契盈禅师》）

问："如何是黄檗境？"师曰："龙吟瀑布水，云起翠微峰。"（同上）

僧问："如何是瑞岩境？"师曰："重重叠嶂南来远，北向皇都咫尺间。"僧曰："如何是境中人？"师曰："万里白云朝瑞岳，微微细雨洒帘前。"（同上卷二二《台州瑞岩师进禅师》）

问："如何是双峰境？"师曰："夜听水流庵后竹，昼看云起面前山。"（同上《韶州双峰山竟钦和尚》）

僧问："如何是湘潭境？"师曰："山连大岳，水接潇湘。"（同上卷二三《湖南潭明和尚》）

问："如何是普通境？"师曰："庭前有竹三冬秀，户内无灯

午夜明。"同上《兴元府普通封和尚》

问:"如何是南台境?"师曰:"松韵佛时石不点,孤峰山下垒难齐。"(同上《衡岳南台藏禅师》)

问:"如何是三冬境?"师曰:"千山添翠色,万树锁银花。"(同上《安州大安山能和尚》)

僧问:"如何是广平境?"师曰:"地擎名山秀,溪连海水清。"(同上卷二四《福州广平玄旨禅师》)

问:"如何是灵峰境?"师曰:"万叠青山如钉出,两条渌水若图成。"(同上《福州灵峰志恩禅师》)

僧问:"如何是兴阳境?"师曰:"松竹乍栽山影绿,水流穿过院庭中。"(同上《郢州兴阳山道钦佩禅师》)

僧问:"如何是鹫岭境?"师曰:"岘山对碧玉,江水往南流。"(同上卷二六《襄州鹫岭善美禅师》)

问:"如何是大阳境?"师曰:"孤鹤老猿啼谷韵,瘦松寒竹锁青烟。"(同上《郢州大阳警玄禅师》)

僧问:"如何是仰山境?"师曰:"白云峰下猿啼早,碧嶂岩前虎起迟。"(《五灯会元》卷一四《袁州仰山和尚》)

曰:"如何是道吾境?"师曰:"溪花含玉露,庭果落金台。"(同上《道吾契诠禅师》)

僧问:"如何是罗浮境?"师曰:"突兀侵天际,巍峨镇海涯。"(同上《罗浮显如禅师》)

僧问:"如何是苏台境?"师曰:"山横师子秀,水接太湖清。"(同上卷一六《光孝如赜禅师》)

这些关于禅院所在之"境"的回答,充满了青山、绿水、白云、明月、翠竹、寒松、孤鹤、老猿、花木、雪霜等意象,完全可看做一首首简洁凝炼的山水诗。

常言道：天下名山僧占多。而在中国佛教诸多流派中，又尤以禅宗最崇尚山林生活，他们不像义学各派那样因翻译经藏而聚集京城，因讲经说法而置身市廛。禅宗的佛性论使得禅僧们常到清幽静谧的深林里观照自然胜景，从而返境观心，顿悟瞬刻永恒的真如；禅宗的行为论又使得禅僧们宁愿到杳无人迹的空山里去过一种与世无争、随缘自在的生活；而禅宗队伍的农禅性质，使得他们的生存空间主要在远离市镇的江湖山林。也就是说，无论是主观意愿还是客观条件，都使得禅宗比其他任何佛教宗派更接近自然山水，所以在禅宗的传灯录里，随处可见关于自然环境的诗意的描述，以至于参禅问道的言句，都近乎一种审美评价。例如：

问："语默涉离微，如何通不犯？"师曰："常忆江南三月里，鹧鸪啼处百花香。"（同上卷一一《风穴延沼禅师》）

问："如何是西来意？"师曰："树带沧浪色，山横一抹青。"（同上卷一三《石藏慧炬禅师》）

僧问："祖意教意相去几何？"师曰："寒松连翠竹，秋水对红莲。"（同上卷一二《白鹿显端禅师》）

僧问："师唱谁家曲？宗风嗣阿谁？"师曰："雪岭梅花绽，云洞老僧惊。"（同上卷一五《谷山丰禅师》）

僧问："如何是正中偏？"师曰："龙吟初夜后，虎啸五更前。"曰："如何是偏中正？"师曰："轻烟笼皓月，薄雾锁寒岩。"曰："如何是正中来？"师曰："松瘁何曾老，花开满未萌。"曰："如何是兼中至？"师曰："猿啼音莫辨，鹤唳响难明。"曰："如何是兼中到？"师曰："拨开云外路，脱去月明前。"（同上卷一四《普贤善秀禅师》）

"青青翠竹，尽是法身；郁郁黄花，无非般若"这句名言尽管受到洪州禅的批判（同上卷三《大珠慧海禅师》），但其中包含的泛神主义的佛性论在宗门中仍很有市场。在对大自然的观赏中来获得对佛性（即宇宙的目的性）的证悟，仍是禅宗修行的主要途径之一。无论是早期禅宗混迹山林的沉思冥想、中期禅宗在日常生活中进行宗教体验，还是后期文字禅的机锋言句，自然山水都是禅僧们最重要的参禅对象或话题。既然佛性存在于每一丛翠竹、每一朵黄花、每一片白云、每一条清涧之中，那么眼耳等感官对这些自然物象的感受也就具有宗教意义。正如长芦宗赜禅师一再为学人指示的那样：

> 上堂："楼外紫金山色秀，门前甘露水声寒。古槐阴下清风里，试为诸人再指看。"拈拄杖曰："还见么？"击香卓曰："还闻么？"靠却拄杖曰："眼耳若通随处足，水声山色自悠悠。"（同上卷一六《长芦宗赜禅师》）

宗赜想告诉学人，如果眼耳等感官通透玲珑，领悟到感觉中的现象世界都是精神本体的虚幻形式，那么就会随处发现佛性的存在，不必依赖于水声山色。然而，他却一再告诫，这种觉悟的获得，必须通过对水声山色的见闻感受。

值得注意的是，习禅的士大夫也特别醉心于自然山水，精于禅理的王维被黄庭坚称为"定有泉石膏肓之疾"（见《苕溪渔隐丛话·前集》卷一五），而黄庭坚本人也声称："天下清景，初不择贤愚而与之遇，然吾特疑端为我辈设。"（见《冷斋夜话》卷三《荆公钟山东坡余杭诗》）自然美景对于每个人来说是公平的，但只有诗人才能敏感地发现它的价值所在，尤其对于习禅的诗人来说更是如此。当"天下清景"与此辈诗人相遇之时，便有了美学和宗教的双重意义,即不仅以其"水光山色"和"玉肌花貌"相媲美[①],而且作为与"红尘席帽乌靴里"的世俗官场相对立的超越世界而存在[②]。正是士大夫与禅僧对自然山水的共同兴趣,使得士大夫的审美趣味渗入禅理诗中,并给禅宗言句带来清丽典雅的语言风格。

在禅籍中,有不少禅师上堂的开场白,就是一首首山水诗。例如:

> 上堂:"春山叠乱青,春水漾虚碧。寥寥天地间,独立望何极。"(《五灯会元》卷一五《雪窦重显禅师》)
> 上堂:"宝峰高士罕曾到,岩前雪压枯松倒。岭前岭后野猿啼,一条古路清风扫。"(同上卷一七《泐潭洪英禅师》)
> 上堂:"江月照,松风吹,永夜清宵更是谁?雾露云霞遮不得,个中犹道不如归。"(同上《黄龙惟清禅师》)
> 上堂:"一身高隐惟南岳,自笑孤云未是闲。松下水边端坐者,也应随倒说居山。"(同上卷一九《承天自贤禅师》)

与这些上堂随口念诵的韵语相比,禅师们的一些偈颂往往更有诗情画意,语言也更讲究,如智觉禅师住雪窦山中岩,曾作诗曰:

> 孤猿叫落中岩月,野客吟残半夜灯。此境此时谁得意?白云深处坐禅僧。(《冷斋夜话》卷六《亲证其事知其义》)

尽管惠洪称此诗"诗语未工",但比起一般禅语的鄙俚粗朴来,已显

---

① 《苏轼文集》卷六八《跋黔安居士渔父词》云:"鲁直作此词,清新婉丽。问其得意处,自言以水光山色,替却玉肌花貌。此乃真得渔父家风也。"
② 《山谷诗集注》卷一一《六月十七日昼寝》云:"红尘席帽乌靴里,想见沧洲白鸟双。马龁枯萁喧午枕,梦成风雨浪翻江。"

得很典雅了。至于船子和尚的一首诗偈,更成为林下风流的典范:

> 千尺丝纶直下垂,一波才动万波随。夜静水寒鱼不食,满船空载月明归。(《五灯会元》卷五《船子德诚禅师》)

这首偈用形象化的语言表现了"禅界无欲"的哲理。平湖万顷,月色澄澈,一叶扁舟独下钓丝,水面荡起圈圈波纹。这是何等宁静清虚的境界,何等自然淡泊的情怀!这里的垂钓如参禅,亦如审美,展现了一个从欲界到禅界的顿悟过程:先是"鱼我所欲也",于是垂下千尺丝纶;最后归之于超越解脱,于是载回满船明月。而明月是一个观照的对象,却从来不是欲求的对象。显然,船子和尚正是从满船月色中悟出他另一首偈阐述的"不计功程便得休"的禅理。这片银色的世界,是无欲的禅界,也是诗的境界。这首偈简直可以和柳宗元的《江雪》、张志和的《渔歌子》等渔父词相媲美,以至于引起士大夫的极大兴趣,如黄庭坚就将其檃括为长短句倚声歌唱:

> 一波才动万波随,蓑笠一钩丝。金鳞正在深处,千尺也须垂。吞又吐,信还疑,上钩迟。水寒江静,满目青山,载月明归。①

词的主要意象都从船子和尚偈而来,而意境也像原偈一样宁静优美、莹澈无尘。

　　自然山水是连接诗情与禅意的桥梁,山水诗因禅意的渗入而深化了意境,禅宗偈颂则因山水诗的影响而净化了语言,山水的清音远韵构成了诗禅世界的净土。

---

① 调寄《诉衷情》,序曰:"在戎州登临胜景,未尝不歌渔父家风,以谢江山。门生请问:先生家风如何? 为拟金华道人作此章。"(见《全宋词》第1册,第398页)

引用书目
（以引用先后为序）

1. 《历代法宝记》 不知撰人 《大正藏》第五十一卷，台北佛陀教育基金会，1990年影印本
2. 《续高僧传》 （唐）道宣撰 《大正藏》第五十卷
3. 《楞伽师资记》 （唐）净觉撰 《大正藏》第八十五卷
4. 《中国禅宗通史》 杜继文、魏道儒著 江苏古籍出版社，1993年
5. 《景德传灯录》 （宋）道原撰 商务印书馆，《四部丛刊三编》本
6. 《五灯会元》 （宋）普济撰 中华书局，1984年排印本
7. 《中国禅思想史》 葛兆光著 北京大学出版社，1995年
8. 《楞伽阿跋多罗宝经》（简称《楞伽经》） （刘宋）求那跋陀罗译 《佛藏要籍选刊》第五册，上海古籍出版社，1994年影印本
9. 《妙法莲华经》 （后秦）鸠摩罗什译 《佛藏要籍选刊》第五册
10. 《祖堂集》 （五代南唐）僧静、筠撰 《佛藏要籍选刊》第十四册

11. 《周易正义》（魏）王弼、（晋）韩康伯注，（唐）孔颖达疏《十三经注疏》本　中华书局，1980年影印本

12. 《庄子集释》（清）郭庆藩辑　中华书局，1982年排印本

13. 《宋高僧传》（宋）赞宁撰　中华书局，1987年排印本

14. 《荷泽神会禅师语录》［日本］铃木贞太郎、公田连太郎校订敦煌本　森江书店，1934年

15. 《摩诃般若波罗蜜经》（后秦）鸠摩罗什译　《大正藏》第八卷

16. 《金刚般若波罗蜜经》（后秦）鸠摩罗什译　《大正藏》第八卷

17. 《维摩诘所说经》（后秦）鸠摩罗什译　《大正藏》第十四卷

18. 《苏轼文集》（宋）苏轼撰　中华书局，1986年排印本

19. 《坛经对勘》　郭朋辑　齐鲁书社，1981年

20. 《坛经校释》　郭朋校释　中华书局，1983年

21. 《传法宝记》（唐）杜朏撰　《大正藏》第八十五卷

22. 《石门文字禅》（宋）惠洪撰　商务印书馆，《四部丛刊》影印明径山寺刊本

23. 《古尊宿语录》（宋）赜藏主集　《佛藏要籍选刊》第十一册

24. 《礼记正义》（汉）郑玄注，（唐）孔颖达疏　《十三经注疏》本

25. 《孟子注疏》（汉）赵歧注，（宋）孙奭疏　《十三经注疏》本

26. 《山谷诗集注》（宋）黄庭坚撰，（宋）任渊注　中华书局，《四部备要》本

27. 《鹤林玉露》（宋）罗大经撰　中华书局，1983年排印本

28. 《大珠禅师语录》　不知撰人　长沙刻经处本

29. 《全唐文》（清）董诰等辑　中华书局，1983年影印本

30. 《镇州临济慧照禅师语录》（唐）慧然集　《大正藏》第四十七卷

31. 《俗语言研究》第2期　禅籍俗语言研究会编　日本京都花园大学禅文化研究所发行，1995年

32. 《云门匡真禅师广录》（宋）守坚集 《大正藏》第四十七卷

33. 《语言论》[美]爱德华·萨丕尔著，陆卓元译 商务印书馆，1985年

34. 《宗门十规论》（五代南唐）文益撰 《禅宗集成》第一册，台北艺文印书馆，1968年影印本

35. 《禅语辞书类聚》第二册 日本京都花园大学禅文化研究所发行，1992年

36. 《碧岩录》（宋）重显颂古，（宋）克勤评唱 《佛藏要籍选刊》第十一册

37. 《国际宋代文化研讨会论文集》 四川大学出版社，1991年

38. 《禅宗语言和文献》 于谷著 江西人民出版社，1995年

39. 《二十世纪西方文论述评》 张隆溪著 生活·读书·新知三联书店，1986年

40. 《汾阳无德禅师语录》（宋）楚圆集 《大正藏》第四十七卷

41. 《人天眼目》（宋）智昭集 《大正藏》第四十八卷

42. 《抚州曹山元证禅师语录》 [日本]慧印编集 《大正藏》第四十七卷

43. 《五家正宗赞助桀》[日本]无著道忠撰 日本京都花园大学禅文化研究所发行，1993年

44. 《世说新语》（刘宋）刘义庆撰 上海古籍出版社，1982年影印清光绪十七年思贤讲舍刻本

45. 《扪虱新话》（宋）陈善撰 中华书局，1985年影印《丛书集成初编》本

46. 《苏轼诗集》（宋）苏轼撰 中华书局，1982年排印本

47. 《豫章黄先生文集》（宋）黄庭坚撰 《四部丛刊》本

48. 《禅与诗学》 张伯伟著 浙江人民出版社，1992年

49. 《谈艺录》 钱锺书著 中华书局，1984 年
50. 《五家宗旨纂要》（清）性统编 《续藏经》第一辑第二编第十九套第三册，上海涵芬楼影印日本藏本
51. 《智证传》（宋）惠洪撰 《禅宗集成》第一册
52. 《五宗原》（明）法藏撰 《续藏经》第一辑第二编第十九套第二册
53. 《百论疏》（隋）吉藏撰 《大正藏》第四十二卷
54. 《万松老人评唱天童觉和尚颂古从容庵录》（简称《从容庵录》）（宋）正觉颂古，（元）行秀评唱 《大正藏》第四十八卷
55. 《杂阿含经》（刘宋）求那跋陀罗译 《大正藏》第二卷
56. 《筠州洞山悟本禅师语录》［日本］慧印校 《大正藏》第四十七卷
57. 《五家正宗赞》（宋）绍昙撰 日本京都花园大学禅文化研究所发行，1994 年
58. 《林间录》（宋）惠洪撰 《佛藏要籍选刊》第十一册
59. 《禅林僧宝传》（宋）惠洪撰 《佛藏要籍选刊》第十三册
60. 《祖英集》（宋）重显撰 台北商务印书馆，1986 年影印文渊阁《四库全书》本
61. 《明觉禅师语录》（宋）惟盖竺编 《大正藏》第四十七卷
62. 《石霜楚圆禅师语录》（宋）慧南重编 《禅宗集成》第十四册
63. 《中国佛教史籍概论》 陈垣著 中华书局，1988 年
64. 《联灯会要》（宋）悟明撰 《续藏经》第一辑第二编乙第九套第三册
65. 《传法正宗论》（宋）契嵩撰 《大正藏》第五十一卷
66. 《直斋书录解题》（宋）陈振孙撰 《丛书集成初编》本
67. 《金陵清凉院文益禅师语录》（明）圆信、郭凝之编 《大正藏》第四十七卷
68. 《补续高僧传》（明）明河撰 《佛藏要籍选刊》第十三册

69. 《禅宗颂古联珠通集》（宋）法印集,（元）普会续集 《续藏经》第一辑第二编第二十套第一册

70. 《大慧普觉禅师语录》（宋）蕴闻编 《大正藏》第四十七卷

71. 《宋人年谱集目/宋编宋人年谱选刊》 吴洪泽编 巴蜀书社,1995年

72. 《山谷琴趣外编》（宋）黄庭坚撰 《彊村丛书》本

73. 《云卧纪谭》（宋）晓莹撰 《续藏经》第一辑第二编乙第二十一套第一册

74. 《禅林宝训》（宋）净善编 《大正藏》第四十八卷

75. 《日涉园集》（宋）李彭撰 《四库全书》本

76. 《陵阳先生诗》（宋）韩驹撰 清宣统庚戌刊《江西诗派》本

77. 《佛祖历代通载》（元）念常撰 《大正藏》第四十九卷

78. 《范文正公集》（宋）范仲淹撰 《四部备要》本

79. 《乐全集》（宋）张方平撰 《四库全书》本

80. 《全宋文》 四川大学古籍所编 巴蜀书社排印本

81. 《徂徕石先生文集》（宋）石介撰 中华书局,1984年排印本

82. 《直讲李先生文集》（宋）李觏撰 《四部丛刊》本

83. 《欧阳文忠公文集》（宋）欧阳修撰 《四部丛刊》本

84. 《避暑录话》（宋）叶梦得撰 《津逮秘书》本

85. 《道山清话》（宋）阙名撰 陶氏涉园影印宋刊《百川学海》本

86. 《温国文正司马公文集》（宋）司马光撰 《四部丛刊》本

87. 《宋史》（元）脱脱等撰 中华书局,1977年排印本

88. 《郡斋读书志》（宋）晁公武撰 《四部丛刊三编》本

89. 《丛林盛事》（宋）道融撰 《续藏经》第一辑第二编乙第二十一套第一册

90. 《居士分灯录》（明）朱时恩辑 《续藏经》第一辑第二编乙第

二十套第五册

91. 《二程文集》（宋）程颢、程颐撰 《正谊堂全书》本

92. 《二程全书》（宋）程颢、程颐撰 《四部备要》本

93. 《渭南文集》（宋）陆游撰 《四部丛刊》本

94. 《镡津文集》（宋）契嵩撰 《四部丛刊三编》本

95. 《镡津明教大师行业记》（宋）陈舜俞撰 《大正藏》第五十一卷

96. 《后山居士文集》（宋）陈师道撰 上海古籍出版社影印宋刻本

97. 《张右史文集》（宋）张耒撰 《四部丛刊》本

98. 《梁谿集》（宋）李纲撰 《四库全书》本

99. 《居士传》（清）彭际清撰 《续藏经》第一辑第二编乙第二十二套第五册

100. 《国朝宋学渊源记》（清）江藩撰 《四部备要》本

101. 《丹铅续录》（明）杨慎撰 《四库全书》本

102. 《春秋左传正义》（晋）杜预注，（唐）孔颖达疏 《十三经注疏》本

103. 《北磵居简禅师语录》（宋）大观编 《禅宗集成》第十五册

104. 《法演禅师语录》（宋）才良等编 《大正藏》第四十七卷

105. 《丛林公论》（宋）惠彬撰 《续藏经》第一辑第二编第十八套第五册

106. 《剑关子益禅师语录》（宋）善珙等编 《禅宗集成》第十六册

107. 《善慧大士语录》（唐）楼颖录 《禅宗集成》第十四册

108. 《罗湖野录》（宋）晓莹撰 《佛藏要籍选刊》第十一册

109. 《毛诗正义》（汉）毛亨传，（汉）郑玄笺，（唐）孔颖达疏 《十三经注疏》本

110. 《论语注疏》（魏）何晏等注，（宋）邢昺疏 《十三经注疏》本

111. 《扬子法言》（汉）扬雄撰 《四部丛刊》本

112. 《冷斋夜话》（宋）惠洪撰 《四库全书》本

113.《嵩山文集》 （宋）晁说之撰 《四部丛刊续编》本
114.《北湖集》 （宋）吴则礼撰 《四库全书》本
115.《佛祖统纪》 （宋）志磐撰 《大正藏》第四十九卷
116.《云溪集》 （宋）郭印撰 《四库全书》本
117.《栾城集》 （宋）苏辙撰 上海古籍出版社，1987年排印本
118.《豫章先生遗文》 （宋）黄庭坚撰 祝氏汉鹿斋补刊本
119.《艺概》 （清）刘熙载撰 上海古籍出版社，1982年排印本
120.《集注分类东坡先生诗》 （宋）王十朋集注 《四部丛刊》本
121.《沧浪诗话》 （宋）严羽撰 《历代诗话》本，中华书局，1981年排印本
122.《嘉泰普灯录》 （宋）正受撰 《续藏经》第一辑第二编乙第十套第一册
123.《慈受怀深禅师广录》 （宋）善清等编 《禅宗集成》第二十三册
124.《北宋佛教史论稿》 [美]黄启江著 台北商务印书馆，1997年
125.《韦斋集》 （宋）朱松撰 《四部丛刊续编》本
126.《东坡志林》 （宋）苏轼撰 中华书局，1981年排印本
127.《禅语辞书类聚》 日本京都花园大学禅文化研究所发行，1991年
128.《全唐五代诗格校考》 张伯伟著 陕西人民教育出版社，1996年
129.《诗人玉屑》 （宋）魏庆之辑 上海古籍出版社，1978年排印本
130.《姑溪居士文集》 （宋）李之仪撰 《丛书集成初编》本
131.《俗语言研究》第5期 禅籍俗语言研究会编 日本京都花园大学禅文化研究所发行，1998年
132.《刘宾客嘉话录》 （唐）韦绚集 《四库全书》本
133.《宏智禅师广录》 （宋）集成等编 《大正藏》第四十八卷
134.《白氏长庆集》 （唐）白居易撰 《四部丛刊》本
135.《少室六门》 不知撰人 《大正藏》第四十八卷

136.《文学理论》 [美]韦勒克、沃伦著，刘象愚等译 生活·读书·新知三联书店，1984年

137.《十牛图颂》 （宋）师远述 《续藏经》第一辑第二编第十八套第五册

138.《禅源诸诠集都序》 （唐）宗密撰 《大正藏》第四十八卷

139.《宗镜录》 （宋）延寿集 《大正藏》第四十八卷

140.《桯史》 （宋）岳珂撰 中华书局，1981年排印本

141.《倚松老人诗集》 （宋）饶节撰 清宣统庚戌刊《江西诗派》本

142.《溪堂集》 （宋）谢逸撰 《豫章丛书》本

143.《侯鲭录》 （宋）赵令畤撰 《知不足斋丛书》本

144.《苕溪渔隐丛话》 （宋）胡仔撰 人民文学出版社，1981年排印本

145.《大慧普觉禅师宗门武库》 （宋）道谦编 《大正藏》第四十七卷

146.《永觉元贤禅师广录》 （清）道霈重编 《续藏经》第一辑第二编第三十套第四册

147.《临济宗旨》 （宋）惠洪撰 《禅宗集成》第一册

148.《建中靖国续灯录》 （宋）惟白撰 《续藏经》第一辑第二编乙第九套第一册

149.《杜阳杂编》 （唐）苏鹗撰 《丛书集成初编》本

150.《甘泽谣》 （唐）袁郊撰 《说郛》本

151.《枯崖漫录》 （宋）圆悟撰 《续藏经》第一辑第二编乙第二十一套第一册

152.《前贤小集拾遗》 （宋）陈起辑 《南宋群贤小集》本

153.《围炉诗话》 （清）吴乔撰 《清诗话续编》本，上海古籍出版社，1983年排印本

154.《玄沙师备禅师广录》 （唐）智严集 《禅宗集成》第二十三册

155.《钱锺书散文》 钱锺书著 浙江文艺出版社,1997年

156.《大般涅槃经》 (北凉)昙无谶译 《佛藏要籍选刊》第五册

157.《成实论》 [古印度]诃梨跋摩著,(后秦)鸠摩罗什译 《佛藏要籍选刊》第八册

158.《肇论》 (后秦)僧肇撰 《佛藏要籍选刊》第十一册

159.《禅与生活》 [日本]铃木大拙著,刘大悲译 光明日报出版社,1988年

160.《敦煌歌辞总编》 任二北著 上海古籍出版社,1981年

161.《新批评——一种独特的形式主义文论》 赵毅衡著 中国社会科学出版社,1986年

162.《六祖大师法宝坛经》 (元)宗宝编 《大正藏》第四十八卷

163.《长灵守卓禅师语录》 (宋)介谌编 《禅宗集成》第十四册

164.《玉轮轩曲论》 王季思著 中华书局,1980年

165.《庚溪诗话》 (宋)陈岩肖撰 《历代诗话续编》本,中华书局,1983年排印本

166.《太平广记》 (宋)李昉等编 中华书局,1981年排印本

167.《苏诗补注》 (清)查慎行注 清乾隆辛巳香雨斋刻本

168.《文心雕龙注》 (梁)刘勰撰,范文澜注 人民文学出版社,1978年排印本

169.《全唐诗》 (清)彭定求等编 中华书局,1960年排印本

170.《景德传灯录索引》 日本京都花园大学禅文化研究所编,1993年印行

171.《旧唐书》 (五代后晋)刘昫等撰 中华书局,1975年排印本

172.《淮海集》 (宋)秦观撰 《四部丛刊》本

173.《云溪友议》 (唐)范摅撰 《四部丛刊续编》本

174.《范石湖集》 (宋)范成大撰 上海古籍出版社,1981年排印本

175.《长灵守卓禅师语录》（宋）介谌编 《续藏经》第一辑第二编第二十五套第二册

176.《寒山诗集》（唐）寒山撰 《四部丛刊》影印瞿氏铁琴铜剑楼藏高丽刊本

177.《横川行珙禅师语录》（宋）本光等编 《续藏经》第一辑第二编第二十八套第二册

178.《元叟行端禅师语录》（元）法林、昙噩、祖铭、梵琦等编 《续藏经》第一辑第二编第二十九套第一册

179.《韩非子》（周）韩非撰 《百子全书》本，浙江人民出版社，1984年影印本

180.《殷芸小说》（梁）殷芸撰 《丛书集成初编》本

181.《关尹子》（周）尹喜撰 《百子全书》本

182.《墨庄漫录》（宋）张邦基撰 《稗海》本

183.《临川先生文集》（宋）王安石撰 《四部丛刊》本

184.《浪迹丛谈》（清）梁章钜撰 中华书局，1981年排印本

185.《桐江集》（元）方回撰 《宛委别藏》本

186.《李白集校注》 瞿蜕园、朱金城校注 上海古籍出版社，1980年排印本

187.《全唐诗话》（宋）尤袤撰 《历代诗话》本

188.《文选》（梁）萧统编，（唐）李善注 中华书局，1981年影印本

189.《本事诗》（唐）孟棨撰 《历代诗话续编》本

190.《全宋词》 唐圭璋等编 中华书局，1980年排印本

191.《五代史补》（宋）陶岳撰 《四库全书》本

192.《杜诗详注》（清）仇兆鳌注 中华书局，1979年排印本

后　记

　　这本书的撰写纯粹出于一个偶然的机会。1997年在桂林参加古代文论年会，随身携带了一本拙撰博士论文《文字禅与宋代诗学》去交流。会议期间，杭州大学张节末博士对拙文产生了强烈的兴趣，随即告诉我，浙江人民出版社正拟出一套"禅学丛书"，他愿推荐我撰写《禅宗语言》一书。说实话，我当时对此毫无把握，因为拙文虽在讨论"文字禅"时涉及语言问题，但全文着重是在谈宗教与文学的关系，毕竟与语言研究走的不是一条路。更何况我当时正准备把研究的重心转移到阐释学方面来，已决定把禅学暂时"悬搁"一边。不过，张博士的提议却具有一种很大的诱惑，它激起了我渴望接受挑战的"野性"，因为语言特别是语言哲学，向来是我尊重而又感到陌生的领地，我早就渴望闯入。同时我自以为对禅籍较为熟悉，已初具接受挑战的条件。就这样，当浙江人民出版社的杨淑英女士来函联系时，我欣然应允。

写作的过程既艰辛又愉快，随时都有疑情产生，而又不断有顿悟出现。当我从语言哲学的视角去重新审视禅籍之时，每每有一种探险似的激动和陶醉，类似于发现了恐龙化石，并对其成因提出新说。无论如何，禅宗语言是中国文化孕育出的瑰丽宝藏，它的价值已远远超越了宗教语言的意义。因此，本书的撰写就不只是"以文字声音作佛事"，而是把禅语当做人类的文化遗珍来发掘研究。

本书虽名为《禅宗语言》，但完全称不上严格的语言学著作，毋宁说是宗教、哲学、语言、文学的大杂烩。不过，禅宗向来有"法无定法"之说，学术研究也有"交叉"、"边缘"之名，大杂烩也未尝不可。我所担心的只是主观的发掘论断难免如盲人摸象，以致于使祖师正法眼藏"向瞎驴边灭却"。好在禅本身就是一种个体的经验，我只不过是想将一己之体验与读者分享而已。"觅句如探虎，逢知似得仙"，五代诗僧贯休这两句诗就是我写作过程和期待读者的心情的真实写照。

最后，我要感谢张节末博士和杨淑英女士，没有他们的热情鼓励帮助，本书是不可能这么顺利完成的。同时，我也要感谢教育部"211工程"对本书研究工作的资助。

迷蒙雨巷丁香梦，寂寞书斋文字禅。

谨以此书献给我所爱的人！

竹林居士周裕锴谨识
1999年2月9日于成都竹林村

重版说明

周裕锴教授所著《禅宗语言》，1999年由浙江人民出版社出版（入选"禅学丛书"），2002年由台湾宗博出版社再版（入选"经典对话系列"）。今再作若干修订，编入"周裕锴禅学书系"，由我社出版。

复旦大学出版社
2017年9月

图书在版编目(CIP)数据

禅宗语言/周裕锴著.—上海:复旦大学出版社,2017.10(2024.5重印)
(周裕锴禅学书系)
ISBN 978-7-309-13095-9

Ⅰ.禅… Ⅱ.周… Ⅲ.禅宗-语言艺术-研究 Ⅳ.B946.5

中国版本图书馆 CIP 数据核字(2017)第 168257 号

禅宗语言
周裕锴 著
责任编辑/王汝娟
复旦大学出版社有限公司出版发行
上海市国权路 579 号 邮编:200433
网址:fupnet@fudanpress.com http://www.fudanpress.com
门市零售:86-21-65102580 团体订购:86-21-65104505
出版部电话:86-21-65642845
浙江新华数码印务有限公司

开本 890 毫米×1240 毫米 1/32 印张 12.875 字数 295 千字
2017 年 10 月第 1 版
2024 年 5 月第 1 版第 3 次印刷

ISBN 978-7-309-13095-9/B·613
定价:79.00 元

如有印装质量问题,请向复旦大学出版社有限公司出版部调换。
版权所有 侵权必究